MEYER & DELANAUT

A. PARMENTIER

# Album Historique

Publié sous la direction de M. Ernest LAVISSE

✶

## LE MOYEN AGE

(du IVᵉ à la fin du XIIIᵉ siècle)

Habitation — Vêtement — Alimentation — Mobilier — Armes, etc.
Sciences — Industrie — Commerce — Agriculture, etc.
Voyages — Beaux-Arts, etc.
L'Enseignement — L'Église — Les Institutions — La Guerre, etc.

### 2000 gravures

PARIS
## Librairie Armand Colin

*Album Historique*

A LA MÊME LIBRAIRIE

*Album historique,* publié sous la direction de Ernest Lavisse, par A. Parmentier :

* **Le Moyen Age** (du iv<sup>e</sup> à la fin du xiii<sup>e</sup> siècle).

** **La fin du Moyen Age** (xiv<sup>e</sup> et xv<sup>e</sup> siècles).

*** **Le XVI<sup>e</sup> et le XVII<sup>e</sup> siècle.**

**** **Le XVIII<sup>e</sup> et le XIX<sup>e</sup> siècle.**

Chaque volume in-4°, *1 500 à 2 000 gravures*, broché, 15 fr.; rel. toile, tr. jaspées, 18 fr.; tr. dorées, 20 fr.

Droits de traduction et de reproduction réservés pour tous les pays,
y compris la Hollande.

## A. PARMENTIER

Agrégé d'histoire, Professeur au collège Chaptal.

# Album Historique

PUBLIÉ SOUS LA DIRECTION

de ERNEST LAVISSE, de l'Académie française.

★

## LE MOYEN AGE

(du IVe à la fin du XIIIe siècle.)

Habitation — Vêtement — Alimentation — Mobilier — Armes, etc.
Sciences — Industries — Commerce — Agriculture, etc.
Voyages — Beaux-Arts, etc.
L'Enseignement — L'Église — Les Institutions — La Guerre, etc.

TROISIÈME ÉDITION

## Librairie Armand Colin

rue de Mézières, 5, Paris

1905
Tous droits réservés.

# TABLE DES MATIÈRES

## TOME PREMIER
## Le moyen âge.

Préface. . . . . . . . . . . . . . . . . . . . . . . . . . . . . . . . . . . . . . . . . . . . . . . . . . . . . . . . . . . . . . . . . . . . . . I
Avant-propos. . . . . . . . . . . . . . . . . . . . . . . . . . . . . . . . . . . . . . . . . . . . . . . . . . . . . . . . . . . . III
Liste des ouvrages consultés. . . . . . . . . . . . . . . . . . . . . . . . . . . . . . . . . . . . . . . . . . . VIII

CHAPITRE PREMIER. — La Gaule et les Gaulois, 1. — Aspect de la Gaule, 1. — Le costume, 1. — Les bijoux, 3. — Les armes, 4. — Les habitations, 6. — Repas, 7. — Agriculture, industrie, commerce, 8. — Religion; funérailles, 8. — Caractère général de la civilisation gauloise, 9. — Transformation de la Gaule à la suite de la conquête romaine, 10. — Changements dans le costume des Gaulois, 10. — Changements dans les habitations et dans les mœurs, 10. — Les villes gallo-romaines, 12. — Développement de l'industrie et du commerce; formation d'une classe d'artisans, 15. — Religion, 16. — Conclusion, 16.

CHAPITRE II. — L'empire romain et la société chrétienne à la fin du IVe siècle, 17. — Modifications extérieures introduites, au IVe siècle, dans la société romaine, 17. — Le luxe dans la vie publique; l'empereur, 17. — Les fonctionnaires, 19. — L'armée, 20. — Le luxe dans la vie privée; le costume, 21. — Les habitations, 22. — Le luxe de la table, 22. — Les villes, 23. — La société chrétienne, 24. — Les basiliques, 25. — Funérailles, sarcophages, 27. — Conclusion, 28.

CHAPITRE III. — Les Barbares. — La société mérovingienne, 29. — Les Germains avant leur invasion dans l'empire romain, 29. — Peuples de l'invasion, 30. — Les Francs avant l'invasion, 32. — Armes des Francs, 32. — Transformation des mœurs après l'invasion, 33. — Les rois mérovingiens, 33. — L'armée et la guerre, 34. — Habitations, 35. — Mœurs des grands, 35. — Les repas, 35. — Les villes, 36. — Paris sous les rois mérovingiens, 36. — La population des villes, 37. — L'agriculture, 37. — L'industrie, 37. — Le commerce, 37. — Misères de l'époque mérovingienne, 38.

CHAPITRE IV. — L'empire byzantin au VIe siècle, 39. — Constantinople, 39. — Les empereurs, 42. — La vie privée; le costume, 43. — Industrie et commerce, 45.

CHAPITRE V. — Les Arabes, 49. — L'habitation, 51. — Les repas, 51. — Les mœurs, 52. — La religion, 53. — Les Arabes après leurs conquêtes, 55. — Les Khalifes; leurs palais, 55. — La vie des Khalifes, 57. — L'étiquette à la cour des Khalifes, 57. — La vie de cour; les fêtes, 58. — Les fonctionnaires, 58. — L'armée; l'armement, 59. — Les flottes, 60. — Changements dans la vie privée après les conquêtes, 60. — Le costume, 60. — Les habitations; l'ameublement, 61. — Les repas, 62. — Les villes arabes, 62. — Les monuments arabes, 63. — Bagdad, 63. — L'agriculture, 64. — L'industrie, 64. — Le commerce, 65. — Supériorité de la civilisation orientale au moyen âge sur la civilisation occidentale, 66.

CHAPITRE VI. — L'Italie ostrogothique, lombarde et byzantine, 66. — L'Italie au v⁰ siècle, 67. — Les Ostrogoths, 67. — Théodoric, 68. — Rétablissement du commerce et de l'industrie en Italie, 69. — Les Lombards, 69. — Mœurs des Lombards, 70. — Transformation des Lombards, 71. — Constructions des rois lombards, 71. — L'Italie byzantine, 73. — Ravenne, 74.

CHAPITRE VII. — L'Église de la fin du IV⁰ au X⁰ siècle, 77. — Le costume ecclésiastique, 78. — Les monuments religieux, 80. — Le culte; les cérémonies; la messe, 80. — La messe romaine, 81. — La messe gallicane, 81. — Les fêtes chrétiennes, 83. — Rome chrétienne; ses monuments, 84.

CHAPITRE VIII. — L'empire franc. La société carolingienne, 85. — Les princes carolingiens, 86. — Le costume royal, 86. — Les insignes du pouvoir, 87. — Les résidences impériales, 87. — Les palais impériaux, 87. — La cour, 88. — L'étiquette, 88. — Les cérémonies, 88. — L'armée et la guerre, 89. — La vie privée; le costume, 90. — Le luxe dans le costume, 91. — Les habitations, 91. — L'ameublement, 92. — Les repas, 92. — Les villes, 92. — Les mœurs, 93. — Première renaissance intellectuelle, 93. — Les monastères, la calligraphie, 94. — Les arts; l'orfèvrerie, 96. — Les Normands, 97.

CHAPITRE IX. — La société féodale. Les nobles, 99. — Le costume et l'armement des nobles, 100. — Les habitations des nobles, 100. — La cour du seigneur, 102. — Insignes seigneuriaux, 103 — Cérémonies féodales, 103. — La chevalerie, 105. — L'adoubement, 107.

CHAPITRE X. — L'Église du XI⁰ au XIII⁰ siècle, 109. — L'Église au moyen âge, 109. — Le costume ecclésiastique, 110. — Le costume monastique, 113. — Les édifices ecclésiastiques, 114. — La cathédrale, 115. — Les bâtiments monastiques, 118. — Les cérémonies du culte, 119.

CHAPITRE XI. — L'Allemagne et l'Italie, 123. — Les empereurs allemands, 123. — Les résidences impériales, 125. — La cour, 125. — Le couronnement des empereurs, 127. — Les villes allemandes, 127. — Les papes, 129. — Le couronnement impérial, 129. — Rome au moyen âge, 130. — Les cités italiennes, 130. — Le royaume des Deux-Siciles, 133.

CHAPITRE XII. — L'empire byzantin du VII⁰ au XIII⁰ siècle. Les Croisades, 135. — Constantinople, 135. — Le palais impérial, 136. — L'empereur, 138. — Les cérémonies, 139. — La vie privée, 141. — L'art byzantin, 143. — Les Sarrazins, 143. — Les Croisades, 143. — Les seigneurs en Palestine, 144. — Les bourgeois, 144. — Les villes, 146. — La vie privée, 146. — Prospérité de la Palestine, 146.

CHAPITRE XIII. — Les villes et les campagnes, 147 — Les villes jusqu'au XI⁰ siècle, 147. — La commune, 148. — Le beffroi, 149. — Aspect des villes au XIII⁰ siècle, 150. — L'industrie, 155. — Le commerce, 155. — Les foires, 157. — Les paysans, 158.

CHAPITRE XIV. — La royauté française, 159. — Les rois de France, 160. — Le costume et les insignes royaux, 161. — L'hôtel du roi, 163. — La vie de cour; les cérémonies, 165. — La capitale, 166.

CHAPITRE XV. — L'Angleterre du V⁰ au XIII⁰ siècle, 167. — Les Romains en Angleterre, 167. — Les Germains en Angleterre, 168. — La civilisation anglo-saxonne, 168. — Le costume anglo-saxon, 171. — Les mœurs, 172. — L'invasion normande, 174. — Les rois anglais, 174. — Le couronnement des rois anglais, 175. — Londres au XII⁰ et au XIII⁰ siècle, 175.

CHAPITRE XVI. — La vie privée du XI⁰ à la fin du XIII⁰ siècle, 179. — Le costume au XI⁰ et au XII⁰ siècle, 182. — Le costume au XIII⁰ siècle, 183. — Les étoffes; les fourrures; la parure, 183. — L'habitation, 187. — La salle, 187. — L'ameublement, 187. — L'éclairage; le chauffage, 188. — Le repas, 190. — L'alimentation, 191. — Les divertissements; la chasse, 191. — L'enfance; le baptême, 193. — Le mariage, 193. La mort; les funérailles, 194.

# TABLE DES MATIÈRES

CHAPITRE XVII. — La vie militaire du xi<sup>e</sup> au xiii<sup>e</sup> siècle. Les armées, 196. — Le costume militaire, 196. — La bataille, 198. — La défense des places fortes, 198. — Les sièges, 200. — Les tournois, 201.

CHAPITRE XVIII. — La vie intellectuelle du xi<sup>e</sup> au xiii<sup>e</sup> siècle, 203. — L'étude au moyen âge, 204. — Les instruments de travail, 204. — L'écriture, 205. — Les manuscrits, 206. — Les copistes, 207. — Les bibliothèques, 207. — Les écoles monastiques, 207. — Les universités, 210. — L'instruction des laïques, 211. — La musique, 214.

CHAPITRE XIX. — L'art roman; l'art gothique, 215. — Origine de l'architecture au moyen âge, 215. — La voûte, 218. — L'église romane, 219. — Les écoles romanes, 221. — Création de l'architecture gothique, 222. — Origine et développement de l'architecture gothique, 225. — L'église gothique, 226. — La sculpture, 226. — La peinture, 228. — L'architecture civile et militaire, 228. — Les arts industriels, 229. — Les artistes au moyen âge, 230. — Expansion de l'art gothique, 230.

INDEX DES NOMS DE LIEUX . . . . . . . . . . . . . . . . . . . . . . . . . 231
INDEX DES NOMS PROPRES . . . . . . . . . . . . . . . . . . . . . . . . . 233
TABLE MÉTHODIQUE . . . . . . . . . . . . . . . . . . . . . . . . . . . . 235
INDEX ALPHABÉTIQUE . . . . . . . . . . . . . . . . . . . . . . . . . . . 237

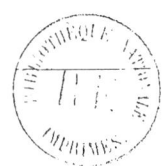

Un grand nombre des objets dessinés dans cet ouvrage sont reproduits d'après des originaux conservés dans nos musées. Les principaux de ces établissements sont groupés à Paris; ce sont d'abord le *musée du Louvre*, qui présente plusieurs salles réservées aux sculptures du moyen âge, aux ivoires et aux objets précieux; le *musée de Cluny*, dans l'ancien hôtel du même nom, exclusivement consacré aux objets d'art et aux ustensiles de tout genre du moyen âge; le *musée de sculpture comparée du Trocadéro*, où l'on trouve reproduites à l'aide de moulages en plâtre les plus belles sculptures; à ce musée est adjointe une *bibliothèque* qui renferme plusieurs milliers de photographies des édifices français. On trouvera également de riches collections de photographies des monuments des pays étrangers à la *bibliothèque de l'École des Beaux-Arts*, et de beaux moulages dans ses galeries. Au *musée de Saint-Germain-en-Laye* ont été rassemblées les antiquités relatives aux premières périodes de notre histoire et à la Gaule. Le *musée d'Artillerie*, aux *Invalides*, présente de précieuses collections d'armes et une intéressante galerie de costumes militaires restitués. A la *Bibliothèque nationale*, à Paris, on trouvera, réunie sous le nom de *Cabinet des médailles*, une riche collection non pas seulement de médailles et de monnaies, mais aussi d'objets précieux de tout genre de l'antiquité, du moyen âge et de la Renaissance. Enfin les *Archives nationales* contiennent les pièces manuscrites relatives à notre histoire; beaucoup de ces chartes sont accompagnées des sceaux des signataires; on peut en admirer les plus beaux spécimens au *musée des Archives*. C'est à Paris que sont ainsi groupés les éléments les plus importants de nos connaissances sur la vie et les mœurs de nos ancêtres; mais il n'y a pas en province un musée ou un trésor d'église qui ne renferme des objets remarquables, et l'on n'en saurait trop recommander la visite.

Qu'il nous soit permis, en terminant ces indications, d'exprimer nos remerciements les plus sincères aux personnes qui ont bien voulu nous aider de leurs conseils dans la préparation de cet ouvrage. Nous devons à l'obligeante complaisance de MM. Prou et Babelon, conservateurs à la Bibliothèque nationale, l'indication des monnaies dessinées dans cet ouvrage; M. Lemonnier, professeur à la Faculté des lettres, a bien voulu nous donner d'utiles avis; M. Camille Guy a mis à notre service sa connaissance de l'enseignement. Enfin il serait injuste de ne pas remercier ici nos collaborateurs de tout instant, MM. Mucha, P. Sellier, Courtot, M. Courtot, E. Parmentier et H. Parmentier, au talent desquels sera dû le principal intérêt de cette publication.

# Liste des ouvrages consultés pour le choix des gravures.

NOTA. — *Toutes les vignettes qui ne sont pas accompagnées de la mention de leur provenance, ont été dessinées soit d'après les originaux, soit d'après des photographies exécutées spécialement.*

ANNALES ARCHÉOLOGIQUES. Paris, 1844 et suiv. in-4°.
DE BASTARD. Peintures et Ornements tirés des manuscrits de la Bibliothèque nationale, grand in-folio.
BAYET. L'art byzantin : Paris, in-8°.
BELLORI. Veteres arcus Augustorum triumphis insignes, etc. Rome, 1690. In-folio.
BŒCKING. Notitia dignitatum et administrationum omnium tam civilium quam militarium in partibus Orientis et Occidentis. Bonn. 1839-53. 2 vol. in-8°.
BONNARD ET MERCURI. Costumes historiques des XII°, XIII°, XIV° et XV° siècles. Paris, 1859-63, 3 vol. in-4°
BORDIER ET CHARTON. Histoire de France. Paris, 1859, 2 vol. in-8°.
CAHIER ET MARTIN. Mélanges d'Archéologie. Paris, 1847-56, 4 vol. in-4°.
— Nouveaux mélanges d'Archéologie. Paris, 1874-77. 4 v. in-4°.
— Vitraux de la cathédrale de Bourges. Paris, 1841-44, in-fol.
CARISTIE. Monuments antiques à Orange. Paris, 1856, in-folio.
CHENAVARD ET ARTAUD. Lyon antique restauré. Paris et Lyon, 1850. in-folio.
GEO. T. CLARK. Mediaval military architecture of England. London, 1884. 2 vol. in-8°.
J. COMTE. La tapisserie de Bayeux. Paris, 1878, in-4°.
DARTEIN. Études sur l'architecture lombarde. Paris, 1884. in-4°. avec atlas in-folio.
L. DELISLE. Le Cabinet des manuscrits. Paris, 3 vol. in-f°.
DOHME. Geschiste der deutschen Baukunst. Berlin, 1887. in-4°.
DURUY. Histoire des Romains, tome VII. Paris, 1885, in-4°.
A. ESSENWEIN. Kulturhistorischer Bilderatlas, tome II. Leipzig, 1883, in-4°.
FÖRSTER. Denkmaeler deutscher Baukunst, Bildnerei und Malerei. Leipzig, 1854-69, in-folio.
GAILHABAUD. Monuments anciens et modernes. Paris, 1850, 4 v. in-4°.
CH. GARNIER ET AMMANN. Hist. de l'habit. hum. Paris, 1892, in-4°.
GARRUCCI. Storia dell'arte cristiana. Prato, 1873, in-folio.
GAUSSEN. Portefeuille de la Champagne. Paris, 1865, in-folio.
LÉON GAUTIER. La chevalerie. Paris, 1884. in-4°.
P. GÉLIS DIDOT ET H. LAFFILLÉE. La peinture décorative en France du XI° au XVI° siècle. Paris, s. d., in-folio.
J.-R. GREEN. History of the english people (édition illustrée). Londres, 1892. 2 vol. in-8°.
V. GUÉRIN. La Terre Sainte. Paris, 1881-83, 2 vol. in-4°.
DE GUILHERMY et DE LASTEYRIE. Inscriptions de la France du V° au XVIII° siècle. Paris, 1873-1883. 4 vol. in-4°.
HEFNER-ALTENECK. Costumes du moyen âge chrétien. Francfort, 1850-1854. 3 vol in-4°.
HELYOT. Histoire des ordres monastiques, religieux et militaires. Paris 1714-1719. 8 vol. in-4°.
HENNE AM RHYN. Kulturgeschichte des deutschen Volkes. Berlin, 1886. 2 vol. in-4°.
HERTZBERG. Geschichte der Byzantiner. Berlin, 1883, in-4°.
É. HOFFBAUER. Paris à travers les âges. s. d. Paris, 2 vol. in-folio.
HUBSCH. Monuments de l'architecture chrétienne depuis Constantin jusqu'à Charlemagne. Carlsruhe 1859-63, in-folio.
O. JAGER. Weltgeschichte, t. II. Leipzig, 1889, in-8°.
B. KUGLER. Geschichte der Kreuzzüge. Berlin, 1880, in-8°.
J. LABARTE. Histoire des arts industriels. Paris, 1872-1875. 3 vol. in-folio.
P. LACROIX. Sciences et lettres au moyen âge. Paris, 1871, in-4°.
LASSUS ET DIDRON. Monographie de la cathédrale de Chartres. Paris, 1837, in-folio.
LASSUS ET DARCEL. Album de Villard de Honnecourt. Paris, 1858, in-4°.
DE LASTEYRIE. Histoire de la peinture sur verre. Paris, 1853-57. 2 vol. in-folio.

E. LEBLANT. Étude sur les sarcophages chrétiens antiques de la ville d'Arles. Paris, 1878, in-folio.
G. LE BON. La civilisation des Arabes. Paris, 1884, in 4°.
CH. LOUANDRE. Les arts somptuaires au moyen âge. Paris, 1857. 4 vol. in-4°.
MARTIGNY. Dictionnaire des antiquités chrétiennes. Paris, 1877, in-4°.
MÉRIMÉE. Peintures de l'église de Saint-Savin. Paris, 1855, in-fol.
E. MOLINIER. L'émaillerie, Paris, 1891. in-16.
MONTELIUS. Antiquités suédoises. Stockholm, 1873-74. in-4°.
MONTFAUCON. Les monuments de la monarchie française. Paris, 1729-33. 5 vol. in-folio.
PALÆOGRAPHICAL (THE) Society. Fac-similes of manuscripts and inscriptions. Londres, 1873-83. 3 vol. in-folio.
PRISSE D'AVESNE. L'art arabe d'après les monuments du Caire. Paris, 1869-1878. 4 vol. dont 3 de planches in-folio.
M. PROU. Manuel de paléographie. Paris, 1891, in-8°.
PUGIN. Public buildings of London. Paris, 1838. 2 vol. in-8°.
RACINET. Le costume historique. Paris, 1888. 6 vol. in-4°.
RÉTHORÉ. Les cryptes de Jouarre. Paris, 1889, in-8°.
REUSENS. Éléments d'archéologie chrétienne, 1885-86, 2 vol. in-8°.
REY. Architecture militaire des croisés en Syrie et en Asie Mineure. Paris, 1871, in-4°.
REYNAUD. Traité d'architecture.
ROHAULT DE FLEURY. Le Latran au moyen âge. Paris, 1877, in-fol.
ROHAULT DE FLEURY. La Messe. Paris, 1883. 4 vol. in-8°.
DE ROSSI. Mosaïques chrétiennes en Italie. Rome, 1872, in-folio.
SALAZARO. Studi sui monumenti dell'arte meridionale dal IV° al XIII° secolo, 1871-83, in-folio.
SALZENBERG. Altchristliche Baudenkmale von Constantinopel vom V° bis XVII° Jahrhundert. Berlin, 1854, in-folio.
SAUVAGEOT. Monographie de la chapelle de Notre-Dame de la Roche. Paris, 1863, in-4°.
SCHLUMBERGER. Un empereur byzantin au X° siècle. Nicéphore Phocas, 1890. 1 vol. in-4°.
A. SCHULTZ. Das höfische Leben zur zeit der Minnesinger. Leipzig. 2 vol. in-8°.
SILVESTRE. Paléographie universelle. Paris, 1841. 4 v. in-folio.
STOTHARD ET KEMPE. Monumental effigies of great Britain. Londres, 1817, in-folio.
A. STRAUSS. Hortus Deliciarum par l'abbesse Herrade de Landsperg. Strasbourg, in-folio
STRUTT. The sport and pastimes of England. Londres 1834, in-8°.
TEXIER. L'architecture byzantine. Paris, 1864, in-folio.
TOUR DU MONDE. Paris, 1860 et suiv., in-4°.
Trésor de numismatique et de glyptique.
VERDIER ET CATTOIS. Architecture civile et domestique au moyen âge. Paris, 1853-57. 2 vol. in-folio.
P. VILLARS. L'Angleterre, l'Ecosse et l'Irlande. Paris, 1885, in-4°.
VIOLLET-LE-DUC. Dictionnaire de l'architecture française du XI° au XVI° siècle. Paris, 10 vol. in-4°.
VIOLLET-LE-DUC. Dictionnaire raisonné du mobilier français, de l'époque carlovingienne à la Renaissance. Paris, 1874. 6 vol. in-8°.
DE VOGÜÉ. Architecture civile et religieuse de la Syrie centrale du IV° au VII° siècle. Paris, 1866-77. 2 vol. in-4°.
DE VOGÜÉ. Les églises de la Terre Sainte. Paris, 1860. 1 vol. in-4°.
TH. WRIGHT. Domestic Manners and Sentiments in England during the Middle Ages. Londres, 1862, in-8°.
WIESER (Franz). Das langobardische Fürstengrab von Civezzano. Innsbrück, 1887, in-8°.
WYATVILLE. Illustrations of Windsor Castle. Londres, 1841. 2 vol. in-folio.

Parmi les ouvrages que nous avons le plus souvent consultés pour la rédaction du texte, outre la plupart de ceux qui ont été indiqués précédemment, nous citerons spécialement : LAVISSE et RAMBAUD : Histoire générale du IV° siècle à nos jours, tome I-III ; RAMBAUD : Histoire de la civilisation française, tome I ; ROSIÈRE : Histoire de la société française au moyen âge ; CAUSSIN DE PERCEVAL : Essai sur l'histoire des Arabes avant l'islamisme ; KREMER : Kulturgeschichte des Orients ; DIEHL : Ravenne ; DUCHESNE : Origines de la liturgie chrétienne ; FUNK : Histoire de l'Église ; JAL : Archéologie navale ; ZELLER : Histoire d'Allemagne ; REY : Les Colonies franques de Syrie au XII° et au XIII° siècle ; PIGEONNEAU : Histoire du commerce de la France ; HEYD : Histoire du commerce du Levant au moyen âge ; BOURQUELOT : Les Foires de Champagne ; LÉOPOLD DELISLE : Étude sur la condition des classes agricoles en Normandie ; LUCHAIRE : Les Communes françaises à l'époque des Capétiens directs ; LUCHAIRE : Manuel des institutions féodales ; GODEFROY : Le Cérémonial français ; LECOY DE LA MARCHE : la Chaire française au moyen âge ; BOURGAIN : la Société au XIII° siècle, d'après les sermons ; LECOY DE LA MARCHE : Les Manuscrits et la Miniature ; A. MOLINIER : Les Manuscrits ; CH. THUROT : L'Organisation de l'Enseignement dans l'Université de Paris au moyen âge ; MAITRE : Les Écoles épiscopales et monastiques de l'Occident depuis Charlemagne jusqu'à Philippe Auguste ; QUICHERAT : Histoire du Costume ; L. GONSE : L'Art gothique ; H. LAVOIX : Histoire de la Musique au moyen âge ; enfin les notes manuscrites du Cours d'archéologie professé par M. CH. LANGLOIS, chargé de cours à la Faculté des lettres de Paris, qui nous ont été du plus grand secours pour ce travail.

# Album historique

## PRÉFACE

> *Segnius irritant animos demissa per aurem*
> *Quam quæ sunt oculis subjecta fidelibus...*
>
> Les paroles jetées dans l'oreille ne savent point exciter et stimuler l'esprit autant que l'image soumise aux yeux sincères...

La parole et l'écriture sont malhabiles à décrire et à montrer les objets. Avez-vous jamais vu, ce qui s'appelle *vu*, un homme sur un portrait écrit ? Si trois portraitistes entreprenaient de peindre une personne d'après une page d'un écrivain, ils donneraient certainement trois figures différentes. De même la description d'un monument, s'il n'est très grossier et très simple, ne dresse pas devant nos yeux le monument lui-même.

Or l'histoire est, pour partie, une description; c'est pourquoi tout livre d'histoire devrait être un livre d'images, et l'enseignement historique deviendra vraiment intelligible quand il commencera par montrer, expliquer et commenter des objets, des figures et des scènes.

Voici un album qui donnera par ordre chronologique les principales images de la vie historique, depuis la fin des temps romains jusqu'à nos jours. Le premier volume contiendra la période longue, touffue et pittoresque du moyen âge.

Il faut avoir passé sa vie à peiner et méditer sur l'histoire pour comprendre les transformations de notre pays depuis l'époque gauloise jusqu'au règne de saint Louis, ces civilisations successives ou simultanées, gauloise, romaine, franque, païenne, chrétienne, musulmane. Aussi le moyen âge est-il ignoré, même de beaucoup d'esprits très cultivés.

Mais suivez, par exemple, dans cet Album, l'histoire des habitations; allez de la hutte et du village gaulois à la maison et à la cité gallo-romaines, de la villa franque au château féodal et à la cité communale. Vous verrez, de vos yeux, se modifier la vie des hommes et des choses : ce commencement avec la hutte gauloise, cet achèvement avec la ville romaine aux monuments superbes, puis un recommencement et un retour aux champs avec la villa de Mérovée ou de Pépin, enfin l'époque de la vie chez soi, de la vie pour soi, défiante, armée, violente et noble dans le château dominé par le donjon, ou dans la ville, de haut veillée par le guetteur et par la cloche d'alarme.

Des mots ne feront jamais apercevoir la différence entre l'empereur Charlemagne et un empereur byzantin ; mais qu'on nous montre Charlemagne, comme nous savons qu'il était vêtu, comme nous savons qu'il vivait, entouré de sa familière compagnie, et l'empereur de Constantinople, séant en son trône élevé, entouré de ses hiératiques dignitaires, présidant ce concile d'icones auxquelles manque seulement l'auréole ; il ne faudra pas un long commentaire pour que nous comprenions, et nous comprendrons parce que nous aurons *vu*.

Il ne faut pas croire que l'image ne soit une aide nécessaire que pour l'intelligence de l'antiquité ou du moyen âge ; le plus récent passé s'échappe très vite dans le lointain. Non seulement le roi Louis XIV et sa cour, mais l'Empereur et ses maréchaux, le roi Louis XVIII et sa charte octroyée, le roi Louis-Philippe et M. Guizot sont si loin de nous déjà ! Les portraits au daguerréotype sont des portraits d'ancêtres.

Certainement l'image renouvellera un jour l'enseignement historique. Elle mettra, aux lieu et place de mots inintelligibles à qui les entend et souvent mal compris de qui les prononce, la réalité vivante. Elle reléguera dans l'oubli mérité quantité de noms de rois, d'empereurs, de sultans, de ministres, de pachas, et la tourbe grise des faits et gestes inutiles qui encombrent la mémoire et obscurcissent l'intelligence des écoliers et des hommes.

Ernest Lavisse.

# Avant-propos

Nous nous sommes proposé, dans cet *Album Historique*, de mettre à la portée du public comme les éléments d'un musée où chacun pourra puiser tous les renseignements qui lui seront nécessaires pour avoir une vue nette du passé.

Nous avons rassemblé dans ce volume des documents relatifs aux usages de la vie privée et de la vie publique aux différentes époques de l'histoire de l'Europe, de la fin du quatrième à la fin du treizième siècle : costumes, objets de toilette, bijoux, habitations, mobilier, etc.; ce qui a trait aux usages publics : insignes du pouvoir, sceptres, couronnes, sceaux, monnaies, édifices de toutes sortes, palais, églises, etc. De courtes légendes, aussi concises que possible, accompagnent ces gravures et donnent soit l'historique du monument, soit une description de l'objet représenté. En outre, un texte sobre et court sert de lien entre toutes les gravures. Nous nous sommes efforcé d'y condenser des renseignements sur un grand nombre de faits qui ne trouvent pas place d'ordinaire dans les livres d'histoire; les principaux usages de la vie privée, les transformations du costume, de l'habitation, du mobilier, des usages relatifs aux repas, le cérémonial des cours, etc., y sont décrits. Texte et gravures se viennent ainsi en aide pour fournir une description pittoresque, une vue par l'extérieur de la société européenne aux différentes périodes de son histoire.

Cet ouvrage ne saurait avoir de prétention à l'érudition. Nous nous y sommes proposé surtout de faire connaître les résultats des grands travaux des archéologues de ce siècle. Aussi avons-nous d'abord largement puisé dans les recueils des Willemin, des Gailhabaud, des Hefner Alteneck, des Labarte, des Racinet, des Rohault de Fleury, etc. Nous avons mis à profit l'œuvre des érudits qui se sont fait comme une province de telle ou telle époque, de telle ou telle civilisation. Les travaux de Viollet-le-Duc, de Cahier et Martin, de Hübsch, de Rossi, de M. Léon Gautier, du père Garucci, de M. Bayet, de M. de Vogüé, de M. Schlumberger, de Prisse d'Avesne, de M. Gustave Le Bon, de M. Hoffbauer, etc., nous ont fourni les plus utiles renseignements; nous avons fait de nombreux emprunts aux ouvrages allemands et anglais relatifs à cette branche des sciences historiques[1]; parmi les objets représentés, nous avons choisi de préférence ceux qui sont conservés dans nos grands musées, de manière à en faire connaître davantage les richesses. Toutes les fois qu'un monument représenté est aujourd'hui en ruine et qu'on en possédait une restauration, nous avons présenté cette restauration à côté de l'état actuel. De même nous n'avons pas craint d'introduire un assez grand nombre de restitutions empruntées aux plus célèbres archéologues. Quoiqu'il y ait toujours une grande part de conjecture dans les travaux de cette nature, nous avons pensé

---

1. On trouvera d'ailleurs à la fin de ce volume la liste des ouvrages que nous avons consultés pour ce travail.

qu'il serait intéressant de faire connaître comment, à l'aide de documents écrits, il est possible de se représenter des monuments aujourd'hui disparus qui, comme le palais des papes à Rome, ou celui des rois de France, ont été le théâtre des plus grands événements historiques. Enfin, nous avons cru légitime, dans cet ouvrage qui n'a point d'autre prétention que d'être un ouvrage d'intelligente vulgarisation, de corriger dans la représentation des costumes empruntés à des documents d'une époque barbare, les fautes de dessin : nous n'avons pas reproduit servilement telle miniature du neuvième ou du dixième siècle, nous avons restitué un costume du neuvième ou du dixième siècle d'après cette miniature.

Nous souhaitons que cet *Album Historique*, ainsi conçu, rende de réels services, d'abord à nos professeurs d'histoire et de littérature qui y trouveront la matière d'un perpétuel commentaire de leurs leçons; puis à nos artistes et à tous ceux qui s'occupent d'industries artistiques, car il fournira à ceux-ci, en quelques pages, un grand nombre de renseignements puisés aux meilleures sources. Enfin, s'il peut contribuer à faire que l'histoire ne soit plus, comme il arrive encore trop souvent, une sorte de théâtre sans décors où s'agitent en tous sens des ombres vagues aux formes incertaines, l'auteur et les éditeurs s'estimeront récompensés des recherches et des sacrifices que la composition de cet ouvrage leur aura coûtés.

A. PARMENTIER.

Un grand nombre des objets dessinés dans cet ouvrage sont reproduits d'après des originaux conservés dans nos musées. Les principaux de ces établissements sont groupés à Paris; ce sont d'abord le *musée du Louvre*, qui présente plusieurs salles réservées aux sculptures du moyen âge, aux ivoires et aux objets précieux; le *musée de Cluny*, dans l'ancien hôtel du même nom, exclusivement consacré aux objets d'art et aux ustensiles de tout genre du moyen âge; le *musée de sculpture comparée du Trocadéro*, où l'on trouve reproduites à l'aide de moulages en plâtre les plus belles sculptures ; à ce musée est adjointe une *bibliothèque* qui renferme plusieurs milliers de photographies des édifices français. On trouvera également de riches collections de photographies des monuments des pays étrangers à la *bibliothèque de l'École des Beaux-Arts*, et de beaux moulages dans ses galeries. Au *musée de Saint-Germain-en-Laye* ont été rassemblées les antiquités relatives aux premières périodes de notre histoire et à la Gaule. Le *musée d'Artillerie*, aux *Invalides*, présente de précieuses collections d'armes et une intéressante galerie de costumes militaires restitués. A la *Bibliothèque nationale*, à Paris, on trouvera, réunie sous le nom de *Cabinet des médailles*, une riche collection non pas seulement de médailles et de monnaies, mais aussi d'objets précieux de tout genre de l'antiquité, du moyen âge et de la Renaissance. Enfin les *Archives nationales* contiennent les pièces manuscrites relatives à notre histoire; beaucoup de ces chartes sont accompagnées des sceaux des signataires; on peut en admirer les plus beaux spécimens au *musée des Archives*. C'est à Paris que sont ainsi groupés les éléments les plus importants de nos connaissances sur la vie et les mœurs de nos ancêtres ; mais il n'y a pas en province un musée ou un trésor d'église qui ne renferme des objets remarquables, et l'on n'en saurait trop recommander la visite.

Qu'il nous soit permis, en terminant ces indications, d'exprimer nos remerciements les plus sincères aux personnes qui ont bien voulu nous aider de leurs conseils dans la préparation de cet ouvrage. Nous devons à l'obligeante complaisance de MM. Prou et Babelon, conservateurs à la Bibliothèque nationale, l'indication des monnaies dessinées dans cet ouvrage ; M. Lemonnier, professeur à la Faculté des lettres, a bien voulu nous donner d'utiles avis; M. Guy, professeur à l'école Monge, a mis à notre service sa connaissance de l'enseignement. Enfin il serait injuste de ne pas remercier ici nos collaborateurs de tout instant, MM. Sellier, E. Parmentier et Al. Mucha, au talent desquels sera dû le principal intérêt de cette publication.

Sarcophage de la vigne Ammendola. Ce sarcophage, trouvé près de Rome, en 1830, dans la voie Appienne, représente probablement un combat entre des Grecs et des Gaulois d'Asie. On y peut voir quelle physionomie les anciens prêtaient aux Gaulois.

# CHAPITRE PREMIER

## La Gaule et les Gaulois.

Trophée d'armes et captifs gaulois, d'après l'Arc d'Orange.

Trophée d'armes et captifs gaulois, d'après l'Arc d'Orange.

**Aspect de la Gaule.** — Il y a une vingtaine de siècles, la Gaule présentait un aspect différent de celui qu'offre aujourd'hui notre pays. Là où s'étendent maintenant des champs bien entretenus ou des bois soigneusement aménagés, l'on n'aurait trouvé que des landes incultes et d'immenses forêts, peuplées de bêtes sauvages. Quelques rares sentiers ne laissaient au voyageur qu'un passage difficile. Dans les plaines, les fleuves se répandaient à leur gré ; le fond des vallées était occupé souvent par de fétides marécages. Les ponts étaient rares, et les rivières formaient entre les différentes régions du pays des barrières difficilement franchissables. Les villes et les villages furent d'abord peu nombreux, peu peuplés et éloignés les uns des autres.

**Le costume.** — Les Gaulois se distinguaient des autres peuples de l'antiquité par leur costume et leur armement. A côté des Romains, dont le vêtement principal était une sorte de long manteau, la *toge*, dans laquelle ils s'enveloppaient complètement, les Gaulois avaient surtout des vêtements courts, qui même laissaient souvent à nu une partie du corps. Leur costume se composait, pour les hommes, d'un pantalon étroit (*braie*) serré aux chevilles,

## Le costume.

**Chef** vêtu de braies, d'une tunique à manches longues et d'une saie. Il porte des jambières, une cuirasse de cuir à boutons de métal, un casque orné d'ailes et d'une sorte de crinière. (Musée d'artillerie.)

**Guerrier** vêtu de braies attachées aux chevilles, et d'une saie jetée sur les épaules. (Musée d'artillerie.)

**Guerrier** vêtu d'une courte tunique sans manches, serrée à la taille. (Racinet, *Costume historique*.)

**Guerrier.** Il porte des braies attachées aux chevilles, une tunique à manches longues, une saie sur les épaules; sur la tête un casque orné de fourrure. Il tient à la main la carnyx ou trompette de guerre. (Musée d'artillerie.)

**Femme** vêtue d'une tunique de dessus et d'une jupe de dessous. (Racinet, *Costume historique*.)

**Cavalier gaulois**, restitué par M. Frémiet, d'après les découvertes faites dans des sépultures gauloises.

**Paysan.** Il porte les *braies*, une tunique et le *bardocuculle*, sorte de manteau à capuchon. (Racinet, *Costume historique*.)

Ces personnages ont été restitués d'après les renseignements recueillis dans les fouilles de sépultures gauloises, d'après de petites statuettes de l'époque gallo-romaine, et les descriptions des auteurs anciens.

et d'un petit manteau carré (*saie* ou *sayon*) jeté sur les épaules; le torse et les bras restaient nus. Beaucoup d'entre eux ajoutaient à ce costume une blouse avec ou sans manches. Ils avaient en général aux pieds des souliers de cuir à semelles épaisses. Leurs cheveux, qu'ils portaient très longs, étaient ramenés du front sur la nuque et noués souvent en une grosse touffe qui retombait sur leurs épaules comme une crinière. Ils les teignaient, et de préférence en rouge. La plupart portaient la barbe; les nobles ne gardaient volontiers que les mous-

## Les bijoux.

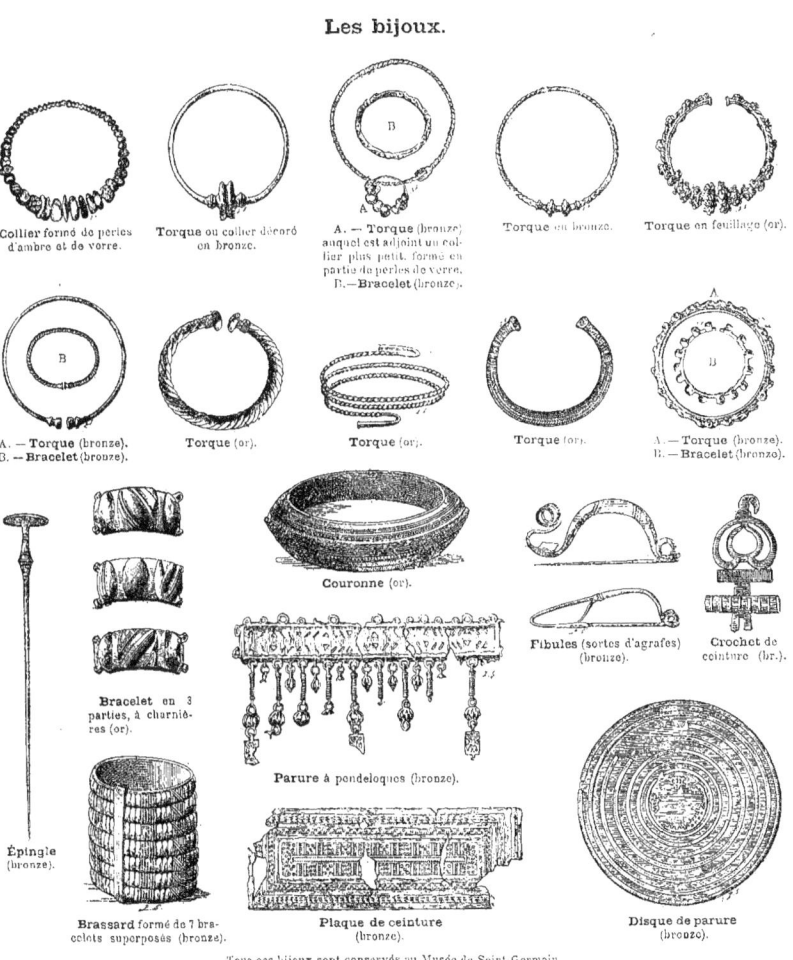

Tous ces bijoux sont conservés au Musée de Saint-Germain.

taches et quelquefois une touffe au menton.

Les prêtres des Gaulois, les Druides, étaient vêtus d'une robe blanche; ils avaient autour du cou un collier d'amulettes, aux pieds des sandales et tenaient souvent à la main une baguette blanche.

**Les bijoux.** — Comme il arrive chez tous les peuples encore barbares, hommes et femmes avaient un goût marqué pour la parure et les bijoux, qui consistaient en colliers de bronze ou d'or. Ces bijoux étaient décorés de dessins, de zigzags et de gracieux feuillages. Les Gaulois portaient aussi des disques, des pendants d'oreille, des épingles ornées, des fibules ou agrafes, etc. Mais l'on n'a pas encore retrouvé de bagues.

## Les armes.

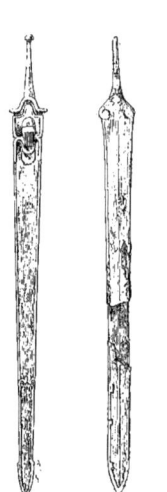

Épées (bronze).

Pointes de flèches en os (restaurées).

Pointes de flèches (en fer).

Pointes de flèches (en fer).

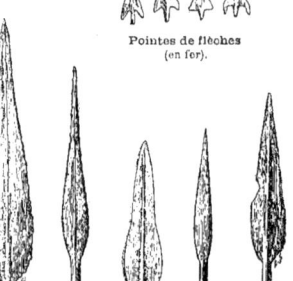

Pointes de lances et de javelots.

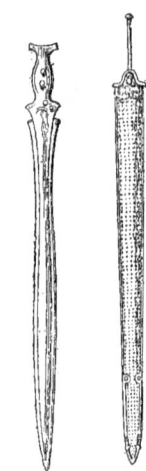

Épées (bronze).

Casque. Entre les cornes se trouve une rouelle, ornement fréquemment retrouvé dans les tombes.

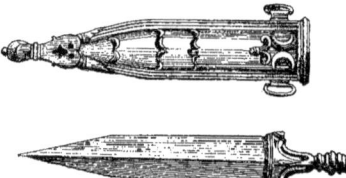

Poignard avec sa gaine (restauré).

Ces armes sont conservées au Musée de Saint-Germain.

Casque muni de cornes, provenant, comme celui de gauche, d'un bas-relief de l'Arc d'Orange.

**Les armes.** — Les Gaulois étaient d'une bravoure indomptable. A l'origine, ils n'avaient qu'un long bouclier d'osier ou de planches légères ; plus tard, ils adoptèrent la cuirasse, les brassières et les jambières de métal. Ils couvraient leurs têtes de légers casques de métal ; ceux des chefs étaient ornés de cornes ou de paires d'ailes, quelquefois même, d'ornements sculptés en forme d'animaux. Comme armes offensives, ils avaient des casse-têtes en pierre ; des lances ; des flèches, dont les pointes furent longtemps en os et en silex ; le *gæsum*, trait léger qu'on lançait à la main ; la lance à large fer ; le *saunion*, sorte de hallebarde à lame découpée ; la *maturis* ou *matras*, épieu muni d'une pointe de fer ; des épées et des dagues.

Les bandes gauloises avaient des enseignes, c'étaient de longues piques surmontées de statuettes d'animaux ; celui qu'on représentait

## Les armes.

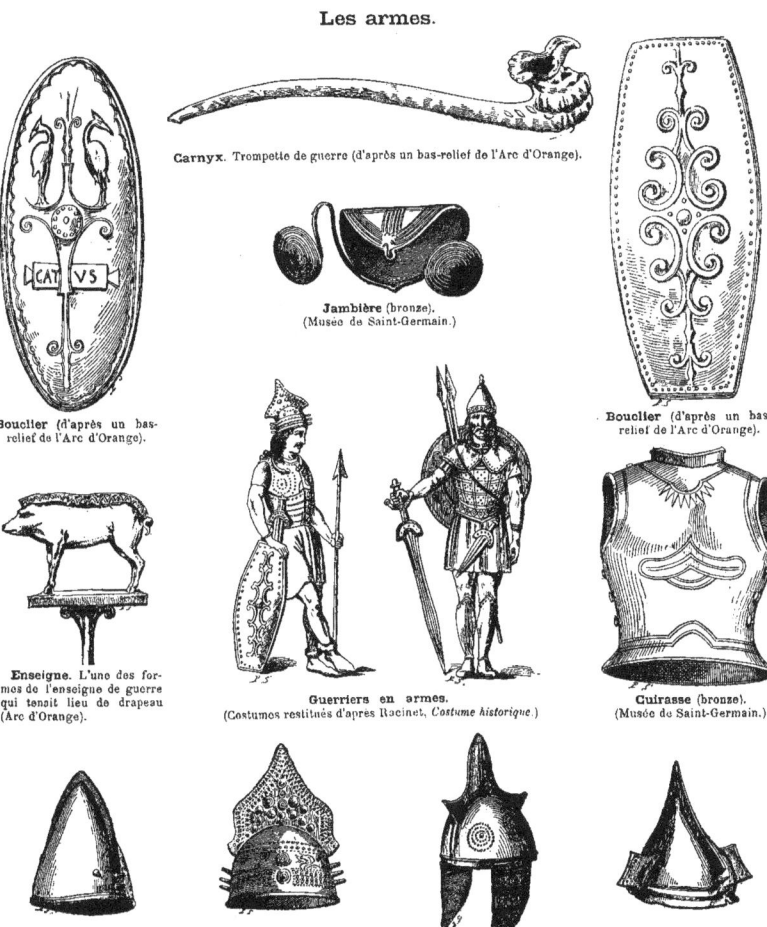

le plus fréquemment était le sanglier. Ils avaient des trompettes en bronze recourbé, dont le pavillon figurait un mufle de bête. Pendant longtemps leurs armes furent en bronze; mais, dès l'époque d'Annibal, ils avaient adopté le fer. Les nobles mettaient leur vanité à posséder de belles armes ; leurs boucliers étaient souvent ornés de plaques de métal estampé, dessinant des ornements bizarres ou reproduisant grossièrement des formes d'animaux. Ils se plaisaient également à couvrir leurs chevaux de riches harnachements. Lorsque César fit la conquête de leur pays, ils avaient renoncé, depuis quelque temps déjà, à l'usage du char de guerre, sur lequel auparavant les chefs combattaient.

## Les habitations.

Habitation gauloise (d'après Ch. Garnier et Ammann, *Histoire de l'habitation humaine*).

Fragment restitué de l'oppidum de Murceints (Lot).
Maçonnerie dans laquelle sont encastrées de grosses poutres, destinées à consolider l'édifice. (Musée de Saint-Germain.)

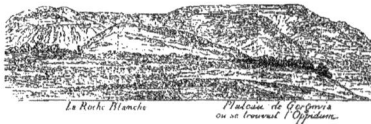

Vue du plateau où se trouvait l'oppidum de Gergovie (d'après une aquarelle du musée de Saint-Germain). Les fouilles faites sur le plateau ont permis de reconnaître l'emplacement des anciens retranchements.

**Les habitations.** — Les Gaulois groupèrent d'abord leurs habitations en petit nombre, à la lisière des bois, près de leurs champs ; dans les forêts, au croisement de plusieurs chemins. Beaucoup de cités actuelles occupent aujourd'hui l'emplacement d'anciens villages gaulois. Les Gaulois construisaient sur les hauteurs des *oppida* ou enceintes fortifiées, dans lesquelles ils venaient se renfermer en cas de guerre avec leurs familles, leurs objets précieux et leurs troupeaux. Ces enceintes, communes souvent à plusieurs tribus, servaient aussi aux marchés et représentèrent longtemps les villes gauloises. Telles furent les enceintes de Gergovie, auprès de Clermont-Ferrand, de Limes, auprès de Dieppe, de Murceints, dans le Lot, dont on voit encore les ruines.

Les habitations des Gaulois à la campagne étaient en général des cabanes de forme ronde ; des troncs d'arbre et des claies formaient la charpente. Le toit était en forme de calotte demi-sphérique, et fait le plus souvent en chaume ; la cabane ne recevait le jour et l'air que par une porte et par une ouverture percée au sommet du toit, qui laissait en même temps passer la fumée du foyer. Toute la famille vivait ainsi dans la même pièce. Le mobilier était très simple : il se composait de tables et de bancs grossièrement taillés ; on couchait sur la paille ou sur des peaux d'animaux. Des trophées d'armes, d'ossements d'animaux tués à la chasse ou de crânes d'ennemis tués à la guerre, formaient à peu près toute la décoration de ces demeures.

Dans les villes, à l'époque de César, les riches avaient des habitations confortables, dont les murailles étaient faites de bois ou de pierres cimentées et qui comprenaient plusieurs pièces ; on y trouvait des meubles plus nombreux et plus riches. Telles sont les maisons dont on a retrouvé l'emplacement sur le terrain de l'ancienne Bibracte, non loin d'Autun.

### Les repas.

Un repas chez les Gaulois.

Poteries gauloises.
(Musée de Saint-Germain.)

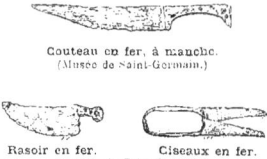

Couteau en fer, à manche.
(Musée de Saint-Germain.)

Rasoir en fer.   Ciseaux en fer.
(Musée de Saint-Germain.)

Poteries gauloises.
(Musée de Saint-Germain.)

**Repas.** — Les Gaulois prenaient leurs repas assis sur du foin ou sur des peaux de bêtes, autour de tables de bois peu élevées. Quand ils étaient plusieurs à table, ils formaient un cercle et le chef de la réunion était en général le personnage le plus distingué par sa naissance, sa valeur ou sa richesse. Auprès de lui s'asseyait celui qui donnait le festin ; les autres prenaient place suivant leur rang. Le repas se composait de pain en petite quantité et de beaucoup de viandes bouillies, grillées sur des charbons ou rôties à la broche. Les mets étaient servis proprement par les femmes dans des vases de terre ou de métal, mais l'usage des cuillers et des fourchettes étant ignoré, les convives mangeaient avec leurs doigts. La boisson, bière, vin ou hydromel, était contenue dans des vases de terre ou d'argent : on la buvait dans de longues cornes d'urus ou d'aurochs. Les repas n'étaient pas toujours pacifiques ; lorsque les convives étaient excités par la boisson, ils s'amusaient à se provoquer en combat singulier ; si par hasard ils venaient à se blesser, la colère les prenait, et à moins que les assistants n'intervinssent, ils se battaient jusqu'à la mort.

## Monnaies et médailles.

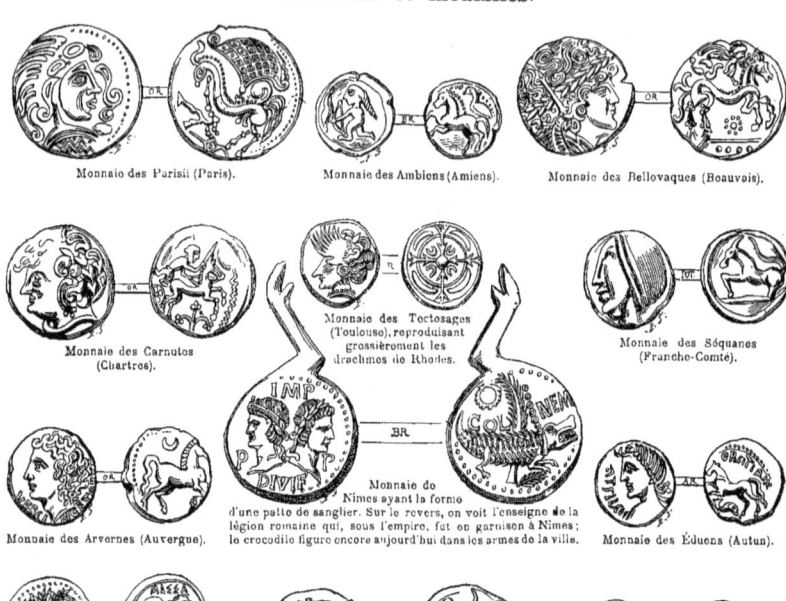

Monnaie des Parisii (Paris). — Monnaie des Ambiens (Amiens). — Monnaie des Bellovaques (Beauvais).

Monnaie des Carnutes (Chartres). — Monnaie des Tectosages (Toulouse), reproduisant grossièrement les drachmes de Rhodes. — Monnaie des Séquanes (Franche-Comté).

Monnaie des Arvernes (Auvergne). — Monnaie de Nîmes ayant la forme d'une patte de sanglier. Sur le revers, on voit l'enseigne de la légion romaine qui, sous l'empire, fut en garnison à Nîmes ; le crocodile figure encore aujourd'hui dans les armes de la ville. — Monnaie des Éduens (Autun).

Drachme de Marseille portant au revers, en caractères grecs, les premières lettres du mot Massa (lia), nom ancien de Marseille.

Monnaie des Armoricains (Bretagne).

Monnaie des Bituriges (Bourges).

Ces monnaies sont conservées à Paris au Cabinet des Médailles. La bande qui réunit ces médailles porte l'indication du métal dont elles sont composées : OR = or ; AR = argent ; BR = bronze ; Æ = airain ; POT = potin (alliage d'étain et de plomb) ; EL = electrum (alliage d'argent et d'or).

**Agriculture, industrie, commerce.** — Bien que d'humeur batailleuse, les Gaulois n'étaient pas toujours adonnés à la guerre. C'étaient des agriculteurs passables ; ils connaissaient la charrue, les principaux instruments de culture, et faisaient produire à la terre la plupart des céréales propres à notre climat.

Ils exploitaient les mines de leurs pays, et l'on a retrouvé en plusieurs endroits de véritables ateliers de fondeurs. Leurs bijoux donnent une preuve de leur adresse à travailler le métal.

Aussi avaient-ils un commerce assez actif ; les nations côtières avaient des flottes qu'ils savaient au besoin transformer en flottes de guerre ; celle des Vénètes inquiéta un moment César. Les échanges entre les différents pays se faisaient à l'aide de monnaies d'or, d'argent, ou de bronze, qui portaient soit les traits des chefs, soit différents insignes nationaux. Mais les inscriptions en étaient tracées avec des caractères grecs ; car il ne semble pas que les Gaulois aient eu une écriture nationale.

**Religion ; funérailles.** — Les Gaulois adoraient les astres, le soleil, la lune, les forces de la nature, le vent, le tonnerre ; ils avaient un dieu des arts, un de la musique, de l'éloquence ; ils rendaient un culte aux rochers, aux arbres, aux buissons, etc. Mais ils n'eurent point de statues de dieux avant la conquête romaine.

## Religion, funérailles.

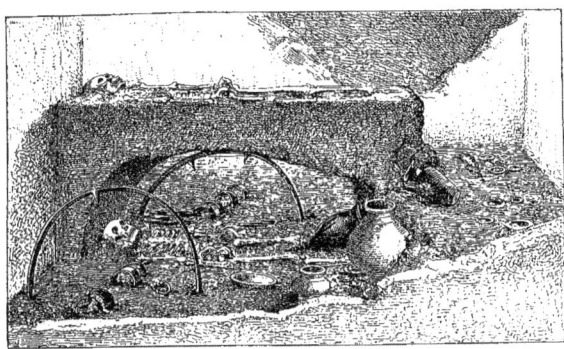

Sépulture d'un chef gaulois, découverte à la Gorge Meillet (Marne).
Ce chef avait été enseveli couché sur son char dont on aperçoit encore les roues.

Menhir de Lokmariaker (Morbihan), restauré. — Les menhirs sont de grandes pierres dressées en forme d'obélisques; on ignore à quel usage ils étaient réservés.

Alignements de Carnac (Morbihan). — On trouve parfois les menhirs alignés en longues files parallèles. Le plus célèbre de ces alignements est celui de Carnac, qui comptait autrefois plus de 4 000 pierres.

Dolmen de Lokmariaker (Morbihan), appelé aussi Table des Marchands ou de César. — Les dolmens (pierres plates posées sur d'autres) s'élevaient en général au-dessus des chambres sépulcrales.

Allée couverte de Bagneux, près Saumur. — Les allées couvertes étaient d'assez longues galeries qui précédaient souvent l'entrée des dolmens.

Les monuments dits *druidiques* et que l'on désigne de noms bretons, *menhir*, *dolmen*, etc., ont été édifiés bien avant l'arrivée des Gaulois dans notre pays. Mais, si les Gaulois ne les ont pas construits, il semble bien qu'ils s'en sont servis longtemps, soit pour leurs sépultures, soit pour des cérémonies religieuses.

Les Gaulois prenaient grand soin de leurs morts; ils les ensevelissaient ou les brûlaient. Les tombes des grands chefs étaient particulièrement soignées; on plaçait à côté du mort ses armes de guerre et ses bijoux. Dans les temps les plus anciens, on enfermait le mort dans une espèce de chambre sépulcrale, et avec de la terre, on formait au-dessus un tertre élevé que les savants appellent aujourd'hui *tumulus*. Cette coutume nous a permis de retrouver dans les sépultures qui ont été fouillées de nos jours, de très nombreux spécimens de l'art et de l'industrie des Gaulois.

**Caractère général de la civilisation gauloise.** — Depuis qu'ils s'étaient établis entre l'Océan et la Méditerranée, les Gaulois avaient fait bien des progrès, et leur civilisation, sans être comparable à celle des Romains, était déjà cependant assez avancée. Certes, par plus d'un trait, c'étaient encore des populations barbares; on retrouvait chez eux le goût de la parure et des armes éclatantes, cette agriculture et cette industrie rudimentaires, ces coutumes parfois cruelles qui sont communes aux peuples encore peu civilisés. Mais leur intelligence était vive et prompte. Après la conquête, ils s'accommodèrent bien vite des conditions nouvelles où ils se trouvèrent et la transformation de la Gaule s'accomplit rapidement.

## Gaule romaine. — Le costume.

**Femme** en costume de ville.    **Gallo-Romain** en costume de voyage.    **Femme** en costume de ville.    **Gallo-Romain** portant l'épée.

Ces costumes ont été restitués d'après des bas-reliefs figurant sur des tombeaux gallo-romains conservés au Musée de Sens.
On en peut voir des moulages au Musée de Saint-Germain.

**Transformation de la Gaule à la suite de la conquête romaine.** — L'aspect du pays se modifia; les terrains incultes diminuèrent; les forêts furent en partie défrichées; à la place des rares sentiers qui les traversaient, les Romains tracèrent des routes, si solidement établies, qu'en maint endroit elles subsistent encore; les marais furent desséchés; on construisit des ponts. Les villes devinrent alors nombreuses et plus belles. La Gaule prit l'aspect d'un pays civilisé.

Les Romains firent en Gaule ce que nous faisons nous-mêmes en Algérie et dans nos colonies : nous remplaçons par de bonnes routes les mauvais chemins des indigènes, nous mettons en culture les terrains en friche. Pour eux, comme pour nous, le but était de tirer le meilleur parti du pays conquis.

**Changements dans le costume des Gaulois.** — Les Gaulois quittèrent leur costume pour prendre celui des Romains. Les riches adoptèrent le costume romain; les petites gens cependant conservèrent plus longtemps le vêtement national, qui protégeait mieux contre le climat plutôt rigoureux de la Gaule.

Un vêtement nouveau se forma, qui fut celui des Gallo-Romains au deuxième et au troisième siècle de notre ère. Les braies et la tunique furent conservées; mais celle-ci s'allongea et finit par descendre jusqu'aux genoux; elle prit le nom de *caracalla*. Par-dessus ce vêtement, on mettait une *lacerne*, sorte de grand sarrau, sans manches, laissant passer les mains par des fentes, et quelquefois munie d'un capuchon. Une grande écharpe, qui faisait un tour au-dessus des épaules et dont les deux bouts retombaient l'un par devant, l'autre par derrière, complétait ce costume, que portèrent toutes les personnes de condition libre, hommes ou femmes. La toge romaine fut réservée aux cérémonies officielles. Pour le reste du vêtement, coiffure, chaussures, etc., les Gaulois adoptèrent les usages des Romains; ceux-ci à leur tour adoptèrent quelques pièces du costume gaulois, notamment les braies et la caracalle, et au quatrième siècle, il n'y eut pas plus de différence pour le costume entre les habitants de Rome et les provinciaux qu'il n'y en a aujourd'hui entre un Parisien et un Marseillais.

Les Gaulois abandonnèrent aussi leur armement pour prendre l'équipement, les armes, les procédés de combat des Romains.

**Changements dans les habitations et dans les mœurs.** — Dans les villes, les riches Gaulois se firent construire des demeures de tout point semblables à celles des Romains. On a retrouvé de nombreuses ruines de maisons gallo-romaines, qui avaient le même plan et les mêmes dispositions que celles de Rome. A l'intérieur, ces

## Gaule romaine. — Les habitations.

Intérieur gallo-romain. — On voit ici dans une riche demeure quelques Gallo-Romains, hommes et femmes, réunis autour d'un poète lisant des vers. Au fond, on aperçoit la cour intérieure de la maison, l'*atrium*, et la galerie qui l'entoure.

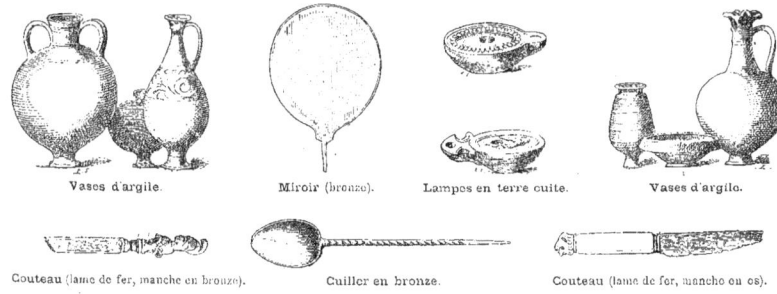

Vases d'argile.   Miroir (bronze).   Lampes en terre cuite.   Vases d'argile.

Couteau (lame de fer, manche en bronze).   Cuiller en bronze.   Couteau (lame de fer, manche en os).

Tous ces objets, de l'époque gallo-romaine, retrouvés dans des sépultures, sont conservés au Musée de Saint-Germain.

maisons étaient meublées et décorées comme celles des Romains ; ceux-ci se plaisaient à orner de mosaïques l'intérieur de leurs appartements ; aussi a-t-on retrouvé de nombreuses mosaïques dans les ruines des villas gallo-romaines. Les Gallo-Romains prirent leur repas à demi couchés sur des lits, à la manière romaine, autour d'une table richement parée et garnie de mets délicats. Les vaincus ne tardèrent pas à rivaliser de luxe avec leurs vainqueurs eux-mêmes. La chasse et la guerre cessèrent d'être leurs occupations favorites, et comme leurs maîtres, ils se plurent aux lettres et aux arts.

## Les Villes gallo-romaines.

Lyon sous la domination romaine. — Cette vue est prise du confluent de la Saône et du Rhône, au pied de la colline de Fourvières. A gauche, on voit l'aqueduc construit par Claude, qui amenait à Lyon les eaux du Giers captées à leur source au mont Pilat ; sur le sommet de la colline, le Forum et le temple de Trajan, situés là où se trouve actuellement la cathédrale ; en dessous, le palais des empereurs ; plus bas, le long du fleuve, derrière le pont, le port de la Compagnie des Nautes du Rhône et de la Saône (sorte de compagnie de navigation), le Panthéon ; au fond un autre port avec ses phares, et construction à plusieurs étages, la Naumachie, où l'on donnait au peuple le spectacle de batailles navales. Sur le devant du dessin, à droite, le bâtiment à colonnades que l'on aperçoit est le temple d'Auguste ; derrière, signalé par deux colonnes, était l'autel élevé à Rome et à Auguste par 60 nations gauloises ; enfin l'hémicycle qui termine ce bâtiment était un amphithéâtre pour les concours de poésie et d'éloquence (d'après Chenavard, *Lyon antique restauré*).

Arènes de Nîmes (vue extérieure). — Ces arènes furent construites sous Antonin le Pieux, originaire lui-même de Nîmes.

Arènes de Nîmes (vue intérieure). — De même que le théâtre d'Orange (v. p. 13) ces arènes furent transformées en forteresses au moyen âge.

La Maison Carrée à Nîmes. — Temple élevé dans la première année de l'ère chrétienne par les fils adoptifs d'Auguste. Au dix-septième siècle, il servit d'église ; de nos jours il a été isolé des maisons au milieu desquelles il resta longtemps enclavé et transformé en un musée d'antiquités gallo-romaines.

Arc de triomphe et Tombeau des Jules, à Saint-Remy (Bouches-du-Rhône). — L'arc est probablement une porte de la ville romaine de Glanum, aujourd'hui Saint-Remy. Le tombeau élevé par les fils d'un certain Caius Julius à leurs parents, ainsi que nous l'apprend une inscription, paraît remonter à la fin du premier siècle av. J.-C.

**Les Villes gallo-romaines.** — De nouvelles villes se formèrent ; les anciennes devinrent plus riches et plus belles. Les Gallo-Romains les ornèrent de monuments analogues à ceux que les Romains construisaient dans leurs villes. Les cités gallo-romaines virent s'élever dans leurs murs des portes monumentales, comme celles d'Autun ou de Trèves, des arcs de triomphe, comme ceux d'Orange, de Carpentras ou de Reims ; puis des édifices qui témoignaient, par leur présence dans la cité, que les Gaulois avaient adopté les goûts

## Les Villes gallo-romaines.

Vue intérieure du théâtre d'Orange restauré. — Des gradins, on aperçoit le mur de fond de la scène, orné d'une somptueuse décoration fixe, comme c'était l'usage chez les anciens. Un toit, dont on a retrouvé les débris, protégeait la scène (d'après Caristie, *Monuments antiques à Orange*).

Vue intérieure du théâtre d'Orange (état actuel). — On voit, à gauche, le grand mur qui supportait la décoration de la scène; à droite, les gradins; en arrière, le mur qui soutient les terres de la montagne. — Ce théâtre, un des mieux conservés, fut converti en forteresse au moyen âge; puis une partie en fut habitée par les princes d'Orange; ces ruines ont été dégagées dans le courant de ce siècle.

Pont du Gard. — Situé à 18 kil. de Nîmes, dans la vallée du Gardon, il faisait partie d'un aqueduc de 41 kil. de longueur, qui apportait aux thermes de Nîmes les eaux des sources d'Auro et d'Airan, dans la vallée d'Uzès. On croit qu'il fut construit sous Vespasien. Il se compose de trois rangées d'arches superposées; le rang supérieur porte la conduite d'eau.

et les besoins de leurs vainqueurs. Ils construisirent à leur tour des théâtres, comme celui d'Orange, des arènes, comme celles de Nîmes ou d'Arles, des aqueducs, comme celui de Nîmes; enfin des temples en grand nombre.

Ces villes présentaient avec les nôtres d'assez nombreuses différences. D'abord elles étaient en général beaucoup plus petites : Senlis aujourd'hui n'est pas une fort grande ville; néanmoins l'ancienne cité gallo-romaine, dont l'enceinte existe encore aujourd'hui presque entière, occupe à peine le tiers de la ville actuelle. Dans les cités gallo-romaines, les monuments étaient proportionnellement plus nombreux que dans les nôtres; qu'on jette un coup d'œil sur la vue de Lyon sous la domination romaine et l'on verra sur quel étroit espace s'entassaient les monuments. Enfin, dans nos villes, on s'efforce de dégager les édifices en aménageant autour d'eux de larges voies; il semble qu'il n'en était point ainsi dans les cités antiques. Les grands monuments y étaient mêlés aux maisons ordinaires, et l'on avait, plus souvent encore que chez nous, le contraste de vastes et belles constructions accolées aux demeures très simples d'aspect extérieur et quelquefois même misérables de la plupart des habitants.

## Les Villes gallo-romaines.

**L'Arc d'Orange** (état actuel). — Cet arc semble dater du premier siècle après J.-C. Au troizième, il fut enclavé dans des ouvrages de défense, et ne fut dégagé qu'au commencement de ce siècle. Sa longueur est de 19m,18, sa profondeur de 8m,50, sa hauteur de 18m,80 ; il est donc beaucoup plus petit que l'Arc de triomphe de Paris (long. : 44m,82 ; prof. : 22m,50 ; haut. : 45m,82).

**L'Arc d'Orange** supposé dans son état primitif (d'après Caristie, *Monuments antiques d'Orange*). — Les bas-reliefs sculptés sur cet arc de triomphe représentent des combats de cavaliers gaulois et de cavaliers romains, des trophées d'armes gauloises, et des prisonniers gaulois, hommes et femmes.

**L'Arc d'Orange** tel qu'il était au moyen âge (d'après une vieille peinture). Comme beaucoup de monuments anciens, cet arc fut employé, au moyen âge, dans la construction des murailles de la ville.

**La Porte Noire, à Trèves** (*Prusse rhénane*). — Cette porte, qui est surtout remarquable à cause de ses tours demi-circulaires, fournit un des meilleurs exemples de la manière dont les Romains fortifiaient et décoraient à la fois l'entrée des villes.

**Porte d'Autun** (état actuel). — Autun, ornée de nombreux monuments par Auguste, qui lui donna son nom (Augustodunum), avait une enceinte protégée par plus de 40 tours ; il ne subsiste plus de ces murailles que deux portes monumentales flanquées de tours en ruines.

**Autre porte à Autun** (restaurée).
(d'après Reynaud, *Traité d'architecture*).

## Développement de l'Industrie et du Commerce.

Le forgeron **Bellicus**, restitué d'après son tombeau (Musée de Sens).

Enseigne d'un **marchand de pommes**; l'inscription : Maia! Mulieres, Mulieres meæ, veut dire : Voici des pommes, mesdames!

**Blussus**, entrepreneur de transports sur le Rhin, restitué d'après son tombeau (Musée de Mayence).

**Sabotier** dans son échoppe (Musée de Sens).

**Foulon** au travail (Musée de Sens).

**Tondeur de drap** (Musée de Sens).

**Développement de l'Industrie et du Commerce ; formation d'une classe d'artisans.** — La domination des Romains força les Gaulois à renoncer aux querelles intestines qui avaient si longtemps retardé le développement de leur civilisation ; ils tournèrent désormais leur activité naturelle vers d'autres occupations et donnèrent tous leurs soins à l'agriculture, à l'industrie et au commerce. Il nous reste un curieux témoignage de cette transformation dans les mœurs des Gaulois. On a retrouvé un grand nombre de monuments funéraires de Gallo-Romains des premiers siècles de l'ère chrétienne ; presque tous sont ceux d'artisans ou de commerçants de différentes villes de la Gaule, qui se sont fait représenter sur leur tombeau dans le costume de leur profession. On peut voir ainsi au Musée de Saint-Germain, où l'on a réuni dans une salle spéciale la plupart de ces petits monuments, des maçons, des forgerons, des sabotiers, des marchands de pommes, des peintres en bâtiments, des charpentiers, des drapiers, des foulons, des tailleurs, des potiers, puis des chefs de grandes compagnies commerciales, comme ce Blussus, qui était entrepreneur de transports sur le Rhin. Il s'était donc formé dans les villes, par suite du développement de l'industrie, toute une classe de petits fabricants et de petits commerçants. Les campagnes étaient exploitées par les colons et les esclaves des grands propriétaires, les anciens chefs de tribus, qui menaient maintenant dans leurs somptueuses demeures l'oisive existence des riches Romains.

## Gaule romaine. — La Religion.

Divinité à trois têtes assise entre le dieu cornu Cernunnos et un autre dieu (Musée de Beaune).

Bas-relief du Musée de Reims, représentant le dieu gaulois cornu Cernunnos; d'un sac qu'il tient, sortent des graines. Auprès de lui sont Mercure et Apollon.

Autel découvert en 1710 à Paris sous le chœur de Notre-Dame, aujourd'hui au Musée de Cluny. Sur les quatre faces, reproduites ici chacune à part, on voit le dieu gaulois Esus, qui semble couper le gui sacré dans une forêt, Jupiter armé d'une lance, Vulcain tenant des outils de travail et un taureau surmonté de trois grues.

**Religion.** — Si les Gaulois prirent la langue, le costume et les mœurs de leurs vainqueurs, ils ne renoncèrent pas à leurs divinités. Les Romains d'ailleurs, fidèles à leur politique religieuse, firent bon accueil aux divinités gauloises qu'ils introduisirent dans leurs temples. Les Gaulois prirent ainsi l'habitude d'associer dans leurs hommages les divinités étrangères et les divinités nationales. A l'exemple des Romains encore, ils commencèrent à représenter leurs dieux par des statues, soit d'homme ou de femme, soit d'animaux; et ils donnèrent à celles de leurs divinités qui avaient quelque ressemblance avec les dieux romains, l'aspect qu'on prêtait à ceux-ci. C'est ainsi qu'on voit figurer sur les monuments religieux des Gallo-Romains, Apollon et Mercure à côté du dieu Cernunnos, Jupiter et Vulcain à côté d'Esus et du Taureau Tricaranus.

Les derniers Druides allèrent se réfugier dans les forêts de la Grande-Bretagne; des collèges de prêtres gallo-romains se formèrent à l'imitation des collèges romains. Les divinités nationales, comme les divinités étrangères, furent vénérées dans des temples et honorées par des sacrifices d'animaux, à la mode romaine. Enfin, pour les funérailles comme pour le reste, on adopta les pratiques romaines.

**Conclusion.** — Il ne resta donc plus grand-chose chez les Gallo-Romains des mœurs et des coutumes des anciens Gaulois; et quand, au quatrième siècle, commence l'histoire du moyen âge, il n'y avait plus aucune différence entre les descendants des Gaulois et les descendants de leurs anciens conquérants, qui ne formaient plus qu'un seul peuple.

Mosaïque du tombeau de Galla Placida (v<sup>e</sup> siècle) à Ravenne, représentant le Bon Pasteur au milieu de ses brebis. — A droite et à gauche, figures de saints et rinceaux empruntés à la décoration d'autres parties de l'édifice.

# CHAPITRE II

## L'Empire romain et la société chrétienne à la fin du IV<sup>e</sup> siècle.

Modifications extérieures introduites, au quatrième siècle, dans la société romaine. — Les deux faits qui contribuèrent le plus à modifier l'aspect de la société romaine au quatrième siècle furent, d'une part, l'introduction, à la cour des empereurs, d'un cérémonial pompeux, emprunté à celui des royaumes orientaux, et, d'autre part, le triomphe du christianisme.

Nous n'avons malheureusement, pour cette époque, qu'un petit nombre de documents, d'une valeur artistique souvent médiocre. Pour nous représenter les Romains du quatrième siècle, nous devons nous contenter des bas-reliefs de l'arc de Constantin, de quelques figures sculptées sur les plaques d'ivoire que l'on appelle diptyques, des mosaïques qui revêtaient les parois des monuments, des débris de quelques palais impériaux et des premiers édifices chrétiens.

Le luxe dans la vie publique; l'empereur. — L'exemple donné par Dioclétien, qui, le premier, introduisit à la cour impériale le cérémonial somptueux et l'étiquette scrupuleuse que l'on remarquait à la cour des princes orientaux, fut suivi par ses successeurs à la fin du quatrième siècle. L'empereur n'apparaît plus aux yeux de ses sujets que vêtu d'une toge brodée d'or ou tissée de soie, les pieds couverts de chaussures semées de pierreries, la tête couverte d'un diadème rehaussé de perles; l'or éclate sur toute sa personne;

## Les empereurs.

**Impératrice.** — D'après une statuette conservée au cabinet de France, représentant l'impératrice Ælia Flavilla, femme de Théodose. Elle porte un manteau (*pallium*) sur une longue robe.

**Empereur en costume triomphal.** — Restitué d'après un camée du cabinet de France, un diptyque connu sous le nom de diptyque d'Honorius, la statue de Constantin et le médaillon de Constance, conservé au Musée de Vienne. L'empereur, couronné de lauriers, debout sur un char à quatre chevaux, porte une cuirasse terminée par de courtes basques de cuir; par-dessus, le *paludamentum*, manteau flottant réservé aux généraux en chef. C'était la tenue que l'empereur revêtait dans les circonstances solennelles.

**Julien.** — Cette statue, conservée au Musée des Thermes, à Paris, représente l'empereur Julien dans le costume des philosophes antiques.

**L'empereur Honorius.** — Courte tunique; cuirasse richement décorée, chaussures très ornées; diadème orné de perles; épée au côté; il tient d'une main un globe surmonté d'une victoire, de l'autre le *labarum*, l'étendard chrétien devenu le drapeau de l'empire.

**Empereur en costume militaire.** — D'après l'arc de Constantin. Il porte de courtes braies collantes, une tunique courte sous sa cuirasse, une chlamyde (ample manteau jeté sur les épaules).

**L'empereur Constance en costume consulaire.** — D'après une miniature conservée à la Bibliothèque Barberine à Florence. Il porte par-dessus une tunique un manteau (*trabée*) et tient à la main un sceptre.

quand il sort du palais, il monte sur un char orné de lames d'or et de pierreries, et traîné par des mules aux rênes d'or. Il n'est pas jusqu'à son cercueil qui ne soit d'or. On retrouve cette magnificence dans l'intérieur du palais impérial; de somptueuses mosaïques le décorent; tous les jours on renouvelle la mince couche de sable d'or fin qui couvre le pavé des appartements; une foule d'esclaves se presse dans la demeure impériale; de nombreux gardes, couverts d'armes d'or et d'argent, veillent sur le palais. C'est dans cette magnificence continuelle que vit l'empereur; on l'aborde rarement, et quand on a obtenu accès auprès de lui, l'usage est de se prosterner et de l'adorer comme un dieu.

## Les fonctionnaires.

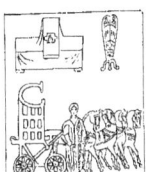

**Insignes du Préfet de la Ville**, chargé de l'administration de Rome et de l'Italie. Il est représenté auprès de son char.

**Insignes du Préfet du prétoire.** — Sur la table et sur le trépied voisin est figuré le portrait de l'empereur.

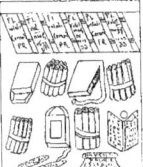

**Insignes du maître des bureaux**, chef des bureaux du palais; aussi voit-on parmi ses insignes des papyrus roulés.

**Insignes du maître des offices.** — Les armes font allusion à la surveillance des fabriques d'armes dont il avait la charge.

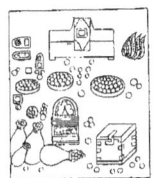

**Insignes du comte des largesses sacrées.** — Parmi ses insignes, figurent des bannes et des sacs remplis d'écus.

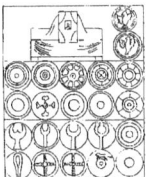

**Insignes du maître des fantassins.** — Les cercles tracés sur ce dessin sont des boucliers portant les armes parlantes des légions.

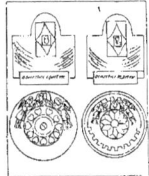

**Insignes du comte de la cavalerie du palais et du comte de l'infanterie du palais.** Les deux cercles ornés sont des boucliers.

**Insignes du consulaire de Campanie.** — La statue représente la Campanie consulaire personnifiée.

**Insignes du vicaire d'Espagne.** — Les figures représentent les divisions de l'Espagne : Bétique, Lusitanie, Galice.

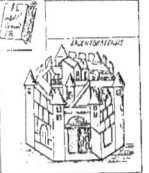

**Insignes du comte de Strasbourg.** — On voit sur le dessin la ville (*Argentoratensis Urbs*) avec ses murailles.

**Magistrat siégeant au tribunal.** — D'après un diptyque conservé à la Bibliothèque de Berlin.

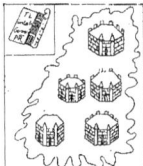

**Insignes du vicaire de Bretagne.** — Le dessin figure une carte du vicariat de Bretagne avec les principales villes représentées par leur enceinte.

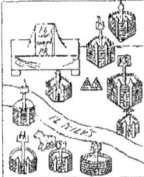

**Insignes du comte des frontières d'Égypte** représentant les principales places fortes avec les étendards des légions qui y tenaient garnison.

Ces insignes sont tirés de la *Notice des Dignités de l'Empire romain*, sorte d'almanach, rédigé probablement au Vᵉ siècle, qui énumère les fonctionnaires impériaux civils et militaires et leurs subordonnés. En tête de la liste des membres de chaque administration est un dessin où sont figurées, à l'aide de symboles, les attributions du directeur de ce service.

**Plaideur.** — D'après un diptyque conservé à la Bibliothèque de Berlin.

**Les fonctionnaires.** — Ce qui rehaussait encore l'éclat de la cour impériale, c'était la présence de nombreux fonctionnaires civils et militaires. Les empereurs du quatrième siècle, en séparant les fonctions militaires des fonctions civiles, augmentèrent le nombre des magistrats et des officiers de tout genre. Malheureusement, nous connaissons mal les costumes de ces dignitaires, et, à part les consuls, quelques magistrats et quelques généraux, dont les diptyques nous fournissent l'image, nous ne pouvons guère nous représenter les hauts fonctionnaires de la cour de Constantin et de ses successeurs.

## L'armée.

**Général.** — (Diptyque de Monza) (Lombardie). — Le personnage, que l'on croit représenter Stilicon, est vêtu d'une tunique brodée et d'une chlamyde très ornée.

**Cavalier.** — Même équipement que celui des fantassins; il monte sans selle ni étriers; l'enseigne qu'il tient à la main a la forme d'un dragon.

**Porte-enseigne.** — Son enseigne est surmontée d'une statue de la Victoire.

**Légionnaire.** — Ce soldat, équipé comme le trompette, est armé d'une lance et d'un bouclier.

**Transport des bagages.** — Ces soldats portent sur la tête de simples coiffes. — Ce groupe, ainsi que les autres figures de cette page, sauf la première, appartient à l'arc de Constantin.

**Trompette.** — Il est vêtu de braies, d'une tunique courte serrée à la taille; il porte un casque en métal orné d'une aigrette.

**L'armée.** — La présence de soldats richement équipés achevait d'embellir la cour impériale. Dans les cérémonies défilait la garde de l'empereur le bouclier au bras, le casque en tête, la cuirasse sur la poitrine, « armes étincelantes dont les reflets éblouissaient les yeux », nous dit l'historien Ammien Marcellin. Puis venaient des détachements de *cataphractes*, cavaliers recouverts des pieds à la tête d'un tissu de mailles d'acier. Au-dessus des troupes flottaient les enseignes, sortes de dragons de pourpre attachés à des hampes incrustées de pierreries. Le reste de l'armée avait gardé l'équipement de l'ancien soldat romain, en l'allégeant; les soldats n'étaient plus armés que de la lance et du bouclier et couvraient souvent leur tête d'une simple coiffe au lieu d'un casque.

## Le costume.

**Noble romain.** — D'après l'arc de Constantin. Il est vêtu de braies collantes, d'une tunique courte à manches, et tient dans sa main l'extrémité d'une écharpe enroulée autour de son corps.

**Dame noble.** — D'après le diptyque conservé à Monza, représentant probablement la femme de Stilicon, ministre d'Honorius. Tunique à manches, entourée d'une large écharpe.

**Enfant noble.** — D'après le même diptyque. Il est revêtu d'une longue tunique à manches étroites et d'une chlamyde. On croit que c'est le portrait du fils de Stilicon.

**Noble romain.** — D'après l'arc de Constantin. Il porte deux longues tuniques passées l'une sur l'autre, et a sur la poitrine une écharpe.

**Noble romain.** — D'après l'arc de Constantin. Tunique ceinte à manches étroites, une chlamyde ; bottines montantes, qui laissent le mollet découvert.

**Enfant.** — D'après l'arc de Constantin. Son costume est à peu près semblable à celui des hommes.

**Femme romaine.** — D'après l'arc de Constantin. Elle est couverte d'une longue tunique passée par-dessus une autre à manches étroites.

**Serviteur.** — D'après un diptyque conservé au cabinet de France. Il est vêtu d'une tunique à manches courtes.

**Le luxe dans la vie privée ; le costume.** — Le costume des Romains du quatrième siècle différait un peu par la forme de celui que portaient les Romains de la République et des premiers temps de l'Empire. On avait, en général, remplacé la toge par des vêtements plus courts, moins majestueux, mais aussi moins embarrassants. Ceux qui ont conservé le goût des vêtements longs portent une longue robe, la *dalmatique*, qu'ils recouvrent d'un grand manteau, la *trabée*, rappelant un peu, par sa forme, l'ancienne toge. Ceux qui préfèrent les vêtements courts portent des espèces de braies collantes laissant le mollet nu, une courte tunique à manches longues et étroites, et sur leurs épaules ils jettent un manteau sans manches. Les sénateurs joignent souvent à ce costume une longue écharpe, qui fait plusieurs fois le tour de la poitrine. Les femmes, plus fidèles à l'ancien costume des dames romaines, portent en général une ou deux longues robes à manches

## Les habitations.

**Thermes de Julien** (état actuel). — On voit encore aujourd'hui à Paris les débris d'un vaste palais construit au quatrième siècle par Constance Chlore, pendant le long séjour qu'il fit en Gaule. Julien l'habita à son tour et y fut proclamé empereur en l'an 360. Ce palais devint ensuite la résidence des rois mérovingiens et carolingiens. Ce qui restait du palais romain au quinzième siècle fut englobé dans les constructions de l'hôtel de Cluny, qui existe encore aujourd'hui et a été transformé en un musée des antiquités du moyen âge et de la Renaissance.

courtes passées l'une sur l'autre et un grand manteau jeté autour du corps, le *pallium*. La nature des étoffes employées change plus encore que la forme du costume; aux vêtements de couleur simple portés par les anciens Romains, on substitue les étoffes richement ornées.

Hommes et femmes portaient des chaussures d'étoffe dorée; les femmes relevaient leurs robes avec des ceintures d'or plaquées de pierres précieuses. On soignait beaucoup la coiffure et les cheveux étaient frisés au fer et maintenus avec des bandelettes de drap d'or ou de soie; sur la tête, on plaçait un bonnet d'étoffe dorée. Les dames romaines connaissaient l'usage des faux cheveux et des perruques. « Elles se fardaient au point de paraître comme des images de divinité et que les larmes qui coulaient de leurs joues y laissaient une trace. » Hommes et femmes s'inondaient de parfums et se surchargeaient les doigts de bagues et d'anneaux. Les femmes entouraient leur cou de colliers d'or et suspendaient à leurs oreilles de lourdes perles. Des éventails en plumes de paon, semés de roses, de légers parasols complétaient cet attirail.

**Les habitations.** — Le luxe des habitations riches égalait celui du vêtement. A cette date, les maisons demeuraient à peu près ce qu'elles avaient été antérieurement. C'était toujours le même groupe de chambres d'apparat, disposées autour de la cour intérieure ou *atrium*, précédée d'un vestibule et suivie d'un second corps de bâtiment réservé plus spécialement à la vie intime. Des mosaïques sur le pavé et sur la paroi des murs, des plafonds de bois dorés embellissaient les appartements. « Partout brille l'or, dit saint Jérôme, sur les murailles, dans les lambris et sur les chapiteaux des colonnes. » Des tables de marbres précieux, des chaises et des escabeaux souvent en argent massif, des lits dont le bois était incrusté d'ornements en or ou en argent, recouverts de housses de soie chamarrées, composaient l'ameublement.

**Le luxe de la table.** — S'il faut en croire

## Les habitations.

**Thermes de Julien** (restauration d'après Hoffbauer, *Paris à travers les âges*). — Lorsque les ruines des Thermes de Julien eurent été dégagées au milieu de ce siècle, on vit que l'ancien palais des empereurs comprenait de vastes bâtiments, dont les fondations ont été retrouvées, des bains dont l'importance a dû suffire à justifier le nom de palais des Thermes, des jardins immenses qui embrassaient une grande partie de la rive gauche de la Seine. Le reste le plus considérable de ce vaste palais est une grande salle de bains, que l'on voit représentée sur la page précédente dans son état actuel, et sur celle-ci telle qu'elle devait être au quatrième siècle. C'était le *frigidarium* ou salle des bains froids. On voit au fond la piscine. Autour de cette salle, on a retrouvé, plus ou moins bien conservées, la salle des bains chauds, celle où était le fourneau qui servait au chauffage des bains, et quelques autres petites salles.

les écrivains du quatrième siècle, jamais il n'y eut autant de gourmands qu'à cette époque, jamais le luxe de la table ne fut poussé si loin. Autour de tables en fer à cheval se plaçaient les Romains à demi couchés sur des lits; on couvrait la table de vaisselle d'or et d'argent dans laquelle de jeunes esclaves apportaient des mets recherchés, tels que la grue, l'esturgeon, le cerf; et dans des amphores, si grandes qu'il fallait quelquefois deux hommes pour les porter, on servait comme boissons des vins fins mêlés de miel.

**Les villes.** — A la fin du IV<sup>e</sup> siècle, les villes étaient nombreuses dans l'Empire; les descriptions que les écrivains du temps nous ont laissées de quelques-unes d'entre elles nous les montrent remplies de beaux monuments. Rome avait cessé d'être la seule capitale de l'Empire; mais elle restait néanmoins un entassement de merveilles. Les villes de province ne le cédaient point en magnificence à Rome. « A Milan, nous dit le poète Ausone, tout est merveille... Un double mur agrandit la ville où s'élèvent un cirque, les délices du peuple, un théâtre fermé où s'échelonnent d'immenses gradins, puis des temples, le palais du prince et ses remparts, l'opulent hôtel des Monnaies, et partout des péristyles ornés de statues de marbre. » Bordeaux n'est pas moins remarquable : « L'enceinte carrée de ses murailles élève si haut ses tours superbes que leurs sommets aériens percent les nues. On admire en dedans les rues qui se croisent, l'alignement des maisons, et la largeur des places, puis les portes qui répondent en droite ligne aux carrefours... » On remarquera que dans ces descriptions il est fait mention des remparts; c'est qu'en effet devant les invasions toujours menaçantes des Barbares, les villes restées ouvertes sous l'Empire, comme le sont aujourd'hui la plupart de nos cités, s'étaient entourées, dans le III<sup>e</sup> et le IV<sup>e</sup> siècle, de remparts; cette ville romaine enfermée dans son enceinte munie de grosses tours, c'est déjà presque la ville du moyen âge.

## La société chrétienne; les basiliques.

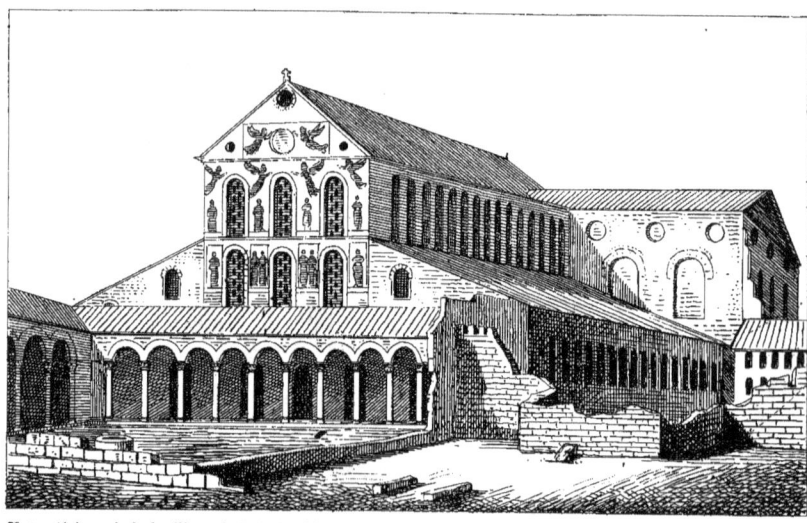

Vue extérieure de la basilique de Saint-Paul-hors-les-murs, à Rome. — (Restauration d'après Hubsch, *Monuments de l'architecture chrétienne depuis Constantin jusqu'à Charlemagne*.) — Ce monument, commencé par Théodose en 386 après Jésus-Christ, sur l'emplacement d'une église construite par Constantin sur la tombe de l'apôtre Paul, fut achevé sous Honorius. Il subsista à peu près intact jusqu'en 1823; il fut alors en partie détruit par un incendie; mais on le reconstruisit presque aussitôt, en utilisant les parties que le feu avait respectées et en rétablissant les nouvelles constructions sur le modèle des anciennes. On a représenté ici la basilique telle qu'elle devait être à l'époque de Théodose, et on a supposé le mur d'enceinte en partie détruit pour laisser voir les bâtiments intérieurs, la cour ou *atrium* et la façade d'entrée.

**La société chrétienne.** — Le triomphe de la religion chrétienne contribua beaucoup à modifier l'aspect de la société romaine. Désormais les chrétiens eurent leurs temples, les *basiliques*, et leurs cérémonies furent publiques. Il ne faudrait pas croire cependant que les chrétiens se distinguaient par leur costume des autres habitants de l'Empire; au contraire, leur persistance à conserver les modes et les costumes des païens affligeaient fort leurs évêques. Seuls les plus ardents consentaient à porter, de préférence, des vêtements de couleur sombre; c'était le costume que prenaient le plus souvent les prêtres et les évêques; car, à cette date, les prêtres chrétiens n'avaient pas encore de costume spécial. « Dans la société chrétienne, il n'y avait guère que les veuves, les vierges vouées à Dieu et les moines dont le costume offrît quelque particularité. » Les moines avaient, en général, adopté le costume des philosophes païens, c'est-à-dire une longue tunique brune d'étoffe grossière et une paire de sandales. Les plus austères imitaient l'exemple de ce moine dont saint Jérôme nous dit qu'on le voyait « pieds nus en hiver, la chevelure hérissée et sale, le corps à peine couvert d'un sayon en guenilles ». Les vierges vouées étaient des vierges chrétiennes qui, après avoir été consacrées à Dieu par leurs parents, continuaient à vivre dans leurs familles sans se marier. Elles étaient vêtues d'une longue tunique sombre et avaient sur la tête un voile analogue à celui que les jeunes Romaines portaient le jour de leur mariage. Ces vierges étaient, en effet, considérées par les chrétiens comme des épouses du Christ.

Quant aux veuves, leur costume était à peu près celui des femmes du peuple : une simple tunique de couleur rousse, serrée à la taille par un cordon de laine; elles portaient aux pieds des brodequins communs.

## La société chrétienne; les basiliques.

Vue intérieure de la basilique de Saint-Paul-hors-les-murs, à Rome (restauration d'après Hubsch). — A la partie supérieure de cette gravure, on aperçoit un grand rideau; c'est le voile qu'on avait l'habitude à cette époque de suspendre devant les portes d'entrée de la basilique. On voit en face de soi la grande nef et l'abside avec l'autel; à droite et à gauche, deux nefs latérales, séparées de la nef centrale par des rangées de grosses colonnes. La basilique avait donc cinq nefs; on compte dans les colonnades de la nef centrale 40 colonnes; 30 provenaient du mausolée d'Hadrien.

**Les basiliques.** — Les églises des chrétiens d'alors étaient les *basiliques*. On les appela ainsi parce qu'elles furent à l'origine construites sur le plan des basiliques païennes, édifices couverts qui servaient de tribunaux ou de bourses. Ces églises différaient grandement des nôtres. En avant de l'édifice était une colonnade entourant une cour carrée. Là se tenaient, pendant l'office, ceux des pénitents qui ne pouvaient plus entrer dans l'église et les catéchumènes, c'est-à-dire les nouveaux convertis qui, n'étant pas baptisés, n'étaient pas admis dans l'édifice. Au centre était un bassin où les fidèles se lavaient les mains et le visage avant d'entrer dans le temple. Cette cour antérieure, qui ne se retrouve ni dans les églises du moyen âge en général, ni dans les églises modernes, s'appelait *atrium*, comme les cours des maisons romaines, auxquelles elle ressemblait en effet.

On pénétrait dans l'église par des portes s'ouvrant sur la colonnade intérieure. Une fois dans l'église, on avait en face de soi la *grande nef*, séparée, par des rangées de colonnes, des nefs latérales, et tout au fond de la grande nef, un enfoncement à demi circulaire : c'était l'*abside* avec l'autel. Là, se plaçaient les prêtres; les fidèles se tenaient dans la nef; des places spéciales étaient affectées aux différents groupes de chrétiens. Dans la grande nef se tenait une catégorie privilégiée de pénitents, ceux qui pouvaient écouter l'office mais à qui il était interdit de participer à la communion. Les hommes se plaçaient dans la nef du sud, les femmes dans celle du nord. Chacune des nefs était partagée en compartiments

## La société chrétienne; les basiliques.

Vue intérieure du chœur de la basilique de Saint-Clément, à Rome. — On voit ici la partie de la basilique réservée aux prêtres. La basilique de Saint-Clément, élevée au IVe siècle, fut reconstruite au IXe siècle; mais le plan et les dispositions générales de l'ancien édifice furent alors soigneusement conservés, et ont été respectés jusqu'à nos jours; nous sommes ainsi renseignés avec précision sur l'aménagement intérieur des grandes basiliques de l'époque de Constantin.

par des cloisons. Le plus près de l'autel étaient placés, du côté des hommes, les moines et, du côté des femmes, les vierges vouées à Dieu.

L'abside était séparée de la nef par des barrières; souvent elle se prolongeait dans la nef par une sorte d'avant-corps; dans cette partie étaient placées de petites tribunes, appelées *ambons*, où les prêtres montaient pour lire les livres saints et prêcher. C'était la place des clercs mineurs et des chantres. Derrière, dans la partie demi-circulaire qui formait l'abside proprement dite, était le *sanctuaire*. Des voiles et des portières, relevés au moment des offices, fermaient cette partie de l'édifice; aucun laïque, pas même l'empereur, n'y pouvait pénétrer. Dans le sanctuaire, on trouvait d'abord l'autel; derrière, contre le mur de l'abside, la chaire de l'évêque; à droite et à gauche le long de la muraille, les sièges des prêtres. Évêque et prêtres, au lieu de tourner le dos aux fidèles, comme aujourd'hui, leur faisaient face.

Les grandes basiliques du quatrième siècle étaient magnifiquement décorées. Les murs étaient ornés de dessins formés de tablettes de marbre ou de mosaïques où l'on prodiguait l'or; les portes étaient ornées de lames d'argent ou d'ivoire. Les plafonds étaient en bois, plats, et habilement travaillés. Les autels, auxquels on donnait alors la forme soit d'un coffre, soit d'une table posée sur un ou plusieurs pieds, étaient faits de bois, de pierre ou de marbre, décorés de pierres précieuses, d'applications de lames d'or, et devant l'autel on suspendait des lampes d'or.

## La société chrétienne.

Mosaïque à Saint-Paul-hors-les-murs.
(Tout en haut de la mosaïque est figuré le Christ tenant un bâton, symbole de son autorité sur le monde; puis 24 vieillards tenant des couronnes qu'ils lui offrent; à gauche, saint Paul, ayant en main l'épée, en souvenir de son supplice; à droite, saint Pierre avec les clefs de l'Église. Cette mosaïque a été souvent réparée; néanmoins « le fond et l'ensemble de la composition appartiennent positivement au cinquième siècle. » (DE ROSSI).

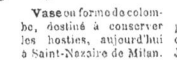

Vase ou forme de colombe, destiné à conserver les hosties, aujourd'hui à Saint-Nazaire de Milan.

Symbole chrétien, d'après une peinture des catacombes; l'arbre représente Jésus-Christ.

Vase contenant le sang d'un martyr. Représenté sur une peinture d'une sépulture chrétienne.

Chrétienne. — D'après une peinture des catacombes à Rome (cimetière de saint Prætextat). Elle est vêtue d'une longue tunique et porte sur la tête un voile; on reconnaît à ce détail une vierge vouée.

Édifices romains au IVᵉ siècle, représentant peut-être des basiliques, d'après un sarcophage.

 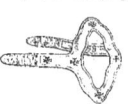 

Bague en or du IIIᵉ siècle, avec cette légende : Vivas in Deo, Vis en Dieu.

Pallium, insigne réservé aux évêques, d'après un sarcophage du IVᵉ siècle conservé à Milan.

Tessère d'amitié, objet sur la présentation duquel les chrétiens se reconnaissaient entre eux.

Évêque. — Saint Ambroise de Milan, d'après une mosaïque du Vᵉ siècle. Il est vêtu d'une tunique et d'un manteau semblable à celui des philosophes.

**Funérailles, sarcophages.** — Parmi les usages chrétiens qui différaient de ceux des païens, il convient de citer les funérailles. Comme Jésus-Christ après sa mort avait été enseveli et non brûlé, les chrétiens renoncèrent à l'habitude païenne de brûler les corps des défunts. Les riches chrétiens déposèrent leurs morts dans des cercueils de pierre ou *sarcophages*, décorés de bas-reliefs reproduisant des scènes de l'Ancien et du Nouveau Testament, ou bien des scènes de la vie des champs; c'était ainsi en effet que les chrétiens se figuraient les délices du Paradis. D'autres n'étaient ornés que de *strigiles*, cannelures sinuées, appelées ainsi à cause de leur ressemblance avec le strigile, instrument dont les Romains se servaient pour gratter la sueur qui couvrait leur corps après les exercices du gymnase.

## La société chrétienne.

**Sarcophage orné de bas-reliefs**, conservé à Arles. — Au milieu, la croix surmontée d'une couronne; au pied, deux soldats gardant le tombeau du Christ. De chaque côté, six apôtres tournant les yeux vers le sujet central et levant les bras en signe d'acclamation ou d'adoration. Au-dessus de la tête de chacun d'eux, une main tenant une couronne sort du ciel, figuré par des étoiles. Le couvercle du tombeau porte au milieu un cartouche vide, accosté de deux génies ailés; c'est là qu'étaient écrits en lettres de couleur aujourd'hui effacées les noms des deux époux. A droite et à gauche, les bustes des deux époux dans des cadres ronds soutenus par d'autres génies. Deux masques aux angles, terminent le couvercle. Sur le petit côté à droite on voit Moïse frappant le rocher d'Horeb.

**Sarcophage à strigiles** conservé à Arles. — On voit au milieu, entre deux rangées de strigiles, un buste du Christ; à gauche, une femme, peut-être la Vierge; à droite, le Bon Pasteur.

**Vase** à eau bénite, découvert à Autun. Ces vases étaient placés à l'entrée des basiliques.

**Lampe** chrétienne, portant, figuré au-dessus d'un vase, le poisson, symbole de Jésus-Christ.

**Autel du cinquième siècle** découvert à Auriol (Ardèche) en 1831. — C'est une table en marbre blanc de Carrare, ornée sur les côtes de douze colombes.

**Lampe** chrétienne, d'après une mosaïque de la basilique de St-Clément à Rome.

**Plaque d'identité** d'un esclave appartenant au chrétien Maximianus, libraire, à Rome.

**Conclusion.** — D'une rapide étude de la vie romaine au quatrième siècle, on gardera l'idée d'une société riche et luxueuse. Aussi comprend-on la séduction qu'elle exerçait sur les Barbares d'au delà des Alpes; ces costumes éclatants, ces habitations somptueuses, cette bonne chère, cette vie de loisirs devait être pour eux comme un rêve dont ils voulurent avoir aussi leur part. Une fois entrés dans l'empire, ils s'efforcèrent d'imiter cette existence, et il faut attendre le début des temps féodaux pour trouver une société tout à fait différente de l'antique société romaine dans ses mœurs et dans ses coutumes.

# CHAPITRE III

## Les Barbares. — La société mérovingienne[1].

Un village germain (d'après les descriptions des auteurs anciens et les représentations de la colonne Antonine).

**Les Germains avant leur invasion dans l'empire romain.** — Tacite nous peint les Germains comme des hommes grands, vigoureux, au teint frais, aux yeux bleus, aux cheveux blonds, souvent roux. Comme les anciens Gaulois, ils portaient des braies longues attachées aux chevilles, une tunique à manches longues serrée à la taille, souvent une seconde tunique très courte de manches, enfin une courte saie ou une peau de bête. Leurs femmes étaient vêtues de deux tuniques qui, le plus souvent, ne couvraient pas leurs bras. Leurs enfants, même assez grands déjà, restaient nus. Ils vivaient en petits groupes, près des fontaines et des cours d'eau, au milieu des clairières ou sur la lisière des bois. Ils habitaient des cabanes en bois à toit de chaume, éclairées seulement par la porte. La demeure du chef était souvent précédée d'une sorte de tour d'observation, comme on en voit encore aujourd'hui chez les peuples de l'Asie russe. Les hommes, armés de l'épée, de la

[1]. Pour ne pas grossir ce chapitre, on n'a rassemblé ici que des documents concernant les Germains et les Francs; on trouvera plus loin ceux qu'on a pu réunir sur d'autres peuples barbares, ainsi que sur l'Église, du quatrième au huitième siècle.

## Les Germains. — Costumes.

Germain. — Il est vêtu de braies longues et d'un manteau.

Trophée d'armes germaines attachées à un poteau.

Femme germaine vêtue d'une longue robe serrée à la ceinture et d'un voile.

Germain vêtu de braies longues, d'une tunique et d'un manteau à franges.

Enfant. — Son costume est le même que celui du Germain précédent.

Jeune femme germaine vêtue d'une tunique sans manches et d'un manteau.

Ces figures sont tirées de la colonne Antonine, à Rome, sur laquelle sont représentées les guerres de Marc-Aurèle contre les Germains.

framée, pique à fer étroit et court, du javelot, de la hache et du bouclier, passaient la plus grande partie de leur temps à la guerre. Lorsqu'ils ne guerroyaient pas, ils chassaient, jouaient aux dés ou dormaient; les femmes et les vieillards cultivaient les champs et faisaient paître leurs troupeaux de chevaux, de bœufs, de moutons et de chèvres à longs poils. En somme, ils étaient moins civilisés que la plupart des tribus gauloises, au moment où César fit la conquête de ce pays.

**Peuples de l'invasion.** — Lorsque les Barbares pénétrèrent dans l'empire romain, ils firent un étrange contraste avec les Gallo-Romains si élégants et si policés. D'abord arrivèrent les Goths couverts de vêtements malpropres et de fourrures, puis les Wisigoths, aux longs cheveux bouclés; après eux, les tribus conduites par Radagaise; Saxons, aux yeux bleus et aux cheveux ras; Vandales, armés de cottes de mailles, d'arcs et de flèches empoisonnées; Hérules aux joues verdâtres; Burgondes, hauts de sept pieds, à la voix

## Les Germains. — Bijoux, monnaies, armes, etc.

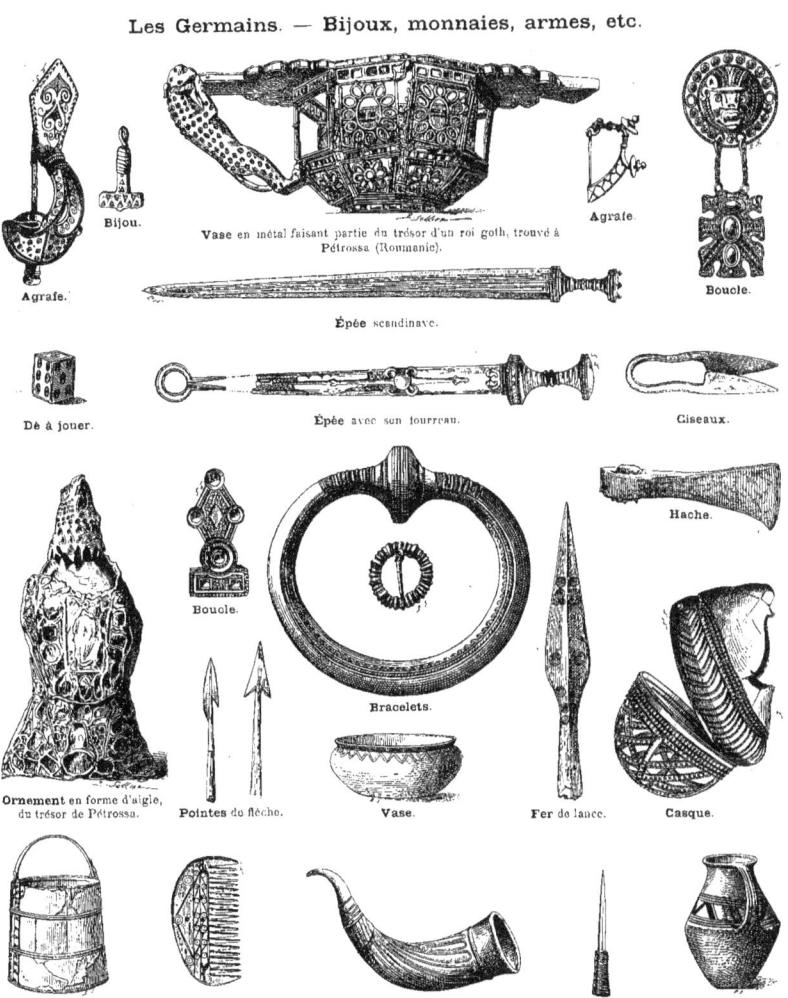

Ces objets proviennent, pour la plupart, de sépultures fouillées en Allemagne.

rauque, aux cheveux abondants, graissés de beurre rance, empestant l'ail ou l'oignon, etc. Derrière eux venaient les Huns qui, d'ailleurs, n'appartenaient point à la race germanique. Ceux-ci étaient des cavaliers pillards, vêtus de peaux, de petits hommes trapus, au corps grêle, à la tête énorme, aux yeux à demi fermés, au nez écrasé. De lourds chariots les suivaient, portant pêle-mêle leurs femmes, leurs enfants et le produit de leurs rapines.

## Les Francs. — Les armes.

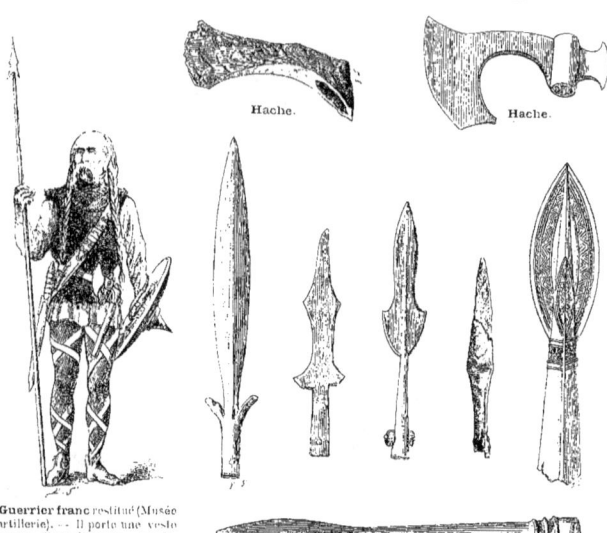

Fers de lance (framées et angons) trouvés dans des sépultures franques.

Guerrier franc restitué (Musée d'artillerie). — Il porte une veste couverte d'une fourrure, des lanières aux jambes et est armé d'une lance, d'une épée attachée à un baudrier, d'une hache et d'un bouclier.

Chef franc restitué (Musée d'artillerie). — Son costume et son armement sont à peu près les mêmes que ceux du guerrier. Il a, en plus, un manteau et sa tête est couverte d'un casque.

**Les Francs avant l'invasion.** — Les Francs, qui s'installèrent les derniers dans l'empire, sont ceux sur qui nous avons le plus de renseignements. Ils vécurent d'abord sur la rive droite du Rhin, de l'embouchure du Main à la mer. Là, ils habitaient des villages fortifiés de palissades; les chemins qui menaient au village étaient défendus par des amas de troncs d'arbres, d'où ils lançaient sur leurs adversaires des flèches empoisonnées. C'étaient des hommes grands, aux cheveux roux ramenés du sommet de la tête vers le front; ils se rasaient le visage et ne portaient que de légères moustaches. Ils étaient vêtus d'une sorte de veste étroite, faite d'étoffe bariolée, à manches très courtes, arrêtée au-dessus du genou, et d'un mantelet analogue à la saie des anciens Gaulois. La veste était serrée par une ceinture à laquelle ils suspendaient leur bourse, leurs couteaux, leurs ciseaux, leur briquet, souvent une alène de cordonnier, un cure-dent, une pince à épiler, etc. Les cuisses et les jambes restaient nues; ils avaient aux pieds de courts brodequins en peau poilue, maintenus par des courroies qui montaient en se croisant jusqu'en haut de la jambe. Comme les Gaulois encore, ils se couvraient de bijoux. Dans les sépultures franques on a retrouvé un grand nombre de bracelets, de colliers en grains de terre cuite émaillée, d'ambre ou de verroterie, de broches de manteau, d'agrafes de ceinturon, etc. Ces bijoux sont ornés de dessins géométriques tracés au trait et souvent décorés de grenat ou de verre rouge imitant le grenat. Nous ne connaissons pas bien le costume des femmes.

**Armes des Francs.** — Comme armes, les Francs avaient la dague, l'épée à deux tranchants, le coutelas, la *framée*, lance à fer aigu et plat en forme de feuille de laurier, l'*angon*, javelot de fer effilé terminé par une tige barbelée, et la *francisque*, qui était une lourde hache. Ils complétaient cet armement par un casque à cimier, un gilet de mailles de fer, des jambières de cuir et un bouclier. Il semble bien qu'à quelques différences près, les autres Barbares ont été vêtus et armés comme les Francs.

## Les Francs. — Bijoux, monnaies.

Tous ces objets sont conservés au Cabinet des médailles.

 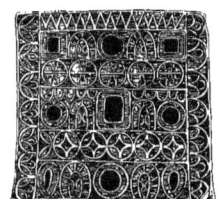 

**Bijoux** trouvés dans le tombeau de Childéric, découvert à Tournay (Belgique) en 1653, et conservés aujourd'hui à Paris, au Cabinet des médailles.

Boucle de bronze.     Plaque d'ornement.     Collier de grains de terre cuite et de verre.

Bague de fiançailles en or.   Bijou.   Monnaie de Théodebert (534-547).   Bijou.   Bague en or.

 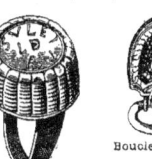 

Monnaie de Thierry III (670).   Bijou.    Boucle de bronze.   Monnaie de Clotaire II (584-628).

Bague à chaton en bronze doré.

**Transformation des mœurs après l'invasion.** — Lorsque les différents peuples barbares furent établis dans l'empire, ils conservèrent d'abord leur costume et leurs mœurs. Mais peu à peu, vivant au milieu des descendants des Romains qui, eux aussi, avaient gardé leurs usages, ils empruntèrent un assez grand nombre d'habitudes aux vaincus. Ceux-ci, à leur tour, se modifièrent au contact de leurs nouveaux maîtres ; une société nouvelle se forma qui eut des mœurs empruntées à la fois aux Germains et aux Romains.

**Les rois mérovingiens.** — Les rois mérovingiens donnèrent eux-mêmes à leurs sujets l'exemple de ces transformations. Certes les princes continuèrent à se distinguer par leur chevelure longue et soignée, du reste de leurs sujets qui demeuraient tondus. Comme autrefois, à leur avènement, on les élevait sur un bouclier ; l'insigne de leur pouvoir était toujours la lance qu'ils tenaient à la main. Mais ils adoptèrent bien vite les insignes des empereurs ; ils se firent représenter sur leurs monnaies avec la toge consulaire et le diadème impérial ; ils eurent un sceau. Cependant en général les rois n'habitèrent point dans des palais ; ils vivaient de préférence dans de grandes villas, au milieu des forêts, auprès des rivières, à Compiègne, à Braisne-sur-Vesle, à Chelles, à Noisy, à Clichy, etc.

## Les rois barbares.

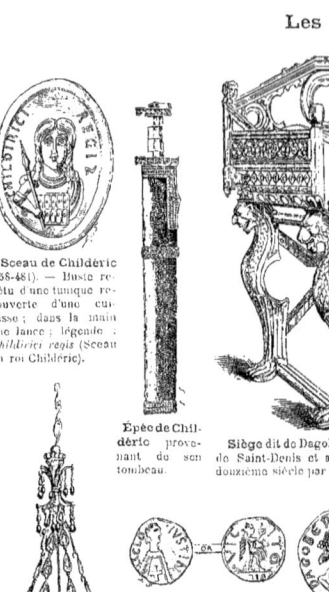

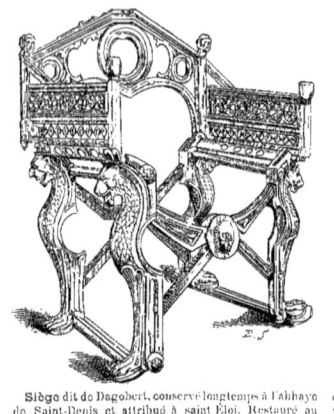

Sceau de Childéric (458-481). — Buste revêtu d'une tunique recouverte d'une cuirasse ; dans la main une lance ; légende : *Childirici regis* (Sceau du roi Childéric).

Épée de Childéric provenant de son tombeau.

Siège dit de Dagobert, conservé longtemps à l'abbaye de Saint-Denis et attribué à saint Éloi. Restauré au douzième siècle par Suger (Cabinet des médailles).

Épée d'un chef franc trouvée à Pouan (Aube).

Sceau de Chilpéric II (715-720), tête de face à longs cheveux. La légende gravée au rebours porte : C. Franc..., c'est-à-dire *Chilpericus rex Francorum* (Chilpéric roi des Francs).

Monnaie de Clotaire I<sup>er</sup> (511-561).

Sou d'or de Dagobert I<sup>er</sup> (628-638).

Monnaie de Childebert I<sup>er</sup> (511-558) et de Chramne.

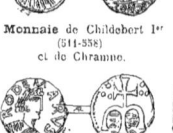
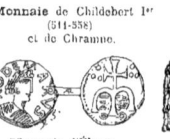

Monnaie de Childebert II (575-595).

Monnaie de Thierry I<sup>er</sup> (511-534).

Monnaie d'Ébroïn.

Couronne du roi wisigoth Reccesvinthe (649-672), trouvée en Espagne et conservée au musée de Cluny à Paris. On croit que cette couronne est le diadème que le roi portait lors de son sacre.

Fragment d'un diplôme de Clotaire II (584-628) ; à droite, monogramme ou signature du prince.

Sceau de Dagobert I<sup>er</sup>. — Légende : Dagobert, roi par la grâce de Dieu.

Couronne d'un autre roi wisigoth, également trouvée en Espagne. Cette couronne semble n'avoir jamais été portée et avoir toujours été destinée à servir d'*ex-voto* dans une église.

**L'armée et la guerre.** — A la guerre, les rois s'avancent à cheval, entourés de cavaliers munis de la lance, qui leur forment une sorte de garde d'honneur. Leurs sujets barbares sont encore équipés à la mode germanique ; cependant, plus d'un a revêtu déjà le costume militaire romain. Dans les sièges, on a recours aux machines et aux manœuvres qu'employaient les Romains. La guerre se fait cruellement : on ravage le pays attaqué ; on coupe les moissons, les vignes, les arbres fruitiers ; on ne respecte ni les églises, ni les monastères ; on tue, on massacre sans pitié.

## Les habitations.

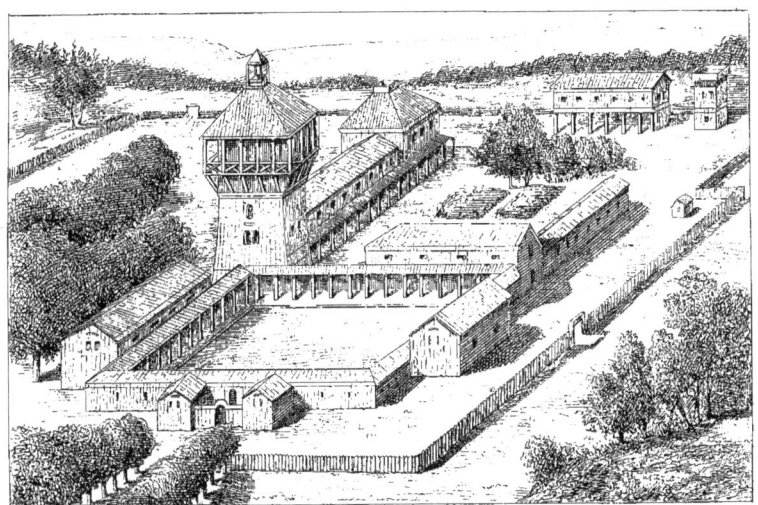

**Habitation mérovingienne** restituée (d'après Ch. Garnier et Ammann, *Histoire de l'habitation humaine*). — On aperçoit d'abord une grande cour entourée de portiques et de bâtiments d'habitation. Elle est flanquée à gauche d'une grosse tour en bois, qui servait souvent à la défense. En arrière sont des bâtiments d'exploitation.

**Habitations.** — En temps de paix, grands seigneurs gallo-romains et francs vivaient de préférence à la campagne. Les premiers, surtout dans le Midi, habitaient de grandes villas construites à la mode romaine.

Au nord de la Gaule, les riches barbares demeuraient dans de grandes fermes protégées par un fossé et par une enceinte palissadée, munie de tours; à défaut, par des haies souvent aussi hautes qu'un homme. Ces habitations, fréquemment construites en bois, comprenaient, outre le logement du maître, de nombreux bâtiments d'exploitation rurale, des magasins, des écuries, des étables, des moulins à eau, des habitations pour les esclaves et les colons qui vivaient autour du maître. On trouvait encore quelquefois auprès de la maison un jardin, orné de gazons, de fleurs et d'arbres fruitiers.
— Les pauvres des campagnes habitaient des huttes d'argile ou des cabanes en planches grossièrement assemblées, aux toits couverts de chaume et de roseaux.

**Mœurs des grands.** — Dans leurs belles demeures, les nobles gallo-romains consacraient les loisirs que leur laissait l'exploitation de leurs domaines aux jeux (les plus en honneur étaient le jeu de paume et les dés), ou bien à la lecture et à des exercices de composition littéraire. Leurs femmes s'occupaient à filer la laine et à broder des vêtements d'apparat. La chasse était un divertissement cher aux Gallo-Romains comme aux Barbares. Les rois avaient encore d'autres distractions; Childebert assiste dans son palais de Metz à des jeux où l'on voit un animal harcelé par une troupe de chiens.

**Les repas.** — Les repas devaient tenir une grande place dans la vie de ces gens, si l'on en juge par les descriptions de festins que nous donnent les auteurs de ce temps. On mangeait force viandes, surtout de la viande de porc; la volaille était très goûtée, ainsi que le poisson, le saumon, les huîtres. On assaisonnait les mets avec des sauces à la saumure et au vinaigre. Les riches mangeaient du pain de

## Les monuments.

Vue extérieure du temple de Saint-Jean à Poitiers (état actuel). — Ce monument souvent remanié servait autrefois de baptistère.

Vue intérieure du temple Saint-Jean (état actuel). — On voit au centre la piscine où se faisaient les baptêmes.

froment et les pauvres du pain d'orge. Au dessert figuraient des fruits et des gâteaux au lait. Les boissons les plus usitées étaient la bière, le poiré, le cidre et les vins; les crus les plus estimés étaient ceux de Palestine, de Bourgogne et du midi de la Gaule. On buvait aussi un mélange de vin, d'absinthe et de miel. Après le dîner, les hommes continuaient à boire, et nous savons par Grégoire de Tours que ni maîtres, ni valets ne buvaient modérément. Dans les festins, les mets étaient servis sur des tables couvertes de fleurs. Des lampes nombreuses étaient suspendues à la voûte; un esclave tenait un cierge devant le maître. Les convives se couchaient sur des lits ornés de couvertures de lin pourpré, ou s'asseyaient sur des bancs recouverts de tapis. Les mets étaient souvent servis en pièces montées; le poète Fortunat nous parle de viandes disposées en montagnes sur lesquelles on avait disposé des légumes en forme de jardins.

**Les villes.** — Les riches étant allés vivre dans les campagnes, les villes diminuèrent rapidement d'importance. Depuis les dernières années de l'empire romain, presque toutes s'étaient protégées contre les attaques des Barbares par une enceinte munie de tours. Les villes du Midi conservaient encore la plupart des monuments dont elles avaient été ornées à l'époque romaine. Les villes du Nord avaient eu plus à souffrir des ravages des Barbares. Souvent elles avaient été rapidement reconstruites en bois; aussi étaient-elles fréquemment la proie de l'incendie. Quelquefois les habitants rebâtissaient leurs demeures avec les débris d'édifices antérieurs. Ces maisons, dont quelques-unes atteignaient trois étages, se groupaient autour des basiliques, où les fidèles venaient assister aux cérémonies religieuses, prêter serment auprès des autels ou des tombeaux des saints, ou bien encore, en cas d'attaque, cacher leurs richesses. Les rois francs, désireux d'embellir leurs villes, construisirent de nombreuses basiliques : Chilpéric édifia même deux cirques, l'un à Soissons, l'autre à Paris. De ces monuments il reste bien peu de chose; on peut citer, entre autres exemples, le baptistère de Saint-Jean, à Poitiers, et l'une des cryptes de Jouarre.

**Paris sous les rois mérovingiens.** — Paris fut une des villes que les rois mérovingiens embellirent le plus volontiers. La ville proprement dite était alors renfermée dans l'île de la Cité ; sur la rive gauche on trouvait l'abbaye de Saint-Vincent (aujourd'hui Saint-Germain des Prés) élevée par Childebert, l'abbaye de Sainte-Geneviève, auprès du palais des Thermes, devenu l'une des résidences des rois

## Les monuments.

Une des colonnes des tribunes du chœur de Saint-Germain des Prés, à Paris, seuls débris de la basilique construite en cet endroit par Childebert.

Vue intérieure de la crypte Saint-Paul à Jouarre (Seine-et-Marne), dans son état actuel. C'est le seul reste d'un monastère d'hommes et de femmes élevé à Jouarre par Adon, trésorier du roi Dagobert. Elle servit de chapelle funéraire pour Adon et sa famille, puis pour les abbesses du monastère. Cette crypte a été souvent remaniée; au lieu des voûtes qui s'élèvent au-dessus des colonnes, il y avait à l'origine un plancher.

Tour wisigothique restaurée de l'enceinte de Carcassonne. — Cette tour présente de grandes analogies avec les tours romaines.

francs; sur la rive droite, les abbayes de Saint-Germain-l'Auxerrois et de Saint-Laurent.

**La population des villes.** — Dans les rues étroites, boueuses, vivait une population de petits négociants et d'artisans. On y trouvait des boutiques, des échoppes d'ouvriers, des tavernes. Les jours de fête, on pouvait voir cette population, au retour des offices, buvant, chantant dans les cabarets, ou se pressant autour des bouffons et des danseuses au coin des carrefours et sur les places publiques.

**L'agriculture.** — L'habitude qu'avaient prise les grands de vivre à la campagne donna dans la société mérovingienne une grande place à l'agriculture. On cultivait les légumes, les céréales et la vigne; dans le Midi, l'olivier. Les animaux domestiques sont les mêmes que les nôtres; il faut y ajouter le cerf apprivoisé; de même, aux animaux ordinaires de nos basses-cours, il faut joindre, dans le Nord, la cigogne. Les Barbares, très friands de miel, élevaient de nombreuses abeilles. Enfin, tout autour des villes et des fermes, se répandaient dans les prairies des troupeaux de bœufs, d'ânes, de moutons, de chèvres et de porcs.

**L'industrie.** — L'industrie était moins développée que l'agriculture : les esclaves, dans les grandes maisons, fabriquaient les objets dont on avait besoin. Les ouvriers le plus souvent mentionnés dans les textes sont ceux qui tissaient les beaux vêtements et les voiles de soie ou de lin, les ouvriers en bois, et surtout les bijoutiers et les orfèvres. Le goût des bijoux, des pierres précieuses et des beaux objets d'orfèvrerie était alors très répandu. Les nobles entassaient ces richesses avec orgueil, dans des coffres, au fond de quelque réduit secret de leurs demeures. Les rois avaient ainsi leurs trésors, qu'ils transportaient avec eux.

**Le commerce.** — Le commerce était assez actif. De grandes caravanes partaient de la Gaule jusqu'à Constantinople; d'autres allaient commercer avec l'Allemagne du Nord. Un grand trafic se faisait aux foires de Troyes, créées depuis le cinquième siècle, et à celles de Saint-Denis, créées par Dagobert. Là venaient des marchands d'Espagne, de Provence, de Lombardie et d'outre-mer. Les marchandises les plus recherchées étaient les épices, les tissus de soie et de coton, les bijoux, les émaux et l'orfèvrerie. Comme les produits d'Orient étaient très demandés, il y avait à Marseille, à Narbonne, à Bordeaux et à Paris de puissantes communautés de marchands syriens.

## Les habitations. — Objets divers.

Fermoir.

Habitation urbaine restituée (d'après Ch. Garnier et Ammann, *Histoire de l'habitation humaine*). — On remarquera qu'elle est faite presque entièrement de débris de monuments antérieurs.

Boucle d'oreille.

Agrafe de bronze richement ornée.

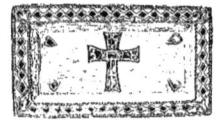
Vase et plat trouvés à Gourdon (Saône-et-Loire), ayant peut-être fait partie du trésor du roi bourguignon Sigismond (516-524) (Cabinet des médailles).

Cercueil en pierre (Musée de Cluny).

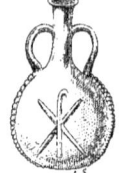
Fiole à eau bénite qu'on plaçait dans les cercueils.

Cercueil en pierre (Musée de Cluny).

Dent enchâssée.     Epingle.

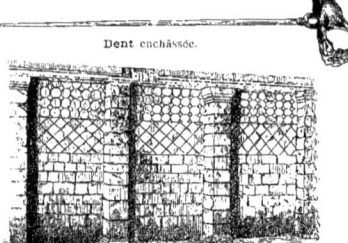
Fragment d'un mur mérovingien, à la crypte de Jouarre (VIIᵉ siècle).

Fragment d'un manuscrit de Grégoire de Tours conservé à Paris, à la Bibliothèque nationale. Les deux premières lignes sont en onciale, écriture en usage dès le quatrième siècle et conservée jusqu'à la fin du septième siècle pour les livres. Les lignes suivantes sont écrites avec l'écriture dite minuscule mérovingienne.

**Misères de l'époque mérovingienne.** — Il ne faut pas croire cependant que la vie fût facile à l'époque mérovingienne. Trop souvent les terres restaient en friche par suite des guerres continuelles que se faisaient les princes. La peste se joignait à la famine, et des cantons entiers se dépeuplaient. Les fleuves, mal contenus dans leurs lits, débordaient. Le commerce était gêné par le mauvais entretien des routes, souvent infestées de brigands. Qu'on joigne à ces misères les violences et les cruautés de gens cupides, ignorants et grossiers, et l'on aura un tableau de la désolation de la Gaule à l'époque mérovingienne.

# CHAPITRE IV
## L'Empire byzantin au VI<sup>e</sup> siècle.

Monnaie d'or
Justinien (527-565).

Monnaie d'or
Justinien (527-565).

Mosaïque de l'église Saint-Vital, à Ravenne, représentant l'empereur Justinien accompagné de quelques dignitaires de la cour et de sa garde, de l'évêque de Ravenne Maximien et de son clergé.

Mosaïque de l'église Saint-Vital, à Ravenne, représentant l'impératrice Théodora et des dames de la cour. Justinien et Théodora assistent à la dédicace de l'église et viennent offrir des présents.

**Constantinople.** — Pendant que l'Occident se transformait sous l'action des Barbares, Constantinople conservait à peu près intactes les traditions romaines. Fondée par Constantin en 327 ou 328, enrichie par lui de nombreux monuments qu'il avait ornés de statues enlevées aux plus beaux édifices antiques de l'empire, la nouvelle ville s'était rapidement développée. Au sixième siècle, c'était une grande cité, entourée d'une double enceinte de murailles épaisses, munies de tours et de portes triomphales, précédées d'un large fossé, et s'éten-

## Les empereurs.

**L'empereur Justinien.** — Il porte sur la tête le diadème et est revêtu de l'ample manteau impérial, orné de la pièce d'étoffe carrée dite *tablion*.

**Soldats de la garde impériale.** — Ils sont armés de lances et portent un bouclier sur lequel sont inscrites les deux premières lettres du nom du Christ en grec, XP.

**Théodora.** — Elle a sur la tête un diadème à longues pendeloques et est vêtue de deux tuniques; l'une a une bordure représentant des hommes sans tête se tenant les uns les autres.

**Dame de la cour.** — Elle est vêtue d'une robe décorée de croix, d'oiseaux fantastiques, etc.

**Personnage de la cour.** — Il est vêtu d'une tunique et d'un manteau orné du tablion.

**Enfant.** — Son costume se compose d'une sorte de grande blouse et de souliers d'étoffe.

**Dame de la cour.** — Elle est vêtue d'une robe décorée de croix et de dessins géométriques.

Tous ces personnages, sauf l'enfant restitué d'après une mosaïque de l'église Saint-Apollinaire in Classe à Ravenne, sont restitués d'après les mosaïques de l'église Saint-Vital à Ravenne.

dant sur un circuit de plus de cinq lieues de tour. On y comptait plusieurs amphithéâtres, 50 portiques, 8 thermes publics, 150 bains particuliers, des fontaines monumentales dont l'une représentait Daniel dans la fosse aux lions; un grand forum, l'Augustœon, entouré de portiques à deux rangées de colonnes, où se dressait la statue équestre de Justinien tenant un globe dans sa main; le palais du Sénat, somptueux édifice; une foule d'églises, groupées autour de l'admirable port de la Corne d'or « comme l'on arrange de riches perles dans un collier ». Le long des rivières s'allongeaient des quais précédés de môles où venaient aborder les navires. Tout autour de la ville, comme autour de nos capitales modernes, s'étendaient des faubourgs, remplis de luxueuses maisons de campagne.

## L'EMPIRE BYZANTIN AU VIᵉ SIÈCLE

### Le clergé.

L'évêque Maximien (d'après la mosaïque de l'église Sᵗ-Vital). — Il porte la chasuble par-dessus l'aube, et une étole blanche à croix noire.

Monnaie (face) représentant Héraclius et son fils. Pièce de cuivre frappée en Sicile pendant les dernières années du règne d'Héraclius (610-641).

Prêtre (d'après la mosaïque de l'église Saint-Vital). — Il est vêtu d'une dalmatique blanche.

Monnaie (revers). Cette monnaie est un curieux exemple de la répétition d'un original frappé à Constantinople.

Évêque (d'après une mosaïque de l'église Sainte-Sophie). — Il porte l'aube, la chasuble et le pallium decoré de croix noires.

Monnaie d'argent de Justinien (527-565).

Linteau de porte à Dana (Syrie), représentant des feuillages et des ciseaux fantastiques.

Monnaie de cuivre d'Anastase (491-518).

Monnaie d'argent d'Héraclius (610-641).

Sur la pointe qui domine le Bosphore s'élevaient les trois plus beaux monuments de la ville, Sainte-Sophie, l'Hippodrome et le Palais impérial. L'église primitive de Sainte-Sophie, qu'avait édifiée Constantin, ayant été détruite par un incendie dans la terrible émeute de 532, Justinien reconstruisit à grands frais l'église admirable que l'on voit encore aujourd'hui. Elle fut l'œuvre de deux architectes, Anthémius de Tralles et Isidore de Milet, qui, par l'emploi qu'ils surent faire de la coupole, donnèrent au monument qu'ils élevaient un imposant cachet de grandeur et de majesté. Elle fut, en outre, somptueusement meublée et magnifiquement décorée; on y voyait un ambon surmonté d'un dôme et d'une croix, une fermeture de chœur en argent, un autel d'or étincelant de pierres précieuses et d'émaux; au-dessus de l'autel, quatre colonnes en argent doré soutenaient un dôme surmonté d'une grande croix d'or. Aux offices de nuit, 6000 candélabres dorés éclairaient l'église. La voûte de la coupole et les parois des absides étaient revêtues d'immenses mosaïques où se

## Les monuments.

L'église Sainte-Sophie à Constantinople. — On a supprimé sur ce dessin les minarets qui ont été ajoutés par les sultans turcs après la conquête de la ville.

détachaient de grandes figures sur un fond d'or ou bleu foncé. Au sud-ouest de Sainte-Sophie était l'Hippodrome; c'était une longue piste terminée d'un côté par un hémicycle, de l'autre par la loge impériale. A droite et à gauche s'élevaient des gradins en marbre, sur lesquels s'asseyaient les spectateurs. Un long mur, la *spina*, terminé par des bornes et surmonté de statues et d'objets précieux, partageait la piste. Au milieu de la *spina* se dressait un obélisque qui subsiste encore aujourd'hui. C'était là que le peuple byzantin venait assister à ces courses de chars pour lesquelles il témoignait une passion frénétique. La loge impériale, qui par ses proportions et le luxe de sa décoration était un véritable édifice, mettait en communication l'Hippodrome avec le Palais impérial, suite de bâtiments magnifiquement ornés, séparés par des parcs, où des jets d'eau retombaient dans des bassins de marbre, et défendus par des murailles crénelées. Justinien y fit construire un vestibule, la Calcé, orné de peintures qui représentaient Bélisaire rentrant à Constantinople victorieux et présentant au prince des rois captifs et l'image des royaumes réduits.

**Les empereurs.** — C'était là que vivaient les empereurs. Ceux-ci, conservant fidèlement les traditions de leurs prédécesseurs du quatrième siècle, entretenaient une cour somptueuse. L'empereur se présentait revêtu d'un costume magnifique, comme il nous apparaît encore dans les curieuses mosaïques de Ravenne. « Au diadème de pierres précieuses et de perles qu'avait pris Constantin, ils ajoutèrent de petites chaînes de pierreries et de perles qui de la couronne pendaient sur la joue près des épaules. Leur robe de soie brochée d'or était recouverte d'une chlamyde de pourpre dont le tablion était composé d'ornements d'or rehaussés de pierres fines et de perles. » On appelait *tablion* une pièce de forme carrée tissée ou rapportée sur les deux côtés de la chlamyde à la hauteur de la poitrine. C'était l'insigne de hautes fonctions. Leurs pieds étaient chaussés de bro-

## Les monuments.

Vue intérieure de l'église Sainte-Sophie. — On voit au fond, restitués, l'autel et le portique ou *iconostase* qui garnissaient le fond de l'abside.

dequins écarlates. Les jours d'audience, l'empereur s'asseyait sur un trône placé entre quatre belles colonnes qui supportaient un dais en forme de dôme et resplendissant d'or; une statue de la Victoire, les ailes déployées, s'élevait au-dessus du trône, tenant de la main droite une couronne de laurier qu'elle semblait vouloir poser sur la tête de l'empereur. L'étiquette commandait aux fonctionnaires même les plus élevés de se prosterner devant lui et de ne se relever qu'après avoir baisé des lèvres chacun des pieds du souverain. Quand l'empereur paraissait en public, il était entouré d'une escorte nombreuse de gardes aux cuirasses étincelantes. L'armée avait conservé l'équipement romain, mais l'usage de laisser aux mercenaires étrangers qui y servaient maintenant en grand nombre leur armement et leur costume national en modifiait peu à peu l'aspect. Dans les ports était tenue en réserve une flotte nombreuse, composée de longues galères à deux rangs de rames, appelées *dromons*.

**La vie privée, le costume.** — Pour ce qui concerne les usages de la vie privée, c'étaient encore en général les traditions romaines qui se maintenaient au sixième siècle dans l'empire byzantin. A cette date, les maisons continuent à être construites sur le plan des anciennes demeures grecques et romaines. Autour d'une cour sont disposés, d'une part, les appartements accessibles à tous ; d'autre part, les appartements réservés aux femmes. La coutume se répand de plus en plus de garnir le premier étage d'une galerie couverte, formant promenoir. On multiplie aussi, pour la décoration des salles, les mosaïques; les unes représentant des scènes historiques ou religieuses, les autres composées de motifs décoratifs, où les animaux fantastiques au milieu de feuillages sont de plus en plus employés. Chez les riches, les maisons étaient

## Les monuments.

**Mosaïque dans le narthex ou porche de Sainte-Sophie.** — Le Christ y est représenté sur son trône, recevant ceux qui entrent dans l'église avec ces mots : « Je suis pour vous la paix et la lumière du monde. » Devant le trône, étendu à ses pieds, est un empereur, probablement Justinien, dans l'attitude que le cérémonial de la cour prescrivait de tenir devant le trône du monarque. Dans les médaillons placés aux deux côtés du Christ, on voit la vierge Marie et l'archange saint Michel, représentés là à titre de protecteurs de l'empereur.

**Fortifications de la ville de Dana** (Syrie) reconstruite par Justinien.

garnies d'un somptueux mobilier, tables, chaises, escabeaux incrustés de métaux ou de plaques d'ivoire finement sculptés, tapisseries retraçant des scènes de combat et de chasse, coussins brodés de riches couleurs, etc. Ce qui change le plus alors, c'est le costume. Les vêtements se rétrécissent. Par-dessus une tunique courte à manches brodées, retenue à la taille par une double ceinture, on jette une sorte de chlamyde agrafée à l'épaule droite et tombant tout autour du corps. La fibule qui fixe le manteau est souvent décorée de chaînes pendantes. Les jambes sont enfermées dans un court caleçon qui laisse le mollet nu ; les pieds sont chaussés de souliers extrêmement découverts ; quelquefois, comme chez les Barbares, des lanières montent en s'entre-croisant de la chaussure jusqu'aux cuisses. Les hommes portent les cheveux coupés sur le front et longs sur le cou ; depuis Justinien, on reprend l'habitude de tailler la barbe en pointe.

### Les habitations.

Maison byzantine restaurée, façade (d'après Ch. Garnier et Ammann, *Histoire de l'habitation humaine*).

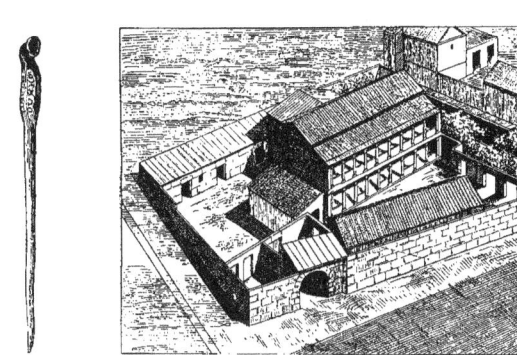

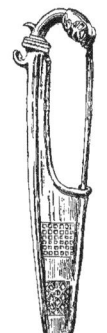

Cure-oreille en or du Xe siècle.

Maison byzantine (à Moudjeleia, Syrie), restaurée (d'après de Vogüé, *Architecture civile et religieuse de la Syrie centrale du IVᵉ au VIIᵉ siècle*). — A côté de la porte d'entrée sont les dépendances (magasins, etc.); au centre, le corps de logis précédé d'un portique à étages; derrière, les écuries; à droite, un jardin séparé par une grille en pierre.

Fibule byzantine.

Les femmes ont des robes étroites, presque sans plis, ceintes très haut sur la poitrine, et s'enveloppent dans une ample draperie. Les bijoux ont une grande place dans la toilette; les femmes riches portent des colliers à plusieurs rangs de pierreries et de perles. Au septième siècle, ce fut souvent l'usage de porter par-dessus le vêtement une courte pèlerine terminée par une longue et large bande en brocart, toute chargée de perles et de pierreries. Des couronnes et des diadèmes, d'où pendent de brillantes pendeloques, retiennent les voiles dont les femmes se couvrent volontiers les cheveux. Les usages de la table sont restés les mêmes que chez les Romains; les Byzantins continuent à manger couchés sur des lits autour des tables couvertes d'une vaisselle qui chez l'empereur était d'or et rehaussée de pierres fines et de peintures en émail.

**Industrie et commerce.** — Le luxe était grand à Byzance; aussi les industries les plus développées étaient celles de l'orfèvrerie, le travail de l'émail et de l'ivoire, l'industrie de la soie et des tissus fins, notamment à Thèbes et à Corinthe. Les Byzantins allaient chercher

## Les arts.

Boucle d'oreille byzantine.

Boucle d'oreille byzantine.

Bague en or du xe siècle.

Bijou byzantin.

Portrait de la princesse **Juliana Anicia**, fille de l'empereur d'Occident, Olybrius. Cette princesse vécut à Constantinople sous le règne de Justinien. Ce portrait est placé au début des œuvres du médecin grec Dioscoride, dans un manuscrit aujourd'hui conservé à la bibliothèque de Vienne. La princesse est représentée entourée de figures qui symbolisent ses vertus et ses actions généreuses, la Magnanimité, la Prudence et le Génie de l'art de la construction, par allusion à une église qu'elle avait fait élever à Constantinople en l'honneur de la Vierge.

**Tablettes** d'ivoire ou *diptyque*, représentant l'empereur Anastase en costume consulaire et présidant les courses; il tient en main la banderole qu'on agitait pour donner le signal du départ des chevaux. En bas sont représentées différentes scènes des courses.

**Couverture de manuscrit du VIe siècle**, en ivoire, qui enveloppe aujourd'hui un manuscrit du onzième siècle (Bibliothèque nationale). En haut est représentée l'Annonciation; au centre, l'Adoration des mages; au bas, le Massacre des Innocents. Des ceps de vigne et des feuillages forment l'encadrement.

## Les arts.

**Chaire de Maximien**, évêque de Ravenne (546-552). — Cette chaire est ornée sur le devant de figures des évangélistes, de rinceaux où se jouent des paons, des cerfs, etc.; sur les côtés, de panneaux où sont retracées des scènes de la vie de Joseph, et sur le dossier de panneaux où sont figurées des scènes de la vie du Christ.

**Étoffe de soie** (Musée de Cluny). — Au milieu du médaillon est représentée une scène des jeux du cirque. Dans les personnages chargés de cornes d'abondance d'où s'échappent de petits disques, il faut voir une allusion aux largesses que les consuls avaient coutume de faire au peuple à l'occasion des jeux.

Bracelet.

Bracelet.

**Sceau de plomb** d'un chef de bureau (scrinum) des Barbares, chargé des relations avec les ambassadeurs étrangers.

**Devant d'une châsse** du cinquième ou du sixième siècle, en ivoire, conservée au trésor de Trèves. On y voit représenté le transfert solennel de reliques dans une basilique. Devant la porte se tient une femme, une croix dans les bras, qui semble là pour recevoir le cortège. Deux ecclésiastiques dans une voiture attelée de deux chevaux portent les reliques. Le fond figure un grand bâtiment; aux fenêtres, sur les toits, comme aussi sur ceux de la basilique, se tiennent des spectateurs.

**Sceau de plomb** d'un grand prévôt de l'armée byzantine.

la soie sur les frontières de la Perse, même après que des magnaneries eurent été établies dans l'empire, sous le règne de Justinien. Le commerce de la soie se faisait dans des villes désignées pour les échanges et pourvues de bureaux de douane. La soie était transportée

## Les arts.

Couvercle d'un petit reliquaire d'or. L'inscription signifie : « Relique de saint Étienne le Jeune », patriarche de Constantinople, qui vécut au Xᵉ siècle.

Miniature tirée d'un manuscrit sur parchemin du sixième siècle. — Elle représente le crucifiement du Sauveur; suivant la coutume byzantine, le Christ est représenté sur la croix vêtu de sa tunique; au pied de la croix, on voit les trois soldats qui jouèrent la tunique du Seigneur. A gauche, la Vierge et saint Jean, à droite, le groupe des saintes femmes.

Amulette de bronze représentant saint Pantéléimon, patron des médecins de Byzance.

L'un des chevaux de Saint-Marc, œuvre du sculpteur grec Lysippe qui vécut au IVᵉ siècle avant Jésus-Christ. Ces chevaux de bronze furent amenés de Chio à Constantinople par l'empereur Théodose II et placés dans l'Hippodrome. Ils furent enlevés lors de la quatrième croisade par les Vénitiens, qui les placèrent au-dessus de la porte d'entrée de l'église Saint-Marc, où ils sont encore aujourd'hui.

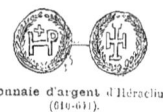

Monnaie d'argent d'Héraclius (610-641).

Grand sarcophage impérial, en marbre, à Constantinople.

Croix donnée à l'église de Rome par Justin II et conservée au Vatican. — Elle est en argent doré, incrustée de gemmes et garnie de médaillons offrant les images du Christ, de l'Agneau, de l'empereur et de l'impératrice.

dans les ateliers impériaux de Constantinople; là, des esclaves de la cour spécialement attachés à ce service travaillaient la soie brute, la tissaient, la teignaient et fabriquaient toutes les étoffes dont la cour avait besoin. Pour toutes les autres branches de commerce, les négociants byzantins étaient les intermédiaires naturels entre l'Occident et l'Orient; ils recevaient les produits d'Orient apportés par les caravanes et allaient les porter dans tous les ports de la Méditerranée. Le développement de l'industrie et du commerce, le goût du luxe, des arts et des lettres, le nombre de leurs écoles dont quelques-unes étaient entretenues par le gouvernement, la richesse de leurs bibliothèques, tout contribuait à faire des Byzantins du sixième siècle le peuple le plus civilisé de l'Europe.

# CHAPITRE V

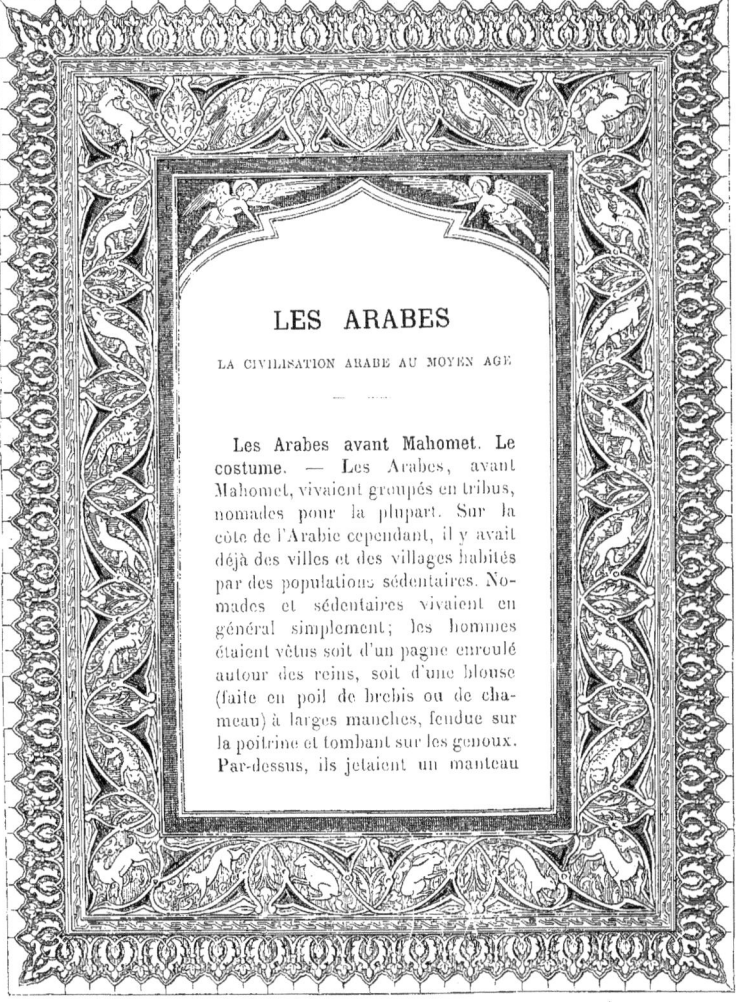

## LES ARABES

LA CIVILISATION ARABE AU MOYEN AGE

Les Arabes avant Mahomet. Le costume. — Les Arabes, avant Mahomet, vivaient groupés en tribus, nomades pour la plupart. Sur la côte de l'Arabie cependant, il y avait déjà des villes et des villages habités par des populations sédentaires. Nomades et sédentaires vivaient en général simplement; les hommes étaient vêtus soit d'un pagne enroulé autour des reins, soit d'une blouse (faite en poil de brebis ou de chameau) à larges manches, fendue sur la poitrine et tombant sur les genoux. Par-dessus, ils jetaient un manteau

Encadrement emprunté à un manuscrit arabe (XIII° siècle) des *Séances d'Hariri*, ouvrage fameux du poète de ce nom qui vécut de 1055 à 1121 ap. J.-C.

## La Mecque et la Caaba.

Vue de la Mecque (d'après une photographie). On aperçoit la cour intérieure de la Grande Mosquée et au centre le temple de la Caaba.

Maison moderne à Médine. Ces maisons aux murailles élevées, surmontées de terrasses, représentent assez bien les *adouar* ou maisons fortifiées habitées par les anciens Arabes (Lebon).

Vue de la Caaba. C'est un cube de pierre grise, renfermant une salle où l'on n'a accès que par une porte située à sept pieds au-dessus du sol. La Caaba est continuellement recouverte d'un voile noir (Lebon).

de laine grossière à manches courtes, de couleur éclatante. Ils se couvraient la tête d'un morceau d'étoffe rayée, retenu par une corde tombant sur les tempes. Ils allaient tantôt pieds nus, tantôt chaussés de sandales. Les femmes étaient vêtues de longues tuniques et de voiles dont elles se couvraient la figure. Elles avaient un goût très vif pour les bijoux, portant des anneaux aux pieds, des bracelets aux poignets, des perles au cou ou aux oreilles. Le fard et les parfums étaient usités; les femmes se fardaient les gencives avec de la poudre d'antimoine, les guerriers se rougissaient la barbe avec le henné; Mahomet lui-même se plaisait à teindre ses sourcils et ses paupières en noir et ses ongles en rouge.

## Monnaies et miniatures.

Femme conduisant des chameaux.

Arabes chargeant un chameau.

Miniatures tirées des *Séances d'Hariri* (XIIIe siècle).

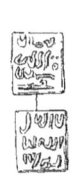
Monnaie arabe, Afrique (Ceuta).

Personnages empruntés à une peinture de l'Alhambra représentant de hauts dignitaires de la cour des rois maures. (XIVe siècle).

Monnaie arabe (Espagne).

Monnaie arabe (XIIe siècle).

Miniature d'une histoire universelle arabe du quatorzième siècle conservée à Londres. Elle représente Mahomet assiégeant la forteresse de Banu-ar-Nadhir. L'ange Gabriel lui présente une coupe et tient de l'autre main une houlette. C'est une des très rares représentations que les musulmans aient faites du Prophète.

Monnaie arabe (XIIIe siècle).

**L'habitation.** — Les nomades vivaient sous des tentes en poil de chameau, groupées les unes auprès des autres et séparées par des rigoles circulaires. Les villes étaient composées de maisons fortifiées de forme carrée, entourées de vergers remplis de dattiers ; quelquefois, des citadelles faites d'énormes blocs de pierre protégeaient ces habitations. Dans les maisons, ou sous les tentes, des nattes, des coussins, quelques vases étaient tout l'ameublement.

**Les repas.** — Les repas se composaient ordinairement de dattes et de pain ; on y joignait parfois de la viande de brebis, ou de chameau ; la boisson la plus répandue était le lait ; on connaissait aussi le vin, qu'on buvait souvent sans aucune modération.

## Les Armes.

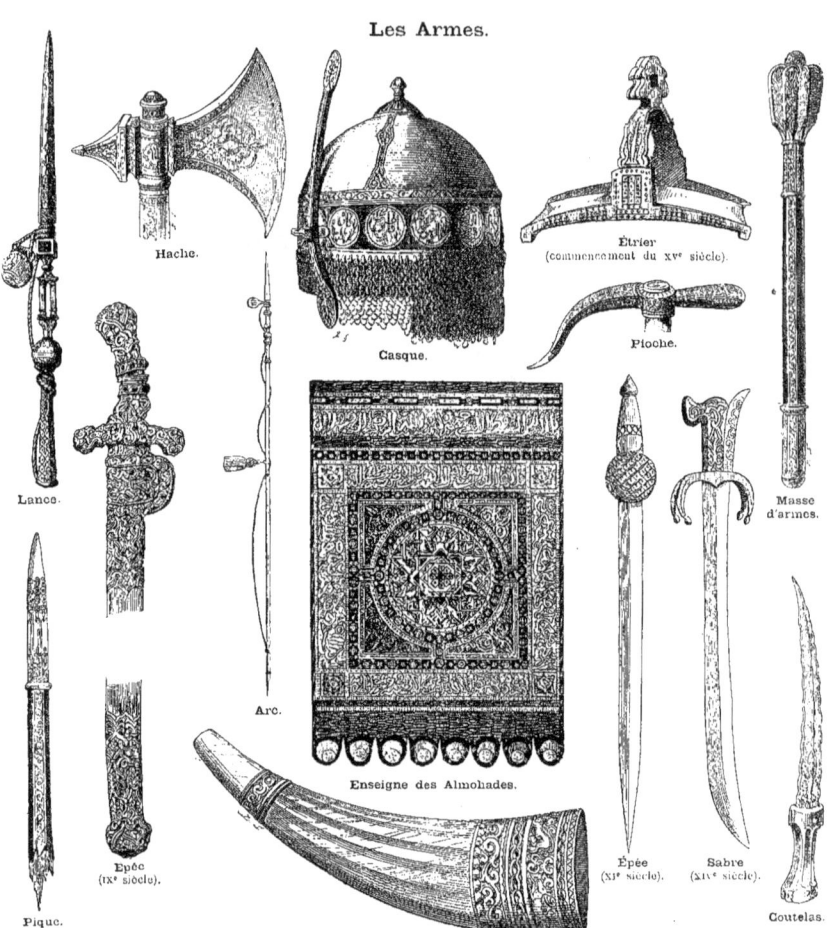

La lance, la hache, le casque, la pioche, la masse d'armes, l'arc, la pique, le coutelas, conservés au Caire, constituaient l'armement d'un prince d'Égypte au quinzième siècle.

L'olifant et l'épée du neuvième siècle dite de Charlemagne, aujourd'hui conservés au trésor d'Aix-la-Chapelle, furent, suivant la tradition, envoyés à Charlemagne par Haroun-al-Raschid.

**Les mœurs.** — Les Arabes sédentaires s'occupaient de culture ou de commerce ; les habitants de la Mecque envoyaient des caravanes jusqu'en Syrie ; il y avait encore peu d'industrie. On trouvait cependant à Médine des fabricants de bijoux, des armuriers, des serruriers et des tapissiers. Les nomades poussaient devant eux leurs troupeaux ; ils n'avaient pas encore de chevaux ; la richesse des tribus consistait surtout en troupeaux de chameaux ; parmi ces animaux, les noirs étaient les plus estimés. Des conflits fréquents entre toutes ces petites tribus rendaient la guerre, avant Mahomet, à peu près continuelle.

Les Bijoux.

Bracelet. — Bijou agate. — Bracelet or repoussé (XIVe siècle).
Bijou en argent. — Pendant d'oreille. — Collier. — Bracelet servant d'anneau. — Joyau bronze.
Verre gravé.
Sceau d'Omar (634-644). — Collier en or fabriqué à Grenade (XIVe siècle). — Sceau d'Othman (644).

Les Arabes combattaient groupés en tribus; ils étaient armés de casques en cuir ou en métal munis par devant d'une lame couvrant le nez ou nasal, de cottes de mailles et de boucliers de cuir; ils avaient des sabres, des lances, des arcs et des flèches. Les guerriers, réunis autour de bannières, combattaient à la façon des héros d'Homère, se provoquant à des combats singuliers avant la mêlée générale. Quelquefois les femmes excitaient les guerriers au combat, frappant sur des tambours de basque et faisant entendre des chants de guerre.

Tous les ans, pendant quatre mois considérés comme sacrés, les guerres de tribu à tribu cessaient. Pendant cette trêve se tenaient les foires; les plus célèbres étaient celles d'Okazh, auprès de la Mecque. On y venait en foule traiter d'affaires et aussi y entendre les poètes, car ces peuples avaient pour la poésie et la musique un goût passionné. Là, des improvisateurs célébraient les exploits des héros, et leurs vertus chères à tous les Arabes, la valeur, la libéralité, l'hospitalité.

**La religion.** — Le plus grand nombre des Arabes était encore païen. Quelques-uns rendaient un culte aux astres et surtout au soleil. En général, chaque tribu et presque chaque famille avait son idole, tout en reconnaissant un dieu suprême, Allah. Chaque tribu avait son temple; les idoles y étaient figurées par des statuettes de forme humaine ou par des pierres non taillées; mais le temple de la

## Le Mobilier.

Flambeau.

Etoffe de tenture.

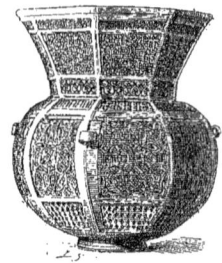

Lampe (xiiᵉ siècle), faite d'une feuille de cuivre percée à jour. On plaçait à l'intérieur une lampe de verre dont la lumière rayonnait à travers les ouvertures. (Musée du Louvre.)

Coffret en ivoire, appliques en argent (xiiᵉ siècle). (Cathédrale de Bayeux.)

Coffret damasquiné.

Plat d'alcarazas.   Table de bronze incrustée d'argent.   Revers d'un miroir en métal.

La table, le plat, le coffret, le flambeau, conservés au Caire, faisaient partie du mobilier d'un sultan arabe d'Égypte au quatorzième siècle.

Caaba, à la Mecque, fondé, suivant la légende, par Abraham et Ismaël sur l'emplacement même du temple primitif élevé par Adam, réunissait toutes les idoles. On rendait aussi un culte aux génies, aux ogres et aux anges. Le culte ne comprenait guère que des sacrifices. Quelquefois l'on se rendait en pèlerinage à la Mecque et l'on y faisait de longues processions autour de la Caaba. On consultait les oracles en mêlant dans un sac des flèches sans pointe portant diverses inscriptions et en en tirant une au hasard. Pour les funérailles, après avoir lavé et oint le corps de parfums, on l'enveloppait dans un linceul, on

## Mobilier, Céramique, etc.

Ce vase contribuait avec quelques autres à l'ornementation d'une des cours principales de l'Alhambra. Il est aujourd'hui conservé au Musée de l'Alhambra.

Verrerie arabe
(Musée de Chartres).

Lampe en verre
(Musée de Cluny).

Faïence hispano-mauresque
(Musée de Cluny).

Faïence hispano-mauresque
(Musée de Cluny).

Frise en faïence émaillée
(XVIe siècle).

Vase en métal (XIIIe siècle) conservé au Musée du Louvre.

Bordure de faïence murale
au Caire.

l'exposait quelque temps sur une estrade, puis on l'ensevelissait sous une petite butte de terre recouverte de pierres plates.

**Les Arabes après leurs conquêtes.** — Les conquêtes des Arabes transformèrent leur manière de vivre. Lorsqu'au huitième siècle ils eurent étendu leur domination sur les rives méridionales de la Méditerranée, les Arabes habitèrent davantage les villes et connurent les raffinements du luxe tel que le pratiquaient les Grecs et les Perses, leurs vaincus. De grands États s'organisèrent, qui eurent leurs capitales. La simplicité primitive fit place au faste et à la magnificence.

**Les khalifes, leurs palais.** — Entre les premiers khalifes, successeurs de Mahomet, et leurs sujets, il n'y avait pas grande différence. La conquête achevée, aussi bien chez

## Monnaies; objets divers

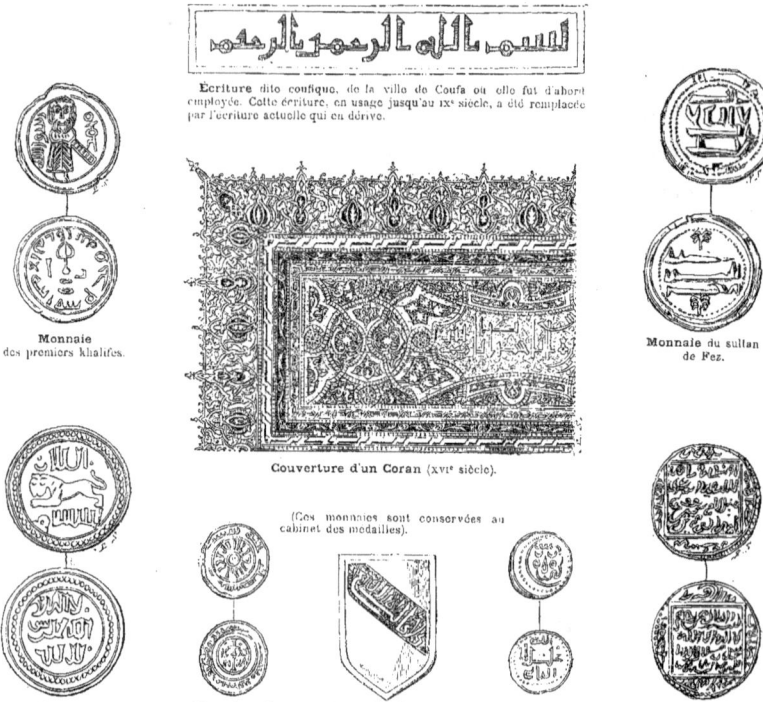

Écriture dite coufique, de la ville de Coufa où elle fut d'abord employée. Cette écriture, en usage jusqu'au IXe siècle, a été remplacée par l'écriture actuelle qui en dérive.

Monnaie des premiers khalifes.

Monnaie du sultan de Fez.

Couverture d'un Coran (XVIe siècle).

(Ces monnaies sont conservées au cabinet des médailles).

Monnaie du sultan Beyban.

Monnaie arabe (Sicile).

Armoiries d'un prince arabe en Espagne (XIIIe siècle).

Monnaie arabe (Sicile).

Monnaie des princes almohades de Séville (Cabinet de France).

les Ommeiades que chez les Abbassides, aussi bien à Damas qu'à Bagdad ou à Cordoue, les khalifes s'éloignèrent de leurs sujets; pour rehausser leur prestige, ils ne se montrèrent que rarement, et vécurent enfermés au fond de leur palais. C'était une luxueuse demeure que l'habitation d'un khalife : au milieu de vastes jardins, qui pouvaient, comme au palais de Bagdad, avoir jusqu'à une lieue de tour, s'élevaient une foule de bâtiments, habitations de plaisance, kiosques, mosquées, tombeaux, galeries couvertes entourant des cours rafraîchies par des fontaines ; les marbres les plus riches, les mosaïques les plus éclatantes revêtent les parois des salles; un mobilier peu compliqué, mais fort luxueux, garnit les chambres; ce sont des tapis précieux, des divans, des rideaux dorés, des vases d'or et d'argent, des porcelaines de Chine; dans les jardins sont rassemblées les plantes les plus rares de l'Asie ou de l'Afrique; des parcs remplis d'animaux sauvages, des étangs poissonneux y ont été aménagés, et sans sortir de sa demeure, le prince peut se donner les plaisirs de la chasse et de la pêche. Une foule d'esclaves se presse dans le palais. Dans les magasins s'amoncellent d'immenses richesses, car les khalifes se plaisent à entas-

## Les Monuments.

**Vue de l'Alhambra** (cour des Lions). L'Alhambra, résidence des rois maures, était à la fois une forteresse et un palais. Il fut élevé au sud-est de Grenade, en majeure partie dans la seconde moitié du treizième siècle. Les salles les plus belles sont groupées autour de la cour des Lions, ainsi appelée d'une vasque située au centre et supportée par douze animaux qui figurent grossièrement des lions.

ser des trésors composés d'objets précieux et d'œuvres d'art. Au onzième siècle, au Caire, la garde turque d'un khalife ayant impérieusement réclamé son salaire, le prince mit en vente ses trésors; l'inventaire nous en a été conservé; l'on y trouve l'énumération de richesses qui tiennent du prodige : on y comptait les pierreries par millions, 1 200 bagues d'or et d'argent, 1 800 vases de cristal, 9 000 boites de bois précieux, des cages remplies d'œufs en porcelaine, des nattes d'or, 22 000 figures d'ambre, des tables en sardoine, de luxueuses tentes; on y voyait encore un paon d'or aux yeux de rubis, aux plumes de verre émaillé, un coq et une gazelle d'or, une pièce figurant un jardin où la terre était d'or et d'argent et les plantes représentées par des pierreries et de l'émail.

**La vie des khalifes.** — Au milieu de ce luxe d'assez mauvais goût, le khalife mène une existence oisive, laissant le plus souvent le gouvernement à ses ministres. Cinq fois par jour, il doit accomplir dans la mosquée les prières et diriger le service divin; aux jours de fête, il doit prêcher. Il apparaît encore aux cérémonies officielles, telles que les réceptions d'ambassadeurs; il se présente alors enveloppé de vêtements blancs pour les Ommeiades, noirs pour les Abbassides, la tête couverte d'un bonnet pointu; sur ses épaules est jeté un manteau à manches, le manteau même du Prophète, encore aujourd'hui conservé à Constantinople. Comme insignes de sa dignité, sa main porte une bague à cachet et tient une canne à crochet semblable à un sceptre.

**L'étiquette à la cour des khalifes.** — L'étiquette avait d'abord été très simple; on tutoyait le prince, on s'asseyait devant lui sans lui

## Les Monuments.

Salle des rois maures à l'Alcazar de Séville. On donnait le nom d'Alcazar chez les Arabes aux résidences royales. Celui de Séville est aujourd'hui le mieux conservé.

Façade principale du château de la Ziza près de Palerme, en Sicile. Cet édifice, servant à la fois de forteresse et de palais, fut construit dans le courant du douzième siècle.

demander d'autorisation. Mais à la cour des Abbassides, sous l'influence des Perses et des Turcs, l'étiquette se développa; alors s'introduisit l'usage de baiser les mains du khalife, puis le tapis sur lequel il était assis; enfin il fut interdit de tousser, cracher, éternuer devant lui et même de lui adresser la parole.

Aux grandes audiences, on dresse sur une haute plate-forme carrée un siège où le khalife se tient assis sur des coussins dorés; à droite et à gauche se groupent ses parents, derrière lui, les dignitaires. Des troupes sont rangées le long des murs de la salle. Souvent autour du trône sont groupés des animaux féroces enchaînés. C'est un procédé qu'on emploie pour frapper d'admiration les ambassadeurs. A Bagdad, en 706, le khalife Moktadir reçut des envoyés byzantins, étant lui-même assis sur un trône disposé au milieu d'un bassin de marbre rempli d'eau; auprès se dressait un arbre d'or avec dix-huit rameaux d'où s'envolèrent des oiseaux artificiels.

**La vie de cour; les fêtes.** — Les khalifes se délassent de ces cérémonies fatigantes dans des fêtes où ils déploient une magnificence inouïe. Un khalife fit une fois acheter toutes les roses de Bagdad, et quand la cour fut introduite, avec les chanteurs et les musiciens, les assistants virent tomber sur eux, pendant toute la nuit, des roses mêlées à de la monnaie d'or et d'argent. Un autre, épousant la fille de son vizir, célébra ce mariage par quarante jours de fêtes; pendant la nuit de noces, on arrosa de perles les dames de la cour. Dans un repas, les convives furent tout à coup criblés de petits papiers; chacun contenait la mention d'une terre ou d'un lot de chevaux, d'esclaves ou de vêtements, qui furent donnés en toute propriété aux heureux possesseurs des petits papiers.

**Les fonctionnaires.** — Autour des khalifes on trouve de nombreux fonctionnaires: d'abord le premier ministre, puis les hauts dignitaires: gouverneurs de province, directeur des

## Les Monuments.

Mosquée de Cordoue, construite au huitième siècle. C'est un édifice de dimension considérable; on y comptait 19 rangées de colonnes sur une longueur de 193 mètres et 36 dans la largeur (110 mètres). Depuis 1286, époque où Cordoue fut enlevée par les Espagnols aux musulmans, elle sert au culte chrétien et a subi malheureusement de nombreux remaniements.

monnaies, directeur des douanes, commandant des troupes de police (en fonctions, tous ces personnages portent l'épée); enfin la foule des officiers de cour (maître de la garde-robe, grand fauconnier, majordomes, chambellans, employés d'administration, etc.). Aux cérémonies, tous paraissent revêtus de riches costumes qu'ils doivent à la munificence des khalifes; car ceux-ci récompensent les services rendus par des dons de vêtements portant brodé le nom du prince, de ceintures, de bijoux, de sabres, et, suprême honneur, d'étendards. Il y a, à cet effet, dans les palais arabes, un magasin spécial, le *tiraz*.

**L'armée, l'armement.** — La conquête avait modifié les usages militaires. Omar établit des camps fixes aux points stratégiques et répartit les troupes moitié dans des camps, moitié dans les villes conquises. L'armée, d'abord composée uniquement d'Arabes, comprit plus tard des soldats levés chez les peuples soumis, puis des mercenaires, Turcs ou nègres. L'armement de ces troupes était en grande partie semblable à celui des Grecs, auxquels d'ailleurs les Arabes empruntèrent la plupart de leurs usages militaires. Les soldats arabes portaient, comme les soldats byzantins, le casque, la cotte de mailles, les brassards et les jambières en fer; ils avaient, pour armes offensives, l'arc et la flèche, la lance, le javelot, l'épée et la dague. Dans leurs armées figuraient des machines de guerre, construites sur le modèle des machines byzantines. Beaucoup d'entre elles étaient destinées à lancer le feu grégeois, mélange de salpêtre, de soufre et de résine, dont la composition avait été découverte par les ingénieurs byzantins. A l'avant-garde d'une armée arabe en

## Les Monuments.

Une ancienne rue, au Caire.

Minaret de la mosquée de Sidi-Okba (viiie siècle), à Kairouan.

marche s'avançait la cavalerie légère armée de lances ornées de plumes d'autruche ; aux cavaliers étaient mêlés des archers ; au centre, se tenaient les fantassins ; au milieu d'eux, de longues files de chameaux transportant les bagages et les machines de guerre. Le khalife, s'il était présent à l'armée, se tenait à cheval au milieu de ses troupes, entouré de sa garde, environné d'étendards, suivi de ses eunuques portant dans des palanquins les femmes du harem. Les troupes marchaient au son des tambours doubles.

**Les flottes.** — Les princes arabes entretinrent sur la Méditerranée de grandes flottes, composées de trirèmes et de galères à la mode byzantine. A l'avant de ces vaisseaux étaient disposées des machines à lancer le feu grégeois ; à l'arrière s'élevait une espèce de château fort où se tenaient les soldats.

**Changements dans la vie privée après les conquêtes.** — La conquête ne modifia pas moins les usages de la vie privée que ceux de la vie publique chez les Arabes. Renonçant à leur simplicité primitive, ils se vêtirent désormais richement, habitèrent de somptueuses demeures et prirent l'habitude d'un grand luxe dans leurs repas.

**Le costume.** — Le costume des Arabes au moyen âge ne différait pas sensiblement de celui que nous leur voyons aujourd'hui. Sur une chemise, le plus souvent en coton, ils s'enveloppaient d'amples manteaux aux couleurs éclatantes. Ils couvraient leur tête d'un turban. Les femmes étaient vêtues de pantalons de soie bouffants, de chemisettes, de robes retenues au milieu du corps par une ceinture ; leur tête était couverte d'une étoffe de gaze ou d'un voile retombant sur les épaules. Leurs vêtements étaient de préférence jaunes, bleus, rouges, jamais blancs. Elles exhaussaient leur taille à l'aide de chaussures à hauts talons. De bonne heure, les femmes arabes se couvrirent de bijoux : diadèmes, parures de front, avec rubis, émeraudes et diamants, colliers de perles,

## Les Monuments.

Mosquée d'El-Azhar, au Caire, construite au dixième siècle. C'est à la fois un édifice religieux et une école. Encore aujourd'hui « sous les arcades nombreuses de ses cours se tiennent accroupis, lisant et écrivant, sous la surveillance de nombreux maîtres, plus de 9 000 élèves venus de toutes les parties du monde musulman et distribués par nationalités ». Cet usage d'employer les mosquées comme établissements d'instruction a existé de tout temps chez les Arabes.

turquoises, anneaux, bracelets aux bras et aux pieds garnis de grelots, pendants d'oreilles, ceintures, etc. Elles s'en chargeaient à ce point que la marche leur devenait difficile ; on voit dans les *Mille et une Nuits* une favorite tellement écrasée sous le poids de sa parure qu'elle ne peut avancer que soutenue par deux esclaves. Hommes et femmes se fardaient et se parfumaient à profusion ; c'était pour les femmes un usage de se décorer le visage d'inscriptions tirées du Coran.

**Les habitations ; l'ameublement.** — Une fois installés dans les villes, les Arabes construisirent leurs maisons à la mode byzantine. Le centre de la demeure resta formé d'une cour carrée, souvent entourée d'une colonnade, sur laquelle donnaient les pièces de réception et les chambres d'habitation. Au milieu de la cour était une fontaine avec quelques arbres. Les pièces de réception pour l'été étaient, elles aussi, munies de leurs fontaines ; en hiver, on plaçait au milieu de la pièce un brasier. Presque toujours la maison avait un premier étage, et, de même que les maisons antiques, elle ne présentait sur la rue qu'un très petit nombre d'ouvertures. Les parois des chambres ou des galeries étaient décorées de peintures ou de mosaïques représentant d'une façon toute conventionnelle des maisons, des arbres raides, des oiseaux de taille démesurée, des rochers et des chutes d'eau. Les Arabes introduisirent dans la décoration l'usage des arabesques et des motifs tirés de leur écriture. L'ameublement était peu compliqué, mais chez les riches Arabes, souvent d'un grand luxe ; le sol était couvert de nattes de jonc, entrelacées de fils d'or ; les divans et les coussins étaient recouverts de riches tapis ; des vases précieux, des objets de Chine, des rideaux de soie suspendus aux fenêtres et aux portes, de hauts candélabres dans les encoignures, des lampes d'or ou de cristal attachées aux caissons des plafonds, des guéridons incrustés d'ivoire, d'or et d'argent, supportant des cassolettes de parfums d'où s'échappait l'odeur du musc ou du bois d'aloès, complétaient l'ameublement. Mais il n'y avait point de lit, les Arabes ayant l'habitude de

## Les Monuments.

Intérieur de harem à Damas. Cette habitation peut donner une idée de l'aménagement et du luxe des anciennes maisons arabes et de leur magnificence (G. Lebon).

Mosquée d'Ahmed ibn Touloun, au Caire (IXᵉ siècle). On voit ici la galerie où se trouve le *Mihrab*, niche orientée vers la Mecque, devant laquelle viennent prier les musulmans, et le *Mimbar* ou chaire à prêcher (d'après Prisse d'Avesnes).

coucher sur des tapis, des nattes ou des coussins, que, pendant le jour, on rangeait dans une grande armoire disposée au fond de la pièce. La plupart de ces demeures étaient accompagnées de jardins où les Arabes cultivaient leurs fleurs préférées, la rose, le lis, le narcisse, le pavot, la violette, le jasmin, le safran et la giroflée.

**Les repas.** — La nourriture devint également très recherchée : on cite l'exemple d'un riche Arabe qui se fit servir un plat de langues de poissons. Les khalifes faisaient pour leur table de grandes dépenses; dans leurs salles à manger, le sol était jonché de pétales de roses, la table ornée de fleurs, et souvent surmontée de sucreries ayant la forme de tours et de châteaux. Malgré la défense du Coran, l'usage du vin était général; les Arabes goûtaient beaucoup toutes les boissons alcooliques; ils avaient aussi quantité de boissons rafraîchissantes, eau de violette, sirop de fleurs de saule, eau d'orge qu'ils buvaient au chalumeau, sorbets de sucre de roses dissous dans de l'eau et rafraîchis avec de la neige. Le peuple buvait une sorte de vin de dattes.

**Les villes arabes.** — Contrairement à ce qu'avaient fait en Occident les Barbares, les Arabes vinrent habiter les villes des pays qu'ils avaient conquis; ils en créèrent même de nouvelles; quelques-uns des camps où ils avaient installé des troupes à demeure dans les pays récemment soumis, devinrent, comme Bassorah, Coufa, ou le Caire, de grandes cités. Toutes ces villes se développèrent rapidement, et les États arabes comptaient au moyen âge un grand nombre de cités dont

## Les Monuments.

Porte de la citadelle Bal El Azab, au Caire. Cette citadelle fut construite par Saladin (XIIᵉ siècle). Elle devint ensuite la résidence des princes et des gouverneurs.

beaucoup laissaient bien loin derrière elles, pour l'étendue, la population, le nombre et la magnificence de leurs bâtiments, les petites villes des royaumes chrétiens : Damas, Bagdad, le Caire, Cordoue, Fez, qui, dit-on, compta jusqu'à 500 000 âmes et renferma 600 mosquées ; Kairouan, Tunis, Tlemcen, Bougie, Palerme, n'avaient point en Occident, au dixième ou au onzième siècle, de sérieuses rivales.

**Les monuments arabes.** — Toutes ces villes se ressemblaient ; la plupart, entourées de murailles, étaient partagées en quartiers fermés par des portes et pouvant ainsi être isolés les uns des autres. Ces quartiers étaient un fouillis inextricable de ruelles tenues étroites à dessein, de façon à y laisser pénétrer le soleil le moins possible. Partout on aurait retrouvé les monuments indispensables à toute ville d'Orient, les *mosquées*, édifices destinés au culte, sortes de grands bâtiments disposés comme les habitations privées autour d'une cour intérieure, souvent recouverts par des coupoles richement décorées, et surmontés aux angles de tourelles élancées ou *minarets*, d'où le prêtre musulman, le *muezzin*, annonçait l'heure de la prière ; les *medresseh*, grands collèges publics où la charité de quelques riches musulmans subvenait à l'entretien de nombreux étudiants ; des hôpitaux, des bains publics, de grands bazars, sortes de marchés où l'on trouvait groupés ensemble les différents corps de métiers ; des édifices destinés à servir de logement aux voyageurs et de dépôt pour leurs marchandises ; et, enfin, à tous les coins de rues, des fontaines publiques.

**Bagdad.** — Pendant longtemps, la plus belle de ces villes, celle que les poètes arabes appelaient « un paradis terrestre », fut Bagdad, la capitale des Abbassides. Elle fut construite sur le Tigre au huitième siècle, dans une plaine entrecoupée de canaux. Elle avait la forme d'un cercle ; une muraille en briques, précédée de fossés, l'entourait ; quatre lourdes portes de fer, surmontées de coupoles dorées, donnaient accès dans la ville. Au centre de la cité était une grande place où se trouvaient groupés les mosquées et palais des

## Les Monuments.

Salon de réception dans un palais au Caire. A gauche, on voit l'encoignure où l'on peut disposer des coussins pour servir de sièges ou de lit; au centre, une fontaine, suivant un usage fréquent dans les maisons arabes.

khalifes, les bâtiments d'habitation des membres de la famille du prince et les édifices publics : administrations des finances, de la guerre, chancellerie, magasins d'armes, casernes, etc. De nombreuses rues partageaient la ville en îlots, de nombreux jardins l'égayaient. Des citernes et des canaux distribuaient une eau abondante dans la cité. Des ponts de bateaux reliaient la ville à l'autre rive, où l'on retrouvait une autre cité plus calme que la précédente; de ce côté de l'eau étaient rassemblées les habitations des grandes familles à qui il fallait de vastes demeures, car chacune d'elles entretenait une foule d'esclaves, de clients, de partisans; les voyageurs arabes nous disent que quelques-unes de ces maisons avaient l'étendue d'une petite ville.

L'agriculture. — C'est au travail que les Arabes du moyen âge durent leurs immenses richesses; ils furent d'habiles agriculteurs, d'ingénieux industriels, d'excellents commerçants. Ils avaient en haute estime l'agriculture, à laquelle leurs savants consacrèrent de nombreux traités. Ils excellèrent surtout dans la petite culture et dans l'art des jardins, grâce à la façon habile dont ils surent toujours distribuer l'eau. Ils cultivèrent de préférence, outre les céréales indispensables, le riz, la canne à sucre, puis parmi les plantes textiles, le coton, et montrèrent une remarquable prédilection pour les plantes tinctoriales, indigo, safran, garance, henné, kermès, etc. De même pour l'élevage, ils préféraient le petit au gros bétail; ils avaient des troupeaux de brebis, de chèvres, d'ânes; ils élevaient aussi en grand nombre le cheval et le chameau.

L'industrie. — A l'origine, les Arabes étu-

## Les Monuments.

**Mosquée d'Omar, à Jérusalem.** — La fondation de cet édifice est attribuée, suivant la tradition, à Omar (634-644); en réalité, il fut édifié en 691, sur l'emplacement du temple de Salomon, au-dessus du rocher sacré où eut lieu le sacrifice d'Abraham. La coupole a été refaite en l'an 1022 (Lebon).

maient peu l'industrie; ils laissaient tous les travaux manuels aux esclaves. Lorsqu'ils se furent mêlés à leurs sujets, ils se débarrassèrent de ce préjugé, et à partir du dixième siècle se formèrent des corporations où figuraient des ouvriers d'origine arabe. Pendant tout le moyen âge, ils excellèrent dans les industries d'art et de luxe. Ils montrèrent une grande habileté à travailler les métaux précieux; ce furent des orfèvres remarquables; leurs armes furent célèbres dans toute l'Europe; leurs verreries également. On possède encore de nombreux ouvrages d'ivoire et de bois admirablement sculptés par les ouvriers arabes. En Espagne, à Cordoue, ils portèrent à un haut point de perfection le travail du cuir; ils furent des premiers à fabriquer du papier de lin et de coton. Enfin, l'une des industries les plus pratiquées par eux fut celle des tissus. Chaque contrée de l'empire arabe acquit sa spécialité. On citait les manteaux rayés du sud de l'Arabie, en poil de chameau, les draps du Farsistan, les fines étoffes de Mossoul, les étoffes de soie de Damas, les brocarts d'or de Damiette. Les fabricants arabes se plurent souvent à tisser dans ces étoffes des arabesques et des animaux fantastiques.

**Le commerce.** — De bonne heure, les Arabes furent de grands commerçants. Les khalifes firent construire des routes, sur lesquelles on creusa des puits de distance en distance; dans les villes, étaient entretenues aux frais de l'État des hôtelleries destinées à loger les voyageurs. L'habitude des pèlerinages à la Mecque favorisait le goût des voyages et des expéditions lointaines. Les Arabes faisaient le commerce fort loin en Asie soit par la voie de terre, soit par mer. Au huitième siècle, les marchands arabes allaient jusqu'à Canton; mais des troubles ayant éclaté en Chine, ils installèrent leur principal comptoir à Ceylan. Du côté de l'Occident, ils commercèrent jusqu'à

## Les Monuments.

Mosquée d'Hassan, au Caire. — Ce monument, construit en 1356 par le sultan Hassan, est un des plus vastes édifices du Caire; la grande coupole a 55 mètres de hauteur; le plus haut des minarets atteint 86 mètres; l'édifice a 140 mètres de long et 75 de large.

l'arrivée des Mongols avec les Russes et même avec les Scandinaves. On a retrouvé sur le cours supérieur et moyen de la Volga, sur le cours supérieur du Dniéper, dans les provinces voisines de la mer Baltique et du golfe de Finlande, dans les îles de la Baltique, de nombreuses monnaies arabes, dont la présence atteste la fréquence des relations entre les négociants arabes et les populations de ces régions. Le principal lieu d'échanges était à Boulgar, au confluent de la Kama et de la Volga ; les Russes venaient y apporter des pelleteries et des esclaves. Les autres grands marchés en Orient étaient Pérouse, où arrivaient les caravanes de l'isthme de Suez; Jérusalem, où les pèlerins chrétiens se rencontraient avec les commerçants arabes, Damas, Trébizonde, Erzeroum, Samarcande, etc.

**Supériorité de la civilisation orientale au moyen âge sur la civilisation occidentale.** — Ce rapide tableau de la vie en Orient pendant la première partie du moyen âge suffit à montrer la supériorité de la civilisation orientale à cette époque sur la civilisation occidentale. Tandis que l'Occident, après la disparition de l'empire carolingien, est troublé par les violences qui accompagnent l'établissement de la féodalité en Europe, que trouve-t-on en Orient? De grands États bien organisés, où les souverains ont le souci des intérêts publics; des villes, nombreuses et prospères, dont les habitants s'enrichissent par le commerce, l'industrie et l'agriculture ; une société élégante et cultivée, qui préfère aux distractions belliqueuses des barons féodaux des plaisirs plus intelligents. A la cour des khalifes se pressent les savants, les poètes, les historiens, et pendant qu'en Occident le goût des lettres et des sciences se conserve à grand'peine dans les monastères, on trouve dans toutes les villes arabes des bibliothèques assidûment fréquentées, sortes de cercles, auxquelles on donnait le beau nom de Maisons de la Sagesse.

# CHAPITRE VI

## L'Italie ostrogothique, lombarde et byzantine.

### L'Italie ostrogothique.

**Tombeau de Théodoric à Ravenne** (état actuel). — C'est une rotonde couverte d'un seul bloc de pierre de 11 mètres de diamètre. Elle a été élevée vers 630 par Amalasonthe, fille de Théodoric, pour servir de sépulture à son père. Plus tard, la sépulture fut violée, le cercueil ouvert et les ossements dispersés. Ce tombeau a été transformé en chapelle.

**L'Italie au Ve siècle.** — Pendant tout le cinquième siècle, l'Italie paya chèrement la longue prospérité dont elle avait joui sous l'Empire ; sa richesse attira les Barbares ; les misérables empereurs de ce temps, livrés aux intrigues de palais, furent incapables de la défendre. Les Wisigoths d'Alaric, les Huns d'Attila, les Vandales de Genséric, la ravagèrent.

**Les Ostrogoths.** — L'arrivée des Ostrogoths venus d'Illyrie mit fin pendant quelques années à ces désordres. Ces Barbares furent amenés en Italie par leur chef Théodoric, qui avait obtenu de l'empereur Zénon l'au-

## L'Italie ostrogothique.

Monnaie d'argent de Théodoric
(493-526).

Monnaie d'argent de Théodoric
(493-526).

Ruines du palais de Théodoric, à Ravenne.

Monnaie d'argent d'Athalaric
(526-534).

Monnaie d'argent d'Athalaric
(526-534).

torisation de reconquérir sur les Hérules d'Odoacre cette ancienne province de l'empire. On entassa sur des chariots, femmes, enfants, vieillards, objets précieux, et l'on partit à travers les passages neigeux des Alpes, les hommes couverts de fourrures, armés de lances, poussant devant eux les troupeaux dont ils faisaient leur nourriture. Sur les chariots, les femmes réduisaient en farine dans de petits moulins portatifs les grains apportés d'Illyrie ou volés au passage.

**Théodoric.** — Lorsque la prise de Ravenne et la mort d'Odoacre eurent fait les Ostrogoths maîtres incontestés de la péninsule, les nouveaux venus dépouillèrent rapidement leur férocité primitive et s'accommodèrent assez vite et assez bien, semble-t-il, de la civilisation romaine. Leur chef, Théodoric, leur montra l'exemple. Par la hauteur de sa taille, par sa remarquable force physique, par son ignorance (il ne savait pas écrire), Théodoric était bien un Germain; mais, amené tout enfant comme otage à la cour de Constantinople, il semble qu'il y ait pris le respect de la civilisation romaine. Ce barbare se montra très conservateur; il maintint les anciennes charges de la cour de Ravenne; il prit lui-même le costume des hauts dignitaires de l'empire, la chlamyde, la tunique et la chaussure de couleur; il fit adopter le vêtement romain à ses principaux officiers; sa cour à Ravenne fut luxueuse et il prenait plaisir à envoyer aux autres rois barbares de magnifiques présents.

Il montra pour les débris de l'empire une sollicitude intelligente; il voulut assurer la conservation des monuments de Rome et un architecte fut spécialement désigné pour veiller à leur entretien; il fit défense aux citoyens de les dégrader, affecta aux frais de leur réparation le produit des douanes du port Lucrin, et il donna lui-même chaque année 200 livres d'or et 25000 briques pour les réparations. A Ravenne, à Pavie, à Naples et dans quelques autres villes il fit restaurer ou construire des églises, des aqueducs, des bains, des portiques ou des palais. Il subsiste encore à Ravenne des fragments du palais qu'il s'y était fait élever. Il avait prescrit d'édifier ces monuments d'après les principes de l'art antique; les débris de son palais à Ravenne montrent que ses ordres furent suivis. Aussi nous est-il à peu près impossible de nous figurer ce qu'aurait pu être l'art des Goths; le tombeau du prince, cette lourde et massive rotonde, ne saurait nous renseigner sur les caractères de l'art national des Ostrogoths.

## L'Italie lombarde.

**Couronne d'or de la reine Théodelinde**, femme d'Autharis (584-590) puis d'Agiluli (591-616). Cette couronne, de même que celle d'Agiluli, apportée à Paris sous Napoléon Ier, a été volée et n'est plus aujourd'hui connue que par d'anciens dessins.

**Bas-relief** de la cathédrale de Monza (Lombardie), seul débris du monument élevé par la reine Théodelinde. On y voit figurés sur la partie supérieure Théodelinde, Agiluli, son mari, leur fils et leur fille, tous quatre tenant dans leurs mains les présents qu'ils offrent à saint Jean-Baptiste. Le saint tient dans ses mains les présents qu'il a déjà reçus, un livre posé à plat et un vase. En arrière de ces personnages sont sculptées trois couronnes, celles du roi, de la reine et la couronne de fer. Dans la partie inférieure du bas-relief, est représenté le baptême du Christ.

**Couronne d'or d'Agiluli.** — C'est une couronne votive analogue aux couronnes des rois wisigoths, conservées au Musée de Cluny, à Paris.

**Poule et poussins.** — Cet objet fait partie du trésor de l'église de Monza; il passe pour avoir été donné à cette église par Théodelinde.

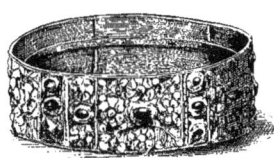

**Couronne** de fer des rois lombards (trésor de Monza). A l'intérieur est incrusté un cercle de fer qui passe pour avoir été forgé avec l'un des clous qui attachèrent le Christ à la croix.

**Peigne**, dit de la reine Théodelinde; il est en ivoire, monté en or et enrichi de pierreries (trésor de Monza).

Théodoric témoignait également du goût pour l'ancienne culture romaine; lui-même entendait le latin; sa famille reçut une éducation romaine; sa fille Amalasonthe était, pour le temps, remarquablement instruite.

**Rétablissement du commerce et de l'industrie en Italie.** — Sous l'administration vigilante des rois ostrogoths, l'Italie reprit un peu de vie. L'agriculture fut remise en honneur; on entreprit le dessèchement des marais Pontins et de ceux de Spolète; des arbres fruitiers furent replantés en Campanie et en Istrie; on exploita des mines de fer en Dalmatie, des mines d'or dans le Brutium. Une sorte de système de messageries facilita les communications; une flottille de vaisseaux légers protégea le commerce sur mer. L'industrie était encouragée; Théodoric fit présent à Gondebaud, roi des Burgondes, d'une clepsydre ou horloge à eau, et d'une autre où l'on voyait tous les mouvements du ciel. Il envoya avec ces deux machines ceux qui les avaient construites, afin qu'ils montrassent aux grossiers Barbares de par delà les Alpes la manière de se servir de ces instruments délicats.

**Les Lombards.** — Cette prospérité relative ne dura que quelques années. Le royaume ostrogoth succomba sous les attaques des Grecs; de nouveaux Barbares se répandirent en Italie. Ce furent les Lombards, ou Langobards, les hommes à la longue lance, suivant le sens qu'on prête à leur nom. Venus des bords de l'Oder, au sixième siècle, ils remplacèrent les Goths en Pannonie; Justinien les établit en Norique et en incorpora quelques milliers dans les troupes impériales. « Mais ils étaient si peu dociles et si sauvages, pillant indistinctement amis et ennemis, ne respectant pas même les lieux saints, qu'il fallut les renvoyer en leur donnant de l'ar-

## L'Italie lombarde.

Statue de sainte, de la chapelle de Cividale (Frioul).

Intérieur d'une chapelle au huitième siècle à Cividale (Frioul), décorée de peintures et de sculptures représentant des saints et des saintes.

Statue de sainte, de la chapelle de Cividale (Frioul).

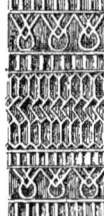

Fragment d'un bijou, bandeau d'or (Ravenne).

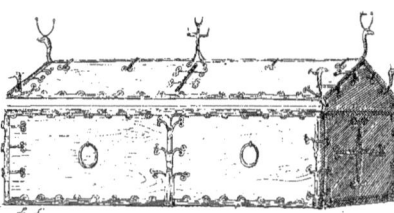

Cercueil lombard retrouvé à Civezzano (Tyrol).

Reliquaire d'or (trésor de Monza); travail byzantin.

Croix portative d'or (trésor de Monza); travail byzantin.

Couverture d'évangéliaire (trésor de Monza); travail byzantin.

Croix d'or trouvée dans le cimetière lombard de Civezzano.

gent. » (E. Lavisse.) En 568, sous la conduite de leur roi Alboin, ils passèrent en Italie, firent rapidement la conquête du bassin du Pô et étendirent leur domination jusque dans le centre de la péninsule.

**Mœurs des Lombards.** — C'étaient de ter-

## L'Italie lombarde.

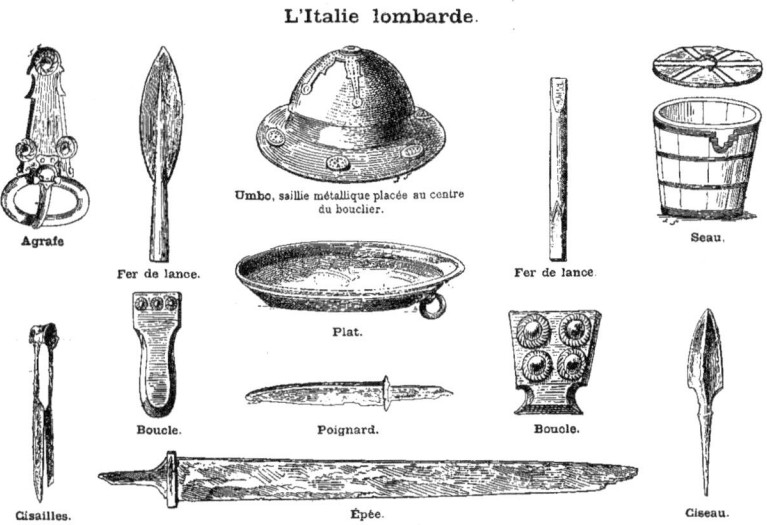

Tous ces objets proviennent d'une sépulture lombarde trouvée à Civezzano (Tyrol).

ribles gens; divisés après la mort d'Alboin en bandes commandées par des ducs, ils se répandirent dans toute l'Italie, pillant et massacrant.

Ces ravages durèrent jusqu'au moment où, menacés dans leurs conquêtes par les Francs et les Grecs, les Lombards se réunirent de nouveau sous un seul chef, Autharis, qui sauva par ses victoires la domination lombarde, et l'Italie resta partagée dès lors entre les Lombards et les Grecs.

Quand l'ordre fut un peu rétabli, les Lombards, comme les autres Barbares, subirent l'influence de la civilisation romaine et prirent peu à peu les mœurs des vaincus. Quand ils étaient arrivés en Italie, ils avaient encore le costume et l'armement des Germains; leur historien, Paul Diacre, nous apprend, qu'ils se rasaient le derrière de la tête et qu'ils portaient le reste de leurs cheveux partagés en deux grosses touffes à droite et à gauche du front. Leurs vêtements, presque toujours de lin, étaient lâches, ornés de larges bandes tissées de diverses couleurs. Leurs pieds étaient chaussés de sandales retenues par des courroies roulées autour de leurs jambes. Les découvertes, faites il y a quelques années dans des sépultures lombardes à Civezzano, nous ont appris que leur armement était semblable à celui des autres peuples barbares.

**Transformation des Lombards.** — La transformation semble s'être accomplie assez rapidement; c'est que les principaux chefs lombards s'établirent avec leur suite de guerriers, non pas dans des châteaux ou dans des métairies isolées, comme firent les autres Barbares en Gaule, en Espagne et en Afrique, mais dans les villes les plus importantes, à Pavie, à Bergame, à Brescia. Les rois lombards tinrent leur cour à Pavie; les rares monuments qui nous les représentent nous les montrent portant des vêtements qui ne diffèrent pas des costumes byzantins. Leurs maisons ou leurs palais étaient construits sur le mode des habitations romaines; ils avaient des cours ceintes de portiques et étaient ornés de peintures; la grande reine Théodelinde avait fait représenter sur les murs de son palais, à Monza, les principales scènes de l'histoire des Lombards.

**Constructions des rois lombards.** — Les princes lombards furent de grands bâtisseurs.

## L'Italie byzantine; Ravenne.

Mausolée de Galla Placidia, sœur d'Honorius (v<sup>e</sup> siècle).
Vue extérieure (état actuel).

Mausolée de Galla Placidia, sœur d'Honorius (v<sup>e</sup> siècle).
Vue intérieure (état actuel).

Vue extérieure de Saint-Apollinaire in *Classe*. Construit en 549 (état actuel).

Mosaïque de Saint-Apollinaire *in Nuovo* représentant
le palais de Théodoric.

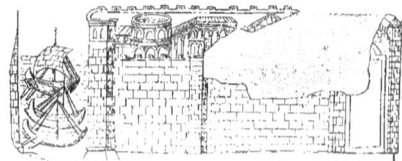

Mosaïque de Saint-Apollinaire *in Nuovo* représentant
le port de Classis.

## L'Italie byzantine; Ravenne.

Vue intérieure de Saint-Apollinaire *in Classe* (état actuel).

Sarcophage conservé à Ravenne. — Le Christ y est représenté assis entre deux personnages ; à droite et à gauche deux palmiers.

Sarcophage de l'archevêque Théodore, à Ravenne. Au centre, le monogramme du Christ ; à gauche et à droite, deux paons, des rameaux de vigne et des fruits.

Les édits de deux des plus grands d'entre eux, Rotharis et Luitprand, contiennent de curieux textes de lois, relatifs à la profession des architectes, et les chroniqueurs nous ont gardé la mention d'un grand nombre de monuments construits par les princes lombards, palais, édifices et monastères. Il n'en reste guère que quelques débris dans les villes du nord de l'Italie, à Milan, à Brescia, à Pavie, à Cividale, et encore les savants ne sont-ils pas d'accord sur la date qu'il faut assigner à la plupart de ces édifices. Les meilleurs témoignages que l'on ait conservés de l'art et de l'industrie des Lombards, ce sont quelques petits monuments ornés de sculptures et portant des inscriptions où figurent une date et le nom du fondateur ou du donateur, autels, vases, sarcophages ou baptistères comme celui de Calixte à Cividale en Frioul. Tous témoignent d'ailleurs de la décadence de l'art à cette époque.

**L'Italie byzantine.** — C'était des posses-

## L'Italie byzantine; Ravenne.

Camée byzantin en sardonyx (Cabinet de France).

Monnaie d'or d'Astaulf (749-756).

Vue intérieure du Baptistère des Orthodoxes (vᵉ siècle), converti aujourd'hui en église (San Giovanni in Fonte) (état actuel).

Camée byzantin en jaspe sanguin (Cabinet de France).

Monnaie de bronze frappée à Ravenne.

Une sainte. — Mosaïque de l'intérieur de Saint-Apollinaire.

Intérieur de la basilique de Saint-Apollinaire in *Nuovo*, à Ravenne (état actuel).

Un saint. — Mosaïque de l'intérieur de Saint-Apollinaire.

sions grecques en Italie que se répandait l'influence romaine ou byzantine, la principale cause de la transformation des Barbares établis en Italie. Les Grecs avaient conservé en Italie la plus grande partie des côtes et l'Exarchat. Ravenne était redevenue une capitale grecque ; là résidait le gouverneur des établissements grecs en Italie, l'exarque ; il y habitait fastueusement le palais de Théodoric.

**Ravenne.** — S'il faut en croire Sidoine Apollinaire, le séjour de Ravenne n'était pas fort agréable ; l'on y a, dit-il, « les oreilles percées par les cousins du Pô » et l'on y est sans cesse incommodé par le coassement des grenouilles : la ville, construite autour des embouchures du Pô, était coupée de canaux. « Le passage des barques agite sans cesse la boue fétide des canaux, et l'eau presque dormante est perpétuellement souillée par les gaffes des mariniers qui vont piquant les vases du fond. D'ailleurs on ne trouve nulle part ni aqueducs qui donnent de l'eau pure, ni une

## L'Italie byzantine; Ravenne.

Vue intérieure de Saint-Vital, à Ravenne. Au-dessus des grands arcs se trouve aujourd'hui une décoration ajoutée au XVIIIᵉ siècle, que l'on a supprimée dans le dessin.

Saint Jacob.

Saint Philippe.
Médaillons en mosaïque de Saint-Vital, à Ravenne.

Saint Pierre.

Saint André
Médaillons en mosaïque de Saint-Vital, à Ravenne.

Mosaïque de Saint-Apollinaire in Nuovo représentant une procession de saintes portant des présents au Christ.

citerne limpide, ni une source d'eau vive, ni un puits qui ne soit bouceux. »

Mais la vue de tant de beaux monuments devait dédommager le voyageur de tous ces inconvénients contre lesquels le poète gaulois exhale si vivement sa mauvaise humeur. De bonne heure, les empereurs d'Occident avaient pris à tâche d'embellir leur capitale; au cinquième siècle, l'impératrice Galla Placida y avait élevé un mausolée que l'on voit encore aujourd'hui; les monastères étaient nombreux, les églises également; de 526 à 546, l'argentier Julien avait dirigé les travaux de la magnifique église de Saint-Vital; il l'avait ornée de ces somptueuses mosaïques où revivent encore aujourd'hui pour nous Justinien, Théodora et les personnages de leur cour. Non loin était le palais archiépiscopal où l'on avait représenté la série des archevêques de Ravenne jusqu'au sixième siècle; il ne reste plus de ce monument qu'un baptistère appelé Baptistère des Orthodoxes. Les monuments civils ne le cédaient pas en magnificence aux monuments religieux; on voyait à Ravenne un amphi-

## L'Italie byzantine.

Femme du peuple.
Mosaïque de Saint-Vital (Ravenne).

Prêtre.
Mosaïque de l'oratoire de
Saint-Venance (Rome).

Noble. Mosaïque de
l'abside de Sainte-Cécile
en Trastevère (Rome).

Homme du peuple. Mosaïque
de Saint-Vital (Ravenne).

Grand dignitaire.
Mosaïque de Saint-Vital
(Ravenne).

Dame noble.
Mosaïque de l'abside de Sainte-
Cécile en Trastevère (Rome).

Dame noble.
Mosaïque de l'abside de
Sainte-Praxède (Rome).

Dame noble.
Mosaïque de l'abside de Sainte-
Agnès-hors-les-Murs (Rome).

Tous ces personnages, dans les mosaïques d'où ils sont tirés, représentent des saints et des saintes; mais suivant une habitude familière aux artistes de ce temps, ils ont été figurés revêtus des costumes que l'on portait au moment de l'exécution de ce travail.

théâtre, un stade milliaire, d'où partaient les routes de l'empire, un hôtel des monnaies, de splendides palais; le plus beau était celui de Théodoric, orné de luxueuses mosaïques; sur la place devant le palais se dressait une statue de bronze doré représentant Théodoric à cheval.

Un long faubourg unissait Ravenne à son port, Classis; des murailles fortifiées entouraient celui-ci; un phare quadrangulaire protégeait l'entrée des bassins. Le port était très actif; là se tenait la flotte de guerre. Le commerce y était considérable; les négociants syriens, les fabricants d'Antioche y avaient leurs représentants. Classis n'était ni moins riche ni moins ornée de monuments que Ravenne; on y voyait une multitude de basiliques; la plus belle était Saint-Apollinaire, encore aujourd'hui debout.

De toutes ces magnificences, il ne reste plus que quelques monuments et le silence s'est fait sur ces lieux où s'agitait une foule immense, où la splendeur des cérémonies de la vie religieuse et de la vie civile remplissait d'étonnement les visiteurs, où les Barbares, séduits par l'éclat des costumes, la richesse des habitations, la douceur de la vie, venaient admirer ces Grecs dont, rentrés dans leurs cités, ils s'efforçaient gauchement d'imiter les mœurs.

# CHAPITRE VII

## L'Eglise de la fin du IV$^e$ au X$^e$ siècle.

### Le clergé.

**Diacre.** — Il porte une dalmatique ornée de bandes noires (VII$^e$ siècle).

**Prêtre.** — Il porte la chasuble, l'aube et les sandales (VII$^e$ siècle).

**Évêque.** — Il porte la chasuble et le pallium (VII$^e$ siècle).

**Exorciste.** — Il porte la tunique et un manteau (IX$^e$ siècle).

De ces quatre figures, les trois premières proviennent de l'oratoire de Saint-Venance, à Rome (VII$^e$ siècle), où elles représentent des saints; la quatrième provient du Sacramentaire d'Autun (IX$^e$ siècle).

**Bénédictin** en roque, sorte de vêtement de travail.

**Clef** religieuse conservée à Liège (VIII$^e$ siècle).

Anneau épiscopal du trésor de la cathédrale de Metz (VII$^e$ siècle).

**Croix** pectorale d'évêque trouvée à Rome.

**Flabellum**, sorte d'éventail, conservé à l'abbaye de Tournus (IX$^e$ siècle).

**Abbé** bénédictin avec le cuculle.

Les deux figures, bénédictin et abbé, sont empruntées aux Annales de l'Ordre de Saint-Benoît.

A partir du cinquième siècle, l'Église achève de se distinguer de la société laïque au milieu de laquelle elle vit. Ses membres ont désormais un costume qui leur est propre; ses monuments diffèrent des édifices civils; elle a ses cérémonies dont l'appareil se régularise.

## Le clergé.

Prêtre (IXᵉ siècle). — Il porte l'aube, la chasuble, l'étole et le manipule.

Chanoine (IXᵉ siècle). — Il porte l'aube, la chasuble, l'étole et le manipule.

Couverture en ivoire du Sacramentaire de Drogon, frère de Charlemagne, représentant le sacrifice de la messe (IXᵉ siècle). 1° Préparation du sacrifice; le célébrant est assis sur son siège; 2° le célébrant récite le *Confiteor*; 3° il donne le baiser de paix; 4° il baise le livre placé sur l'autel; 5° il retourne à son siège; 6° il revient à l'autel; 7° à gauche, il reçoit l'offrande; à droite, il pose le pain sur l'autel; 8° il dit les prières consécratoires; 9° il communie.

Bulle du pape Boniface V (619-625).

Bulle du pape Benoît III (855-858).

Les quatre personnages sont reproduits d'après différents manuscrits carolingiens.

Diacre (IXᵉ siècle), avec l'aube, la dalmatique, l'étole et le manipule.

Chanoine (IXᵉ siècle), avec la chasuble échancrée autour du cou.

**Le costume ecclésiastique.** — Pendant longtemps, le « costume du clergé avait été absolument identique au costume civil des personnes de quelque situation ». Mais à partir du cinquième siècle, les laïques abandonnent peu à peu le costume romain, les ecclésiastiques le conservent et se séparent ainsi du reste de la société. Désormais le costume se fixe et distingue d'abord les deux clergés, le clergé *régulier*, c'est-à-dire les moines soumis à une règle, et le clergé *séculier*, celui qui vit mêlé à la société laïque, dans le siècle, suivant l'expression de l'Église. Les bénédictins étaient habillés de deux robes étroites de laine et d'un capuchon ou *cuculle*. Ce costume se compliqua au neuvième siècle; il se composait alors d'une petite culotte courte (braies), de bandelettes pour envelopper les jambes, d'une robe de dessous, d'une tunique de dessus, d'un cuculle, d'une chape, sorte de grand manteau, qu'on remplaçait en hiver par un vêtement fourré, de gants ou de moufles et de souliers. En tenue de travail, les moines portaient une sorte de justaucorps appelé *roque*. Il n'y avait pas de prescription spéciale pour la couleur de l'étoffe. Aux religieuses, il était recommandé de ne pas porter de vêtements de couleur voyante; c'est d'ailleurs à peu près tout ce que nous savons de leur costume.

## Objets du culte.

Autel d'or à Saint-Ambroise de Milan; au centre le Christ et les symboles des quatre évangélistes; les panneaux contiennent les principales scènes de l'histoire du Christ. L'un d'eux porte le nom de l'auteur de ce bel ouvrage : « Volvinius, maître ouvrier » (IXᵉ siècle).

Calice donné en 777 au couvent de Krœmünster par Tassilon, duc de Bavière, ainsi qu'en témoigne une inscription gravée autour du calice.

Calice autrefois conservé à Chelles (VIIᵉ siècle); il n'en reste plus aujourd'hui que des dessins.

Autel monolithe de Tarascon (VIIᵉ siècle); les chapiteaux et la table de l'autel portent le signe de la croix.

Croix contenant des reliques (VIIᵉ siècle), conservée à la cathédrale de Tournai (Belgique).

Autel funéraire romain à Ispagnac (Lozère), transformé en autel chrétien par l'addition du monogramme du Christ.

Ciborium. Petit pavillon élevé au-dessus de l'autel, suivant un usage qui s'est maintenu fort longtemps en Italie (église de San Prospero à Pérouse, IXᵉ siècle).

Le costume des membres du clergé séculier en Occident se compose d'une tunique de dessous en lin, l'*aube*, serrée à la taille par une ceinture plate; puis d'un manteau large, la *chasuble*; aux jours de fête, outre ces deux vêtements, le pape et les diacres portaient une seconde tunique à manches larges, qu'on nommait *dalmatique*. Tous ces vêtements sont percés d'une ouverture pour laisser passer la tête. Différents insignes complétèrent peu à peu ce costume : ce fut d'abord l'*orarium*, pièce de lin blanche disposée sur l'épaule gauche (à l'époque carolingienne les clercs le tenaient à la main); il prit le nom de *manipule*; l'*étole*, longue bande d'étoffe qui retombait à droite et à gauche du cou sur le devant de l'aube. Dès la fin du cinquième siècle, le pape et les évêques à qui il avait conféré cet insigne spécial portèrent le *pallium*, « large bande de laine blanche, drapée autour des épaules et dont les deux bouts retombaient l'un par devant, l'autre par derrière ». Il était garni à son extrémité de petites croix noires. Les évêques ont encore l'*anneau* et la *crosse* qui ne devint d'un

## Objets du culte.

Patène en argent doré, trouvée en 1846 en Sibérie; une croix adorée par deux anges.

Baptistère à Cividale en Frioul (VIIIe siècle).

Fiole destinée à conserver les huiles saintes (trésor de Monza) (VIIe siècle).

Crosse de saint Grégoire le Grand en ivoire (VIe siècle), conservée à l'église Saint-Grégoire, à Rome.

Boîte à hosties en forme de colombe, d'après un sarcophage.

Calice d'après un bas-relief du sixième siècle dans l'église de Monza.

Reliquaire de Ratisbonne (VIIIe siècle) orné de figures représentant les apôtres.

usage général qu'au onzième siècle. De même ce n'est qu'à cette époque que se répandit l'usage de la *mitre;* depuis le huitième siècle, au contraire, le pape se distinguait par le port de la *tiare.* Tous les clercs étaient déjà tonsurés. A l'époque carolingienne, ils apportèrent un grand luxe dans leur costume ; les miniatures de ce temps nous montrent les ecclésiastiques revêtus de vêtements rouges, pourpres, bleus, verts ; ils eurent des chasubles et des dalmatiques brodées, garnies de perles, de galons, de franges.

**Les monuments religieux.** — Les églises devinrent alors très nombreuses. On en distinguait de deux sortes : les unes étaient les églises *cathédrales;* c'étaient celles où se trouvait le siège (*cathedra*) de l'évêque ; les autres étaient des édifices construits dans les lieux de sépulture et servaient aux services funèbres, à la messe des funérailles, de l'anniversaire et des autres commémorations. Elles étaient souvent construites auprès ou au-dessus du tombeau d'un ancien martyr. Les unes et les autres conservèrent jusqu'à la fin de cette période, à quelques modifications près, le plan des grandes basiliques du quatrième siècle. Le mobilier et la décoration restèrent à peu près semblables à ce qu'ils étaient alors. Aux églises il faut joindre les *baptistères*, construits à côté d'elles; c'étaient de petits bâtiments renfermant les cuves dans lesquelles on plongeait à l'origine les nouveaux chrétiens pour les baptiser.

**Le culte; les cérémonies; la messe.** — Ce n'est que vers le quatrième siècle que se fixèrent les cérémonies du culte chrétien, la *liturgie* (d'un mot grec, qui veut dire fonction). Mais la liturgie varie alors suivant les différentes provinces ecclésiastiques. Du quatrième au huitième siècle, la messe était dite de deux manières. Dans les églises du nord de l'Italie, en Gaule, en Espagne, en Bretagne et en Irlande, on suivait l'usage dit *gallican.* Cet usage présentait des particu-

## Les cérémonies.

**Messe à Saint-Jean-de-Latran** (VIIe siècle). — Le moment ici représenté est celui où le célébrant prononce les prières par lesquelles l'hostie va être consacrée; il est placé sous le ciborium, entouré du clergé; en bas de l'autel, surélevé au-dessus de la crypte dont on aperçoit la fenêtre, les assistants sont prosternés, les uns à genoux, les autres inclinés dans une posture qui nous est révélée par les manuscrits de ce temps; à droite les hommes, à gauche les femmes.

larités analogues à celles qu'on trouvait dans la liturgie orientale. A Rome et en Afrique, on suivait un usage plus original, dit *usage romain*. Cet usage ne supplanta le premier qu'au huitième siècle, lors de la grande réforme du clergé entreprise par les princes carolingiens : en Espagne, il se maintint même jusqu'au onzième siècle.

**La messe romaine.** — La messe à cette époque était beaucoup plus longue et plus compliquée qu'elle ne l'est de nos jours. L'officiant, parti de la sacristie, s'avançait vers l'autel, en costume liturgique, précédé de sous-diacres, dont l'un balançait l'encensoir, et de sept acolytes portant des cierges. Jusqu'à l'offrande, les cérémonies sont à peu près les mêmes. Mais alors le célébrant et ses assistants allaient à l'entrée du chœur recueillir les offrandes du peuple et du clergé. « Les fidèles apportent le pain et le vin ; non seulement les laïques, mais les clercs, les prêtres, le pape lui-même, chacun doit faire son offrande. Le pape, assisté des évêques et des prêtres, reçoit lui-même les pains, l'archidiacre et ses collègues reçoivent les burettes de vin. » L'archidiacre fait alors les préparatifs de la communion ; le célébrant prononce les prières consécratoires et opère la fraction du pain. Puis a lieu la communion ; elle s'opérait alors par le pain et le vin ; et tous les assistants y avaient part. « Le pape et avec lui les évêques, les prêtres distribuent l'eucharistie sous l'espèce du pain, l'archidiacre à la suite du pape, les autres diacres à la suite des évêques, et les prêtres présentent le calice. » Le célébrant retournait ensuite à l'autel et, après avoir invité l'assemblée à dire en commun une action de grâces, prononçait l'*Ite, Missa est*.

**La messe gallicane.** — La messe gallicane présentait quelques différences; dans l'usage gallican s'étaient maintenus quelques rites de l'Église primitive qui avaient déjà disparu à

## Les monuments.

Triclinium, salle pour les festins, construit par le pape Léon III au palais du Latran. (Restitution.)

Baptistère de Saint-Jean-de-Latran. (Restauration.)

Denier d'argent du pape Adrien I<sup>er</sup> (772-795). (Cabinet des médailles.)

Denier d'argent du pape Jean VIII (872-882). (Cabinet des médailles.)

Denier d'argent du pape Léon III (795-816) et de Charlemagne. (Cabinet des médailles.)

Chaire dite de saint-Pierre, en réalité postérieure de quelques siècles à l'existence de l'apôtre, conservée à Saint-Pierre de Rome. Elle est décorée de plaques d'ivoire figurant des combats d'animaux, de centaures et d'hommes.

Denier d'argent du pape Pascal I<sup>er</sup> (817-824). (Cabinet des médailles.)

Rome; c'est ainsi qu'on avait conservé l'usage de prononcer une *homélie* après la lecture de l'Évangile. La communion était précédée d'une procession. On portait en grande pompe autour de l'autel le pain enfermé dans un vase en forme de tour, et le vin mêlé dans le calice.

## Les monuments.

Vue extérieure de l'ancienne basilique de Saint-Pierre de Rome, ce monument fut détruit au seizième siècle et remplacé par l'édifice actuel. Des dessins du seizième siècle nous ont conservé l'aspect de l'ancienne église. On aperçoit au fond, à droite, l'enceinte de Rome.

Puis on disposait le pain à l'autel sur une patène et on le recouvrait d'un voile précieux. La fraction du pain était très compliquée. « On rangeait sur la patène les parcelles de l'hostie de manière à dessiner une forme humaine. Le concile de Tours, en 567, interdit cette pratique et ordonna de disposer les parcelles en forme de croix. » Pour la communion, en Gaule, les fidèles entraient dans l'enceinte sacrée et venaient jusqu'à l'autel. Pendant toute l'époque mérovingienne, la messe fut célébrée en Gaule en se conformant à ces usages.

**Les fêtes chrétiennes.** — C'est encore pendant cette période que prirent naissance les principales fêtes du culte chrétien. Les fêtes mobiles qui avaient été empruntées au calendrier juif, à savoir *Pâques* et la *Pentecôte*, étaient depuis déjà longtemps célébrées ; mais l'usage du *carême* ne remonte pas au delà du quatrième siècle. La célébration du dimanche des *Rameaux* par une procession avec palmes fut d'abord particulière à Jérusalem et ne se répandit en Occident qu'au huitième et au neuvième siècle. La semaine sainte comprenait un grand nombre de réunions ; le soir du samedi saint avait lieu une longue veillée ; la nuit se passait presque toute en prières et c'était aux premières lueurs de l'aube qu'on célébrait la messe de Pâques. Parmi les fêtes fixes, on commença à célébrer la fête de *Noël* au quatrième siècle ; c'est aussi à partir de cette époque que l'on commémora par des fêtes les diverses dates de la vie de la Vierge Marie, les mérites des grands saints, les anniversaires des martyrs. La plupart des grandes fêtes étaient précédées de jeûnes. L'année ecclésiastique comprenait encore les *litanies* ; on appelait de ce nom des processions solennelles instituées pour appeler la protection céleste sur les biens de la terre. On les faisait au printemps. L'évêque de Vienne, Mammert, introduisit ainsi en Gaule, au cinquième siècle, l'usage des *Rogations*. Elles consistaient dans une procession autour des champs, accompagnée de prières, de chants, d'invocations à Dieu, aux anges, aux saints. Le baptême n'était pratiqué pour les adultes qu'une fois l'an, dans la nuit du samedi saint ; l'usage du baptême par

## Les monuments; objets du culte.

Vue intérieure de Saint-Agnès-hors-les-murs à Rome (état actuel). On voit, par cet exemple, que les églises du septième siècle présentaient encore les mêmes dispositions que les églises du quatrième et du cinquième siècle.

Monnaie de Zacharie (741-752).

Monnaie de Grégoire IV (827-844).

Cuiller servant à donner aux fidèles quelques gouttes du vin dans la communion. On y voit figuré Jésus-Christ entrant à Jérusalem.

Lampadaire en bronze en forme de basilique, trouvé à Orléansville (Algérie) (v<sup>e</sup> siècle).

Instrument de paix (viii<sup>e</sup> siècle) dont l'usage remplaça de bonne heure celui du baiser de paix. Celui-ci, en ivoire, représente le crucifiement du Christ.

immersion disparut peu à peu. La dédicace des églises, la translation des reliques, extrêmement en honneur pendant cette période, étaient également accompagnées d'importantes cérémonies. Enfin c'est alors que s'établit l'usage de consacrer par la prière les différentes heures de la journée ; « dès lors, l'office divin fut célébré tous les jours dans les églises, aux heures canoniques, avec la participation du clergé et sous sa direction ».

**Rome chrétienne ; ses monuments.** — De bonne heure, Rome fut considérée comme un des lieux les plus vénérables de la chrétienté ; les églises y devinrent extrêmement nombreuses. Les papes prirent à tâche d'en construire de nouvelles qui existent encore pour la plupart aujourd'hui, d'entretenir les anciennes et de les orner d'un splendide mobilier et d'ouvrages d'orfèvrerie. Ils avaient eux-mêmes leur résidence sur la colline du Cœlius qui prit alors le nom de *Latran*. Constantin y avait fait bâtir une basilique, avec un baptistère et un palais épiscopal destiné au pape Sylvestre II. Ce palais devint celui des papes qui l'agrandirent et l'embellirent. Ils y firent élever des oratoires, des salles de réception, d'autres pour la réunion des conciles, de vastes portiques. De ces anciens édifices, il ne subsiste plus que le périmètre de l'église, les soubassements de nombreuses parties du palais, le baptistère et quelques-uns des bâtiments adjacents.

# CHAPITRE VIII

## L'Empire franc.

### La société carolingienne.

**Statuette** de bronze passant pour représenter un empereur carolingien, conservée au Musée Carnavalet, à Paris.

**Encadrement** tiré d'un manuscrit carolingien. (Bibliothèque nationale.)

## Les princes carolingiens.

Couronne de Hunald, duc d'Aquitaine.
(Cabinet des médailles.)

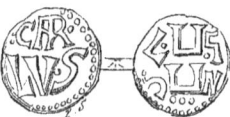

Monnaie de Charlemagne (768-814);
denier d'argent frappé à Lyon. (Cabinet
des médailles.)

Sceau de Pépin (752-768).
(Archives nationales.)

Mosaïque du triclinium du pape Léon III à Saint-Jean-de-Latran (Rome), représentant le pape Léon III et l'empereur Charlemagne aux pieds de saint Pierre qui remet au pape les clefs apostoliques et à l'empereur une bannière.

Couronne carolingienne restituée
d'après un manuscrit du IX⁰ siècle.

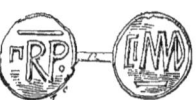

Monnaie de Pépin (752-768); denier
d'argent. (Cabinet des médailles.)

Sceau de Charlemagne (768-814).
(Archives nationales.)

**Les princes carolingiens.** — Au milieu du huitième siècle, la famille mérovingienne fut remplacée par une dynastie nouvelle, celle des Carolingiens. Les premiers princes de cette famille ne furent, comme les plus grands des Mérovingiens, que « des hommes de guerre, faisant campagne à peu près chaque année, chassant dans les moments de loisir ». Mais déjà Pépin le Bref n'est plus uniquement un barbare passionné de guerre et de chasse. Charlemagne est un prince éclairé, ami des lettres et des arts, qui veut rendre à la dignité impériale nouvellement revêtue par lui quelque chose de son ancien éclat; et ce serait une grossière erreur que de prêter à Charlemagne ou à Charles le Chauve la physionomie d'un Clotaire ou d'un Chilpéric.

**Le costume royal.** — Ce n'était point par la magnificence de son costume que Charlemagne se distinguait de ses sujets. Son biographe Eginhard nous apprend qu'il portait le plus souvent le costume des Francs. Aux grandes fêtes seulement, il se revêtait d'habits plus magnifiques, ornés de broderies d'or; il avait aux pieds des brodequins décorés de pierres précieuses; une agrafe d'or retenait sa saie, et il marchait la tête ceinte d'un diadème étincelant d'or et de pierreries.

En de rares occasions, il consentit à prendre le costume romain; « il se laissa revêtir à Rome de la longue tunique, de la chlamyde et de la chaussure des Romains ». Ce costume devint celui de ses successeurs; Charles le Chauve, sur la fin de sa vie, le porta de préférence à tout autre, ainsi que la couronne fermée, à la mode byzantine. A la différence de leur aïeul, les princes carolingiens semblent avoir été volontiers magnifiques dans leur costume. Un des historiens de Louis le Débonnaire, le moine Thégan, rapporte que, « dans les fêtes solennelles, ce prince portait une tunique et des hauts-de-chausse brodés en or avec des franges d'or, un baudrier et une épée tout brillants d'or, des bottes et un manteau

## Les princes carolingiens.

Sceau de Louis le Débonnaire (814-840). (Archives nationales.)

Sceau de Lothaire (840-855). (Archives nationales.)

Portrait de Charles le Chauve d'après une miniature placée en tête du livre d'heures de ce prince. (Bibliothèque nationale.)

Sceau de Charles le Chauve (840-877). (Archives nationales.)

Sceau de Charles le Simple (898-923). (Archives nationales.)

couverts d'or ; enfin il avait sur la tête une couronne resplendissante d'or et tenait dans sa main un sceptre d'or ».

**Les insignes du pouvoir.** — Les insignes du pouvoir furent pour Charlemagne le diadème et, peut-être, une baguette d'or qu'il tenait à la main ; ses successeurs y ajoutèrent une sorte de couronne d'orfèvrerie ornée de pierres précieuses, le globe, le sceptre et l'épée. Comme les Mérovingiens, ces princes confirment leurs actes par l'apposition d'un sceau ; ils se font figurer sur leur sceau à l'imitation des empereurs romains, la tête couronnée de lauriers et vue de profil. Enfin ces princes se constituèrent une garde dont le costume rappela d'assez près celui des prétoriens de l'ancien empire romain.

**Les résidences impériales.** — Les princes mérovingiens vivaient rarement dans les villes ; les princes carolingiens les habitent au contraire volontiers. Du vivant de Charlemagne, Aix-la-Chapelle eut à peu près rang de capitale. Ce prince avait orné d'importantes constructions cet endroit où il se plaisait fort à cause des eaux thermales. Il y fit élever un palais, une église, un théâtre, des bains. De cet ensemble de constructions, il ne reste que le bâtiment appelé aujourd'hui le dôme ; c'était la chapelle du palais, destinée par Charlemagne à lui servir de sépulture. Quant au palais lui-même, il est malaisé de s'en faire une idée précise. Nous savons seulement qu'il se dressait sur une place publique et qu'autour de lui étaient groupées les habitations des principaux grands ; ces demeures étaient construites au-dessus d'arcades.

**Les palais impériaux.** — Nous ne sommes guère mieux renseignés sur le palais que Louis le Débonnaire se fit construire à Ingelheim ; un poète de ce temps, Ermold le Noir, nous peint vaguement les splendeurs de ce palais ; les salles en étaient soutenues par cent colonnes ; on en avait décoré les parois de sculptures représentant les principales scènes de l'histoire ancienne et les grands faits de l'histoire des prédécesseurs de Louis le Débonnaire.

Ces demeures devaient être considérables, si l'on en juge par une description qui nous a été laissée du palais des ducs de Spolète, tel qu'il était au neuvième siècle. On y voit que cette demeure princière renfermait un vestibule ; une salle de réception ; un consistoire, grande pièce qui servait de tribunal ; une sorte

## Les princes carolingiens.

Sceau de Charles le Chauve (840-877).
(Archives nationales.)

Louis le Débonnaire assis entre deux personnages, d'après un manuscrit du dixième siècle.
(Bibliothèque nationale.)

Sceau en plomb de Charlemagne
(768-814). (Cabinet des médailles.)

Monnaie de Carloman (768-771), denier d'argent. (Cabinet des médailles.)

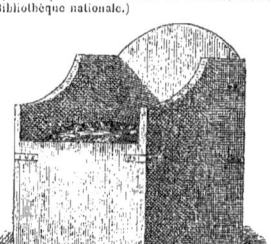
Trône en marbre de Charlemagne, conservé à la cathédrale d'Aix-la-Chapelle.

Monnaie de Louis le Bègue (877-879); denier d'argent. (Cabinet des médailles.)

de réfectoire; des chambres d'hiver et d'été; des cuisines; un réservoir; des bains; un gymnase, qui, de même que les établissements semblables de l'antiquité, servait autant à la conversation qu'aux exercices corporels; un hippodrome. En somme, ces habitations devaient encore à cette date être construites sur le modèle des grandes villas gallo-romaines.

**La cour.** — Charlemagne se plaisait à être entouré d'un grand nombre de gens; ainsi se forma une cour autour de lui. C'étaient d'abord les membres de la nombreuse famille impériale; puis les rois ou chefs des nations soumises; les fonctionnaires de tout ordre; une nuée de serviteurs; de nombreux ecclésiastiques composant la chapelle du prince. C'était encore le « rendez-vous des hommes importants de l'empire »; c'était aussi celui des aventuriers de toute sorte; quand Louis le Débonnaire à son avènement réforma la cour de son père où régnait une grande liberté de mœurs, il en chassa marchands, usuriers, juifs, mendiants, qui y pullulaient; toutes gens dont la présence explique un curieux capitulaire de Charlemagne qui interdit les rixes à la cour.

**L'étiquette.** — Dans cette cour, il règne déjà une certaine étiquette. En toutes circonstances, le prince se place sur un siège plus élevé, semble-t-il, que ceux de ses sujets. Dans les repas, les ducs, les chefs ou rois des autres nations servent d'abord l'empereur, puis ils sont servis, à leur tour, par les comtes et les principaux dignitaires; quand ces personnages sortent de table, les officiers militaires et civils les remplacent; à ceux-ci succèdent les serviteurs, de manière que ces derniers ne mangeaient pas avant le milieu de la nuit. Dans les cérémonies, les fonctionnaires ont leur place fixée.

**Les cérémonies.** — Les cérémonies sont

## Les princes carolingiens.

Sacre d'un prince carolingien. — Dans la basilique d'Aix-la-Chapelle, les évêques dans le chœur revêtent le prince des insignes du pouvoir; auprès d'eux, quelques grands dignitaires ; dans la nef, la foule acclame le nouveau prince (Restitution).

surtout les fêtes religieuses célébrées en général avec une grande solennité, puis les réceptions des ambassadeurs, les mariages, etc. La plus importante de toutes est le *sacre* dont l'usage avait été ignoré jusqu'alors. Cette cérémonie a lieu en grande pompe. Les évêques y jouent le principal rôle ; ils vont recevoir le prince au seuil de la basilique et le conduisent processionnellement au chœur ; là, le plus qualifié d'entre eux l'oint de l'huile sainte, puis on le revêt des insignes du pouvoir.

**L'armée et la guerre.** — A part la garde impériale, on ne voit point figurer de militaires dans cette cour ; c'est qu'en effet l'armée n'est pas permanente ; elle n'est convoquée que sur l'ordre du prince. Elle est composée d'hommes libres et de propriétaires soumis à l'obligation du service militaire ; sous Charles le Chauve, on voit des mercenaires y prendre place. Les cavaliers y paraissent plus nombreux que les fantassins. L'armement rappelle celui des soldats romains. Le costume de guerre se compose de la *broigne*, sorte de cuirasse, posée sur la tunique ; les riches la remplacent par une chemisette de mailles garnie d'épaulettes de fer ; le casque apparaît rarement : il est formé d'une sorte de calotte de métal, quelquefois conique, surmontée d'une aigrette également en métal ; presque tous les guerriers ont un bouclier rond ou ovale. Les armes offensives sont l'épée à deux tranchants, le sabre courbe, la lance de fer munie de deux crochets, le javelot, l'arc. « Le soldat s'équipe et s'entretient lui-même, sans autre compensation que le butin de guerre et les réquisitions. » Il doit venir avec ses armes, ses vivres pour trois mois, des vêtements pour six, et des outils, tels que la cognée, la doloire, la pelle de fer, etc. Des évêques et des prêtres accompagnent l'armée pour dire la messe, avoir soin des malades et apporter aux mourants les secours de la religion. — Les machines et les manœuvres en usage chez les Romains sont encore employées. La

## La vie privée. — Le costume civil.

Seigneur. — Dame. — Dame.
(Ces figures sont empruntées à des manuscrits du neuvième siècle conservés à la Bibliothèque nationale.)

Boucle. (Musée de Cluny.) — Boucle d'oreille. (Musée de Cluny.) — Épingle. (Musée de Cluny.) — Chaussure restituée d'après une miniature. — Bijou. (Musée de Cluny.) — Applique. (Musée de Cluny.)

guerre se fait aussi cruellement que sous les Mérovingiens; seulement on a pris l'habitude de respecter les églises et les monastères.

**La vie privée; le costume.** — Les modifications introduites dans les usages de la vie privée au neuvième et au dixième siècle ne paraissent pas très considérables.

Le costume reste celui des Francs. Les hommes sont vêtus de deux tuniques, l'une de fil posée sur la peau, l'autre de laine; ils portent des braies et des chausses de toile ouvrée, ordinairement teintes en vermillon; leurs jambes sont couvertes de bandelettes également vermeilles; leurs souliers sont de cuir et quelquefois très ornés. Ils jettent sur leurs épaules un manteau gris ou bleu, retenu à droite par une fibule, drapé sur l'épaule gauche. Pendant l'hiver, par-dessus la tunique, ils revêtent une sorte de gilet de fourrure. Ils ont les cheveux coupés à la romaine; leur tête est nue le plus souvent; quelquefois aussi ils l'ornent d'un ruban ou d'un diadème. Presque toujours, les grands portent une épée longue avec pommeau et garde de fer, enfermée dans un fourreau de bois garni de cuir, et couvert de toile blanche lustrée à la cire; ils sont souvent représentés tenant à la main une canne munie d'un bec de métal doré ou argenté. L'usage des gants est général.

Les femmes sont invariablement habillées de deux robes et d'un manteau posé sur la tête en manière de voile. La robe de dessous est traînante et garnie de manches plates; la robe de dessus est flottante et munie de manches larges et courtes. Une riche ceinture, posée très haut, accompagne ce costume; les pieds sont chaussés de souliers de couleur,

## Le costume militaire.

Guerrier.
(Musée d'Artillerie.)

Guerriers.

Guerrier.
(Musée d'Artillerie.)

Épée.

Casque. Restitué d'après une miniature du neuvième siècle.

Bouclier.

Casque. Restitué d'après une miniature du neuvième siècle.

(Ces personnages et ces objets sont restitués d'après des miniatures de manuscrits carolingiens.)

quelquefois très pointus, couverts et galonnés sur le dessus.

**Le luxe dans le costume.** — Comme à l'époque mérovingienne, hommes et femmes apportent une grande recherche dans leur costume. Le moine de Saint-Gall nous représente les grands de la cour de Charlemagne couverts d'habits faits de peaux d'oiseaux de Phénicie, bordés de soie, de plumes de paon, enrichis de la pourpre de Tyr et de franges d'écorce de cèdre. « ... Ils se chaussent si étroitement, s'écriait un siècle plus tard l'abbé Raoul au synode de Mont-Notre-Dame (972), qu'ils sont comme en prison et ne peuvent marcher. Il en est qui ajoutent à leurs souliers des becs et des oreilles de droite et de gauche; les souliers ne doivent pas faire un pli, et, pour les rendre luisants, ils ont des serviteurs exercés. » Les femmes se parent de bijoux, bracelets, larges colliers, cercles d'or et de pierreries passés dans la coiffure, etc. La propreté du corps n'est pas négligée; l'usage du bain est fréquemment mentionné.

**Les habitations.** — Les habitations paraissent conserver à l'époque carolingienne le plan et les principales dispositions des maisons de l'âge précédent. Cependant deux importantes modifications les distinguent. Il n'est plus question d'appartements réservés aux femmes, et les habitations que l'on trouve représentées dans les manuscrits montrent des ouvertures en plus grand nombre sur la

## L'habitation. — L'ameublement.

Maisons du neuvième et du dixième siècle, d'après des manuscrits de la Bibliothèque nationale.

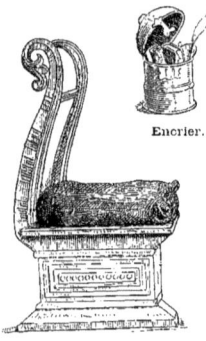

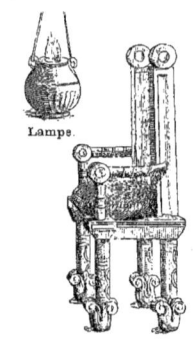

Siège.     Encrier.     Lit.     Lampe.     Siège.

(Ces meubles ont été restitués d'après des miniatures de manuscrits du neuvième et du dixième siècle.)

rue. Ces maisons n'avaient guère, en général, qu'un rez-de-chaussée et un premier étage. L'intérieur, dans les demeures riches, était souvent décoré avec soin; quelquefois des peintures et des mosaïques ornaient les murs; une miniature, figurant l'intérieur d'un appartement, montre un plafond à compartiments; des tentures dissimulent les portes.

**L'ameublement.** — L'ameublement paraît, en général, peu compliqué; il ne se compose guère que d'armoires, de lits, de sièges, de tables et de pupitres. Les lits sont des cadres en bois ou en métal entourant un plancher; on s'y couche sur des coussins, et on s'y enveloppe de couvertures. Les sièges sont le plus souvent des coffres de bois sur lesquels on place des coussins; de hauts candélabres, portant des cierges semblables à ceux de nos églises, des lampes à la manière antique, suspendues au plafond, éclairent les appartements.

**Les repas.** — Il semble que dans les repas on commence à abandonner les usages romains; on voit bien dans les festins royaux les princes se placer sur des lits, mais en général les peintures des manuscrits représentent des repas montrent les convives assis autour des tables. Dans les repas d'apparat, la table est somptueusement servie. « Sur des toisons dont la blancheur le dispute à la neige, on étend des nappes, dit Ermold le Noir, décrivant un festin donné à la cour de Louis le Débonnaire, et les mets sont dressés dans des plats de marbre. Entre chaque plat sont placés des vases d'or. » Mais l'on ne voit encore ni fourchettes, ni assiettes : on prend les viandes avec les mains, et chaque convive mange avec ses doigts. Dans l'alimentation, la venaison et la viande de porc tiennent une grande place.

**Les villes.** — Les villes à l'époque carolingienne commencent à se développer : néanmoins, ce ne sont encore en général que petites agglomérations d'habitations groupées autour de leurs basiliques, entourées de murailles en pierre de taille et de fossés profonds. Beaucoup de villes nouvelles se formèrent alors, surtout en Allemagne, auprès des monastères qui y furent établis en grand

## L'ameublement. — Le repas.

Un repas à l'époque carolingienne, restitué d'après une miniature d'un manuscrit du dixième siècle conservé à la Bibliothèque nationale.

Candélabre. — Lyre. — Vase. — Homme portant une lampe. — Aiguière. — Burette. — Meuble à écrire.

(Ces meubles ont été restitués d'après des miniatures de manuscrits du neuvième et du dixième siècle.)

nombre sous les premiers princes de la dynastie carolingienne.

**Les mœurs.** — Bien que les villes paraissent habitées plus volontiers par les princes et par les grands qu'aux siècles antérieurs, ceux-ci se plaisent aussi dans leurs habitations rurales. La chasse reste un de leurs divertissements préférés ; on chasse avec des lévriers et des faucons. Les divertissements militaires sont fort en honneur ; les fils de Louis le Débonnaire prennent part à des manœuvres de cavalerie, qui annoncent les tournois des époques suivantes. Dans les festins, on fait venir des baladins et des chanteurs. Mais des distractions d'un ordre plus relevé sont également appréciées des grands de l'époque carolingienne. La musique est très goûtée ; l'usage de l'orgue se répand alors en France. Enfin, il convient de rappeler qu'à cette époque on lit et on écrit beaucoup ; de grands seigneurs, comme Eginhard ou Nithard, racontent l'histoire de leur temps ; d'autres composent des poésies ; des questions de politique générale, comme celle du maintien de l'unité de la monarchie impériale, fixent l'attention des esprits réfléchis.

**Première renaissance intellectuelle.** — C'est que, sous l'influence de Charlemagne, une véritable renaissance intellectuelle se produisit pendant tout le neuvième siècle. Les

## Les arts : architecture.

Dôme d'Aix-la-Chapelle (restauration). — C'est l'ancienne chapelle du palais de Charlemagne, construite sous la direction d'Eginhard par les architectes Anségise et Odon. Par son plan, cet édifice rappelle Saint-Vital de Ravenne.

I majuscule emprunté à un manuscrit du huitième siècle.

Intérieur de l'église de Germigny-les-Prés (Loiret), d'après les relevés de M. Lisch (IXe siècle); l'âge de ce monument a été déterminé par une description qui en a été faite par un écrivain contemporain.

E majuscule emprunté à un manuscrit du huitième siècle.

Porche de l'atrium de l'église de Lorsch (Allemagne). — Ce petit édifice, construit probablement au neuvième siècle et converti aujourd'hui en chapelle, faisait partie des bâtiments d'une abbaye fondée en 764.

O majuscule emprunté à un manuscrit du huitième siècle.

efforts de ce prince pour développer la culture intellectuelle dans son empire sont bien connus. Il comble d'honneurs les lettrés, théologiens, grammairiens, historiens, qui composent son entourage ; il fonde dans son palais une sorte d'académie, où l'un des plus grands esprits de ce temps, le moine Alcuin, originaire d'Angleterre, enseigne devant Charlemagne, ses enfants et les principaux personnages de la cour. Les efforts du monarque furent récompensés; les descendants de Charlemagne furent des princes lettrés; les grands seigneurs s'éprirent de la science à l'exemple de leur souverain. « Comme la plupart de ces hommes étaient des ecclésiastiques ou le devinrent, ils organisèrent dans leurs villes épiscopales ou dans leurs abbayes des écoles qui répandirent l'instruction dans tout l'empire ».

**Les monastères; la calligraphie.** — Les grands monastères devinrent les centres de ce renouvellement des études; on y lut et on y copia les manuscrits des anciens, dont on s'exerçait gauchement à imiter les beautés. Chaque abbaye avait une grande salle dans laquelle plusieurs moines observant le silence le plus absolu étaient exclusivement occupés

## Les arts : calligraphie et miniature.

F majuscule emprunté à un manuscrit du huitième siècle.

D majuscule emprunté à un manuscrit du huitième siècle.

Miniature servant de frontispice à une Bible manuscrite du neuvième siècle conservée à l'église de San-Calisto à Rome; elle représente Charles le Chauve assis sur un fauteuil sous un dais; au-dessus, quatre femmes représentant quatre des vertus du prince, sagesse, justice, tempérance, vaillance; de chaque côté du dais, deux anges; à droite du roi, deux femmes dont l'une est peut-être la reine Richilde; à gauche, deux personnages armés.

P majuscule emprunté à un manuscrit du huitième siècle.

M majuscule emprunté à un manuscrit du huitième siècle.

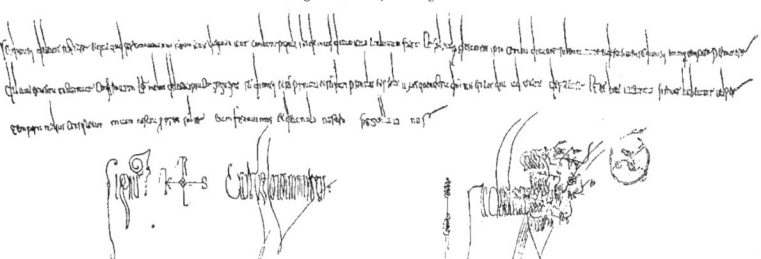

Fragment d'un diplôme de Charlemagne pour le prieuré de Salone (6 décembre 777). On remarquera la forme allongée de quelques lettres et les signatures du prince et des dignitaires.

Spécimens d'écriture carolingienne.

à transcrire des livres pour la bibliothèque du monastère. Charlemagne, conseillé par Alcuin, prescrivit une réforme de l'écriture ; l'écriture, à peu près indéchiffrable, des Mérovingiens fut

## Les arts : la sculpture; l'orfèvrerie.

Plaque d'ivoire sculptée par Tutilo, moine de Saint-Gall (IXe siècle); au sommet, des rinceaux; au centre, le triomphe de la Vierge; au bas, saint Gall donnant du pain à des ours.

Plat inférieur de la couverture du livre d'heures de Charles le Chauve (Bibliothèque nationale). — C'est un ivoire encadré d'une bordure en argent doré; à chaque angle était placée une pierre précieuse. Les sculptures, de travail byzantin, représentent, en haut, le prophète Nathan venant reprocher au roi David le meurtre du mari de Bethsabée; en bas, la parabole dont il se servit en abordant le roi, l'histoire du riche qui tue la brebis du pauvre pour donner un festin à l'étranger; au centre, le cadavre d'Urie.

Revers de la plaque de Tutilo; de ce côté, la plaque représente le Christ dans sa gloire, entouré d'anges et des animaux symboliques des évangélistes.

remplacée par une écriture plus régulière et facile à lire. C'est aussi l'époque des beaux manuscrits; sous l'influence des moines anglo-saxons, qui excellaient dans l'art d'orner les manuscrits de dessins coloriés, les pages des manuscrits furent décorées de lettres bizarres, formées d'un assemblage de poissons, d'oiseaux, de figures humaines grossièrement dessinées, de feuillages compliqués et d'entrelacs. Puis surtout à l'époque de Charles le Chauve, les manuscrits furent ornés de miniatures qui forment de petits tableaux. Ces manuscrits sont de grands livres en parchemin, entièrement écrits à la main; l'on en voit qui sont écrits en lettres d'or sur vélin pourpre; les pages sont souvent bordées de bandes de feuillages, d'échiquiers, d'entrelacs exécutés en couleur et en or. De somptueuses reliures faites de plaques d'ivoire sculpté, encadrées d'ornements en argent et de pierres précieuses, protègent ces beaux ouvrages.

**Les arts; l'orfèvrerie.** — La calligraphie ne fut pas le seul art encouragé par Charlemagne. « Par ses lois, il força les prélats à relever les églises tombées en ruines et à les décorer de peintures et de sculptures, et un capitulaire ordonna que des orfèvres seraient établis dans chacune des grandes villes de son empire. Il créa dans les monastères de Saint-Wandrille, de Corbie, de Reims, de Saint-Riquier, de Fulda et de Saint-Gall, des écoles de copistes et d'enlumineurs...

« Sous Louis le Débonnaire, Ebbon, archevêque de Reims, avait rassemblé de tous côtés un grand nombre d'habiles ouvriers auxquels il donna des habitations en les comblant de bienfaits. Sous Charles le Chauve, une école d'artistes s'était formée dans l'abbaye de Saint-Denis; on y cultivait principalement la sculpture et l'orfèvrerie. » (Labarte.)

Les principaux artistes de ce temps furent en effet des moines; l'on trouve parmi eux des architectes, des sculpteurs, des peintres et des orfèvres. Il nous est malheureusement difficile d'apprécier leur talent; car il ne subsiste que peu de chose de leurs œuvres; il semble qu'ils ont en général moins cherché à faire du nouveau qu'à imiter de loin les œuvres de l'antiquité

## Les arts : la peinture.

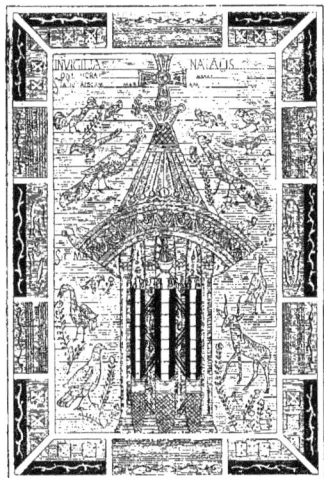

Miniature d'un recueil d'Évangiles du neuvième siècle, conservé pendant longtemps à l'abbaye de Saint-Médard, à Soissons, aujourd'hui à la Bibliothèque nationale. La miniature reproduite ici représente symboliquement l'Église, fontaine et source de toute vie.

Miniature empruntée à la Bible de Charles le Chauve, dont elle forme la dernière page. Elle représente des chanoines du monastère de Saint-Martin de Tours, conduits par leur abbé le comte Vivian, offrant ce manuscrit au roi. Il est aujourd'hui conservé à la Bibliothèque nationale.

romaine ou celles de l'art byzantin. Des monuments élevés alors, les plus importants débris sont le dôme d'Aix-la-Chapelle souvent remanié depuis, le portail de l'abbaye de Lorsch en Allemagne, la petite église de Germigny-les-Prés en France (Loiret); de la sculpture de ce temps, il ne reste que quelques chapiteaux retrouvés dans les ruines du palais d'Ingelheim, quelques pièces de bronze, quelques plaques d'ivoire, dont les auteurs se sont manifestement inspirés des produits de l'art byzantin. Nous avons encore de cette époque quelques belles pièces d'orfèvrerie, comme le splendide autel de Saint-Ambroise de Milan. C'est que l'orfèvrerie fut alors l'art le plus cultivé et que les orfèvres fabriquèrent un grand nombre de pièces, vases, bijoux, statues, bas-reliefs, autels, portes d'église, etc.

**Les Normands.** — La prospérité dont l'empire franc jouissait pendant le règne de Charlemagne disparut sous ses successeurs. Les invasions des Normands contribuèrent pour une bonne part à cette décadence. Ces guerriers, venus du Nord, étaient, non pas de grossiers barbares, mais de hardis marins, dont la civilisation n'était pas de beaucoup inférieure à celle de la plupart des sujets de l'empire franc.

Ils étaient en général armés de casques, de cuirasses, de boucliers, de cottes de mailles, de sabres, d'épées, de haches, de javelots. Les bijoux qu'on a retrouvés en grand nombre dans les sépultures de leurs chefs en Danemark et en Suède dénotent une industrie et un art assez avancés. L'adresse avec laquelle étaient construits leurs navires témoigne de leur habileté dans l'art de travailler le bois. Leurs vaisseaux étaient de petite dimension, de forme allongée, ornés à leur proue de figures sculptées. C'était ou la statue d'un homme, ou bien un lion d'or, un dragon de bronze poli, un taureau aux cornes dorées. Quelques barques avaient des ceintures de fer et se terminaient par un éperon. Les dispositions intérieures de ces navires sont mal connues; les plus grands seuls devaient être pontés; grands et petits allaient à la voile et à la rame. Ils n'avaient qu'un mât et qu'une voile souvent ornée de dessins coloriés.

# Les Normands.

Bracelet. Fibule en bronze. Pendeloque. Perle. Perle. Épée. Fibule en bronze. Hache. Cuiller. Coupe à boire en argent. Couteau et gaine. Lance. Vaisseau normand restitué par Jal d'après des miniatures du dixième et du onzième siècle. Épée. Épée et son fourreau.

A l'exception du vaisseau normand, tous ces objets sont conservés au Musée d'antiquités de Stockholm.

Chevalier français (fin du XIᵉ siècle) vêtu de la *broigne*. Restitué d'après la tapisserie de Bayeux. (Musée d'artillerie de Paris.)

Chevalier français suivi de son écuyer portant ses armes (fin du XIIIᵉ siècle), d'après un manuscrit de la Bibliothèque nationale.

Chevalier français (XIIᵉ siècle) vêtu du *haubert*. Restitué d'après un émail du douzième siècle. (Musée d'artillerie à Paris.)

Chevalier allemand (XIIᵉ siècle), d'après un manuscrit allemand du douzième siècle.

# CHAPITRE IX

## La société féodale.
## Les nobles.

**La société féodale. — Les nobles.** — Après la disparition de l'empire de Charlemagne, les peuples de l'Europe occidentale modifièrent leurs institutions et leurs coutumes. Cette transformation se continua pendant tout le neuvième et le dixième siècle, et, quand, au siècle suivant, elle fut en grande partie accomplie, les peuples avaient adopté des institutions et des mœurs toutes différentes de celles des époques précédentes. Dès lors, les hommes sont partagés en deux classes : les nobles, qui possèdent le sol et vont à la guerre, et les non-nobles, les vilains, qui cultivent la terre au profit des précédents. Ces deux classes d'hommes se distinguent absolument l'une de l'autre ; elles n'ont ni le même costume, ni les mêmes habitations, ni les mêmes mœurs, ni les mêmes institutions.

Chevalier allemand (XIIᵉ siècle), d'après un manuscrit du XIIᵉ siècle.

Chevalier anglais (XIIIᵉ siècle), d'après un tombeau dans l'église de Surrey (Angleterre).

Chevalier polonais (XIIIᵉ siècle), d'après un sceau polonais.

## Les châteaux féodaux.

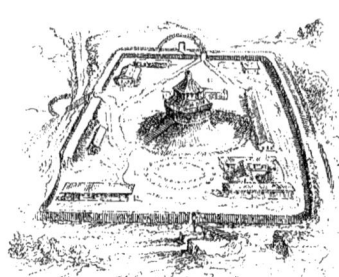

La Tusque à Sainte-Eulalie-d'Ambarès (Gironde), exemple d'un château du neuvième ou du dixième siècle restauré (d'après Viollet-Le-Duc). Au centre, la motte surmontée du donjon; quelques bâtiments enfermés dans une palissade ou plessis, et cercle de pierres servant peut-être aux réunions.

Château d'Arques, état actuel. Ce château fut élevé au milieu du onzième siècle par Guillaume d'Arques, oncle de Guillaume le Conquérant.

Le château d'Arques restauré, on aperçoit d'abord la première cour ou *baille*, renfermant des bâtiments d'exploitation, et dans la seconde cour le donjon.

La restitution du château d'Arques et celle du château de Coucy que l'on trouvera plus loin sont l'œuvre de Viollet-Le-Duc.

**Le costume et l'armement des nobles**[1]. — D'un coup d'œil, à la différence du costume, on pouvait, au moins dans les premiers temps de ce régime, distinguer les nobles des non-nobles. Les premiers, en général, portaient de préférence des vêtements longs; les non-nobles étaient le plus souvent vêtus de costumes courts. Les nobles revêtaient une armure complète, la tunique de mailles qui enveloppe tout le corps, *broigne* ou *haubert*, le casque ou *heaume*; seuls ils se servent de la lance et de l'épée; ils laissent dédaigneusement aux vilains l'usage du bâton, de l'épieu, de l'arc et de la fronde; les vilains combattent à pied; les nobles montent de robustes chevaux. Dans toute l'Europe, les nobles se distinguent ainsi des vilains; aussi, partout les nobles se reconnaissent-ils entre eux rien qu'au costume et à l'armement.

**Les habitations des nobles.** — Les nobles ont des demeures spéciales; on donne à ces habitations en latin un nom caractéristique: on appelle l'habitation du seigneur, *dominium*, c'est-à-dire la maison du maître, en français, *donjon*. C'est à partir du dixième siècle que les habitations des grands cessèrent d'être de grandes fermes semblables, dans leurs traits principaux, aux villas gallo-romaines.

[1]. On se borne ici à indiquer quels sont les traits qui distinguent les nobles des non-nobles; on trouvera plus loin des détails plus abondants sur le costume, l'armement, les châteaux, etc., et sur la vie des non-nobles (bourgeois et paysans).

## Donjons féodaux.

Château de Loches, attribué à Foulques de Nerra, mais probablement construit au douzième siècle; au centre du dessin est le donjon, entouré d'une enceinte qui, en se prolongeant sur le plateau, atteint jusqu'à 2 kilomètres de tour.

Château de Falaise. On aperçoit à gauche l'ancien donjon remontant au XIe siècle, « énorme masse quadrangulaire », et à droite le nouveau donjon, tour circulaire haute de 40 mètres, qui fut construite au XVe siècle pendant l'occupation anglaise.

Sceau du duc Jean de Bretagne (1238-1305).

Sceau de Raymond Bérenger, comte de Provence (1198-1245).

Sceau de la comtesse Bérenger, femme de Raymond Bérenger.

La nécessité de se défendre contre les invasions des Normands, ou contre les brigands si nombreux alors, détermina les nobles à construire des forteresses dont ils firent leurs habitations. Ces premiers châteaux se composèrent d'abord de remblais précédés d'un fossé; quand ces remblais étaient couronnés d'une palissade, on les appelait *plessis*; quand ils étaient surmontés de murs en pierres sèches, on les nommait *fertés*; de là ces termes de *plessis* et de *fertés*, que l'on retrouve en si grand nombre dans les noms de nos villes et de nos villages. Ces fossés et ces retranchements laissaient entre eux un grand espace vide; au milieu, avec la terre extraite du fossé, on élevait une butte artificielle, qu'on appelait *motte* dans le Nord, *puy* dans le Midi. Sur cette butte on construisait un grand édifice en charpente de bois, probablement à plusieurs étages; on y avait accès par un pont de bois à pente douce, à traverses de bois, qui permettaient de passer à cheval sur ces planches. Cet édifice, c'était la demeure du maître, le donjon. Il ne reste plus aujourd'hui de ces châteaux primitifs que les fossés et quelquefois la motte; mais les descriptions des chro-

## Donjons féodaux.

Donjon restauré du château de Conisborough en Angleterre (d'après Clark), construit à la fin du XIIe siècle.

Donjon restauré du Château-Gaillard (Eure) (d'après Viollet-le-Duc), bâti en un an par Richard Cœur de Lion.

Donjon restauré du château d'Étampes (d'après Viollet-le-Duc). Composé de quatre demi-tours accolées. Construit vers la fin du XIIe siècle.

Château de Steinsberg (Allemagne).

Donjon du château d'Étampes (Seine-et-Oise) (état actuel).

niqueurs et les représentations de la célèbre tapisserie de Bayeux nous aident à nous en représenter l'aspect.

A partir du onzième siècle, ces constructions fragiles furent remplacées par de solides édifices de pierre. Au douzième et au treizième siècle, ces demeures devinrent considérables; les ruines du château de Coucy, pour ne parler que de celui-là, occupent, avec toutes leurs dépendances, un espace aussi grand qu'un village. Mais dans ces constructions nouvelles comme dans les anciennes, la partie principale resta toujours le donjon. Pendant longtemps ce fut l'habitation propre du seigneur et de sa famille, c'était là qu'étaient déposés son trésor, ses archives, ses armes, etc.

**La cour du seigneur.** — Le noble vit dans son château; s'il n'est qu'un petit seigneur,

## Cérémonies féodales.

Un hommage au XII<sup>e</sup> siècle. Le futur vassal a mis les mains dans celles de son seigneur et lui prête l'hommage; un homme d'armes tient la lance que le seigneur va remettre à son vassal comme marque de l'investiture du domaine (Restitution).

il n'a auprès de lui que sa famille et quelques gens de service. S'il est riche et puissant, on trouve groupés autour de lui d'autres nobles moins fortunés qui lui forment une cour. Ces nobles exercent au château des fonctions analogues à celles de nos domestiques : l'un d'eux, le *sénéchal*, a tout le service de la table ; un autre, le *maréchal*, a la surveillance des écuries ; un troisième, le *bouteiller*, veille à la cave et au cellier ; un quatrième, le *chambrier*, est chargé de l'entretien des chambres ; le *dépensier* a le soin des provisions. Dans une grande maison féodale, il y a bien d'autres serviteurs encore sans compter tous ceux qui, n'exerçant que des fonctions inférieures, sont choisis parmi les vilains. Aux grandes fêtes de l'année, à Noël, à Pâques, à la Pentecôte, le seigneur réunit auprès de lui les nobles qui dépendent de lui, ses *vassaux*. Ces assemblées, où l'on vient pour affaires, sont en même temps l'occasion de réjouissances.

**Insignes seigneuriaux.** — Les nobles ont encore des insignes qui les distinguent des non-nobles ; une *bannière* qu'on porte derrière eux ; un *sceau* qui, apposé au bas des chartes, garantit, autant que leur signature, quand ils savent écrire, la valeur de leurs actes. Beaucoup d'entre eux se sont arrogé le droit de *battre monnaie*. Depuis le douzième siècle environ, leurs boucliers ou *écus* portent des signes spéciaux, propres à chaque famille et qui constituent leurs *armoiries*. Au milieu de l'uniformité des costumes militaires, ces signes permettent aux gens du seigneur de reconnaître leur chef. A partir du treizième siècle, ces armoiries deviennent *parlantes* ; ce sont des rébus qui figurent autant que possible le nom du propriétaire des armes.

**Cérémonies féodales.** — Les nobles prennent part à des cérémonies qui leur sont propres, et qui accompagnent les différents actes de la vie féodale. L'une des plus importantes est l'*hommage*. Quand un seigneur veut se placer dans la dépendance d'un autre

## Habitations seigneuriales

Armoiries des ducs de Lorraine (XIIIᵉ siècle).

Château de Coucy (état actuel). Ce château fut élevé par le puissant seigneur Enguerrand de 1225 à 1230; devenu la propriété du duc d'Orléans au XVᵉ siècle, il fut démantelé en 1652 pendant les guerres de la Fronde sur l'ordre de Mazarin. On aperçoit ici les tours de l'enceinte qui domine le donjon.

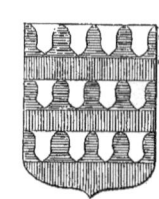

Armoiries des sires de Coucy (XIIIᵉ siècle).

Château de Coucy (restauré). Vue extérieure. On aperçoit le pont protégé par un triple ouvrage; le donjon; à gauche, le bâtiment renfermant la grande salle; au fond, des bâtiments d'habitation; ces bâtiments, ainsi que le précédent, sont du quinzième siècle, ayant été restaurés par Louis d'Orléans.

Château de Coucy (restauré). Vue intérieure. A droite, la chapelle; le donjon surmonté de la bannière seigneuriale; au fond, bâtiment défendant la porte; à gauche, des bâtiments d'habitation; des constructions représentées sur le dessin, il ne reste aujourd'hui, sauf le donjon et l'enceinte, que des débris.

seigneur et devenir son vassal, il lui fait un acte d'hommage. Le futur vassal s'agenouille devant son futur seigneur, place ses mains dans celles du futur seigneur, et il lui jure foi et hommage. Puis le nouveau vassal garantit son hommage par un serment prêté sur le livre des Évangiles ou sur des reliques. L'hommage est suivi de l'*investiture*; le seigneur remet à son vassal un objet représentant symboliquement le domaine donné en fief, un fétu, un bâton, une lance, un gant, etc. Le vassal veut-il rompre la fidélité qui le joint au

## Habitations seigneuriales.

Donjon de Coucy restauré (coupe), formé de murailles de 7 mètres d'épaisseur sur 30m,50 de diamètre et 55 mètres de hauteur : il se compose de trois salles voûtées et se termine par une plate-forme. On voit à gauche les *hourds* ou galeries de bois qu'on disposait à l'extérieur en temps de guerre.

Château de Coucy. Grande salle restaurée du troisième étage; elle est entourée d'une galerie formant un large portique avec balcons disposés pour y réunir une nombreuse foule. Au sommet de la voûte, ainsi qu'au centre du pavé, sont percées des ouvertures par lesquelles on pouvait communiquer avec la plate-forme et les étages inférieurs.

Monnaie d'Alain IV, duc de Bretagne (XIe siècle). Denier billon.

Sceau et contre-sceau de Hugues de Lusignan, comte de la Marche et d'Angoulême, mort en 1249. Il porte au cou un olifant.

Monnaie de Geoffroy, comte de Nantes (XIe siècle). Denier billon.

suzerain; il rejette solennellement aux pieds du seigneur l'objet qui lui avait été antérieurement remis.

**La chevalerie.** — Enfin, à de rares exceptions près, les nobles seuls peuvent devenir *chevaliers*. La chevalerie formait dans la noblesse « une sorte de corps privilégié où l'on était reçu à de certaines conditions » et avec des cérémonies particulières. Il n'y avait pas d'âge déterminé pour devenir chevalier; cependant en général, c'était vers l'âge de vingt et un ans que les jeunes nobles entraient dans la chevalerie. Tout chevalier avait le droit de faire un autre noble chevalier. La chevalerie se conférait de préférence aux grandes fêtes religieuses (Noël, Pâques, Ascension, Pentecôte, Saint-Jean),

## Sceaux et Monnaies.

Jean III, comte de Vendôme
(XIIIe siècle). Monnaie de billon.

Raynaud II, comte de Bourgogne
(XIIe siècle). Monnaie de billon.

Sceau d'Arthur, comte d'Anjou (1187-1203).

Sceau de Philippe de Flandre, marquis de Namur, mort en 1212.

Sceau de Jean, comte de Bourgogne et duc de Salins, mort en 1267.

Guillaume, comte d'Auvergne.
Monnaie d'argent (XIe siècle).

Charles de Valois, comte de Chartres
(XIIIe siècle). Monnaie de billon.

Sceau de Guy de Dampierre, comte de Flandre (1225-1305).

Sceau de Thibaud, comte de Bar-le-Duc, mort en 1286.

Sceau de Ferrand, comte de Flandre (1186-1233).

Robert de Dreux (XIIIe siècle).
Monnaie de billon.

Sceau de Mathilde, comtesse d'Artois, morte en 1288.

Richard, duc de Normandie (XIe siècle).
Monnaie d'argent.

(Les sceaux reproduits ici sont conservés aux Archives nationales, les monnaies au Cabinet des médailles.)

aux fêtes privées telles que les mariages et les baptêmes, sur le champ de bataille, avant ou après le combat.

L'entrée dans la chevalerie était précédée d'une sorte de stage. Vers quinze ans, un jeune noble quittait le château paternel et allait vivre chez un personnage de plus haut rang que son père ; il devenait un des « nourris » de ce suzerain. Là, pendant quelques années, il exerçait, à titre d'*écuyer*, des fonctions domestiques ; tenu dans une condition sensiblement inférieure, il devait, en temps de paix, soigner l'écurie et les chevaux, veiller sur l'habillement du maître, recevoir les étran-

## La chevalerie.

Un adoubement au XIIᵉ siècle. — Au centre se tient le jeune chevalier que ses parrains revêtent de l'armure ; en arrière, un serviteur tient préparé le cheval que le jeune homme va monter pour faire le temps de galop qui suivait la remise des armes (Restitution).

gers, etc.; il apprenait en même temps son métier de futur guerrier. A la guerre, il portait l'écu du baron, armait et désarmait celui-ci, tenait ses armes en bon état ; au combat, il passait au chevalier des armes de rechange et était chargé de la garde des prisonniers.

**L'adoubement.** — L'entrée dans la chevalerie était marquée par des cérémonies qu'on appelait *adoubement*. L'adoubement fut d'abord très simple ; il consistait uniquement dans la remise de ses armes au jeune homme ; à partir du douzième siècle, il devient plus compliqué, tout en restant exclusivement militaire ; puis dans la suite, des cérémonies religieuses s'y ajoutèrent et rendirent cette cérémonie à la fois religieuse et militaire.

A partir du douzième siècle, les usages observés furent en général ceux-ci. Le jeune homme qui devait être armé chevalier plaçait sur l'autel de la chapelle du château les armes qui devaient lui être remises. Il passait ensuite la nuit en prières dans la chapelle, debout ou à genoux. Le lendemain il assistait d'abord à une messe solennelle ; puis le suzerain donnait un grand repas. Après ce repas seulement avait lieu la cérémonie proprement dite. Dans la cour du château est étendu un tapis ; autour de cet espace resté vide se place l'assistance. Les jeunes nobles candidats à la chevalerie sont amenés dans l'espace réservé; sur le tapis se place l'un d'eux ; alors les chevaliers déjà anciens, qui jouent le rôle de parrains, revêtent le jeune homme de l'armure des nobles. L'un lui attache les chausses de fer et les éperons d'or fin, deux autres lui mettent le heaume et le haubert ; un quatrième lui remet l'épée et lui donne la *colée*. Le parrain frappe de la paume de la main un coup violent sur la nuque du jeune homme, puis il prononce quelques paroles pour rappeler au jeune homme ses devoirs de chevalier. Le jeune chevalier est alors tenu de montrer par quelques exer-

## Sceaux, Monnaies, Armoiries.

Armoiries des ducs de Bretagne (xiii° siècle).

Armoiries des comtes d'Anjou (xiii° siècle).

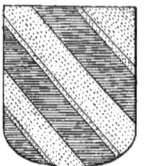

Armoiries des ducs de Bourgogne (xiii° siècle).

Armoiries des comtes de Champagne (xiii° siècle).

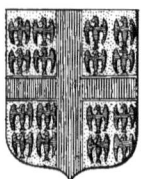

Armoiries des sires de Montmorency (xiii° siècle).

**Monnaie royale.**
Étampes. Denier d'argent de Raoul (x° siècle).

Armoiries des comtes de Flandre (xiii° siècle).

**Monnaie de billon.**
Raymond-Bérenger II, comte de Provence (xii° siècle).

Armoiries des seigneurs du Dauphiné (xiii° siècle).

**Denier d'argent.**
Rodolphe de Bourgogne (xi° siècle).

**Monnaie de billon.**
Alphonse, comte de Poitou (xiii° siècle).

Armoiries des seigneurs de Courtenay (xiii° siècle).

Sceau de Gautier, comte de Blois et d'Avesnes, apposé à un acte de 1230.

Sceau de Yolande, comtesse de Nevers, morte en 1280.

Sceau de Raymond, comte de Toulouse, mort en 1249.

(Les trois sceaux sont conservés aux Archives nationales, les monnaies au Cabinet des médailles.)

cices qu'il est digne de ce titre ; montant sur un cheval tenu tout prêt, il le lance au galop. Puis il fait la *quintaine*. « On a disposé sur des pieux des mannequins et des trophées d'armes ; l'adoubé doit les abattre d'un coup de lance sans cesser de courir sur son destrier énorme. » Enfin, les nouveaux chevaliers combattent entre eux et font, toujours montés sur leurs destriers, le *behourd*, c'est-à-dire quelques passes d'escrime.

La journée se termine par un repas et par une distribution de présents à toute l'assistance.

La **Vierge** avec l'Enfant Jésus sur ses genoux. — A droite et à gauche deux anges, tenant des encensoirs, adorent la Vierge (cathédrale de Paris, sculptures de la porte de droite de la façade, commencement du XIIIᵉ siècle). Le culte de la Vierge s'étant alors très répandu, la plupart des grandes églises furent placées sous son vocable et prirent, comme la cathédrale de Paris, le nom de Notre-Dame.

# CHAPITRE X

## L'Église du XIᵉ au XIIIᵉ siècle.

**L'Église au moyen âge.** — Lorsqu'en voyage on visite une de ces tranquilles petites villes de province qui ont échappé, comme ont fait parmi tant d'autres Sens, Noyon ou Senlis, à l'accroissement démesuré de nos grandes villes et qui conservent de nos jours à peu près les limites qu'elles avaient au moyen âge, on demeure confondu d'étonnement en voyant la place considérable qu'occupe la cathédrale par rapport au reste de la ville, et combien de ses flèches elle domine les maisons groupées autour d'elle. Il y a dans cette disproportion de l'édifice religieux et de la cité comme une image de la place que tenait l'Église dans la société du moyen âge. Sans parler de l'influence qu'il exerçait sur les âmes, tout contribuait alors à donner au clergé le pas sur les autres classes de la société, le nombre de ses membres, l'étendue de ses richesses, l'importance des édifices, cathédrales et abbayes, la

L'**Église juive**; sa couronne tombe; la pique sur laquelle elle s'appuie est brisée; elle tient retourné le livre de la loi de Moïse; elle représente le judaïsme vaincu par la religion chrétienne.

L'**Église chrétienne** : elle a sur la tête une couronne royale, s'appuie sur une lance et tient en main le vase eucharistique. Elle représente la religion du Christ victorieuse de la loi de Moïse.

(Ces deux statues, du treizième siècle, appartiennent à la cathédrale de Reims. Cette opposition de l'Église chrétienne victorieuse et de l'Église juive vaincue par sa rivale fut souvent figurée de la sorte au moyen âge.)

## Costumes ecclésiastiques.

Prêtre (XIe siècle), d'après un manuscrit conservé à la Bibliothèque nationale; il porte l'aube, l'étole et une chasuble décorée de broderies.

Groupe de prêtres (XIIIe siècle). — Celui qui est près de l'autel est revêtu de la chasuble; le second et le troisième portent la dalmatique; le second tient la patène et le troisième une sorte d'éventail. (D'après un manuscrit conservé à la Bibliothèque nationale).

Chanoine (XIIIe siècle), d'après un manuscrit conservé à la Bibliothèque nationale; il porte une tunique, le surplis et l'aumusse.

Évêque (XIIe siècle), d'après une plaque émaillée représentant Ulger, évêque d'Angers (1125-1149). Il porte l'aube, la dalmatique, la chasuble, l'amict et la mitre. De la main droite il bénit, attitude dans laquelle sont souvent représentés les évêques.

Sceau de Jean de Baussan, archevêque d'Arles (XIIIe siècle). — Il est représenté assis et donnant la bénédiction. (Archives nationales.)

Diacre (XIIIe siècle). — Il porte l'aube, la dalmatique, l'amict, l'étole et le manipule; d'après une statue de la cathédrale de Chartres.

Contre-sceau de Jean de Baussan, archevêque d'Arles (XIIIe siècle), avec cette inscription : Sceau de saint Trophime, disciple de Jésus-Christ. (Archives nationales.)

Évêque (XIIIe siècle), d'après le tombeau d'Évrard de Fouilloy, évêque d'Amiens, mort en 1222, conservé dans la cathédrale de cette ville. Il porte par-dessus l'aube la chasuble.

splendeur de ses fêtes, et jusqu'au luxe même du costume ecclésiastique.

**Le costume ecclésiastique.** — La tradition avait de bonne heure fixé les pièces du costume ecclésiastique; aussi, est-il à peu près le même entre le onzième et le treizième siècle que dans la période précédente. Les prêtres gardent l'usage de l'*aube*, de la *chasuble*, de la *dalmatique*, réservée aux diacres, de l'*étole* et du *manipule*. Ils ajoutent à ces pièces l'*amict*, coiffe en toile qui enveloppait la tête et se rabattait sur les épaules en forme de capuchon; la *chape*, analogue à la chasuble, mais qui pouvait s'ouvrir sur le devant et était habituellement garnie d'un capuchon. Les chanoines se distinguent par le port de l'*aumusse*, mantelet descendant jusqu'au bas des reins et muni d'un capuchon de forme carrée, et du *surplis*, vêtement de dessus blanc tissu de lin. Les évêques conservèrent, comme signe

## Costumes ecclésiastiques.

**Moine bénédictin** (XIe siècle), d'après les annales de l'ordre de Saint-Benoît. Il est revêtu de la *cagoule*, surtout sans manches muni d'un capuchon.

**Moine bénédictin** (XIIIe siècle), d'après un manuscrit de la Bibliothèque nationale. Il est revêtu du *froc*, large robe munie d'amples manches et d'un capuchon.

**Moine mendiant** (XIIIe siècle), d'après un manuscrit conservé à la Bibliothèque nationale.

**Religieuse** du monastère de Sainte-Odile, en Alsace (XIIIe siècle), d'après un manuscrit du douzième siècle. — Elle est vêtue de deux robes et d'un voile.

**Moine bénédictin** (XIe siècle). — Il porte, par-dessus une tunique, le *scapulaire*, sorte de cagoule diminuée.

**Sceau de Marguerite de Pocey**, abbesse de Fontevrault (1289). (Archives nationales.)

**Carme** d'après Helyot (*Histoire des ordres monastiques*); il porte la chape rayée de bandes.

**Sceau de l'archevêque de Reims, Henri de Dreux** (1232). (Archives nationales.)

**Dominicain** d'après Helyot (*Histoire des ordres monastiques*); il porte une courte chape noire.

de leur autorité, le pallium, l'anneau, la crosse et la mitre, qui devint d'un usage général à partir du douzième siècle. Les prêtres, de quelque ordre qu'ils soient, sont chaussés de sandales et ont les mains gantées; ils se rasent la figure et le crâne, ne gardant autour de la tête qu'une couronne de cheveux. Prêtres et évêques apportent un grand luxe dans leurs vêtements; les chapes sont souvent faites de tissus de soie, les chasubles décorées de broderies, les mitres ornées de dessins, couvertes de perles et de pierreries; les crosses, admirablement sculptées, enrichies d'émaux, sont de précieux objets d'art.

Les prédicateurs s'élevaient souvent contre ces dépenses et signalaient à l'indignation des

## Objets du culte.

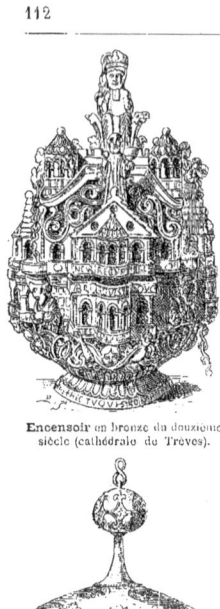

Encensoir en bronze du douzième siècle (cathédrale de Trèves).

Ciboire en bronze du douzième siècle (cathédrale de Sens).

Boîte à hosties du treizième siècle, décorée d'émaux de Limoges (Musée de Cluny).

Chœur de Notre-Dame de Paris, tel qu'il était au quatorzième siècle; on aperçoit en avant le jubé aujourd'hui détruit, au fond la galerie fermant le chœur, dont il reste quelques fragments (d'après Viollet-Le-Duc).

Navette à encens décorée d'émaux de Limoges du douzième siècle (Musée de Cluny).

Autel portatif (XIIIᵉ siècle). — On se servait beaucoup d'autels de ce genre, que les prêtres emportaient avec eux en voyage pour pouvoir dire la messe en tous lieux.

Encensoir en bronze du treizième siècle (cathédrale de Trèves).

Ciboire en bronze (XIIIᵉ siècle), signé d'Alpais, artiste de Limoges (Musée du Louvre).

Boîte à hosties du treizième siècle, décorée d'émaux de Limoges (Musée de Cluny).

fidèles ces prêtres qu'on voyait, dit l'un d'entre eux au treizième siècle, passer vêtus « avec un soin minutieux, les cheveux crêpés, la raie bien dessinée, la face rasée de frais, la joue polie avec la pierre ponce, les doigts resplendissant de l'éclat des anneaux ». Cette recherche du luxe n'était pas d'ailleurs bornée au costume; on voit souvent porter contre les évêques de ce temps l'accusation d'avoir une table somptueuse, des « équi-

## Monuments.

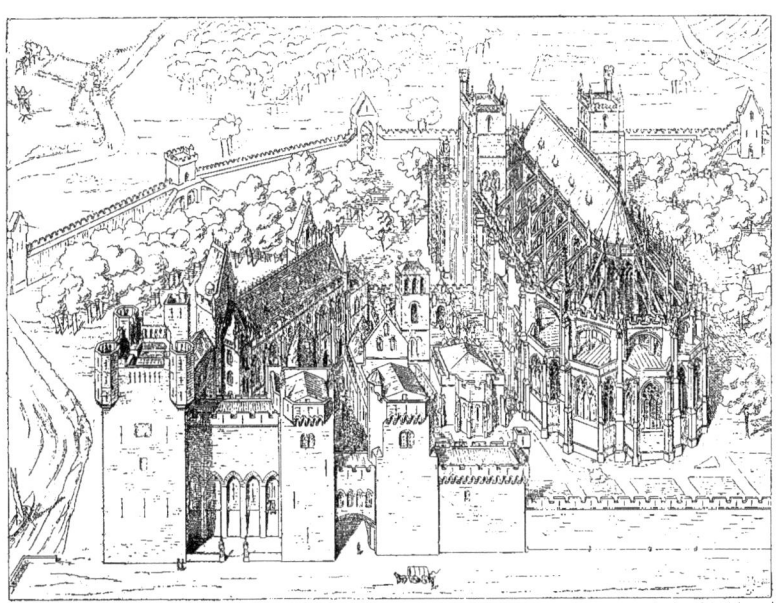

Vue de la cathédrale de Narbonne et des bâtiments annexes restaurés. — On distingue sur ce dessin, à gauche, le palais épiscopal construit au quatorzième siècle, défendu par une porte fortifiée et une énorme tour carrée; un passage étroit et coudé amène à de vastes bâtiments d'habitation, défendus par deux tours; un cloître, auquel est adjoint une petite chapelle, réunit le palais à la cathédrale; au fond, derrière des vergers, l'enceinte de la ville. Il subsiste encore quelques fragments de ces bâtiments.

Fonts baptismaux du douzième siècle, de l'église Saint-Pierre à Montdidier (Somme).

Petite châsse du treizième siècle, décorée d'émaux de Limoges (Musée de Cluny).

Fonts baptismaux de l'église de Cluny (XIII° siècle).

pages de rois » où « l'or brille aux mors de leurs chevaux », « des selles peintes, des éperons et des freins dorés », de « ne se soucier que de leurs chiens, de leurs faucons, et de se livrer à tous les jeux de hasard ». On voit qu'il y avait peu de différence entre la vie d'un grand seigneur laïque et celle d'un évêque.

Le costume monastique. — Les moines étaient vêtus d'amples robes; les différents ordres se distinguèrent par la couleur du vêtement. Celui des bénédictins était noir;

## Monuments.

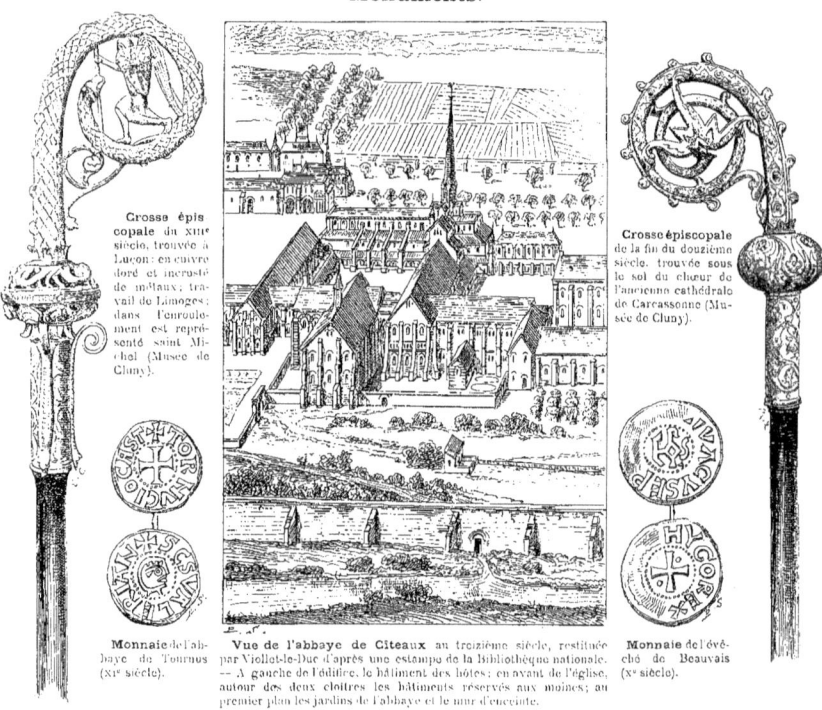

Crosse épiscopale du XIIIe siècle, trouvée à Luçon: en cuivre doré et incrusté de métaux, travail de Limoges; dans l'enroulement est représenté saint Michel (Musée de Cluny).

Crosse épiscopale de la fin du douzième siècle, trouvée sous le sol du chœur de l'ancienne cathédrale de Carcassonne (Musée de Cluny).

Monnaie de l'abbaye de Tournus (XIe siècle).

Vue de l'abbaye de Citeaux au treizième siècle, restituée par Viollet-le-Duc d'après une estampe de la bibliothèque nationale. — A gauche de l'édifice, le bâtiment des hôtes; en avant de l'église, autour des deux cloîtres les bâtiments réservés aux moines; au premier plan les jardins de l'abbaye et le mur d'enceinte.

Monnaie de l'évêché de Beauvais (Xe siècle).

c'était aussi la couleur de la chape des dominicains; mais ils la passaient par-dessus deux autres robes, toutes deux blanches. Les franciscains avaient, sur une tunique de laine, une robe grise ou fauve, serrée à la ceinture par une corde à nœuds, d'où leur nom populaire de cordeliers; à l'origine, ils ne portaient pas de chaussures. Les carmes étaient vêtus de robes zébrées de bandes blanches et brunes; aussi les appelait-on frères barrés. L'habit des religieuses était composé de deux robes descendant jusqu'aux talons, d'une chape et d'un voile; à partir du treizième siècle, elles rasèrent leurs cheveux et enfermèrent leur tête dans une guimpe.

**Les édifices ecclésiastiques.** — Les édifices ecclésiastiques comprennent les églises avec leurs annexes et les monuments monastiques abbayes et couvents. Les églises de villes où réside un évêque ou un archevêque portent le nom de cathédrales. Ces monuments ne sont pas alors comme aujourd'hui des édifices isolés; ils font partie, au contraire, d'un ensemble considérable de bâtiments. — Au flanc de la cathédrale est accolé le cloître, cour entourée de galeries où les prêtres peuvent se promener en méditant. Autour du cloître sont groupées les habitations des chanoines, soumis à une règle commune; des écoles, des bibliothèques, des sacristies, quelquefois un hospice. Le palais épiscopal est relié au cloître; il comprend en général, outre de vastes appartements, une chapelle, une grande salle, dite salle synodale, qui sert aux réunions du chapitre; au rez-de-chaussée, des salles basses, où le tribunal de l'évêque tient ses séances; quelquefois même, comme à Sens, le palais est muni de cachots. Défendu

## Monuments.

Salle du chapitre des chevaliers à l'abbaye du Mont-Saint-Michel (XIIIe siècle).

Galeries du cloître de l'abbaye du Mont-Saint-Michel (XIIIe siècle).

Plaque d'autel du treizième siècle, en émail incrusté de figures en relief représentant la Salutation angélique. — Travail de Limoges (Musée de Cluny).

Le Réfectoire à l'abbaye du Mont-Saint-Michel (XIVe siècle).

Plaque d'autel du treizième siècle, en émail incrusté de figures en relief représentant le Christ en croix, entre la Vierge et saint Jean. — Travail de Limoges (Musée de Cluny).

par des murs crénelés et par des tours, le palais épiscopal diffère peu des palais seigneuriaux. Tous ces bâtiments sont enfermés dans une enceinte et forment dans la ville comme une petite cité.

**La cathédrale.** — De tous ces édifices, le plus important est l'église. La plupart de nos grandes églises étaient, sinon entièrement achevées, au moins en cours de construction à la fin du treizième siècle. L'aspect extérieur a peu changé depuis lors; beaucoup d'entre elles ont seulement perdu, soit par l'incendie, soit par la chute de la foudre, les flèches de bois recouvertes de plomb qui terminaient leurs clochers. Il y en a peu également qui aient conservé leur *parvis*, sorte de plateforme qui précédait la façade de l'église; on y exposait les reliques à certains jours, on y faisait les amendes honorables, on y dressait les échafaudages pour la représentation des mystères. L'intérieur de l'édifice a subi des modifications plus considérables; nos églises ont presque toutes perdu le jubé qui séparait la nef du chœur réservé spécialement aux prêtres. On appelle jubé une galerie munie de portes qui donnaient accès de la nef dans le chœur. Deux escaliers à droite et à gauche menaient à une plate-forme où montaient les

## Objets du culte.

Monnaie d'un archevêque d'Arles (XII<sup>e</sup> siècle).

Monnaie d'un archevêque de Lyon (XIII<sup>e</sup> siècle).

**Trône** épiscopal (XIII<sup>e</sup> siècle), restitué par Viollet-le-Duc d'après un ivoire conservé au Musée du Louvre.

**Bâton pastoral** du treizième siècle, en buis et ivoire, enrichi de pierreries (Musée de Cluny).

**Autel de la cathédrale d'Arras**, tel qu'il était au treizième siècle, d'après une restitution de Viollet-le-Duc. — Il est entouré de courtines; devant le tabernacle est suspendue la boîte aux hosties.

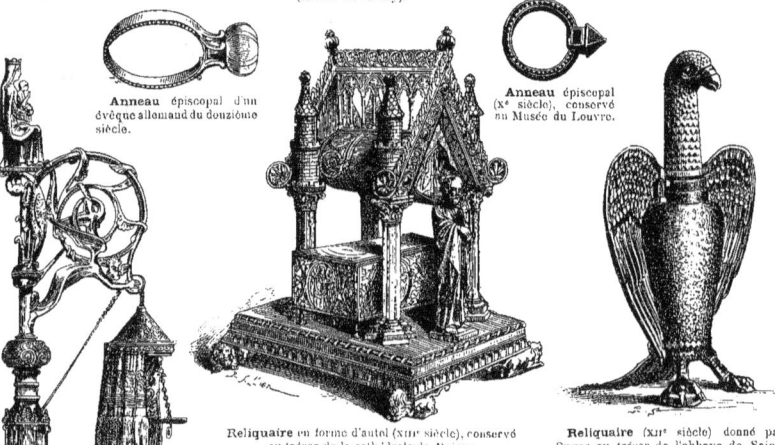

**Anneau** épiscopal d'un évêque allemand du douzième siècle.

**Anneau** épiscopal (X<sup>e</sup> siècle), conservé au Musée du Louvre.

**Colombe ou boîte à hosties** de la cathédrale d'Arras, restituée par Viollet-le-Duc. — C'était la coutume, au moyen âge, d'enfermer les hosties dans une boîte en forme de colombe, que l'on suspendait au-dessus de l'autel.

**Reliquaire** en forme d'autel (XIII<sup>e</sup> siècle), conservé au trésor de la cathédrale de Reims.

**Reliquaire** (XII<sup>e</sup> siècle) donné par Suger au trésor de l'abbaye de Saint-Denis (Musée du Louvre).

**Fragment d'étole**, d'après une statue de la cathédrale de Chartres (XIII<sup>e</sup> siècle).

## Objets du culte.

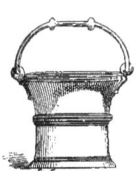

Bénitier du treizième siècle, d'après une sculpture de la cathédrale de Reims.

Autel d'or de l'empereur d'Allemagne Henri II (1002-1024), donné par lui à la cathédrale de Bâle. — Au centre, le Rédempteur bénissant, à ses pieds l'empereur et sa femme; à gauche, saint Michel et saint Gabriel; à droite, saint Benoît et saint Raphaël. Ce précieux ouvrage était exposé dans les grandes fêtes et au maître-autel seulement (Musée de Cluny).

Bénitier du treizième siècle, avec son goupillon, d'après une sculpture de la cathédrale de Reims.

Sceau du chapitre de l'église d'Arles (XIIIᵉ siècle).

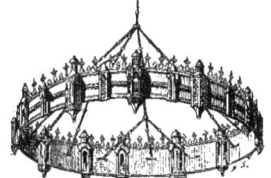

Couronne de lumière donnée par l'empereur Frédéric Barberousse à la cathédrale d'Aix-la-Chapelle et conservée dans cette église.

Sceau des frères prêcheurs de Rouen (1243).

prédicateurs; car il n'y avait point alors de chaire à prêcher établie à demeure dans l'église. En arrière, dans le chevet, le chœur était encore séparé des bas côtés par une galerie qui, si elle était ajourée, était fermée par des tentures.

La décoration est aussi beaucoup plus riche. Les fenêtres sont ornées de verrières; la nef est remplie de tombeaux d'évêques couchés sur des dalles, de chevaliers dans leur costume de guerre; aux piliers sont adossées des figures de saints ou d'évêques; dans les chapelles, fermées par des grilles, sont exposées, sur des autels de marbre, de bronze ou de vermeil, les reliques des saints, enfermées dans des châsses; des armoires peintes ou revêtues de lames d'or renferment les trésors de l'église; les murs, de la base aux voûtes, sont couverts de peintures; les chapiteaux sont dorés; le sol est recouvert d'un dallage orné de dessins figurant soit les scènes de l'Ancien Testament, soit les signes du Zodiaque. Quelquefois on y a tracé un labyrinthe, sorte de chemin se repliant sur lui-même, que, dans les grandes fêtes de l'année, les fidèles suivent à genoux, tenant un cierge à la main et récitant des prières. Le chœur est entouré de tapisseries et de voiles; l'autel principal est lui-même drapé de courtines qui forment autour de lui comme un réduit. Aux offices de nuit, l'église est splendidement éclairée par des chandeliers, des lampes d'argent, des couronnes de lumière.

Si la cathédrale est splendidement décorée, c'est que les fidèles, au moyen âge, aiment passionnément leur église et l'enrichissent de leurs dons. L'église est, dans la ville, le monument le plus fréquenté; elle n'est pas, d'ailleurs, exclusivement réservée au culte. « On y tenait des assemblées; on y dis-

## Objets du culte.

**Boîte** renfermant la croix de Cologne (Gers), en bronze, décorée d'écussons, d'armoiries et de légendes émaillées. — Musée de Cluny.

**La Vierge ouvrante**, statuette d'ivoire du XIIIᵉ siècle, conservée au Musée du Louvre : 1° de face; 2° ouverte et montrant les panneaux intérieurs (scènes de la vie du Christ); 3° de profil.

**Croix** du treizième siècle, à double branche, en argent doré, rehaussée de pierreries; trouvée dans le cimetière de Cologne (Gers). — Musée de Cluny.

cutait; on y représentait des mystères; on y plaidait; on y vendait, et les divertissements profanes n'en étaient pas exclus. » La fête des Innocents et la fête des Fous, cérémonies burlesques qui étaient l'occasion de mascarades, de danses, et de chants quelquefois grossiers, étaient en effet célébrées même dans les églises les plus révérées.

**Les bâtiments monastiques.** — Les monastères ne sont pas inférieurs aux cathédrales par le nombre et la richesse des bâtiments. Les abbayes, le plus souvent établies dans les campagnes, avaient été fondées dans des lieux à l'origine déserts, soit au sein des forêts, soit au milieu des marécages; les moines avaient eux-mêmes commencé le défrichement et la mise en culture de la contrée environnante. Une grande abbaye se compose d'abord d'une église, plus petite en général que les églises urbaines. Autour de l'église sont groupés les bâtiments monastiques, la maison de l'abbé, les logements des moines, avec réfectoires, dortoirs, cuisines, magasins, celliers, etc.; le cloître, qui est avec l'église l'édifice le plus soigné et le plus orné de l'abbaye; des bibliothèques, une salle capitulaire, réservée aux réunions de la communauté, une infirmerie. Il y a aussi la maison des hôtes, sorte d'hôtellerie où l'on donne l'hospitalité aux voyageurs. L'abbaye comprend encore tous les bâtiments nécessaires à une exploitation rurale : granges, bouveries, étables, buanderies, moulin, pressoir, boucherie, tannerie, tissanderie, etc. Elle est entourée de jardins et de vergers. Tous ces bâtiments sont enfermés dans une enceinte flanquée de tours, munie d'une porte fortifiée et précédée d'un fossé. On ne s'étonnera pas de l'importance de ces édifices, si l'on songe que telle de ces abbayes comme Cluny abritait plus de quatre cents moines; on en comptait sept cents à Clairvaux, huit cents à Vézelay. Ces vastes constructions provoquaient, comme les somptueuses demeures des prélats, la colère des chrétiens austères. « Des palais pour hôpitaux, s'écrie un prédicateur du treizième siècle, des fortifications pour murs, des tours pour réfectoires, des châteaux pour églises, des villas pour granges, est-ce que cela ne prête pas à rire aux laïques? » Et le même prédicateur ajoute un peu plus loin, avec une comique exagération : « Leurs fours sont devenus de véritables tours, leurs greniers des maisons princières, leurs étables des appartements royaux. »

## Les cérémonies.

**L'office de Noël.** — De bonne heure, au moyen âge, on prit l'habitude de représenter comme sur un théâtre, aux grandes fêtes de l'année, les scènes principales de l'Ancien ou du Nouveau Testament, dont le souvenir était commémoré ce jour-là. C'est ainsi qu'à Noël on établissait dans le chœur, derrière l'autel, une étable; on y cachait, sous des rideaux, une statue de la Vierge; des prêtres, costumés en bergers, demandaient quand paraîtrait enfin le Sauveur; alors, un prêtre, soulevant les rideaux, leur montrait l'image de la Vierge, devant laquelle ils se prosternaient, tandis qu'autour d'eux étaient chantées des hymnes. On voit ici représentée une scène de ce genre.

**Retable** de l'autel principal de la Sainte-Chapelle de Saint-Germer (Oise), construite par Pierre de Wuessencourt en 1259. — On appelle *retable* la table, souvent décorée de personnages, que l'on plaçait verticalement au-dessus du dossier de l'autel. Au centre de celui-ci est représenté le Christ en croix; à sa gauche, saint Jean, la Religion juive, saint Pierre, la Visitation, puis un seigneur s'entretenant avec un pèlerin et saint Germer demandant à Dagobert la permission de quitter la cour pour aller fonder l'abbaye qui porte son nom. A droite du Christ, la Vierge, la vraie Religion, saint Paul, la Salutation angélique, un guerrier le bras en écharpe, guéri par saint Ouen, oncle de saint Germer; enfin la figure de saint Germer.

**Les cérémonies du culte.** — La messe est désormais célébrée dans toute l'Europe suivant l'usage latin, et dans ses grands traits elle ne diffère pas beaucoup de l'usage suivi de nos jours. Alors s'introduisirent quelques pratiques nouvelles; la coutume se répandit, à partir du onzième siècle, d'élever l'hostie consacrée pour l'offrir à l'adoration des fidèles. Grégoire X ordonna de s'agenouiller à la messe depuis la consécration jusqu'à la communion.

Depuis le douzième siècle, on cesse de donner la communion aux laïques sous les deux espèces; d'ailleurs, les fidèles ne communient plus qu'aux fêtes. Celles-ci, il est vrai, sont nombreuses; les principales sont Noël, la Circoncision, la fête des Rois, la Chandeleur, ainsi appelée parce qu'à la procession de ce jour les fidèles tiennent à la main des cierges en l'honneur de la mère du Christ, les solennités du carême, Pâques, où l'on fait

## Objets du culte.

**Crosse des abbés** de Clairvaux, en cuivre doré, décorée de pierreries; dans l'enroulement est figuré l'agneau portant la croix. — Travail de Limoges au douzième siècle (Musée de Cluny).

**Grande châsse** de sainte Fausta, en cuivre gravé, repoussé, doré et rehaussé d'émaux; travail de Limoges au treizième siècle. Sur le couvercle, on voit le Christ bénissant entre six apôtres; en dessous, le Christ en croix entre la Vierge et saint Jean; à droite et à gauche, des apôtres (Musée de Cluny).

**Sceau** d'un abbé de l'abbaye de Prémontré (Aisne) (1235).  **Monnaie** des abbés de Cluny (XIe siècle).  **Calice** dit de Saint-Rémy (XIIe siècle), conservé au trésor de la cathédrale de Reims.  **Monnaie** d'un abbé de Saint-Martin de Tours (XIe siècle).  **Sceau** du chapitre de Saint-Waast d'Arras (1246).

  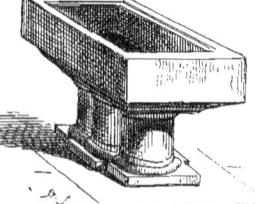 

**Monnaie** d'un archevêque de Vienne (XIIe siècle).

**Monnaie** d'un évêque de Reims (XIIe siècle).

**Fonts baptismaux** de Thouveil (Maine-et-Loire) (XIIe siècle), permettant de coucher et d'immerger entièrement l'enfant qu'on baptisait.

**Monnaie** d'un évêque d'Autun (XIe siècle).

**Monnaie** d'un archevêque de Sens (XIe siècle).

## Objets du culte.

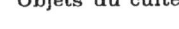

**Monnaie** d'un évêque de Laon (XIᵉ siècle). (Cabinet des médailles.)

**Châsse** en ivoire sculpté du douzième siècle, du trésor de l'abbaye de Saint-Yved, à Braisne (Aisne). — Le couvercle est décoré des figures des patriarches, des prophètes et des rois; on voit ici Moïse, Isaïe, Jacob, David, Salomon et Aaron. Sur le panneau inférieur sont représentés, à droite de l'ange figuré au centre, les trois rois mages, à sa gauche la Vierge, saint Joseph et Siméon (Musée de Cluny).

**Monnaie** d'un évêque de Langres (XIIIᵉ siècle). (Cabinet des médailles.)

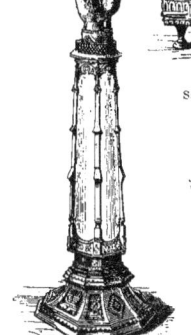

**Reliquaire** de cristal en forme de bras, travail espagnol ou français de la première moitié du XVᵉ siècle (Musée du Louvre).

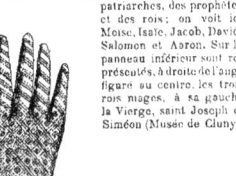

**Gant** en soie brodée à jour, de Morand, abbé de St-Germain des Prés en 990 (Musée de Cluny).

**Gant** épiscopal (XIIIᵉ siècle); d'après une statue du portail de la cathédrale de Chartres.

**Chandelier** en bronze doré de la cathédrale du Mans, aujourd'hui conservé en Angleterre (XIIᵉ siècle).

**Mitre** de saint Thomas Becket (XIIᵉ siècle), conservée au trésor de la cathédrale de Sens.

**Chaire** à prêcher du réfectoire de l'abbaye de Saint-Martin des Champs, à Paris (XIIIᵉ siècle). — Là se plaçait un moine pour faire une pieuse lecture, pendant que ses compagnons prenaient leur repas. (D'après Viollet-le-Duc.)

**Mitre** d'un archevêque allemand du XIIᵉ siècle, conservée à la cathédrale de Bamberg. (D'après Hefner-Altenech.)

## Objets du culte.

Sceau de Raoul de Varneville, évêque de Lisieux (XII° siècle). (Archives nationales.)

Grande croix en cuivre gravé et repoussé, décorée d'émaux; travail de Limoges du douzième siècle. — Au centre, le Christ en croix; à droite et à gauche, la Vierge et saint Jean; en bas et en haut deux apôtres (?) (Cette croix est conservée au musée de Cluny).

Sceau de Maurice de Sully, archevêque de Paris (XIII° siècle). (Archives nationales.)

Lutrin mobile de la cathédrale de Narbonne (XIII° siècle).

Stalles en bois de La Roche (Seine-et-Oise) du treizième siècle, conservées à la chapelle Notre-Dame (face et profil). (D'après Sauvageot).

Petit Reliquaire portatif du treizième siècle, en cuivre repoussé, gravé et doré, garni de cinq gros chatons en cristal de roche (Musée de Cluny).

Sceau de Jean de Scalot, abbé de Saint-Pierre de Gand (1224). (Archives nationales.)

Armoire de l'église d'Obazine (Corrèze) (XII° siècle). Type d'armoire destinée à conserver les objets sacrés.

Sceau de l'abbé de Sainte-Geneviève de Paris (1224). (Archives nationales.)

une longue procession, après laquelle tous les fidèles communient. A partir du treizième siècle, les principales époques de la vie de la Vierge, la Nativité, l'Annonciation, l'Assomption, sont particulièrement fêtées. Qu'on ajoute à ces cérémonies ordinaires les fêtes extraordinaires, dédicaces des églises, translations de reliques, qui donnaient lieu à d'imposantes cérémonies dans les villes, à travers lesquelles les débris des corps des saints passaient, pieusement portés sous des dais par des clercs, quelquefois par les plus hauts personnages de la cité, et l'on aura quelque idée de la fréquence des fêtes. Qu'on se représente l'éclat avec lequel elles étaient célébrées, le concours de la foule s'entassant dans la nef de l'église somptueusement décorée, étincelante de lumières, vibrante du son des hymnes et des instruments de musique, et l'on comprendra l'empire exercé sur les âmes par l'Église au moyen âge.

1. **Couronne** impériale en argent doré, ornée de pierreries (XIIIᵉ siècle).

2. **Globe** impérial en or (XIIᵉ siècle).

3. **Couronne** dite de Charlemagne, formée de 8 plaques : travail du IXᵉ ou du Xᵉ siècle. Le couronnement est une addition du XIIIᵉ siècle.

5. **Gant** impérial en soie rouge, orné de pierreries, d'émaux et de nielles (XIIIᵉ siècle).

4. **Manteau de couronnement.** — Fabriqué à Palerme en 1133 : l'origine en est attestée par l'inscription qui contourne le manteau ; ce tissu est décoré à la manière orientale d'animaux fantastiques (lions attaquant un chameau).

6. **Gant** impérial, orné comme le précédent de pierreries, d'émaux et de nielles (XIIIᵉ siècle).

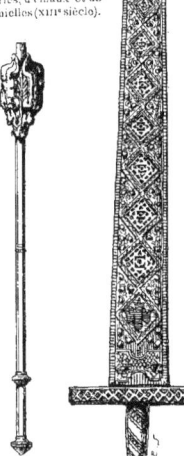

# CHAPITRE XI

## L'Allemagne
### et
## l'Italie.

**Les empereurs allemands.** — Les princes allemands conservèrent d'abord dans leur costume le manteau et la couronne carolingienne. Avec Othon le Grand et surtout avec Othon III, le costume impérial rappelle plutôt celui des empereurs byzantins. Mais à partir du onzième siècle, il se rapproche davantage de celui que portaient leurs grands. Le Trésor impérial de Vienne con-

7. **Glaive** dit de saint Maurice (XIIIᵉ siècle), enfermé dans un fourreau de bois orné de représentations de princes.

9. **Sceptre** impérial terminé par un aigle (XIIIᵉ siècle).

8. **Sceptre** impérial en argent doré (2ᵉ moitié du XIVᵉ siècle).

10. **Épée** solennelle dans son fourreau, fabriquée à Palerme pour Henri VI (1190-1197).

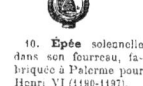

11. **Sceptre** impérial (XIIIᵉ siècle). — Non employé au couronnement.

## Les empereurs allemands.

12. **Dalmatique** en soie bleue. — Travail byzantin du XIIe siècle. Les représentations se rapportent toutes à la glorification de Jésus-Christ.

13. **Figure** théorique représentant un empereur revêtu des ornements impériaux. Il porte, outre les vêtements et les insignes rassemblés sur cette page et sur la précédente, une étole qui est un travail allemand du quatorzième siècle. (D'après Henne am Rhyn.)

14. **Vêtement** fait d'une étoffe orientale, orné de médaillons brodés représentant l'aigle impériale.

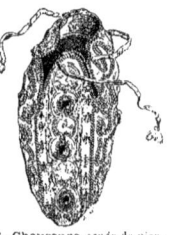

15. **Aube** de soie, ornée de perles et de broderies, avec inscriptions latines et arabes qui font connaître que ce vêtement fut fabriqué à Palerme en 1181.

16. **Chaussure** ornée de pierreries (XIIIe siècle).

17. **Vêtement** fait d'une étoffe de pourpre, orné d'une bordure de perles, tissé à Palerme au douzième siècle.

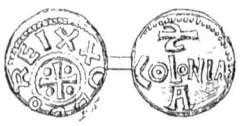

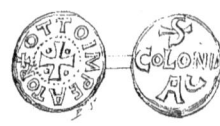

**Monnaie** d'Othon II (973-983).

18. **Chaussure** ornée de pierreries (XIIIe siècle).

**Monnaie** d'Othon II (973-983).

Les nos 2, 3, 4, 5, 6, 7, 8, 10, 13, 14, 15, 16, 17 et 18 sont conservés au Trésor impérial de Vienne; les nos 1 et 9, au trésor de la cathédrale d'Aix-la-Chapelle; le no 12, à la sacristie de Saint-Pierre de Rome.

serve encore les tuniques que revêtaient les empereurs. La chape, attachée par une fibule sur la poitrine, remplace la chlamyde drapée à l'antique. Tuniques et manteaux sont faits d'étoffes précieuses, d'origine orientale ou reproduisant des motifs empruntés à l'art oriental. — Les impératrices sont représentées avec le costume des femmes nobles et se distinguent seulement par le port de la couronne.

Les insignes du pouvoir impérial étaient nombreux. C'étaient la lance, l'épée, le bouclier, le globe, le sceptre et les bracelets. Les sceaux et les miniatures nous montrent le prince assis soit sur un fauteuil dont les bras sont ornés de têtes d'animaux, soit sur un trône d'une riche architecture.

## Les empereurs allemands.

**Othon III** (983-1002), entouré des représentants des grands dignitaires impériaux, de la noblesse et du clergé. Frontispice d'un évangéliaire du onzième siècle, donné par l'empereur au trésor de la cathédrale d'Aix-la-Chapelle, où il est encore aujourd'hui conservé.

**Statuettes** représentant Othon le Grand (937-973) et sa femme Édith, conservées dans une chapelle de la cathédrale de Magdebourg. (D'après Hefner-Alteneck).

**Miniature** du douzième siècle, représentant Henri IV (1056-1106) agenouillé devant la comtesse Mathilde à Canossa ; empruntée à une biographie de la comtesse ; l'ouvrage, terminé en 1114, est aujourd'hui conservé à Rome à la Bibliothèque du Vatican. (D'après Jäger).

**Fragment d'une miniature** d'un évangéliaire donné par Henri II (1002-1024) à la cathédrale de Bamberg, aujourd'hui à la Bibliothèque de Munich, et représentant l'empereur assis entre des représentants du clergé et de la noblesse.

**Statue de Conrad III** (1138-1152) dans la cathédrale de Bamberg (XIIe siècle).

**Bas-relief** représentant Frédéric Barberousse (1152-1190), sculpté à l'angle d'une fenêtre au cloître du monastère de Saint-Zénon, à Reichenhall, en Bavière (XIIe siècle). (D'après Jäger).

**Les résidences impériales.** — Dans un diplôme de Frédéric II, le titre de « capitale de l'empire » est donné à Aix-la-Chapelle ; mais les souverains allemands ne se tinrent pas d'une manière fixe dans cette ville. Ils avaient dans les cités de l'empire et dans leurs domaines de nombreux châteaux qu'ils habitaient à leur gré. Chaque prince eut sa résidence favorite ; Henri III et Henri IV se plurent particulièrement à Goslar ; les Hohenstaufen habitèrent volontiers le château qui porte ce nom ; le palais de Gelnhausen fut un des séjours préférés des princes allemands.

**La cour.** — Leur cour ne différait guère à l'origine de celles des grands feudataires.

## Sceaux et Monnaies des empereurs.

Sceau de Frédéric II (1215-1250). A titre de roi des Romains et de roi de Sicile. (Archives municipales de Francfort.)

Sceau de Conrad II (1024-1039), conservé aux Archives d'État de Berlin.

Sceau d'Othon IV (1198-1215), empereur et roi des Romains.

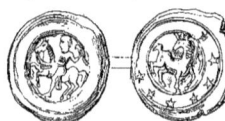

Denier de billon d'Henri IV (1056-1106).

Sceau d'Henri VI (1190-1197), empereur et roi des Romains.

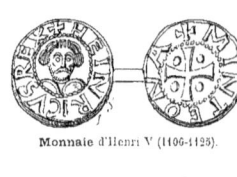

Monnaie d'Henri V (1106-1125).

Monnaie de Conrad III (1138-1152).

Monnaie de Frédéric II (1215-1250).

Monnaie d'Othon IV (1198-1215).

Sceau d'Henri Ier (919-936).

Monnaie d'un margrave de Brandebourg (1150).

Monnaie de l'empereur Henri IV (1056-1106).

Monnaie de Pavie, au nom d'Henri Ier, empereur (919-936).

Mais le nombre des personnes qui vivaient auprès des princes s'accrut par suite des expéditions des empereurs en Italie ; ils prirent l'habitude d'être environnés d'un grand nombre de chevaliers et d'ecclésiastiques. A la diète de Mayence, en 1184, on vit rassemblés autour de Frédéric Barberousse plus de 40 000 chevaliers ; dans une autre, tenue dans la même ville en 1235, Frédéric II eut auprès de lui 75 princes et 12 000 chevaliers. Depuis le couronnement d'Othon Ier, les principales fonctions domestiques de la cour, celles de chambellan, d'écuyer tranchant, d'échanson et de maréchal, furent confiées aux chefs des plus grandes familles allemandes qui, dans les cérémonies solennelles, exerçaient en personne les attributions de leur charge.

## Les résidences des empereurs.

Palais impérial de Goslar, construit au XIe siècle par Henri III (état actuel). (D'après Jäger.)

Vue d'une galerie restaurée au palais de Frédéric Barberousse à Gelnhausen (Hesse-Nassau). (D'après Jäger.)

Restitution du château de Frédéric Barberousse à Kaiserswerth, sur les bords du Rhin. (D'après Jäger.)

Vue intérieure des ruines du château impérial de Gelnhausen (état actuel). — Ce château, construit par Frédéric Barberousse dans une île sur la Kinzig, fut la principale résidence des empereurs jusqu'à Charles IV (1346-1378); il n'en reste aujourd'hui que des débris. (D'après Henne am Rhyn.)

**Le couronnement des empereurs.** — La vie des princes allemands, d'abord très simple, devint au douzième et au treizième siècle très fastueuse; les cérémonies y prirent un grand éclat; la plus importante de toutes était le couronnement. L'élection des princes se faisait le plus souvent, du moins sous les Hohenstaufen, à Francfort; ils étaient couronnés comme rois de Germanie à Aix-la-Chapelle, comme rois d'Italie à Pavie, comme rois de Bourgogne à Arles, comme empereurs à Rome. La cérémonie du couronnement à Aix-la-Chapelle se faisait dans la cathédrale; les archevêques de Cologne, de Trèves et de Mayence y avaient le principal rôle. Le prince y était conduit processionnellement devant l'autel, où étaient rangés les insignes du pouvoir. L'archevêque de Cologne demandait aux clercs et aux laïques s'il avait bien devant lui celui qu'ils voulaient prendre comme roi, et sur leur réponse affirmative, il oignait de l'huile sainte la tête, la poitrine et les poignets du prince, et le revêtait des ornements royaux; la couronne était ensuite posée sur sa tête par les trois archevêques. Le nouveau prince prêtait le serment en latin et en allemand, et la messe commençait.

**Les villes allemandes.** — L'Allemagne, à cette date, a pour limite la vallée de l'Oder. La contrée la plus peuplée et la plus civilisée est la région occidentale, la vallée du Rhin avec les grandes villes épiscopales, Trèves, Cologne, Mayence, habitées par une population de fiers marchands. De ces villes la plus importante est Mayence. A mesure qu'on avance vers l'Est, les villes deviennent moins nombreuses et moins riches. En Saxe et en Thuringe, on rencontre surtout les villes nou-

## Les édifices allemands.

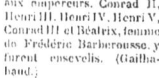

**Intérieur** de la cathédrale de Spire, construite de 1030 à 1061 par Conrad II, Henri III et Henri IV, pour servir de sépulture aux empereurs. Conrad II, Henri III, Henri IV, Henri V, Conrad III et Béatrix, femme de Frédéric Barberousse, y furent ensevelis. (Gailhabaud.)

**Cathédrale de Bamberg** (abside). — Fondée par l'empereur Henri II en 1004, elle fut détruite par un incendie en 1081 et reconstruite dans l'état qu'elle présente aujourd'hui, avec ses quatre tours entièrement achevées. Elle renferme les tombeaux de Henri II, de sa femme et du pape Clément II.

**Palais de la Wartburg.** — Ce château, célèbre en Allemagne par la magnificence de ses maîtres, les landgraves de Thuringe, et les joûtes qui y eurent lieu entre les plus fameux poètes du treizième siècle, fut en majeure partie construit du onzième au douzième siècle; il a été restauré de nos jours.

**Maison à Cologne** (XIIe siècle). (D'après Gailhabaud.)

**Salle dite du Landgrave**, au palais de la Wartburg. (D'après Henne am Rhyn.)

**Maison à Cologne** (XIIIe siècle). (D'après Gailhabaud.)

## Les papes.

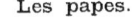

Miniature empruntée à un manuscrit anglais du treizième siècle, conservé à Cambridge, représentant la cour pontificale (d'après Green).

Le pape Nicolas I<sup>er</sup> (858-867), dans le costume d'un pape du XI<sup>e</sup> siècle, d'après une fresque de l'église Saint-Clément, à Rome (XI<sup>e</sup> siècle).

Le pape saint Grégoire le Grand, dans le costume d'un pape du XIII<sup>e</sup> siècle, d'après une statue de la cathédrale de Chartres (XIII<sup>e</sup> siècle).

Bulle du pape Nicolas I<sup>er</sup> (858-867), face et revers.

Bulle du pape Pascal II (1099-1118). — Cette bulle porte les masques de saint Pierre et de saint Paul.

Sceau d'Innocent III (1198-1216).  Bulle du pape Célestin III (1191-1198).

Le pape Clément IV (1265-1268) donnant par une bulle la couronne des Deux-Siciles à Charles d'Anjou; fresque de la tour de la ville de Pernes (Vaucluse) (d'après Viollet-le-Duc).

Sceau du pape Eugène III 1145-1153.

Sceau d'Alexandre IV (1254-1261).

velles créées par Henri I<sup>er</sup> pour résister aux invasions des Hongrois ; les plaines du Brandebourg, encore couvertes de marais et de bruyères, ne présentaient guère que des postes fortifiés, et, groupées autour d'églises en bois, les demeures des colons qui poursuivaient lentement sur les païens l'œuvre de la colonisation allemande. Mais partout, aux défilés des montagnes ou sur le bord des fleuves, on rencontrait les châteaux des nobles, qui n'étaient souvent que de véritables repaires de brigands, et dans les plaines de nombreux monastères fortifiés, autour desquels les paysans cultivaient le sol.

**Les papes.** — Le rival du César germain, le Pape, vit à Rome dans un palais splendide, le Latran, au milieu d'une somptueuse cour. Dans les cérémonies, le port de la tiare, mitre pointue, le distingue des autres ecclésiastiques. Ce palais était célèbre par sa magnificence ; Dante disait plus tard que « la beauté du Latran dépasse les choses mortelles ». Le pape y avait de luxueux appartements ; sa chambre renfermait un lit entouré de riches tentures et surmonté d'un dais ; toute la nuit deux veilleurs demeuraient en silence au pied du lit.

**Le couronnement impérial.** — C'était dans la basilique de Saint-Pierre que le couronnement impérial avait lieu. Avant d'entrer dans l'église, l'empereur, amené par les grands officiers de la cour pontificale, jurait fidélité

## Le Palais pontifical à Rome.

Le Palais pontifical du Latran à Rome au début du xiv⁰ siècle, d'après la restitution de Rohault de Fleury. — On voit, au fond, les montagnes d'Albano, les murailles de la ville et l'aqueduc de Claude; à droite, la colline du Cœlius, l'église Saint-Étienne-le-Rond; au centre le palais; sur le devant, l'habitation de la famille des Arribaldi. Parmi les bâtiments du palais, on aperçoit au fond la basilique avec ses deux clochers, précédée de l'atrium et d'un campanile, sorte de clocher isolé; sur la gauche, des tours défendant l'accès des appartements pontificaux; sur le devant du monument, des galeries reliant la demeure du pape à la basilique et à la grande salle flanquée de cinq absides, dans laquelle se tenaient les conciles; adossé à cette salle, sur la place, le petit édifice élevé à l'époque de Boniface VIII, du haut duquel le pape bénissait la foule.

au pape; puis le pape et l'empereur entraient dans l'édifice en se tenant par la main. La cérémonie rappelait dans ses grands traits celle du couronnement à Aix-la-Chapelle; l'onction sainte et la remise des insignes impériaux en étaient les principaux moments. La messe terminée, le pape, sorti de l'église, montait à cheval, l'empereur lui tenant l'étrier; il prenait la tête d'un long cortège, qui se dirigeait vers le Latran. Derrière lui venaient l'empereur, l'impératrice, les barons allemands, les ecclésiastiques chantant des hymnes; le peuple acclamait en ramassant les pièces de monnaie que lui jetaient les officiers impériaux. La cérémonie se terminait par un banquet où l'empereur se plaçait à la droite du pape.

**Rome au moyen âge.** — Souvent des rixes s'élevaient entre Teutons et Romains qui n'avaient guère de sympathie les uns pour les autres, et le sang coulait dans les rues de la ville. Mais ce n'était qu'une émeute de plus; Rome était habituée aux querelles de ses barons. Ceux-ci avaient fortifié leurs demeures, et souvent même les débris des monuments antiques; le pape lui-même avait fait du mausolée d'Hadrien le château Saint-Ange. La Rome du moyen âge formait « une masse de maisons basses, aux rouges toitures interrompues par de hautes tours de briques, et çà et là par des monceaux de ruines antiques, bien plus considérables que ce qu'il en reste » (Bryce).

**Les cités italiennes.** — Rome n'avait ni commerce ni industrie; ses habitants vivaient des libéralités des établissements religieux et de l'exploitation des pèlerins. Au contraire, les puissantes cités de l'Italie septentrionale devaient leur prospérité soit à leur industrie, comme Florence et Milan, soit à leur commerce, comme Gênes, Venise, Pise. Les bourgeois de ces villes avaient su s'affranchir de l'autorité des évêques, contrebalancer la puissance des seigneurs et s'administrer eux-mêmes. Ces villes s'étaient entourées de murailles; elles avaient leurs milices qui se réunissaient autour du *carroccio*, char traîné par des bœufs, sur lequel on plaçait soit l'image du saint, patron de la ville, comme à Milan.

## Les républiques italiennes.

Vue générale de San Gimignano, petite république voisine de Sienne. — Cette cité, construite presque en entier de la fin du douzième siècle à la fin du treizième, a conservé la plupart des tours qui dominaient ses maisons. (D'après Francis Wey, *Tour du Monde*.)

La maison du podestat ou gouverneur à San Gimignano (XII<sup>e</sup> siècle). (D'après Francis Wey, *Tour du Monde*.)

Intérieur de l'église de San Miniato, près de Florence (XI<sup>e</sup> siècle). (D'après Gailhabaud.)

## Les républiques italiennes.

Façade de l'église **Saint-Michel de Pavie**, construite au XIᵉ siècle. — Dans cette église furent couronnés plusieurs rois d'Italie. (D'après une photographie.)

Façade de l'église **Saint-Ambroise, à Milan**. — Dans cette célèbre église, du IXᵉ siècle en majeure partie, eurent lieu un grand nombre de solennités : conciles, diètes, couronnements de rois d'Italie. (D'après une photographie.)

Sceau de la République de Gênes (XIIIᵉ siècle). (Archives nationales.)

Sceau de Charles II, roi de Sicile (1285-1309). (Archives nationales.)

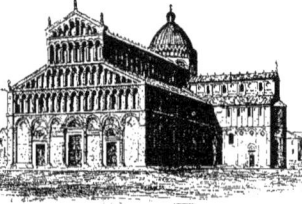

**Cathédrale de Pise**, construite par Buschetto de 1063 à 1100, en l'honneur des victoires navales remportées par les Pisans dans la Méditerranée. (D'après une photographie.)

Sceau de la République d'Asti (XIIIᵉ siècle). (Archives nationales.)

Sceau d'un duc de Savoie (XIIIᵉ siècle). (Archives nationales.)

**Campanile** ou tour penchée de Pise, construite au XIIᵉ siècle. (D'après une photographie.)

Monnaie de Henri Dandolo, doge de Venise (1192-1205).

Sceau de l'hôpital Sainte-Marie ad Gallum, à Florence (XIIIᵉ siècle). (Archives nationales.)

**Baptistère de Pise**, construit au XIIᵉ siècle. (D'après une photographie.)

soit la cloche communale, comme à Florence. A l'intérieur de leurs murailles, ces villes présentaient un aspect singulier : leurs admirables monuments étaient dispersés au milieu d'un dédale de rues étroites bordées de hautes tours terminées par une plate-forme et des créneaux, sortes de forteresses « dont la hauteur paraissant indiquer la puissance et la noblesse d'une famille, devint un objet de luxe et de rivalité » (Rohault de Fleury). On en comptait 300 à Milan, au XIᵉ siècle, 150 à Florence, au XIIIᵉ siècle, et un historien prétend qu'il y en avait 10 000 à Pise.

La vie dans les cités était magnifique; les

## Les républiques italiennes.

Noble vénitien (XIIIᵉ siècle).

Façade de Saint-Marc, à Venise. — Le corps de saint Marc ayant été amené de Constantinople à Venise au début du IXᵉ siècle, une église fut aussitôt construite en l'honneur du saint. Brûlée avec le palais ducal en 976, dans une insurrection, elle fut reconstruite dans le courant du XIᵉ siècle.

Doge de Venise (XIIIᵉ siècle).

Noble vénitienne (XIIIᵉ siècle).

Intérieur de la cathédrale de Saint-Marc, à Venise.
(D'après une photographie.)

Noble vénitienne (XIIᵉ siècle).

Monnaie de Marino Morosini, doge de Venise (1247-1252).

Les quatre figures de personnages ont été restituées par Bonnard et Mercuri d'après les mosaïques de l'église Saint-Marc.

Monnaie de Marino Morosini, doge de Venise (1247-1252).

habitants se vêtaient d'étoffes de velours ornées de figurines, de broderies en fil d'or, avec franges d'or et de soie ; leurs robes étaient garnies de fourrures, leurs manches semées de fleurs d'or ; ils portaient des ceintures tramées d'argent, des guirlandes de perles, des chaînes entremêlées de cabochons ; leurs mouchoirs étaient tissés d'or, d'argent et de soie. Les soirs de grandes fêtes, on allumait sur les places des fagots, et les habitants couronnaient leur cité d'un diadème étincelant en garnissant les plates-formes de leurs tours de torches enduites de graisse et de térébenthine, auxquelles ils mettaient le feu.

**Le royaume des Deux-Siciles.** — Tout au sud de l'Italie, on trouvait le royaume des Deux-Siciles. Ses princes entretenaient à Palerme une cour célèbre par l'éclat des fêtes. En relations constantes avec les Arabes et les Byzantins, ils prirent des mœurs qui rappelaient celles de l'Orient ; Frédéric II, entouré de ses Sarrasins de Lucerna, au milieu des poètes et des savants qui vivaient auprès de lui, apportant dans ses mœurs le désordre d'un

## Le royaume des Deux-Siciles.

Mosaïque de l'église Sainte-Marie de l'Amiral, à Palerme, représentant l'amiral Georges d'Antioche, fondateur de cette église, prosterné aux pieds de la Vierge (xiie siècle). (D'après Bayet.)

Monnaie de Charles d'Anjou, roi de Sicile (1265-1285).

Abside de la cathédrale de Palerme (fin du xiie siècle). — Ce monument est un exemple curieux de l'influence exercée sur l'art italien par les arts arabe et byzantin. (D'après Gailhabaud.)

Mosaïque de l'église Sainte-Marie de l'Amiral, à Palerme, représentant le Christ bénissant le roi de Sicile Roger II (xiie siècle). (D'après Bayet.)

Monnaie d'argent de Pierre IV, roi d'Aragon (1276-1285), adversaire de Charles d'Anjou (Cabinet des médailles).

Monnaie d'argent de Pierre IV, roi d'Aragon (1276-1285), adversaire de Charles d'Anjou (Cabinet des médailles).

Fresque dans l'église du Saint-Sépulcre, à Barletta (xiie siècle). (D'après Salazaro.)

Intérieur de la chapelle Palatine, à Palerme, construite au début du xiie siècle, sous le règne de Roger II (1129-1154). — Cette chapelle est un curieux mélange de l'art italien et de l'art arabe, comme en témoigne son plafond orné de pendentifs à la manière des édifices musulmans. (D'après Gailhabaud.)

Fresque dans l'église du Saint-Sépulcre, à Barletta (xiie siècle). (D'après Salazaro.)

khalife, ressemble plus aux princes d'Orient qu'à ceux de France et d'Angleterre. Les monuments de la Sicile et de l'Italie méridionale portent la marque de cette influence orientale : on y trouve mêlées aux formes de l'art occidental celles de l'art byzantin et de l'art arabe. Le grec était la langue officielle dans la rédaction des actes; la longue tunique, les manches serrées au poignet, la couronne à plaques et à pendeloques, les étoffes décorées de médaillons sont des emprunts au costume grec. L'Italie méridionale formait ainsi une terre de transition entre l'Europe féodale de l'Occident et l'Orient grec et arabe.

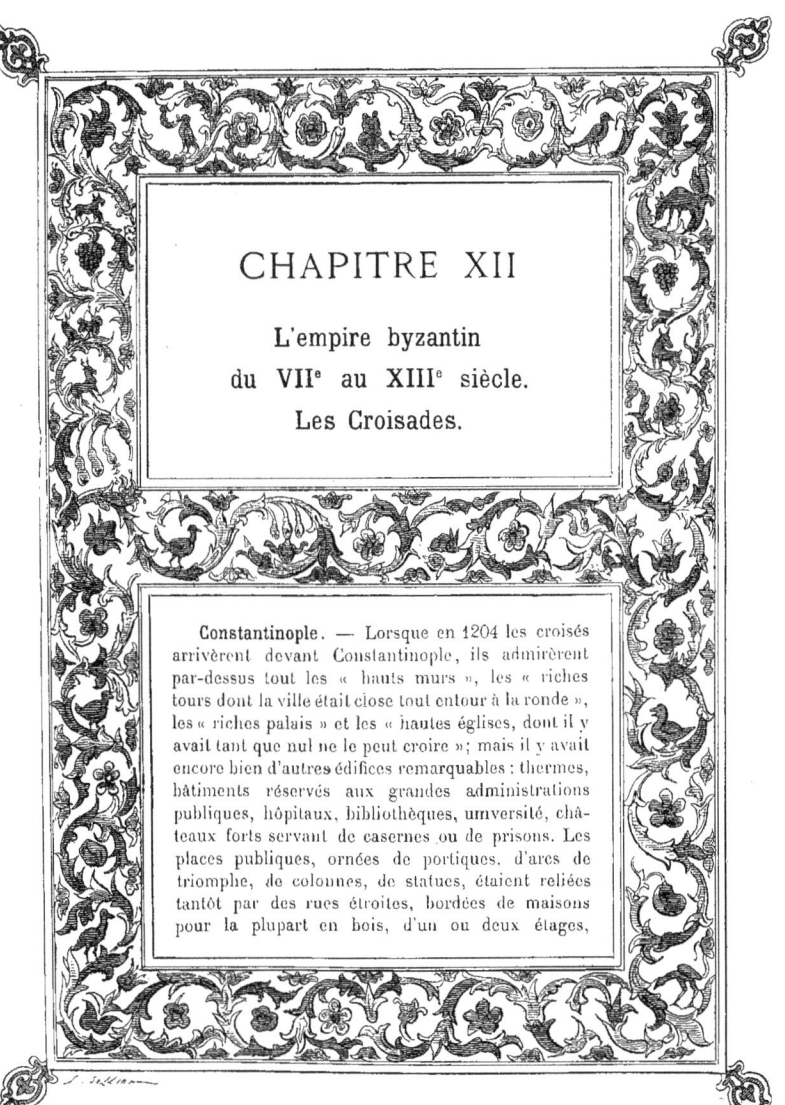

# CHAPITRE XII

L'empire byzantin
du VII<sup>e</sup> au XIII<sup>e</sup> siècle.
Les Croisades.

**Constantinople.** — Lorsque en 1204 les croisés arrivèrent devant Constantinople, ils admirèrent par-dessus tout les « hauts murs », les « riches tours dont la ville était close tout entour à la ronde », les « riches palais » et les « hautes églises, dont il y avait tant que nul ne le peut croire »; mais il y avait encore bien d'autres édifices remarquables : thermes, bâtiments réservés aux grandes administrations publiques, hôpitaux, bibliothèques, université, châteaux forts servant de casernes ou de prisons. Les places publiques, ornées de portiques, d'arcs de triomphe, de colonnes, de statues, étaient reliées tantôt par des rues étroites, bordées de maisons pour la plupart en bois, d'un ou deux étages,

**Encadrement** d'une page d'un manuscrit grec du douzième siècle, contenant les discours de saint Grégoire de Nazianze.
(Bibliothèque nationale.)

## Costumes : — Empereurs. — Grands Dignitaires. Couronnes et Monnaies impériales.

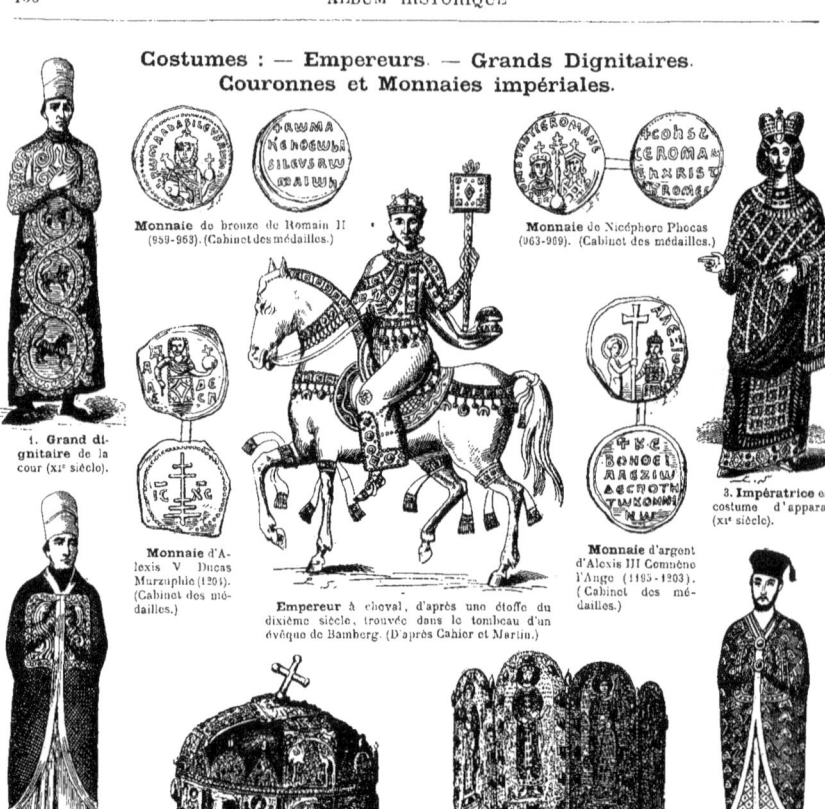

1. Grand dignitaire de la cour (XIᵉ siècle).

Monnaie de bronze de Romain II (959-963). (Cabinet des médailles.)

Monnaie de Nicéphore Phocas (963-969). (Cabinet des médailles.)

Monnaie d'Alexis V Ducas Murzuphle (1204). (Cabinet des médailles.)

Empereur à cheval, d'après une étoffe du dixième siècle, trouvée dans le tombeau d'un évêque de Bamberg. (D'après Cahier et Martin.)

Monnaie d'argent d'Alexis III Comnène l'Ange (1195-1203). (Cabinet des médailles.)

3. Impératrice en costume d'apparat (XIᵉ siècle).

2. Grand dignitaire de la cour (XIᵉ siècle). Les figures 1 et 2, grands dignitaires, sont empruntées à des manuscrits du XIᵉ siècle (Bibl. nation.).

Couronne byzantine dite de Saint-Étienne, conservée au trésor d'État du château de Buda (Hongrie); elle fut envoyée en présent par un empereur byzantin à un roi de Hongrie du XIᵉ siècle et sert encore aujourd'hui au couronnement des rois de ce pays (d'après Schlumberger).

Couronne dite de l'empereur Constantin Monomaque (1042-1054), restituée en reliant les unes aux autres les plaques qui la composent et qui sont aujourd'hui conservées au musée de Pesth (d'après Schlumberger).

4. Grand dignitaire de la cour (XIᵉ siècle). Les figures 3 et 4 sont empruntées à des manuscrits du XIᵉ siècle (Biblioth. nation.).

surmontées de terrasses, tantôt par de larges voies dallées, aux habitations percées d'arcades où s'installaient des marchands. Le long du rivage s'étendaient de vastes quais; des escaliers en bois facilitaient le débarquement des marchandises. Ces grandes « rues marchandes », ces ports, étaient le théâtre d'un commerce actif auquel Byzance devait la plus grande partie de sa richesse. Là, se donnaient rendez-vous les marchands orientaux et occidentaux; ceux-ci, fort nombreux, avaient le long de la Corne d'or leurs magasins, leurs églises et leurs habitations.

Le palais impérial. — La plupart des monuments de Constantinople remontaient aux premiers siècles de la monarchie byzantine; au contraire, le palais impérial avait été souvent remanié; au dixième siècle, il se

## L'EMPIRE BYZANTIN — LES CROISADES

## Costumes militaires, civils et religieux.

Guerrier armé d'un bouclier, d'une lance et d'une sorte de cuirasse (IXᵉ siècle).

Basile, fils de Romain II, en costume impérial d'apparat; autour de lui, les anges qui le protègent; à ses pieds, les grands dignitaires de la cour. Miniature d'un psautier datant des premières années du onzième siècle, conservé à la Bibliothèque de Saint-Marc, à Venise. (D'après Schlumberger.)

Guerrier armé d'un casque, d'une épée, d'une lance et d'une cuirasse qui, par sa forme, rappelle les cuirasses romaines (IXᵉ siècle).

Lépreux en costume d'homme du peuple (XIIᵉ siècle).

Bouclier (Xᵉ siècle).

Bouclier (Xᵉ siècle).

Vieillard accompagné d'un jeune homme (XIIᵉ siècle).

Chef d'un couvent grec (Xᵉ siècle).

Épée (Xᵉ siècle).

Officier à cheval (IXᵉ siècle), équipé à la mode romaine: casque à panache, cuirasse sur une tunique de cuir découpée, chausses lacées à la mode barbare.

Épée (Xᵉ siècle).

Prêtre (XIIᵉ siècle), portant par-dessus son aube et sa chape un large pallium.

Lances (XIIᵉ siècle).

Ces figures sont restituées, ainsi que les lances et les épées, d'après des manuscrits de différentes époques conservés à la Bibliothèque nationale; les deux boucliers, d'après un émail conservé au Musée de Munich.

## Monuments byzantins. — Édifices civils et religieux.

1. **Maison** byzantine (XIIe siècle).

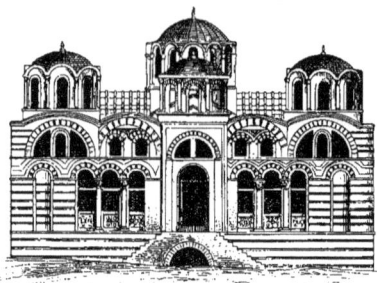
Façade de l'église de la **Mère de Dieu** (Théotocos), à Constantinople, construite au Xe siècle. C'est un des types les plus purs de l'architecture byzantine à cette époque. (D'après Gailhabaud.)

2. **Maison** byzantine (XIIe siècle).

3. **Maison** byzantine (XIIe siècle).

Essai de restitution du **Boukoléon**, l'un des palais des empereurs à Constantinople. (D'après Schlumberger.)

4. **Maison** byzantine (Xe siècle).

Les dessins 1, 2, 3, figurant des maisons byzantines, sont empruntés à des manuscrits grecs du douzième siècle, conservés à la Bibliothèque nationale ; le n° 4, à une plaque d'un coffret du dixième siècle conservé à Sens. Conformément à la coutume observée par tous les artistes du moyen âge, les personnages ont été représentés, non pas plus grands que leurs maisons, mais sur une échelle plus grande.

présentait dans tout son éclat. Il fallait, dit-on, plus d'une heure de marche pour en faire le tour. La Chalcé, ou le monument d'Airain, formait l'entrée. Ce nom lui avait été donné de sa haute porte d'airain ; là se tenaient les gardes. Puis venait la Daphné, ainsi appelée d'une statue de cette nymphe ; là se trouvaient tous les appartements officiels. Enfin, l'on pénétrait dans le Palais sacré, qui comprenait, à côté des salles destinées aux cérémonies, les appartements privés de l'empereur et de sa famille. La plus remarquable de ces salles, toutes d'ailleurs splendidement décorées de mosaïques à fonds d'or, était le Triclinium d'or dont les dispositions rappelaient celles des églises byzantines ; on y voyait en effet une coupole et de petites absides. Il y avait encore dans les huit cours du palais des chapelles et des églises que les empereurs s'étaient plu à embellir ; la chapelle palatine, nous apprend l'empereur Constantin VII qui a décrit toutes ces merveilles, était « semblable à une fiancée toute parée et embellie par les pierres fines, l'or, l'éclat de l'argent, les marbres chatoyants aux mille nuances, les mosaïques et les tissus de soie ».

**L'Empereur.** — La magnificence du costume impérial, l'éclat des fêtes répondent à la splendeur du logis. L'empereur porte une chlamyde blanche, « une sorte de longue chasuble couvrant les épaules et les bras, étincelante d'or et de pierreries, rigide et pesante comme une chape » (Rambaud). Sa tête est couronnée du diadème, cercle de métal orné de pierres précieuses ; de lourdes pendeloques retombant à droite et à gauche encadrent la figure. Il est chaussé de brodequins de pourpre ornés d'aigles brodés d'or. Comme insignes de son pouvoir il tient en main dans les cérémonies soit un globe, soit une main de justice, ou bien encore la croix.

Le prince prend place sur un trône élevé de quelques marches au-dessus du sol ; le plus souvent, ce trône est entouré de draperies que les eunuques écartent lorsque l'empereur a pris place ; alors les dignitaires se prosternent devant le souverain, se cachant la figure de

## L'art byzantin. — Sculpture, orfèvrerie, mosaïque.

Détail du coffret de Sens.

Fragment d'un diptyque du XIᵉ siècle, représentant l'empereur Romain IV (1068-1071). (Cabinet des médailles.)

Ivoire du XIᵉ siècle, représentant la Vierge assise sur un trône, tenant l'enfant Jésus sur ses genoux. (Cabinet des médailles.)

Fragment d'un diptyque du XIᵉ siècle, représentant l'impératrice Eudoxie, femme de l'empereur Romain IV. (Cabinet des médailles.)

Détail du coffret de Sens.

Détail du coffret de Sens.

Grand calice de sardoine (Xᵉ siècle), conservé au trésor de Saint-Marc de Venise.

Petite mosaïque représentant saint Georges tuant le dragon (Musée du Louvre). On exposait ces petits objets dans les églises, on les plaçait auprès des lits comme objets de dévotion ; on les transportait avec soi en voyage.

Coffret d'ivoire (Xᵉ siècle), conservé au trésor de la cathédrale de Sens ; sur les plaques sont représentées des scènes de l'histoire de David et de celle de Joseph.

leur main comme si leur vue était éblouie par l'apparition du soleil.

**Les cérémonies.** — Les liens d'une inflexible étiquette tiennent captif l'empereur déjà comme « emmailloté » dans son pesant et magnifique costume. L'emploi de chaque journée, de chaque heure est réglé par le cérémonial; à chaque cérémonie est réservé un vêtement spécial, et souvent même le prince change à plusieurs reprises de costume dans le courant d'une même cérémonie. Celles-ci sont extrêmement nombreuses, qu'elles aient pour causes les fêtes religieuses ou les événements de la vie publique ou privée : couronnement, triomphe ou réception d'ambassadeurs, baptême, mariage ou funérailles. Ce sont en général de longues processions qui se déroulent à travers les rues et les places de la cité richement décorées, coupées de stations aux monastères ou aux églises les plus vénérées; sur tout le parcours se tiennent les factions, « espèces de gardes nationales chargées de faire la haie, d'acclamer l'empereur et de chanter des hymnes en s'accompagnant sur des orgues d'argent » (Rambaud). Les cérémonies se terminaient au palais souvent par un festin après les salutations que les dignitaires de la cour, revêtus de splendides cos-

## L'art byzantin. — Orfèvrerie. — Tissus historiés. — Miniatures.

Camée en sardoine (X<sup>e</sup> siècle), dans une monture du XVII<sup>e</sup> siècle, représentant le Christ au-dessus des saints guerriers Georges et Démétrius (Cabinet des médailles).

Bague en or (X<sup>e</sup> siècle) (Cabinet des médailles).

David gardant son troupeau en jouant de la harpe; près de lui, la Mélodie inspire ses chants. Miniature d'un manuscrit du IX<sup>e</sup> ou du X<sup>e</sup> siècle, conservé à la Bibliothèque nationale.

Camée (X<sup>e</sup> siècle); — par la légende qui l'entoure, le donataire invite la dame à laquelle il est fait hommage de ce bijou à être heureuse et à ne point oublier l'auteur du cadeau (Cabinet des médailles).

Bague avec chaton orné de saints (Cabinet des médailles).

N majuscule (d'après Bayet).

Fragment d'une étoffe pourpre du X<sup>e</sup> siècle trouvée dans la châsse de saint Anno II, archevêque de Cologne, à l'abbaye de Siegbourg. (D'après Cahier et Martin.)

T majuscule (d'après Bayet)

Le paiement de l'impôt.    Ornement.    Scène de funérailles.
Ces trois dessins sont empruntés au manuscrit du douzième siècle qui a fourni l'encadrement de la première page de ce chapitre.

tumes, venaient présenter au prince; introduits par groupes successifs, ils se prosternaient devant le souverain qui recevait leurs hommages, immobile, à peine différent, dans son impassibilité sereine, des figures de mosaïque ornant les parois de la salle. Ces cérémonies imposantes avaient pour but de rehausser la majesté de l'empereur. Pour y réussir, on recourait quelquefois à des artifices grossiers : ainsi, aux réceptions d'ambassadeurs, l'empereur s'asseyait sur un trône entouré d'arbres d'or dont les branchages portaient des oiseaux chanteurs mécaniques; au pied du trône étaient placés des lions automates

## Les Croisés.

Chevalier en costume de croisé (XIIIᵉ siècle), d'après un manuscrit conservé à Londres au British Museum.

Croisés en marche; pèlerins et cavaliers.

Croisés en marche; au milieu des guerriers, un évêque à cheval.

Pèlerin (fin XIIIᵉ siècle), d'après un manuscrit de la Bibliothèque nationale.

Monnaie de Bohémond, prince d'Antioche (1098-1111).

Groupe de Templiers.

Croisés en marche.

Monnaie de Bohémond, prince d'Antioche (1098-1111).

Combat naval entre Chrétiens et Sarrasins.

Croisés en mer; l'un des navires porte une bannière surmontée d'une croix.

(Ces six vignettes sont empruntées à un curieux manuscrit de la fin du treizième siècle ou du commencement du quatorzième siècle, le *de Passagiis in Terram Sanctam*, conservé à Venise, et qui contient un récit des croisades.) (D'après Kugler.)

se dressant sur leurs pattes et rugissant. Certes, c'était là un spectacle capable d'émouvoir les envoyés russes ou les ambassadeurs bulgares; mais quelle impression plus grande encore se dégagerait pour un spectateur moderne de la vue du Basileus, à la fin d'un triomphe, plaçant son pied sur la tête de celui des captifs qui fut le plus puissant, appuyant sur la nuque du malheureux la lance qu'il tient à la main! A ce moment les dignitaires de la cour jettent brutalement les autres prisonniers aux pieds de l'empereur, sur le sol jonché des lances et des étendards enlevés à l'ennemi, tandis que les gradins de l'Hippodrome ou les portiques du Forum Augustæon retentissent des acclamations rythmiques des assistants couronnés de fleurs.

**La vie privée.** — Dans les usages de la vie privée la tradition antique se maintint longtemps encore à Byzance. Les maisons de Constantinople conservèrent en général le plan des habitations antiques; quelques-unes seulement furent munies de tours fortifiées, refuge en temps d'émeute. Les convives continuèrent à se placer autour des tables, couchés sur des lits comme dans l'ancienne Rome. Mais les rapports fréquents des Byzantins avec les Orientaux et leur voisins barbares amenèrent quelques changements. L'ample costume des anciens Romains est remplacé par les longs vêtements ajustés au corps; l'influence orientale se fait vivement sentir

## Les Croisés. — Les ordres militaires.

Fragment d'un vitrail de l'abbaye de Saint-Denis, aujourd'hui détruit, représentant un combat entre croisés et Sarrasins. (D'après Montfaucon.)

Sceau de Guillaume, patriarche de Jérusalem (face et revers). (Archives nationales.)

Autre fragment du vitrail de Saint-Denis, représentant les croisés mettant en fuite un groupe de Sarrasins. (D'après Montfaucon.)

Sceau des chevaliers de Saint-Jean de Jérusalem : on y voit figuré un malade, par allusion à la destination première de l'ordre. (Archives nationales.)

Sceau de l'ordre du Temple ; on y voit représenté un édifice qui présente une curieuse ressemblance avec la mosquée d'Omar. (Archives nationales.)

L'empereur Frédéric Barberousse en costume de croisé, d'après un manuscrit de 1188 conservé à Rome au Vatican (d'après Jäger).

Templier en costume de chevalier de la fin du treizième siècle ; son bouclier et sa cotte portent la croix rouge, insigne de l'ordre ; d'après un manuscrit conservé à Rome à la bibliothèque Barberini.

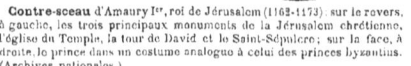
Contre-sceau d'Amaury Ier, roi de Jérusalem (1162-1173) : sur le revers, à gauche, les trois principaux monuments de la Jérusalem chrétienne, l'église du Temple, la tour de David et le Saint-Sépulcre ; sur la face, à droite, le prince dans un costume analogue à celui des princes byzantins. (Archives nationales.)

Templier en costume d'intérieur ; il porte la croix sur son manteau (d'après Helyot).

dans la décoration des étoffes ornées à la manière arabe de motifs géométriques, d'animaux traités conventionnellement, de rinceaux, de bordures de feuillage. Dans le costume militaire, l'équipement resta romain, mais l'introduction de soldats occidentaux

### Édifices élevés par les Croisés en Terre sainte.

Vue du Saint-Sépulcre, portail sud (état actuel). (D'après de Vogüé.) — Cette église fut construite par les croisés sur l'emplacement vénéré par les chrétiens comme ayant servi de sépulture au Christ. Aucun changement important ne fut apporté à ces édifices jusqu'en 1808 ; mais à cette date, un incendie ravagea l'église qui fut maladroitement réparée par les Grecs.

dans les armées byzantines répandit l'usage de la cotte de mailles et du casque à nasal.

**L'art byzantin.** — La tradition antique, la religion chrétienne, l'influence de l'Orient contribuèrent ainsi à la formation à Byzance d'une civilisation nouvelle, la plus brillante peut-être du moyen âge. Ce serait dans son art, qui se développe particulièrement du septième au treizième siècle, qu'il faudrait en chercher les plus éclatants témoignages. L'emploi définitif de la coupole surélevée sur un tambour cylindrique acheva de donner à l'architecture religieuse de Byzance son caractère original. Des écoles de peintres se formèrent, qui nous ont laissé des spécimens intéressants, quelquefois vraiment beaux, de leur talent de miniaturistes ; nous savons par les descriptions d'auteurs quel heureux usage les artistes byzantins faisaient de la mosaïque ; enfin, les nombreux objets épars dans nos musées et dans les trésors de nos cathédrales, plaques d'ivoire, coffrets habilement ciselés, autels, reliquaires, portes de bronze, fragments d'étoffes précieuses, nous sont un sûr garant de la richesse, de l'élégance et souvent aussi de la pureté de l'art byzantin.

**Les Sarrasins.** — De l'autre côté du Bosphore, déjà trop rapprochés de Byzance, étaient les petits États sarrasins. La vie des seigneurs arabes n'était pas fort différente de celle des barons d'Occident ; ils avaient en commun avec les seigneurs francs le goût de la chasse, les passes d'armes, l'habitude de guerroyer à tout propos, les sentiments chevaleresques. Ils différaient surtout des chrétiens par leur équipement ; montés sur des chevaux rapides, ils combattaient avec des armes légères, le sabre à lame mince, la lance en bois de roseau, l'arc de bois léger, le bouclier de bois, la cotte de mailles et la casaque rembourrée.

**Les Croisades.** — Les premières expéditions des croisés, ainsi nommés de la croix qu'ils portaient cousue sur leurs habits, ne furent guère composées que d'une immense cohue de prêtres, de vilains et de seigneurs ;

## Édifices élevés par les Croisés en Terre sainte.

Tour de David, à Jérusalem. Cette tour, déjà signalée par l'historien Josèphe au premier siècle de l'ère chrétienne, était considérée par les chrétiens comme le point le mieux fortifié de la ville. (D'après Guérin.)

Monnaie d'Amaury I<sup>er</sup>, roi de Jérusalem (1162-1173), avec le Saint-Sépulcre figuré sur le revers.

Monnaie des chrétiens de Palestine, avec au revers la tour de David.

Constructions à Tripoli (Syrie) remontant à l'époque des Croisades. (D'après Lortet, *Tour du Monde*.)

ces derniers à cheval ou en litière au milieu des lourds chariots qui traînaient leurs bagages. Frédéric Barberousse, le premier, ne voulut avoir dans son armée que des gens de guerre. On avait jusqu'alors suivi la voie de terre; à partir de la fin du douzième siècle, la voie de mer fut préférée. Déjà depuis longtemps c'était elle qu'empruntaient les marchands et les pèlerins. Les départs avaient lieu dans les ports italiens et du sud de la France, à Pâques et à la Saint-Jean. On longeait la côte italienne jusqu'au détroit de Messine, que l'on franchissait pour gagner la mer Ionienne; et par Candie, Rhodes et Chypre, on gagnait Acre, le grand port de débarquement en Palestine.

**Les seigneurs en Palestine.** — Les chevaliers qui demeurèrent en Palestine furent

Entrée de l'abbaye de Sainte-Marie-la-Grande, couvent de femmes dépendant de l'ordre de l'Hôpital, à Jérusalem (état actuel). (D'après de Vogüé.)

presque tous des Français; ils devinrent les possesseurs du sol qu'ils firent cultiver par les populations indigènes. Ceux qui voulurent se consacrer plus activement au service de Dieu entrèrent dans les ordres militaires qui se formèrent alors, les Hospitaliers de Saint-Jean de Jérusalem, les Templiers, ou dans l'Ordre Teutonique. Le caractère moitié religieux, moitié militaire de ces congrégations apparaissait dans quelques détails de leur costume : leurs membres portaient l'armure des chevaliers, et par-dessus un manteau noir avec croix blanche pour les Hospitaliers, blanc avec croix rouge pour les Templiers, blanc avec croix noire pour les Chevaliers Teutoniques.

**Les bourgeois.** — Les marchands, qui formèrent la bourgeoisie, étaient presque tous

## Forteresses élevées par les croisés en Terre sainte.

Vue du Krak des Chevaliers, restauré (d'après Rey). — On donne le nom de Krak, qui signifie probablement en syrien « forteresse », à une importante place de guerre construite au début du XIIe siècle par les chevaliers de l'Hôpital, sur une hauteur dominant le col qui réunit la vallée de l'Oronte avec le bassin de la Méditerranée. Cette forteresse fut prise aux chrétiens par le sultan d'Égypte Bybars, en 1271.

Vue du Krak des Chevaliers (état actuel).

Ruines d'un autre château des Hospitaliers, à Markab (Syrie).

originaires de Gênes, de Venise et de Pise. Ils avaient pris une part active à la conquête, leurs flottes ravitaillant les croisés ou bloquant les ports. En récompense de leurs services, les princes leur donnèrent des territoires considérables dans les villes, dont ils formèrent de petites républiques administrées par des fonctionnaires envoyés de la mère patrie; on y trouvait le bailliage, résidence du gouverneur, siège de l'administration et du tribunal, des églises, de vastes entrepôts servant aussi de magasins de vente, des moulins, des fermes, des abattoirs, des bains, enfin les maisons d'habitation.

## Les Sarrasins.

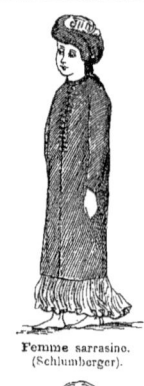

Sarrasin (Schlumberger).

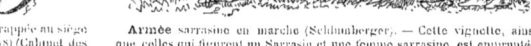

Femme sarrasine. (Schlumberger).

Monnaie frappée au siège de Damas (1148) (Cabinet des médailles).

Armée sarrasine en marche (Schlumberger). — Cette vignette, ainsi que celles qui figurent un Sarrasin et une femme sarrasine, est empruntée à un manuscrit arabe du XIII° siècle.

Autre monnaie frappée au siège de Damas (1148) (Cabinet des médailles).

**Les villes.** — Par suite des razzias continuelles des cavaliers musulmans, les chrétiens s'établirent dans les villes fortes de la côte ou dans de puissants châteaux forts sur les montagnes de l'intérieur. Les villes formaient un ensemble de rues étroites, aux maisons serrées les unes contre les autres, munies de tours à l'italienne et reliées par des voûtes jetées en travers de la rue, pour assurer la fraîcheur et prévenir les ravages des tremblements de terre. La capitale, Jérusalem, était une fort petite cité. Sauf l'église du Saint-Sépulcre, il ne reste pas grand'chose aujourd'hui des monuments que les Latins élevèrent dans la ville.

**La vie privée.** — Les chrétiens établis en Palestine empruntèrent aux Syriens une grande partie de leurs usages. Beaucoup d'entre eux épousèrent des femmes indigènes et leurs enfants, les *poulains*, vécurent de plus en plus à l'orientale, renfermant leurs femmes et leurs filles et ne les laissant sortir que voilées. Comme les musulmans, ils décorèrent leurs demeures de marbres précieux et de mosaïques; ils adoptèrent les vêtements à l'orientale, parfois même le turban, la longue tunique arabe et les souliers à pointe recourbée.

**Prospérité de la Palestine.** — L'existence était douce dans ce riche pays, centre d'une industrie et d'un commerce fort actifs. L'agriculture était florissante grâce à l'admirable fertilité du sol, accrue encore par un habile système d'irrigation; les jardins, surtout aux environs de Tyr et de Tripoli, présentaient en abondance orangers, figuiers, citronniers, amandiers, oliviers et cannes à sucre. Les vignobles du Liban étaient renommés. La production du coton et de la soie était abondante; Antioche, Tyr, Tripoli fabriquaient de célèbres étoffes de soie que l'on teignait avec l'indigo du Jourdain, la garance de Damas et la pourpre de Tyr; il y avait encore dans les villes des fabriques de poteries fines et de verrerie. Enfin la Syrie était sur le passage des caravanes musulmanes qui se rendaient en Égypte, et ses ports recevaient en grande quantité les produits asiatiques, qui étaient ensuite exportés en Occident. Cette prospérité dura deux siècles; mais, par leur indiscipline et leurs discordes, les chevaliers chrétiens perdirent ces admirables contrées, et depuis ce jour ces antiques cités, retombées sous la placide domination musulmane, n'ont plus connu la fiévreuse activité des grands ports de commerce.

*Janvier.* — **Janus à table regarde l'année qui commence et l'année qui finit.**

*Février.* — **Un vieillard près du feu.**

*Mars.* — **Les travaux de la vigne.**

*Avril.* — **La chasse au faucon.**

Médaillons symbolisant les mois, empruntés au soubassement d'une porte de la cathédrale d'Amiens (XIIIᵉ siècle).

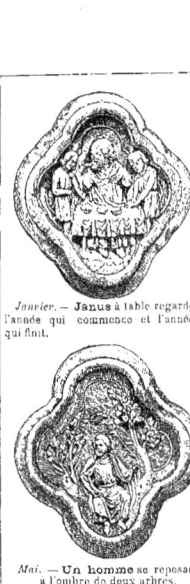
*Mai.* — **Un homme se reposant à l'ombre de deux arbres.**

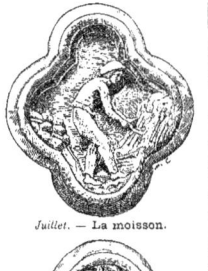
*Juillet.* — **La moisson.**

*Septembre.* — **La récolte des fruits.**

*Juin.* — **La fenaison.**

*Août.* — **Le battage des grains.**

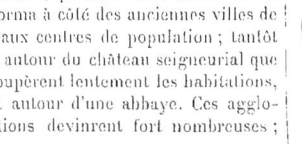
*Octobre.* — **Le foulage des raisins.**

# CHAPITRE XIII

## Les Villes et les Campagnes.

**Les villes jusqu'au XIᵉ siècle.** — Les Barbares n'aimaient pas le séjour des villes; aussi les cités romaines, cette riche parure de l'Empire, subirent-elles à partir du IVᵉ siècle une rapide et profonde décadence. Quelques-unes disparurent; d'autres, mises au pillage par les bandes barbares, furent longues à se remettre des maux soufferts; toutes se resserrèrent et se dépeuplèrent. Mais pendant le long travail de réorganisation de la société européenne, qui dura du Vᵉ au XIᵉ siècle, il se forma à côté des anciennes villes de nouveaux centres de population; tantôt ce fut autour du château seigneurial que se groupèrent lentement les habitations, tantôt autour d'une abbaye. Ces agglomérations devinrent fort nombreuses;

*Novembre.* **Les semailles.**

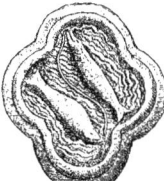
*Signe du Zodiaque.* **Les Poissons.**

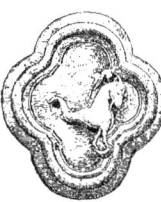
*Signe du Zodiaque.* **Le Capricorne.**

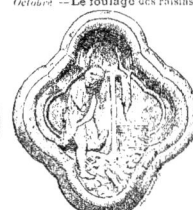
*Décembre.* — **La salaison des viandes.**

## Costumes.

Homme du peuple au travail (XIIe siècle), restitué par Viollet-Le-Duc, d'après le manuscrit de Herrade de Landsberg.

Homme du peuple au travail (fin du XIe siècle), d'après les peintures de l'église de Saint-Savin.

Homme du peuple (début du XIIe siècle), restitué par Viollet-Le-Duc, d'après un manuscrit de la bibliothèque de Tours.

Homme du peuple (fin du XIe siècle), d'après les peintures de l'église de Saint-Savin.

Homme du peuple (milieu du XIIIe siècle), restitué par Viollet-Le-Duc, d'après un manuscrit de la Bibliothèque nationale.

Bourgeois (XIIe siècle), d'après un bas-relief de la cathédrale de Reims.

Bourgeois (fin du XIIIe siècle), restitué par Viollet-Le-Duc, d'après un manuscrit de la Bibliothèque nationale.

mais jusqu'au XIe siècle, les plus importantes de ces villes n'eurent guère que quelques milliers d'habitants. Seules, les villes du midi de l'Europe conservèrent quelque importance. La plupart de nos villes actuelles ne furent ainsi à l'origine que de grosses bourgades poussant au hasard leurs ruelles étroites et sales au pied du donjon seigneurial ou bien autour du clocher de l'abbaye. Au XIIe et au XIIIe siècle, un autre type de ville prit naissance dans des conditions différentes : ce furent les *villes neuves* créées en grand nombre par les rois de France et d'Angleterre ou par de puissants seigneurs, comme les comtes de Champagne ; elles furent édifiées sur un plan régulier, en forme de rectangle, le plus souvent munies d'une solide muraille, partagées par des rues tirées au cordeau, se coupant à angle droit. Les principales voies allaient des portes fortifiées de l'enceinte à de petites places où l'on avait placé, ici les halles, là l'église avec son cimetière.

**La commune.** — A partir du XIe siècle, grâce au progrès de l'industrie et du commerce, les villes commencèrent à retrouver leur importance dans la société. Beaucoup d'entre elles devinrent alors assez riches pour conquérir ou acheter de leurs seigneurs, qu'ils fussent

## Les villes : aspect général ; habitations.

Vue générale de la cité de Carcassonne (d'après une photographie). — Cette ville a jusqu'aujourd'hui conservé son enceinte reconstruite en majeure partie au XIIIᵉ siècle par saint Louis.

Maison à Caussade (Tarn-et-Garonne) du milieu du XIIIᵉ siècle (Viollet-Le-Duc).

Maison bourguignonne restituée (XIIIᵉ siècle) par Viollet-Le-Duc, d'après différents types de la région.

Maison du XIIIᵉ siècle à Provins (Seine-et-Marne) (Viollet-Le-Duc).

Maison du XIIIᵉ siècle à Saint-Antonin (Tarn-et-Garonne), restaurée (Viollet-Le-Duc).

laïques ou ecclésiastiques, le droit de s'administrer elles-mêmes ; elles formèrent ainsi de petites républiques qui prirent le nom de *communes*. Les signes matériels les plus caractéristiques de l'indépendance communale furent la *charte*, le *sceau* et le *beffroi*. Le précieux rouleau de parchemin où étaient tracés d'une belle écriture régulière les droits de la cité, était conservé dans un coffret renfermé dans le beffroi. Chaque ville avait un sceau, dont la garde était confiée au maire de la ville; on voit souvent figuré sur ces petits objets le maire, en costume de guerrier, debout, tenant l'épée et le bouclier, revêtu de la cotte de mailles et du casque à nasal; quelquefois le maire est représenté en costume civil et tête nue; souvent aussi le sceau donne une image réduite de la ville, de son enceinte ou de ses monuments. Parfois encore, on y a placé, comme sur les sceaux seigneuriaux, un cavalier armé de toutes pièces et galopant.

**Le beffroi.** — Le beffroi était en général une tour carrée élevée sur une des places de la ville ; il était surmonté d'un comble de charpente recouvert d'un toit de plomb ou d'ardoise. C'était là qu'étaient suspendues les cloches de la commune. Au-dessous du toit régnait une galerie percée de fenêtres ; là se tenaient jour et nuit des guetteurs, chargés de sonner pour indiquer les heures, le couvre-feu, appeler les bourgeois à l'assemblée ou au tribunal, prévenir la cité d'un danger quelconque, d'un incendie ou de l'approche d'un parti ennemi. Le beffroi était le lieu de réunion des magis-

## Les sceaux communaux.

Sceau de la commune de Soissons (1248). Un homme d'armes entouré de figures qui représentent probablement les échevins.

Sceau de la commune de Strasbourg (XIIIe siècle). La Vierge et l'Enfant Jésus sous un portique; derrière, une église; on aperçoit plus loin l'enceinte de la cité.

Sceau de la commune d'Abbeville (1187). Un homme d'armes à cheval tenant le bouclier et l'épée.

Sceau de la commune de Rouen (1262), figurant un lion.

Sceau de la commune de Meulan (1245). Têtes figurant probablement les magistrats municipaux de la commune.

Sceau de la commune de Dijon (XIIIe siècle). Au centre, un homme à cheval; en bordure, portraits des magistrats de la cité.

Sceau de la commune de Namur (1264). L'enceinte est surmontée de sa bannière.

Sceau de la commune de Maubeuge (XIe siècle) figurant un feuillage.

Sceau de la commune de Dunkerque (1244), figurant un poisson.

Sceau de la commune de Noyon (1239). Un homme d'armes à mi-corps au-dessus d'une enceinte, tenant la bannière de la cité.

Sceau de la corporation des marchands de l'eau de Paris (XIIIe siècle).

Sceau de la commune de Pontoise (1228). Le pont; derrière le pont, la cité.

trats municipaux; on y trouvait aussi des salles servant de dépôts d'archives, de magasins d'armes ou quelquefois de prisons.

**Aspect des villes au XIIIe siècle.** — A partir du XIIe siècle, les villes s'agrandirent et s'embellirent. Les plus riches se munirent d'enceintes fortifiées, en avant desquelles se développèrent des faubourgs; quelquefois la ville était partagée en quartiers limités par des enceintes secondaires avec portes que l'on fermait après le couvre-feu. Des services de voirie s'organisèrent; dès la fin du XIIe siècle, Paris, Reims étaient pavés; dans les rues, on assurait l'écoulement des eaux soit par de profondes rigoles, soit par de véritables égouts. Les bourgeois riches se firent construire d'élégantes habitations; les artisans et les marchands perçèrent leurs demeures de larges arcades où ils mettaient en vente les produits de leur industrie ou leurs marchandises. Ils se groupaient par métiers; chaque métier, chaque commerce ayant sa rue. Combien de nos villes présentent encore aujourd'hui un souvenir de ces groupements

## Les monuments.

Hôtel de ville et beffroi de la ville d'Ypres (Belgique), construits au XIIIᵉ siècle, de 1202 à 1304 (d'après une photographie). — Ce monument est appelé halle aux draps depuis que, par suite de la construction au XVIIᵉ siècle d'un nouvel hôtel de ville, il est devenu un marché.

Pont de Valentré à Cahors, construit dans la seconde moitié du XIIIᵉ siècle. (Restitution de M. Paul Gout.) — Ce pont, fortifié par trois tours, « se reliait aux murailles de la ville, commandait le cours du Lot et battait les collines qui sont situées sur la rive opposée » (Viollet-Le-Duc). 1. Entrée ; 2. Vue d'ensemble ; 3. Une des piles.

dans les noms de leurs rues, de leurs places ou de leurs quais : quai des Orfèvres, place de la Boucherie, rue de la Grande et de la Petite-Tannerie, rue de la Poissonnerie, étape au Vin, place du Change, etc. Les rues, en général étroites, rencontraient souvent les murailles de couvents ou d'hôpitaux pourvus de vastes jardins, dont la verdure se détachait clairement au milieu de toits pointus couverts d'ardoises grisâtres ; au-dessus des maisons accrochées à leurs flancs s'élevaient les églises et les chapelles construites en si grand nombre au XIIIᵉ siècle. A la fin de ce siècle, telle ville, comme Provins, présentait dans l'enceinte étroite de ses murailles vingt édifices religieux. Dans l'intérieur même des

## Les monuments.

Mendiant, fin du XIIIᵉ siècle (d'après un manuscrit de la Bibliothèque nationale).

Vue intérieure de la grande salle de l'Hôtel-Dieu à Angers, construit au XIIᵉ siècle. Quatre rangées de lits peuvent facilement y trouver place. (D'après Gailhabaud).

Lépreux tenant en main la cliquette avec laquelle ces malheureux étaient tenus de signaler de loin leur présence; d'après un vitrail de la cathédrale de Bourges (XIIIᵉ siècle).

Croix de cimetière à Mézy (Marne), restituée par Viollet-Le-Duc d'après les débris qui en subsistent (XIIIᵉ siècle).

Fontaine de route (XIVᵉ siècle), le long du Clain, près de Poitiers (Viollet-Le-Duc).

Gibet de Montfaucon, restitué d'après d'anciens dessins par Viollet-Le-Duc.

Fontaine de place à Provins (XIIIᵉ siècle) (Viollet-Le-Duc).

Lanterne des morts à Ciron (Indre) (XIIᵉ siècle) (Viollet-Le-Duc).

cités, quelques-unes des églises étaient entourées de cimetières garnis sur les côtés de galeries servant de charniers. Les édifices civils étaient rares; à part le beffroi, l'on ne trouvait guère que les halles formées d'un toit porté sur des piliers de bois et ouvertes de tous côtés. Nos grandes cités, au moins dans le Nord, n'eurent d'hôtel de ville qu'à partir du XVᵉ siècle. Au XIIIᵉ siècle, dans les villes un peu importantes, les rues étaient fort animées. « Les rues marchandes avec leurs boutiques ouvertes et leurs étalages avancés sur les voies publiques ressemblaient à des bazars. La rue devenait comme la propriété du marchand, et les piétons avaient peine à se faire jour pendant les heures de vente; quant aux chevaux et aux chariots, ils devaient renoncer à circuler au milieu de rues étroites, encombrées d'étalages et d'acheteurs. Pendant les heures de repas, les transactions

LES VILLES ET LES CAMPAGNES 153

## Monuments, habitations.

Façade d'une maison (début du XIIᵉ siècle), restituée par Viollet-Le-Duc d'après des documents recueillis particulièrement en Bourgogne, dans le Nivernais et la haute Champagne.

Monnaie d'Orléans (XIᵉ siècle).

Monnaie de Péronne (XIIIᵉ siècle).

Monnaie de Melun (XIIᵉ siècle).

Vue d'une boutique à Paris (XIIIᵉ siècle), restituée par Viollet-Le-Duc d'après d'anciens dessins.

Monnaie de Compiègne (XIIᵉ siècle).

Monnaie de Lille (XIIIᵉ siècle).

La Grange aux Dîmes, à Provins (XIIIᵉ siècle), restaurée d'après Gailhabaud. — Cette vaste construction, qui existe encore aujourd'hui en partie, servait probablement d'entrepôt aux denrées venues du midi de la France. Son nom provient de la destination que lui donnèrent avant 1789 les chanoines de l'église Saint-Quiriace, devenus ses acquéreurs, qui y renfermaient les produits de leurs dîmes.

Monnaie de Poissy (XIIᵉ siècle).

Monnaie de Paris (XIIᵉ siècle).

Place de Monpazier (Dordogne), XIIIᵉ siècle, remarquable par la disposition régulière des bâtiments en carré autour de la place. (Viollet-Le-Duc.)

Ferme de la Grange-Meslay, près Tours, construite au XIIIᵉ siècle. (D'après Verdier et Cattois.)

ALBUM HISTORIQUE. 20

## Les métiers.

Pelletiers (Bourges).

Marchands drapiers (Chartres).

Pelletiers (Bourges).

Ciseaux (XIIIᵉ siècle). — Cet outil ainsi que les deux autres ont été restitués par Viollet-Le-Duc d'après des miniatures ou des débris trouvés dans des fouilles.

Ciseaux pour tendre le drap (XIIIᵉ siècle).

Pelletiers (Bourges).

Marchands de fourrures (Chartres).

Charpentier, restitué par Viollet-Le-Duc d'après un ancien dessin d'une tapisserie du XIIIᵉ siècle, aujourd'hui disparue.

Marchands drapiers, d'après un bas-relief de la cathédrale de Reims (XIIIᵉ siècle).

Ciseaux (Xᵉ siècle).

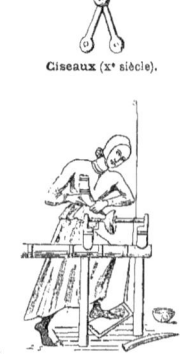
Tourneur, d'après un manuscrit de la Bibliothèque nationale (XIIIᵉ siècle).

Vente de pelleteries (Bourges).

Changeurs (Chartres).

Ces représentations de métiers, comme celles de la page 156, sont empruntées pour la plupart aux vitraux des cathédrales de Chartres et de Bourges (XIIᵉ et XIIIᵉ siècles); ces groupes sont presque tous, dans les vitraux d'où ils sont tirés, placés au bas de la verrière et figurent les corporations qui ont fait don à l'église de ces vitraux.

Vente de pelleteries (Bourges).

### Une foire au XIII° siècle.

Une foire en Champagne au treizième siècle. — Au centre de la composition, un bourgeois et sa femme reviennent de faire leurs emplettes ; à droite, devant une boutique, des marchands de drap et leurs clients ; un commis à genoux déballe des draps, un autre va porter des ballots ; à gauche, un mendiant ; un autre étalage de drapier ; un groupe de gens faisant peser leur monnaie par un changeur ; en arrière, au second plan, un seigneur et ses gens traversent la foule ; à gauche, une parade de saltimbanques ; à droite, d'autres boutiques ; en arrière, les bâtiments de la place ; maisons, église, etc. (Restitution).

étaient suspendues, bon nombre de boutiques se fermaient. Lorsque le couvre-feu sonnait et les jours fériés, les rues devenaient silencieuses et presque désertes. » (Viollet-Le-Duc.)

**L'industrie.** — La renaissance du commerce et de l'industrie qui se produisit à partir du XI° siècle amena dans les villes une remarquable prospérité. Ni l'industrie, ni le commerce ne se pratiquaient alors comme aujourd'hui ; il n'y avait alors ni grandes usines où s'entassent les ouvriers, ni vastes magasins où s'amoncellent les marchandises de tout genre. Chaque patron travaillait dans sa maison avec quelques ouvriers et apprentis. Ces usages commandaient le plan des habitations d'artisans ou de marchands. Suivant Viollet-Le-Duc, le rez-de-chaussée de ces demeures se composait d'une salle s'ouvrant sur la rue par un grand arc prenant toute la largeur de la pièce, avec un mur d'appui pour poser les marchandises ; puis d'un arrière-magasin (ouvroir). Les ouvriers travaillaient soit dans l'ouvroir, soit dans la boutique elle-même.

**Le commerce.** — Pour commercer avec l'étranger, des associations se formèrent et c'était par groupes que les négociants se rendaient d'un pays dans un autre, trop souvent contraints de défendre par les armes la longue file de mulets ou de chariots chargés de marchandises contre les attaques d'une bande de brigands ou même contre les gens de quelque seigneur rapace. Sur mer, les gros vaisseaux ronds à deux ou trois ponts, à deux mâts, à six voiles, munis de châteaux défensifs, naviguaient également de conserve pour opposer une résistance plus efficace aux pirates. Au XIII° siècle, les routes furent plus sûres et entretenues, et dès le XII° siècle, des

156 ALBUM HISTORIQUE

## Les métiers.

Charcutiers (Bourges).

Taillandiers (Chartres).

Bouchers (Chartres).

Maçons, d'après un manuscrit du treizième siècle. (D'après Green.)

Sceau de Douvres (XIIIe siècle). Face : un navire.

Sceau de Douvres. Revers : saint Martin.

Monnayeurs (Le Mans).

Charpentiers (Chartres). Un navire (Chartres). Navire marchand (d'après une mosaïque de Saint-Marc de Venise). Tonneliers et charrons (Chartres).

Maçons, tailleurs de pierre et sculpteurs ou imagiers (Chartres). Drapiers (Chartres). Cordiers (Chartres).

Boulangers (Bourges). Maçons (Bourges). Cuisiniers (Bourges). Cuisiniers (Chartres).

Vanniers (Chartres). Maréchal ferrant (Chartres). Vignerons (Chartres).

## LES VILLES ET LES CAMPAGNES

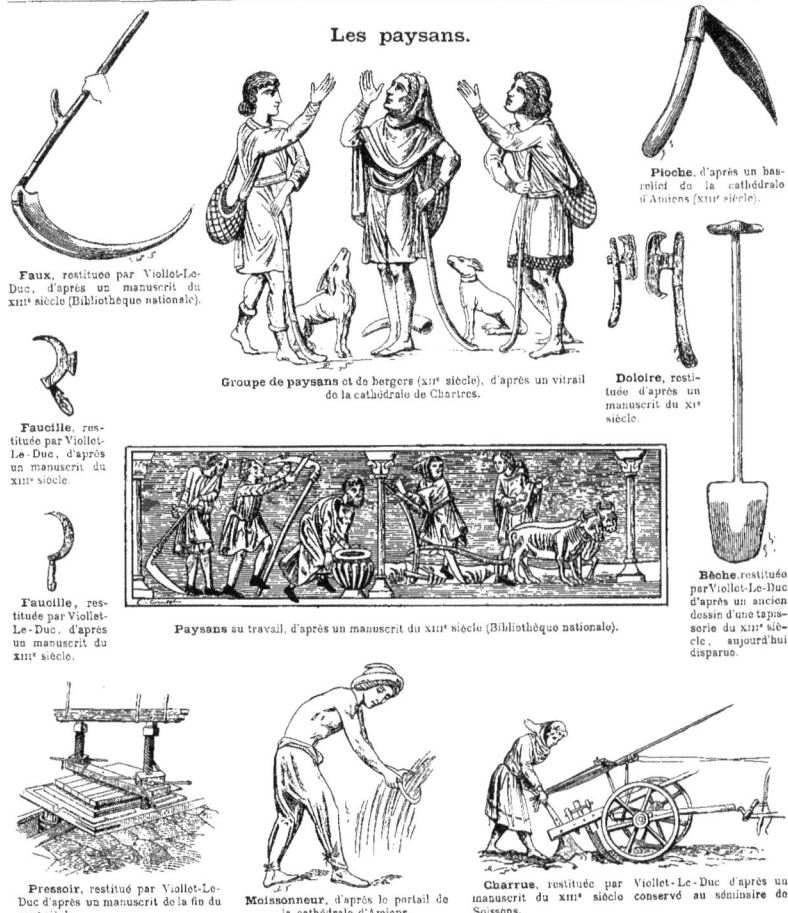

Les paysans.

Faux, restituée par Viollet-Le-Duc, d'après un manuscrit du XIII° siècle (Bibliothèque nationale).

Pioche, d'après un bas-relief de la cathédrale d'Amiens (XIII° siècle).

Groupe de paysans et de bergers (XIII° siècle), d'après un vitrail de la cathédrale de Chartres.

Doloire, restituée d'après un manuscrit du XI° siècle.

Faucille, restituée par Viollet-Le-Duc, d'après un manuscrit du XIII° siècle.

Faucille, restituée par Viollet-Le-Duc, d'après un manuscrit du XIII° siècle.

Paysans au travail, d'après un manuscrit du XIII° siècle (Bibliothèque nationale).

Bêche, restituée par Viollet-Le-Duc d'après un ancien dessin d'une tapisserie du XIII° siècle, aujourd'hui disparue.

Pressoir, restitué par Viollet-Le-Duc d'après un manuscrit de la fin du XIII° siècle.

Moissonneur, d'après le portail de la cathédrale d'Amiens.

Charrue, restituée par Viollet-Le-Duc d'après un manuscrit du XIII° siècle conservé au séminaire de Soissons.

confréries demi-laïques, demi-religieuses se donnèrent pour mission de construire des ponts sur les fleuves; c'est ainsi que furent édifiés les ponts d'Avignon et de Pont-Saint-Esprit.

**Les foires.** — Les lieux de transaction étaient les marchés et les foires. Les plus célèbres étaient pour la France celles du Lendit, près de Paris, de Beaucaire et de Champagne. Celles-ci avaient lieu à Provins, à Bar-sur-Aube, à Troyes, et duraient plusieurs semaines. Elles avaient lieu tantôt en pleine campagne, sous des tentes; tantôt dans des lieux fermés de murs où les boutiques des marchands, construites en bois, formaient des quartiers, des rues et des places. Quelquefois, le déballage se faisait dans les rues et sur les places de la ville, et la cité se transformait elle-même en un vaste bazar. Dans chaque ville plusieurs foires se tenaient successivement; on commençait par les draps, on continuait

## Constructions rurales.

Maison normande.

Maison languedocienne.

Maison à Rougemont (Yonne) (XIIIe siècle).

Manoir à Saint-Médard-en-Jalle (Gironde) (XIIIe siècle).

Maison du Morvan.

Moulin à eau à Bayas (Gironde) (XIVe siècle).

Ces bâtiments ont été restitués par Viollet-Le-Duc, soit d'après des bâtiments encore existants de nos jours, soit d'après les récits des auteurs et les traditions encore suivies dans la construction des maisons de nos villages.

par les cuirs de cordouan, les pelleteries et par les épices, etc. ; pendant toute la durée de chaque foire se poursuivait la vente des chevaux et des bestiaux. Acheteurs et vendeurs venus pour affaires trouvaient aussi de quoi se divertir à ces réunions ; à côté des loges des marchands se dressaient les tréteaux des baladins, montreurs de chiens savants ou d'animaux féroces, saltimbanques, acrobates, etc. ; sur les places, les trouvères réunissaient autour d'eux les amateurs de chansons de geste ou de joyeux fabliaux ; et dans ces foules grisées d'elles-mêmes, échauffées par le vin, la présence des sergents d'armes du comte n'était pas inutile pour mettre un terme aux querelles de hardis compagnons prompts à jouer de la langue et du bâton.

**Les paysans.** — Le XIIIe siècle fut une époque heureuse pour les campagnes. Les villages étaient nombreux, les uns nés des anciennes villas mérovingiennes ou carolingiennes, les autres formés autour d'un sanctuaire, d'un oratoire, ou auprès des bâtiments d'exploitation d'un monastère. Beaucoup au XIIIe siècle furent conquis sur les forêts qui couvraient encore une partie considérable du territoire français. Nous avons peu de renseignements sur la vie, les habitations, le mobilier des paysans à cette date ; nous connaissons mieux les grands bâtiments d'exploitation des maisons religieuses, dont quelques-uns subsistent encore ; ces fermes étaient des agglomérations de bâtiments séparés les uns des autres, défendus par des fossés, des murs de clôture avec échauguettes, des portes flanquées de tourelles. Les cultures étaient à peu près les mêmes que de nos jours ; quelques-unes, comme celles des plantes oléagineuses et tinctoriales, étaient plus répandues ; le bétail était nombreux. Quant aux instruments et aux procédés de la culture, ce n'est guère que de nos jours qu'ils se sont modifiés et perfectionnés.

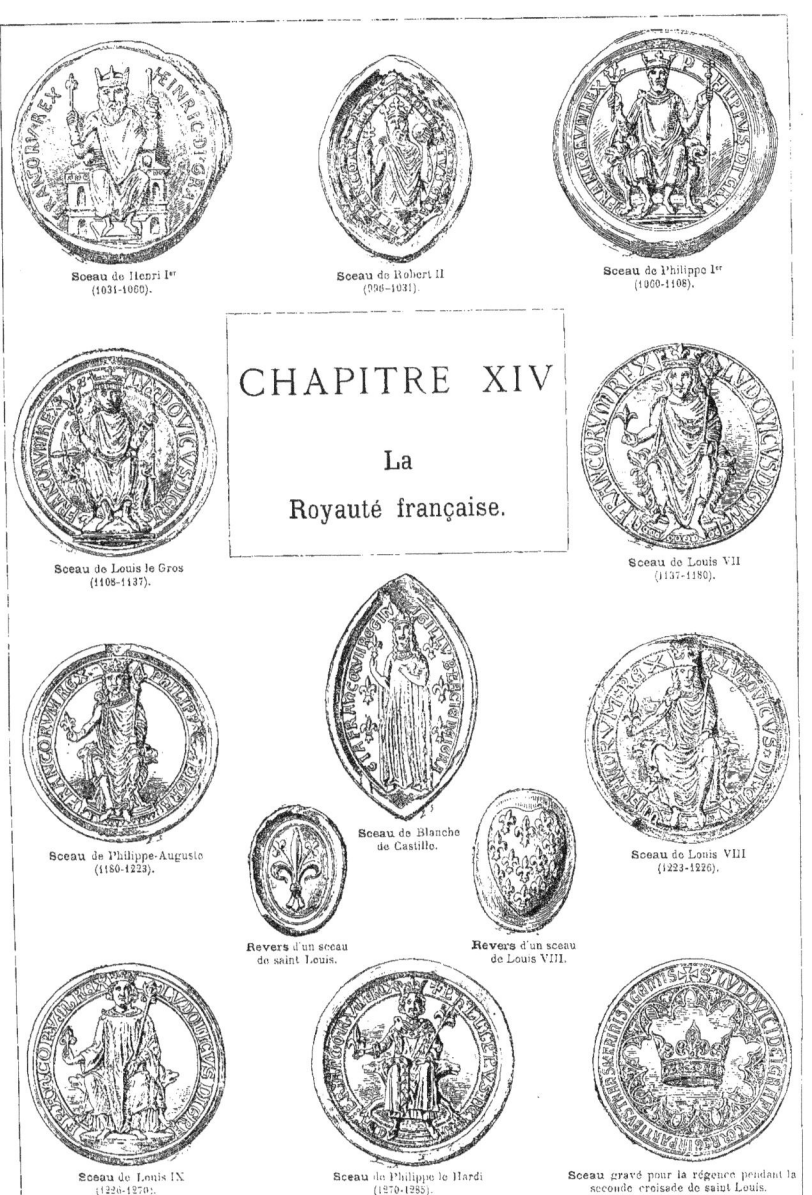

# CHAPITRE XIV

## La Royauté française.

Sceaux des rois de France reproduits d'après les originaux conservés aux Archives nationales.

## Costumes royaux.

Roi en costume de cérémonie (début du XIᵉ siècle), restitué par Viollet-Le-Duc d'après un manuscrit de la Bibliothèque nationale.

La Sainte Vierge dans le costume d'une reine du XIIᵉ siècle, d'après un vitrail de la cathédrale de Chartres.

Trône royal au XIᵉ siècle, restitué par Viollet-Le-Duc d'après un ivoire du XIᵉ siècle.

Un roi au XIIᵉ siècle, restitué par Viollet-Le-Duc d'après un manuscrit de la Bibliothèque nationale.

Sacre d'un roi au XIIIᵉ siècle, d'après une miniature d'un manuscrit conservé à la Bibliothèque de l'Université de Cambridge. (Green.)

Un roi au XIIIᵉ siècle, d'après une des statues funéraires conservées à l'église de Saint-Denis.

**Les rois de France.** — Les rois de France, à peine supérieurs à l'origine aux seigneurs dont les domaines entouraient les leurs, ne cessèrent, du Xᵉ au XIIIᵉ siècle, d'accroître leur autorité et parvinrent à établir, au-dessus des suzerainetés féodales, la royauté française. Mais, si par l'étendue de leur puissance ils s'élèvent au-dessus des autres princes, ils leur restent semblables par les mœurs et les coutumes; il ne semble point qu'ils aient un cérémonial, une étiquette qui leur soient propres, et dans l'ensemble, la cour d'un roi de France ne diffère guère de celle d'un comte de Champagne ou d'Aquitaine. Quelques détails dans le costume, la forme du trône, celle du sceptre, les représentations gravées sur les sceaux, l'oriflamme, voilà la plupart des marques caractéristiques de l'autorité royale, et par-dessus tout, l'usage d'oindre et de couronner le roi dans la cérémonie religieuse du sacre.

## Costumes de rois et de princes au XIIIe siècle.

Saint Louis, d'après une miniature conservée aux Archives nationales (XIIIe siècle).

Denier d'or de Louis IX (1226-1270). (Cabinet des médailles.)

Buste de saint Louis. Ce reliquaire, fabriqué sous Philippe le Bel et longtemps conservé à la Sainte-Chapelle, fut détruit sous la Révolution ; il n'en reste aujourd'hui que des dessins.

Monnaie d'argent de Louis IX (1226-1270). (Cabinet des médailles.)

Saint Louis, d'après une statuette du XIIIe siècle ayant fait partie de l'ancien retable de la Sainte-Chapelle (Musée de Cluny).

Charles d'Anjou, frère de saint Louis (1220-1285), portant la couronne comme roi des Deux-Siciles, d'après la statue placée sur son tombeau à Saint-Denis.

Pierre, comte d'Alençon, fils de saint Louis, mort en 1283, d'après la statue placée sur son tombeau à Saint-Denis.

Boîte à miroir en ivoire du XIIIe siècle, provenant du trésor de l'abbaye royale de Saint-Denis et représentant, suivant la tradition, Blanche de Castille et saint Louis (Musée de Cluny).

Marguerite de Provence, femme de saint Louis, d'après un ancien dessin représentant une statue de cette princesse, autrefois à l'église de Poissy et aujourd'hui détruite (Gaignières).

Robert, comte de Clermont, fils de saint Louis, mort en 1317, d'après la statue placée sur son tombeau à Saint-Denis.

Monnaie d'or de Philippe III (1270-1285). (Cabinet des médailles.)

Saint Louis, d'après le tympan de la porte rouge de Notre-Dame de Paris. Le prince y est représenté à genoux aux pieds de la Vierge. Cette partie de l'édifice dut être terminée vers 1257.

Monnaie d'or de Philippe III (1270-1285). (Cabinet des médailles.)

**Le costume et les insignes royaux.** — Dans les cérémonies, les rois se distinguaient de leurs sujets par le port d'un ample manteau drapé à la mode antique en forme de chlamyde, attaché sur l'épaule gauche par une fibule. A partir de saint Louis, ce manteau eut la forme

## Insignes royaux.

Couronne royale, d'après une statue de Saint-Denis (XIIe siècle).

Fragment d'un acte de Hugues Capet (988), conservé aux Archives nationales. On remarque à droite le monogramme tenant lieu de signature du roi.

Couronne royale, d'après une statue de Saint-Denis (XIIIe siècle).

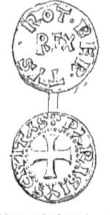

Monnaie de Robert II (996-1031). (Cabinet des médailles.)

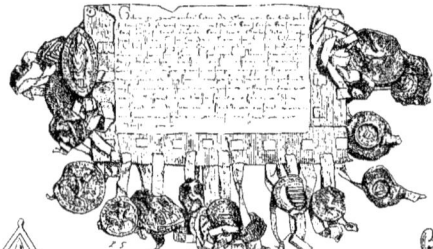

Charte de saint Louis, entourée des sceaux des seigneurs qui l'ont signée avec le roi (Archives nationales).

Monnaie de Hugues Capet (987-996). (Cabinet des médailles.)

Couronne royale, d'après une statue de Saint-Denis (XIIIe siècle).

Fragment d'une charte de Louis VI avec le sceau de ce prince (Archives nationales).

Couronne royale, d'après une statue de la cathédrale de Chartres (XIIe siècle).

Sceptre, d'après le sceau de Philippe-Auguste (XIIe siècle).

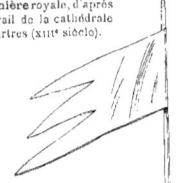

Bannière royale, d'après un vitrail de la cathédrale de Chartres (XIIIe siècle).

Monnaie de Philippe Ier (1060-1108). (Cabinet des médailles.)

Sceptre, d'après le sceau de saint Louis (XIIIe siècle).

Bannière royale, d'après un vitrail de la cathédrale de Chartres (XIIe siècle).

Oriflamme, d'après un sceau de Louis le Gros (XIIe siècle).

Couronne royale, d'après une statue de Saint-Denis (XIIIe siècle).

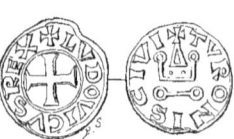

Monnaie de Louis VIII (1223-1226). (Cabinet des médailles.)

Couronne royale, d'après une statue de la cathédrale de Reims (XIIIe siècle).

## Les cérémonies; le sacre.

Un sacre au XIII<sup>e</sup> siècle. — Lorsque l'archevêque de Reims avait placé la couronne sur la tête du roi, les pairs de France, laïques et ecclésiastiques, reconduisaient le roi à l'estrade où il prenait place pour entendre la messe, en soutenant de la main la couronne royale. On voit ici représenté ce moment de la cérémonie du sacre. (Restitution.)

de la chape des ecclésiastiques; c'est aussi avec ce prince que semble avoir commencé, pour les vêtements royaux, l'usage des étoffes de couleur bleue, ornées de fleurs de lys d'or. Au sacre et dans les assemblées solennelles, les rois ont la couronne et le sceptre. Il ne reste plus aucun de ces objets et nous n'en connaissons l'aspect que par les sceaux et les statues royales placées dans nos cathédrales ou sur les tombeaux de Saint-Denis. Le trône royal est une sorte de tabouret en forme d'X dont les montants, terminés par des têtes de lion, sont formés par des pieds d'animaux. Les autres insignes du pouvoir royal étaient l'épée, les éperons d'or, la verge de justice surmontée d'une main d'ivoire. Lorsque les princes partaient pour une expédition, ils allaient prendre à Saint-Denis l'oriflamme, étendard fait d'une étoffe rouge feu, découpée en dents, attachée à une hampe dorée.

**L'hôtel du roi.** — « Ce n'est pas la coutume des princes de vivre solitaires », dit un chroniqueur allemand du XII<sup>e</sup> siècle. De bonne heure, les rois de France eurent autour d'eux un nombreux personnel; mais ce n'est qu'au XIII<sup>e</sup> siècle que leur cour semble organisée. Dès lors on désigne sous le nom d'*hôtel du roi* l'ensemble des services que comporte la maison royale : c'étaient la paneterie, l'échansonnerie, la cuisine, la fruiterie, l'écurie, la fourrière, « dont les officiers étaient chargés d'assurer le gîte et l'approvisionnement du roi et de sa cour quand ils se déplaçaient »; le service de la chambre (valets de chambre, chambellans, barbier, tailleur, etc.), le service de santé exercé en général par des clercs, celui de la chasse, le service de la garde et des armes, comprenant les huissiers d'armes chargés de garder la chambre à coucher du roi, les sergents d'armes au nombre d'une trentaine, qui constituaient la garde particulière du souverain, et un corps

## Paris au XIIIᵉ siècle.

**Vue du Louvre** de Philippe-Auguste, d'après la restitution de M. Hoffbauer. — Ce palais, qui était en même temps une forteresse, était beaucoup plus petit que le Louvre actuel : il tenait à peu près tout entier dans la grande cour du palais moderne. Il ne reste aujourd'hui de ce premier château qu'un fragment de muraille encastré dans les bâtiments du seizième siècle, des débris de la chapelle retrouvés dans des fouilles récentes et des substructions.

**Fragment de l'enceinte de Paris** sous Philippe-Auguste, d'après la restitution de M. Hoffbauer. — Sur cette partie du mur d'enceinte, dont il ne reste aujourd'hui que quelques débris, faisait saillie, entre la porte Saint-Jacques et la porte Saint-Michel, le Parloir aux Bourgeois, aujourd'hui détruit, sorte de tribunal où les bourgeois réglaient entre eux les contestations relatives au commerce et aux métiers.

**La tour de Nesle.** — Cette tour, située sur la rive gauche de la Seine, faisait face à la dernière tour du palais du Louvre du côté de l'est ; elle était reliée à celle-ci par une chaîne de fer tendue à travers la Seine et destinée, en temps de guerre, à empêcher l'entrée des navires dans Paris.

**Fragments du Louvre** de Philippe-Auguste. Vue des ruines de la chapelle (état actuel).

d'arbalétriers et d'archers qui « complétait l'escorte militaire du prince et l'accompagnait dans tous ses déplacements ». Enfin dans l'hôtel du roi figure encore le service de la chancellerie, composé de clercs à qui revient l'office de rédiger et d'expédier les actes royaux.

### Paris au XIIIᵉ siècle; le Palais.

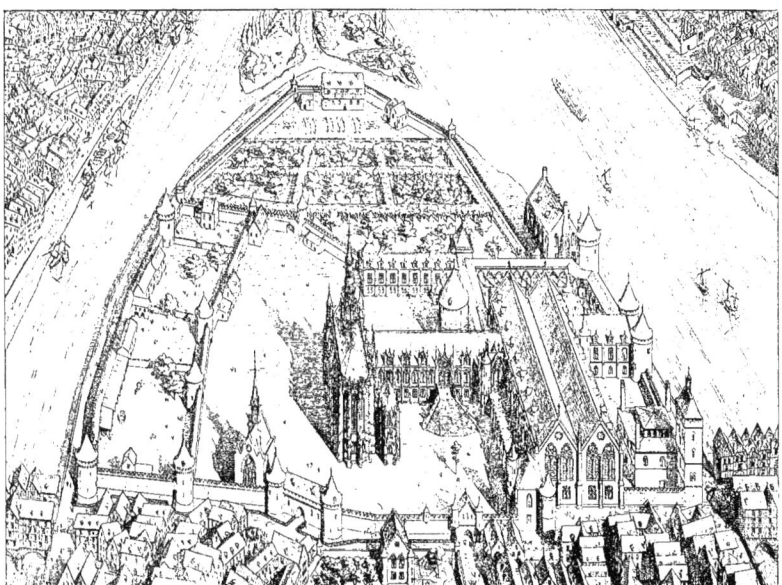

Le Palais des rois de France, dans la Cité à Paris, au début du xivᵉ siècle (restitution). — Au centre est la Sainte-Chapelle, à côté une petite chapelle « servant de sacristie et de trésor des chartes ». La Sainte-Chapelle est reliée par des galeries construites sous Philippe le Bel à la grande salle également élevée par ce prince, où le Parlement tenait ses séances; à droite de cette salle formée de deux bâtiments accolés l'un à l'autre étaient les cuisines, précédées d'une tour carrée, dite la tour de l'Horloge, qui existe encore aujourd'hui. En arrière étaient des bâtiments élevés par saint Louis, une cour entourée de portiques et des bâtiments d'habitation. Entre ces bâtiments et la galerie était un gros donjon; dans la première cour, on trouvait un grand perron donnant accès aux galeries; on appelait cette cour la cour du Mai, à cause de l'arbre ou mai qu'y plantaient au printemps les clercs de la Basoche. A la pointe de l'île sont les jardins du roi, ornés de treilles célèbres; à gauche, en revenant, des communs, et sur l'enceinte qui faisait le tout du Palais, une chapelle dite de Saint-Michel. Le Palais donnait sur la rue de la Barillerie qui communiquait avec le pont aux Changeurs qu'on voit à droite.

**La vie de cour; les cérémonies.** — La vie de cour sous les Capétiens directs est encore très simple. L'étiquette semble consister en des actes de courtoisie et de déférence envers le roi plutôt qu'en un cérémonial minutieux. Les fêtes néanmoins sont fréquentes et somptueuses, les occasions en sont nombreuses; c'est la célébration des solennités religieuses, la réunion des assemblées où le roi convoquait les grands et les prélats, l'admission dans la chevalerie des fils du roi, le mariage de ses enfants.

La plus importante de ces cérémonies était le sacre. Il avait lieu à Reims. Au xiiiᵉ siècle, lorsque le cérémonial en fut définitivement fixé, on commençait par aller chercher processionnellement la sainte ampoule à l'abbaye de Saint-Remi où elle était conservée. Puis la cérémonie commençait dans la cathédrale, où le roi avait pris place sur une estrade avec les pairs du royaume. L'archevêque faisait d'abord prêter au roi le serment de respecter les droits des églises et de mettre les hérétiques hors du royaume. Le roi allait ensuite à l'autel et y était revêtu par les pairs du costume et des insignes royaux. Alors, l'archevêque prenait une goutte du saint chrême avec une aiguille d'or et en oignait le roi au-dessus de la tête, à la poitrine, aux épaules, entre les épaules. Prenant ensuite la couronne qui avait été posée sur l'autel, l'archevêque la plaçait sur la tête du roi. Le prince retournait à sa

## Paris au XIII<sup>e</sup> siècle.

Notre-Dame et l'Évêché au début du XIII<sup>e</sup> siècle, d'après la restitution de M. Hoffbauer; à gauche, le Petit-Pont et les bâtiments de l'archevêché détruits en 1831; la cathédrale, dont le chœur et le transept sud à cette date étaient seuls terminés; derrière la cathédrale, sur l'emplacement occupé aujourd'hui par un jardin public, l'église de Saint-Denis du Pas, antérieure à la cathédrale et démolie en 1813.

Sceau de la ville de Paris — un navire — (Archives nationales).

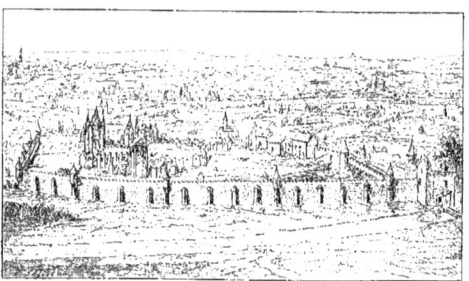

L'enclos du Temple, d'après la restitution de M. Hoffbauer. — L'habitation des chevaliers du Temple, située hors de l'enceinte de Paris, comprenait l'église en forme de rotonde, un donjon haut de 50 mètres, composé d'une grosse tour accostée de quatre tourelles, une autre tour et de nombreux bâtiments. Ces constructions furent détruites au début du XIX<sup>e</sup> siècle.

Armoiries de la ville de Paris, les plus anciennement connues (Archives nationales).

place et la messe commençait. Si la reine devait être également ointe et couronnée, la même cérémonie se répétait pour elle.

**La capitale.** — Pendant longtemps les rois de France habitèrent tour à tour les principales villes de leur domaine. Mais à partir du XII<sup>e</sup> siècle « Paris devint le séjour habituel et préféré des rois capétiens ». Ils y établirent leur palais, à la pointe ouest de la Cité; ce palais, construit probablement par le roi Robert, reçut de grands développements sous saint Louis qui y éleva la Sainte-Chapelle, et sous Philippe le Bel qui l'isola des maisons environnantes et le reconstruisit presque en entier.

Avec le Palais, la cathédrale, l'archevêché et l'Hôtel-Dieu, la Cité restait le cœur de la ville; sur la rive gauche était le quartier des écoles; sur la rive droite, le quartier des affaires avec le marché des halles, la place de Grève et son port. Par sa population qu'on estime alors à environ 200 000 habitants, par l'importance de ses monuments et l'activité de son commerce et de son industrie, Paris méritait bien d'être considéré dans toute la France, suivant le mot d'un chroniqueur de ce temps, comme « la tête du royaume et le siège de la royauté ».

# CHAPITRE XV

## L'Angleterre du V<sup>e</sup> au XIII<sup>e</sup> siècle

**Encadrement** emprunté à un manuscrit des Évangiles, écrit à Kells, en Irlande, au VII<sup>e</sup> siècle. Ce manuscrit était anciennement appelé les Grands Évangiles de Columba, du nom de saint Columba, fondateur et patron de l'église de Kells, quoique ce personnage ne fût nullement l'auteur de ce manuscrit. Cet ouvrage était gardé précieusement dans un reliquaire d'or. Il fut volé en 1006; on ne retrouva que le manuscrit au XVII<sup>e</sup> siècle, Charles II en fit don au collège de la Trinité, à Dublin. C'est un des plus précieux spécimens de l'art irlandais; les miniatures qu'il renferme présentent les spirales, les entrelacs, les figures d'hommes ou d'animaux, dont l'emploi caractérise l'art irlandais. (Green.)

**Les Romains en Angleterre.** — Les Romains, les Germains, les Danois, les Normands ont tour à tour envahi la Grande-Bretagne. La civilisation primitive des peuples de cette île, toute celtique à l'origine, disparut dans le sud et le centre de l'Angleterre sous ces apports successifs. Les coutumes celtiques se maintinrent seulement en Écosse et en Irlande restées à l'abri des envahisseurs. La civilisation romaine, introduite

## Les Invasions barbares.

Fibule de bronze doré, trouvée à Abingdon (Berkshire), ancienne résidence des rois anglo-saxons de Wessex (Green).

Collier fait de grains de verre, trouvé à Faversham dans le comté de Kent (Green).

Plaque en bronze doré, trouvée en Gothie (Green).

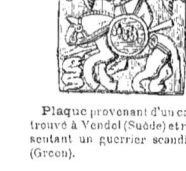

Plaque provenant d'un casque trouvé à Vendel (Suède) et représentant un guerrier scandinave (Green).

Plaque d'ornement en or, représentant des divinités du Nord (Green).

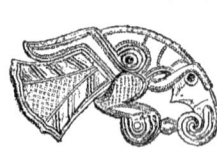

Ornement en bronze doré en forme d'oiseau, trouvé en Gothie (Green).

Coupe en argent, trouvée en Danemark (Green).

Vase en verre, trouvé à Reculver dans le comté de Kent (Green).

Vase en verre, trouvé à Gilton dans le comté de Kent (Green).

Aiguière en terre non vernissée, trouvée en Gothie (Green).

dans le sud de l'île à partir du 1ᵉʳ siècle de l'ère chrétienne, y a laissé relativement peu de traces; au IVᵉ siècle, les Romains abandonnèrent l'Angleterre sans avoir aussi fortement marqué de leur influence cette contrée que la Gaule ou l'Espagne.

**Les Germains en Angleterre.** — Les Jutes, les Angles et les Saxons, qui prirent la place des Romains en Angleterre, « avaient gardé les institutions et les mœurs belliqueuses de la pure Germanie » (Ch. Bémont). Ils en conservèrent également le costume et les usages. Les objets nombreux qui ont été retrouvés enfouis dans le sol anglais, armes, bijoux, vases, etc., présentent une analogie remarquable avec les objets du même genre retrouvés sur le continent. La conversion des Anglo-Saxons au christianisme, au VIIᵉ siècle, ne modifia point les usages de la vie privée parmi eux; mais elle développa chez les plus intelligents le goût des lettres. Cette initiation profita surtout à l'Irlande : cette île, devenue chrétienne, il est vrai, un siècle plus tôt que l'Angleterre, se peupla de monastères; la science de leurs moines, leur talent à embellir leurs manuscrits de peintures où ils déployèrent une prodigieuse imagination décorative, les rendirent célèbres dans tout l'Occident.

**La civilisation anglo-saxonne.** — L'invasion germanique, les guerres continuelles entre les princes des sept royaumes barbares, la conquête danoise au Xᵉ siècle causèrent les plus grands maux à l'Angleterre et y retardèrent le développement de la civilisation. On estime que sous les rois danois un tiers du pays était couvert de forêts, de fourrés et de broussailles; un autre, de landes et de marais; le dernier tiers était seul cultivé. A l'ouest et à l'est, on

## Les Anglo-Saxons.

Costume de femme, d'après une miniature d'un manuscrit anglo-saxon du XIe siècle, représentant la reine Emma, femme de Canut (Green).

Intérieur d'une habitation anglo-saxonne, d'après un manuscrit du XIe siècle conservé au British Museum (Wright).

Costume royal, d'après une miniature d'un manuscrit anglo-saxon du XIe siècle représentant le roi Canut (Green).

Monnaie de Henri Ier (1100-1135).

Monnaie de Henri II (1154-1189).

Bijou du roi Alfred (871-901), en émail, avec cette devise « Alfred m'a porté », trouvé à Athelney (comté de Kent) au XVIIe siècle (Green).

Monnaie d'Étienne (1135-1154).

Monnaie de Henri III (1216-1272).

Costume royal, d'après une miniature d'un manuscrit du Xe siècle conservé au British Museum, où est représenté le roi Edgard (957-975) implorant Dieu (Green).

Costume de femme, d'après une miniature d'un manuscrit du Xe siècle conservé au British Museum, représentant la Vierge (Green).

Costume de serviteur, d'après un calendrier anglo-saxon du XIe siècle (Wright).

Costume de guerrier, d'après un calendrier anglo-saxon du XIe siècle (Wright).

Cavalier, d'après un manuscrit anglo-saxon du XIe siècle (Wright).

Femmes dévidant et tissant la laine, d'après un manuscrit anglo-saxon du XIe siècle (Wright).

Costume de femme, d'après un manuscrit anglo-saxon du XIe siècle (Wright).

ALBUM HISTORIQUE.

## Les Anglo-Saxons.

Janvier : le labourage.

Février : la taille des arbres.

Mars : les bucherons ; le bechage ; l'ensemencement ; le hersage.

Avril : un festin.

Mai : moutons au pâturage.

Juin : la coupe des bois.

Juillet : la fenaison.

Août : la moisson.

Septembre : la chasse aux sangliers.

Octobre : la chasse au faucon.

Novembre : les premiers froids.

Décembre : le battage et le vannage de grains.

Ces figures représentant des scènes de la vie des champs pendant les différents mois de l'année sont empruntées à un calendrier anglo-saxon du xi<sup>e</sup> siècle conservé au British Museum (Green).

trouvait de vastes régions entièrement marécageuses sur un espace de plus de trente lieues. Des terrains détrempés s'étendaient entre l'Est-Anglie et les comtés intérieurs. L'outarde, le castor, l'ours, le sanglier, les bœufs sauvages, le loup, aux environs mêmes de Londres, peuplaient les forêts. Les villes étaient encore peu nombreuses et se développèrent lentement. Celles qui remontaient à l'époque romaine avaient été saccagées par les Germains ; elles se reformèrent peu à peu; de nouvelles se créèrent « soit auprès des grandes abbayes

## La Conquête normande d'après la tapisserie de Bayeux.

Le roi Édouard dans son palais.

Arrivée d'Harold et de ses compagnons auprès de Guillaume le Bâtard.

Réception d'Harold par Guillaume.

Attaque de Dol par les soldats de Guillaume.

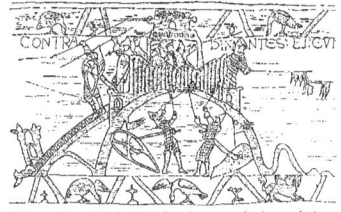

Siège de la ville de Dol, figurée par un donjon en bois.

Reddition de la ville de Dol.

Harold prête serment de vassalité à Guillaume.

et des lieux les plus révérés, soit autour des marchés ». Les villes n'avaient guère d'autres monuments que leurs églises ; celles qui existent encore sont petites et leur ornementation témoigne d'un art bien pauvre. Les habitations à la ville ou dans les campagnes étaient des maisons basses ; les plus luxueuses étaient faites avec de gros murs de pierre et étaient couvertes de toits en tuiles ; les plus misérables n'avaient que des murs de torchis et des toits de chaume. Les ouvertures étaient peu nombreuses et fermaient mal.

**Le costume anglo-saxon.** — Le costume diffère peu de celui que portent les populations du continent à l'époque carolingienne. Les hommes sont vêtus de tuniques courtes serrées à la taille, s'enveloppent de grands manteaux attachés sur l'épaule et garnissent leurs jambes de bandelettes ou de jambières qui montent jusqu'au genou. Ils sont armés d'épées, de lances, de boucliers souvent décorés d'ornements d'or,

## La Conquête normande d'après la tapisserie de Bayeux.

Préparatifs de descente en Angleterre : fabrication des mâts.

Construction des navires.

Lancement des navires à la mer.

Embarquement des armes et des provisions.

Départ de Guillaume et de ses compagnons.

Débarquement des chevaux sur la plage anglaise.

Reconnaissance des Normands dans l'intérieur du pays.

Scène de pillage.

d'arcs et de flèches, de casques et de cottes de mailles. Les femmes sont vêtues d'une tunique de dessous à manches étroites, d'une ample robe de dessus et se couvrent la tête et les épaules d'un manteau d'étoffe. Les gens du peuple n'ont souvent pour tout vêtement qu'une tunique dont ils attachent la partie inférieure à leur ceinture, lorsqu'ils sont au travail; leurs jambes restent ainsi entièrement nues. Le costume des princes est à peu près le même que celui des rois français ou allemands; ils portent dans les cérémonies la couronne de métal.

**Les mœurs.** — Les mœurs sont encore grossières. Les habitations ne comportent qu'une

## La Conquête normande d'après la tapisserie de Bayeux.

Le repas avant la bataille; bénédiction des mets.

Un écuyer amène à Guillaume son cheval de guerre.

La bataille d'Hastings.

Autre épisode de la bataille.

Mort d'Harold.

L'ouvrage que l'on désigne d'ordinaire sous le nom de tapisserie de Bayeux est plus exactement une broderie exécutée à la main avec des fils de diverses couleurs sur une bande de toile de 0m,50 de haut sur 70m,34 cent. de long. Elle comprend 72 scènes généralement séparées par des arbres ou des édifices; chaque scène est accompagnée d'une courte légende latine et est encadrée de deux bordures, l'une en haut, l'autre en bas de la toile, où l'on a figuré des lions, des oiseaux, des sphinx, des dragons, des scènes de chasse et de labourage, etc. La tapisserie est mentionnée pour la première fois dans un inventaire du trésor de la cathédrale de Bayeux, fait en l'année 1476. Il y est dit qu'elle était tendue dans l'église autour de la nef les jours où l'on exposait les reliques. Révélée aux savants par Montfaucon qui, en 1729 la publia dans ses *Monuments de la monarchie française*, elle faillit être détruite pendant la Révolution, ayant été employée comme bâche pour les transports militaires. Recueillie et cachée par quelques notables de Bayeux, elle fut signalée à Napoléon qui la fit exposer à Paris en 1803 pendant quelques jours, puis renvoyée à Bayeux où elle fut désormais conservée. « C'est une œuvre normande, inspirée par l'évêque Odon, frère de Guillaume, commandée peut-être par lui ou par le chapitre de Bayeux et exécutée très probablement sous la direction de la reine Mathilde » (J. Comte).

grande salle, le *hall*, où le seigneur vit avec sa famille et ses serviteurs. Au centre est un brasier, dont la fumée s'échappe par un trou pratiqué dans la toiture. Maître et valets mangent à la même table, le seigneur et sa femme étant assis à l'un des bouts de la table; les mets sont servis dans des plats en terre; l'usage des fourchettes est inconnu. Les Anglo-Saxons sont de hardis buveurs; ils se servent de vases terminés en pointe par le bas, qu'on tient à la main et qu'il faut chaque fois vider d'un seul trait. Le soir, quand le seigneur s'est retiré, on débarrasse la salle des tréteaux et des tables; chacun se couche à terre ou sur des bancs, enroulé dans des couvertures, ayant ses armes à portée de la main. L'ameublement est simple, et l'on remédie à la dureté des lits et des sièges en y plaçant de gros coussins.

La chasse et la guerre sont les passe-temps préférés des grands. L'occupation des gens de

## Édifices anglais.

Façade de la cathédrale de Ely commencée en 1092, achevée en 1350, complètement restaurée au XVIIIᵉ siècle (d'après une photographie).

Transept et clocher de la cathédrale de Salisbury, construite au XIIIᵉ siècle, l'un des types les plus purs de l'architecture gothique en Angleterre (d'après une photographie).

petite condition est l'élevage des troupeaux, « seule richesse du pays ». Cependant parmi les grands quelques-uns ont du goût pour le savoir. Le grand ministre, saint Dunstan, qui vécut au Xᵉ siècle, avant même d'entrer dans les ordres, avait été initié, nous dit-on, aux sciences des philosophes; il savait pincer le psaltérion et la cithare, toucher l'orgue, frapper des cymbales, peindre, former des lettres, ciseler l'or et l'argent, le fer et l'airain.

**L'invasion normande.** — L'invasion danoise n'avait pu que fortifier en Angleterre les usages d'origine germanique : l'invasion normande acheva d'y introduire la civilisation féodale du continent. Le pays se couvrit de gros donjons carrés à la mode normande ; l'architecture sobre et élégante de la Normandie devint celle de l'Angleterre ; le costume fut celui qu'on portait sur l'autre rive de la Manche. Malgré les guerres civiles du XIIᵉ siècle et l'avidité des rois angevins, le pays prospéra. Grâce à leur rigoureuse administration, la sécurité devint plus grande en Angleterre qu'en aucune contrée de l'Europe ; les villes s'agrandirent ;

c'est alors que furent édifiées tant de splendides cathédrales et de riches abbayes. Les habitants des campagnes s'enrichirent par l'élevage des troupeaux et la préparation de la laine qu'ils exportaient sur le continent. Les femmes anglaises se rendirent célèbres par leur habileté dans les ouvrages de l'aiguille. « Pour sa fertilité, cette terre peut être appelée le grenier de Cérès, dit avec emphase un chroniqueur du XIIᵉ siècle ; pour les richesses, on pourrait la nommer le trésor de l'Arabie. »

**Les rois anglais.** — Aussi peu de princes furent-ils aussi riches, au XIIᵉ et au XIIIᵉ siècle, que les rois anglais. Leur trésor était immense ; on compte par milliers de marcs d'or et d'argent les legs faits par Henri II dans son testament aux églises et aux monastères. Ils ont de nombreux châteaux ; le plus remarquable est déjà celui de Windsor, en grande partie construit par Henri III. Leur cour, organisée à peu près comme celle des princes français, est bien plus riche ; leurs fêtes sont magnifiques ; c'est par milliers qu'ils convient les prélats et les nobles à y assister. « Quand Henri II

### Édifices anglais.

Intérieur de la cathédrale de Canterbury ; le chœur, commencé en 1182, fut construit sur les plans d'un architecte français, Guillaume de Sens (d'après une photographie).

voyage, il emmène avec lui une multitude de cavaliers, de fantassins, des chariots de bagages, des tentes, des chevaux de charge, des comédiens..., des cuisiniers, des confiseurs, des mimes, des danseuses, des barbiers... des parasites ; au matin, lorsqu'on s'ébranle, tout cela crie, chante, se bouscule, et fait tapage et cohue « comme si l'enfer était déchaîné. » (Taine.)

**Le couronnement des rois anglais.** — Comme leur suzerain de France, les rois d'Angleterre se faisaient couronner solennellement. Un court résumé du sacre de Richard Cœur de Lion fera connaître l'appareil du couronnement d'un roi anglais. La cérémonie eut lieu à l'abbaye de Westminster ; lorsque le cortège se rendit à l'abbaye, le roi était précédé du comte d'Albemarle, portant la couronne. Richard marchait sous un dais de soie porté au bout de quatre lances par quatre des plus grands barons du royaume. Les évêques de Bath et de Durham marchaient à côté du prince ; dans l'église, le chemin de l'autel était recouvert d'un riche tapis de pourpre. Le roi prononça d'abord le serment habituel de craindre Dieu et de faire bonne justice. Son manteau lui fut enlevé ; on lui mit aux pieds des sandales dorées ; il fut oint avec l'huile sainte sur la tête, la poitrine et les épaules ; puis il reçut les insignes du pouvoir des mains des grands officiers du royaume. Ramené à l'autel, il y renouvela le serment déjà prêté et enlevant de ses propres mains la couronne de l'autel où elle avait été déposée, il la donna à l'archevêque de Cantorbéry, qui la lui plaça sur la tête. Cette fière attitude convenait bien à l'un de ces orgueilleux souverains qui, comme on l'a remarqué justement, se font toujours représenter sur leur sceau tenant l'épée droite au lieu du sceptre de paix que portent les rois français.

**Londres au XII$^e$ et au XIII$^e$ siècle.** — Winchester avait été la capitale des rois anglo-saxons ; Londres devint celle des rois

## Les rois anglais.

Sceau de Guillaume le Conquérant (1066-1087), conservé aux Archives nationales.

Monnaie de Guillaume le Conquérant (1066-1087).

Revers du sceau de Guillaume le Conquérant.

Statue funéraire de Henri II (1154-1189) à l'abbaye de Fontevrault (Stothard).

Sceau de Guillaume II (1087-1100). (Archives nationales.)

Sceau de Henri Ier (1100-1135).

Statue funéraire d'Éléonore de Guyenne (1122-1204) à l'abbaye de Fontevrault (Stothard).

Sceau de Henri II (1154-1189), conservé aux Archives nationales.

Sceau de Henri III (1216-1272), conservé aux Archives nationales.

Sceau de l'impératrice Mathilde (XIIe siècle).

Sceau de Simon de Montfort, mort en 1265 (British Museum).

Statue funéraire de Richard Cœur de Lion (1189-1199) à l'abbaye de Fontevrault (Stothard).

Monnaie d'Harold (1066).

Sceau de Richard Cœur de Lion (1189-1199).

Statue funéraire de Jean sans Terre (1199-1216), conservée dans le chœur de la cathédrale de Worcester (Stothard).

Monnaie de Richard Cœur de Lion (1189-1199).

Sceau de Richard Cœur de Lion (1189-1199). (Archives nationales.)

Statue funéraire de Henri III (1216-1272), conservée à l'abbaye de Westminster (Stothard).

## Édifices anglais : Londres.

Vue intérieure de la chapelle dans la tour de Londres, construite en 1078 par Guillaume le Conquérant (d'après une photographie).

Chapter house ou Chambre du chapitre à l'abbaye de Westminster (d'après une photographie). Cette salle, édifiée en 1250 par Henri III, servit aux premières réunions du Parlement anglais.

Un château normand : vue de la cour intérieure du château d'Alnwick (Comté de Northumberland) construit au XII<sup>e</sup> siècle (P. Villars).

normands; mais ils ne s'y fixèrent jamais à demeure, comme les rois de France à Paris. Londres avait été une cité assez importante sous les Romains; mais les Germains n'y laissèrent qu'un monceau de ruines; et elle fut longue à retrouver sa prospérité primitive. La colossale cité moderne n'était encore au XIII<sup>e</sup> siècle qu'une ville d'environ 2 kilomètres de long sur 1 kilomètre de large s'étendant sur la rive septentrionale de la Tamise.

Londres reçut de grands développements sous les rois normands ; Guillaume le Conquérant y éleva une solide forteresse, la tour de Londres ; Guillaume le Roux fit édifier la muraille qui environne la tour et Jean sans Terre le pont sur la Tamise. Le chroniqueur Fitzstephen, qui a décrit la ville à la fin du XII<sup>e</sup> siècle, signale le nombre considérable des édifices religieux qu'elle présentait; on y comptait alors 13 grandes églises et

## Édifices anglais : Londres.

Vue du chœur de l'abbaye de Westminster. Cette partie de l'édifice fut construite en 1220 par Henri III dans le style gothique (d'après une photographie).

Vue de la partie circulaire de l'église du Temple à Londres, construite sous Henri II et consacrée en 1185 (Pugin).

Tour construite par Henri III au château de Windsor dans son état actuel (Wystville).

Vue de l'intérieur de l'église du Temple (Pugin).

126 paroisses; les couvents étaient également en grand nombre.

Beaucoup de constructions étaient encore en bois; Fitzstephen signale comme un des fléaux de Londres la fréquence des incendies. Il insiste sur les nombreux marchés qu'on trouvait à Londres. Sur le bord du fleuve accostaient les navires, et il y avait sur les berges des celliers où l'on gardait les vins importés de France. A côté de ces docks primitifs, on avait installé une sorte de cuisine publique où les ouvriers du port et les voyageurs pouvaient se restaurer. Enfin à peu de distance des murailles, une grande foire aux chevaux se tenait tous les samedis dans la plaine de Smithfield.

Parmi les capitales européennes, Londres est une de celles qui ont le moins conservé de souvenirs des grands siècles du moyen âge; à part la Tour, l'abbaye de Westminster, l'église du Temple, il ne reste guère que quelques parties d'églises antérieures à la fin du xiiie siècle.

Chapeau ; XIIe siècle (Cathédrale de Chartres).

Coiffure : XIIe siècle (Église abbatiale de Vézelay).

Chapeau de fleurs, fait de fleurs en métal cousues sur un galon ; XIIIe siècle (Église de St-Thibaut ; Côte-d'Or).

Chapeau de feutre ; XIIe siècle (Notre-Dame de Paris).

Coiffure de dame noble ; XIIe siècle (Cathédrale de Chartres).

Coiffure de vieillard (XIIe siècle), restituée par Viollet-Le-Duc.

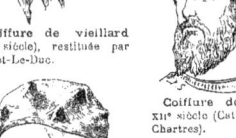

Chapeau en tricot (?) ; XIIe siècle (Notre-Dame de Paris).

Chapeau de paille ; XIIIe siècle (Notre-Dame de Paris).

Coiffure de noble ; XIIe siècle (Cathédrale de Chartres).

Soulier ; XIIe siècle (Statues funéraires de Saint-Denis).

Soulier ; XIIe siècle (Cathédrale de Chartres).

# CHAPITRE XVI

## La Vie privée du XIe à la fin du XIIIe siècle.

Chaussure d'étoffe fourrée ; XIIIe siècle (Divers monuments).

Chaussure d'étoffe fourrée ; XIIIe siècle (Divers monuments).

Chaussures de paysan ; XIIe siècle (Église abbatiale de Vézelay).

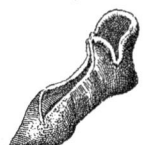

Chaussettes de drap épais ; XIIIe siècle (Cathédrale d'Amiens).

Plaque d'ornement, XIIe siècle (Cathédrale de Chartres).

Plaque d'ornement ; XIIe siècle (Musée de Cluny).

Coiffure d'homme, la plus répandue au XIIIe siècle (Tombeaux de Saint-Denis).

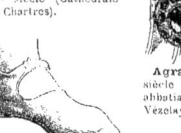

Soulier de noble ; XIIe siècle (Tombeaux de Saint-Denis).

Agrafe ; XIIe siècle (Église abbatiale de Vézelay).

Chaussure de noble ; IXe siècle (Manuscrit de la Bibliothèque nationale).

Coiffure de femme au XIIIe siècle (Cathédrale de Reims).

Ces divers spécimens de coiffures, de chaussures et de bijoux ont été reproduits par Viollet-Le-Duc, d'après des statues ornant différentes églises du XIIe et du XIIIe siècle, ou d'après des peintures de manuscrits des mêmes époques.

## Costumes et bijoux

Costume de dame noble de la fin du xi^e siècle, restitué par Viollet-Le-Duc d'après une miniature d'un manuscrit de la Bibliothèque nationale.

Costume noble de la fin du xi^e siècle, restitué par Viollet-Le-Duc, d'après un bas-relief de l'église de Vézelay.

Costume de dame noble du xii^e siècle, d'après un manuscrit conservé à la Bibliothèque de Poitiers (Louandre).

Costume de dame noble du xi^e siècle, d'après un manuscrit de la Bibliothèque nationale (Louandre).

Costume de dame noble de la fin du xii^e siècle, d'après un manuscrit de la Bibliothèque nationale (Viollet-Le-Duc).

Costume de vieillard; fin du xi^e siècle, d'après une peinture de l'église Saint-Savin (Haute-Vienne) (Mérimée).

Costumes de dames nobles; xiii^e siècle, d'après un vitrail de la cathédrale de Chartres où est représentée la vie de Jésus-Christ.

Costume de servante; xii^e s., restitué par Viollet-Le-Duc, d'après un manuscrit de la Bibliothèque nationale.

Costume de dame noble; xiii^e siècle; restitué par Viollet-Le-Duc, d'après un manuscrit de la Bibliothèque nationale.

Ornement de broderie ou orfroi; xii^e siècle; d'après une statue de la cathédrale de Chartres (Viollet-Le-Duc).

Costumes d'enfants; xii^e siècle. Ces trois figures d'enfants sont empruntées à des vitraux de la cathédrale de Chartres.

Galon orné de pierreries (xii^e siècle) d'après une statue de la cathédrale de Chartres (Viollet-Le-Duc).

## Costumes et bijoux

Costume d'apparat; XIIe siècle; d'après la plaque émaillée conservée au Musée du Mans et représentant Geoffroy Plantagenêt, comte d'Anjou.

Costume riche de la fin du XIe siècle, d'après une peinture de l'église Saint-Savin (Mérimée).

Costume de noble : XIIe siècle, restitué par Viollet-Le-Duc, d'après un manuscrit de la Bibliothèque de Tours.

Costume riche; XIIe siècle; d'après un vitrail de la cathédrale de Chartres.

Costume de dame noble; XIIIe siècle, restitué par Viollet-Le-Duc, d'après divers monuments.

Costume de noble; début du XIIIe siècle; restitué par Viollet-Le-Duc, d'après un manuscrit de la Bibliothèque nationale.

Costume d'écolier; XIIIe siècle; d'après un manuscrit de la Bibliothèque nationale (Viollet-Le-Duc).

Costume d'hiver; XIIIe siècle; d'après un manuscrit de la Bibliothèque nationale (Viollet-Le-Duc).

Costume d'enfant du peuple; XIIIe siècle; d'après un manuscrit de la Bibliothèque nationale (Viollet-Le-Duc).

Costume de bourgeoise, fin du XIIIe siècle; restitué par Viollet-Le-Duc, d'après un manuscrit de la Bibliothèque nationale.

Soulier; fin du XIe siècle (Église abbatiale de Vézelay).

Ornement ou orfroi (XIIIe siècle).

Ornement ou orfroi (XIIIe siècle).

Ornement ou orfroi (XIIIe siècle).

Ces ornements sont reproduits par Viollet-Le-Duc, celui du centre d'après des fragments de sculptures de l'abbaye de Souvigny (Allier), les deux autres d'après des statues de la cathédrale de Chartres.

## Costumes et bijoux.

Agrafe allemande; XIIIᵉ siècle, conservée au Musée germanique de Nuremberg (Essenwein).

Ornement ou orfroi; XIIᵉ siècle, d'après une statue de la cathédrale de Chartres (Viollet-Le-Duc).

Bijou orné de filigranes perlés; XIIᵉ siècle (Viollet-Le-Duc).

Costume de noble; XIIIᵉ siècle.

Costume de noble; XIIIᵉ siècle.

Ces deux costumes ont été restitués par Viollet-Le-Duc, d'après des manuscrits de la Bibliothèque nationale.

Peigne conservé à Cracovie; XIIIᵉ siècle (Essenwein).

Agrafe passant pour avoir orné le manteau royal de saint Louis (Musée du Louvre).

Aumônière de croisé donnée par Pierre Mauclerc à l'abbaye de Saint-Yved de Braisne (Marne); XIIIᵉ siècle (Bordier et Charton).

Agrafe; XIIIᵉ siècle (Cathédrale de Chartres).

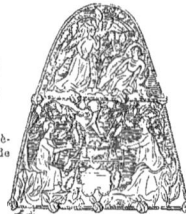

Aumônière; XIIIᵉ siècle (Gaussen).

Petite broche; XIIIᵉ siècle (Viollet-Le-Duc).

Ces deux aumônières sont conservées au trésor de la cathédrale de Troyes.

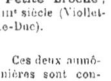

Aumônière de Thibault IV, comte de Champagne (XIIIᵉ siècle) (Gaussen).

**Le costume au XIᵉ et au XIIᵉ siècle.** — Ce n'est qu'à la fin du XIᵉ siècle que les peuples de l'Europe occidentale remplacèrent les vêtements courts de l'époque carolingienne par les vêtements longs imités de ceux que portaient les Byzantins. Ces costumes dominèrent jusqu'au début du XIIᵉ siècle. A partir du règne de Philippe-Auguste, les modes byzantines furent abandonnées pour des modes nouvelles de création originale.

Les deux pièces principales du costume masculin, comme du costume féminin, sont deux tuniques : le *chainse*, tissu de toile légère, souvent plissé, à manches étroites, posé immédiatement sur le corps, et le *bliaud*, sorte de blouse de laine ou de soie tombant jusqu'aux pieds. Le costume masculin comprenait encore les *braies*, en forme de pantalons descendant jusqu'aux pieds ou de caleçons justes, et les *chausses*, grands bas fixés par des jarretières. Sur les épaules, hommes et femmes jetaient un large manteau souvent attaché sur l'épaule gauche par une broche ou une fibule. L'usage des chaussures de cuir pour l'extérieur, d'étoffe pour l'intérieur était très répandu. La coiffure était très soignée ; la mode la plus générale pour les hommes était de porter les cheveux longs par derrière, assez courts par devant ; on les frisait en boucle avec le fer ; on partageait la barbe en une infinité de petites touffes autour desquelles on enroulait des fils d'or. Les femmes partageaient leurs cheveux sur le front en deux bandeaux et les tressaient en deux longues nattes descendant jusqu'aux pieds ; elles po-

## L'habitation, le mobilier.

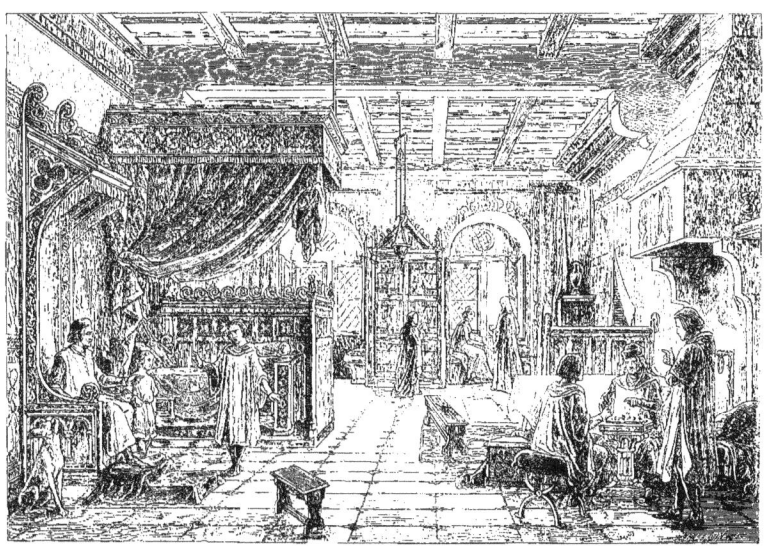

**Intérieur d'un appartement au XIIIᵉ siècle.** — Dans cet intérieur, pour la reconstitution duquel on s'est en grande partie servi de la restitution, par Viollet-Le-Duc, d'une chambre de château du XIIIᵉ siècle, on voit à gauche la claire où se tient le seigneur, le lit séparé par une clôture ou clotet du reste de la salle ; au fond, entre les deux fenêtres, une armoire, auprès de la cheminée, une grande table. Des tapisseries ornent les murs.

saient ensuite sur leur tête un *tressoir* ou cercle d'orfèvrerie qui servait souvent à retenir un voile tombant sur les épaules. Les vêtements longs étaient réservés aux grands ; les bourgeois et les paysans portaient des vêtements plus courts, qui laissaient aux membres une plus grande liberté.

**Le costume au XIIIᵉ siècle.** — Au XIIIᵉ siècle, le chainse, qui prit alors le nom de *chemise*, et le bliaud devinrent les pièces principales du costume de dessous ; par dessus on passa la *cotte*, ordinairement de laine, puis une seconde robe le *surcot*. La cotte et le surcot féminins sont souvent munis de longues queues traînantes ; au contraire, les vêtements masculins ne tombent jamais jusqu'à terre. Comme vêtement d'intérieur, on ne portait souvent que la cotte, et, pour les bourgeois et les paysans la cotte devint la pièce essentielle du costume. Il y eut en outre un grand nombre d'autres formes de vêtements.

L'une des modifications les plus importantes dans le costume fut celle qu'on apporta à la coiffure. Les hommes eurent désormais le visage entièrement rasé, les cheveux longs, ramassés derrière la tête et souvent frisés en boucles ; sur la tête on plaça un petit bonnet, sorte de béguin d'enfant en toile, attaché sous le menton par des pattes. Les bourgeois et les paysans n'eurent souvent pas d'autre coiffure ; les élégants et les nobles portaient par-dessus des chaperons de formes très variées. Les femmes abandonnèrent les longues nattes ; elles roulèrent leurs cheveux en de volumineux chignons. La coiffure la plus usitée fut une coiffe basse couverte d'étoffe et maintenue par des bandes de toile qui s'enroulaient autour du cou.

**Les étoffes, les fourrures, la parure.** — Les étoffes les plus employées étaient les draps de laine et les tissus de soie. Le goût au XIᵉ et au XIIᵉ siècle fut aux étoffes décorées de larges rayures horizontales rapprochées les unes des

## Le Mobilier

Siège fixe appelé forme, XIIe siècle, restitué par Viollet-Le-Duc, d'après un manuscrit de Herrade de Landsberg.

Chaise; XIIe siècle, d'après une statuette d'orfèvrerie (Viollet-Le-Duc).

Banc avec appui; XIIe siècle; restitué par Viollet-Le-Duc, d'après un manuscrit anglais.

Lit du XIIe siècle; restitué par Viollet-Le-Duc, d'après le manuscrit de Herrade de Landsberg.

Table ornée de têtes de rois; XIIe siècle; d'après le manuscrit de Herrade de Landsberg.

Lampe; XIIe s.; d'après un manuscrit de la Bibliothèque nationale (Louandre).

Chaise; XIIe siècle; restituée par Viollet-Le-Duc, d'après un ivoire.

Panier; XIIe siècle; d'après un vitrail de Bourges (Louandre).

Chandelier en cuivre fondu, fin du XIe siècle (Viollet-Le-Duc).

Clef; d'après un vitrail (Louandre).

Clef; d'après un vitrail (Louandre).

Chandelier en bronze; fin du XIe siècle (Viollet-Le-Duc).

Tabouret ou carreau, d'après le manuscrit de Herrade de Landsberg (Viollet-Le-Duc).

Pot à eau en laiton; XIIe siècle (Viollet-Le-Duc).

Chaise; XIIe siècle, (restituée par Viollet-Le-Duc), d'après une sculpture de l'église Saint-Lazare d'Avallon.

Aiguière de cuivre fondu; XIIe siècle (Musée de Cluny).

Soulier de noble; XIIe siècle (Manuscrit de Herrade de Landsberg).

Tabouret ou carreau; d'après le manuscrit de Herrade de Landsberg (Viollet-Le-Duc).

autres ou espacées à intervalles réguliers ainsi qu'aux étoffes dites à compas, où l'on avait tissé dans des cercles des animaux fantastiques. Les fourrures étaient fort estimées; on en mettait à toutes les pièces du vêtement et on en portait été comme hiver. Les parures

## Le Mobilier.

Chaise; XIIIe siècle, restituée par Viollet-Le-Duc, d'après une sculpture de la cathédrale d'Auxerre.

Chaise; XIIIe siècle; d'après une sculpture conservée au Musée de Cluny (Viollet-Le-Duc).

Lit; XIIIe siècle, restitué par Viollet-Le-Duc, d'après un manuscrit de la Bibliothèque nationale.

Coffret en ivoire; XIIIe siècle, conservé au trésor de l'église St-Trophime, à Arles (Viollet-Le-Duc).

Banc de bois; XIIe siècle; restitué par Viollet-Le-Duc.

Siège d'honneur; XIIIe siècle; restitué par Viollet-Le-Duc d'après un manuscrit de la Bibliothèque nationale.

Bahut; de la fin du XIIe siècle, conservé dans l'église de Brampton, dans le comté de Northampton, en Angleterre (Viollet-Le-Duc).

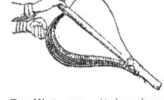

Coffret ayant appartenu à Richard de Cornouailles (fin du XIIIe siècle) conservé au musée d'Aix-la-Chapelle (Essenwein).

Soufflet, XIIe siècle; d'après un manuscrit de la Bibliothèque nationale (Viollet-Le-Duc).

Bassin, XIIIe siècle; trouvé près de Soissons, aujourd'hui à la Bibliothèque nationale (Viollet-Le-Duc).

Coffret passant pour avoir appartenu à saint Louis (Musée du Louvre).

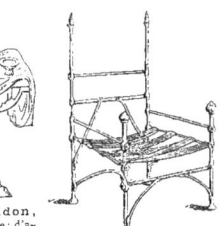

Guéridon, XIIIe siècle; d'après un manuscrit de la Bibliothèque nationale (Louandre).

Chaise de métal, XIIIe siècle, restituée par Viollet-Le-Duc, d'après divers documents.

étaient également fort recherchées; les galons, les ceintures ornées de grandes pierreries, les grandes et riches agrafes, les couronnes, les cercles posés sur la tête, les pendeloques achevaient de décorer les vêtements. Le costume devint moins magnifique au XIIIe siècle; mais on retrouve alors dans la coupe et l'ornementation le sentiment des besoins, le bon goût, l'élégance qui caractérisent l'art du XIIIe siècle.

# L'alimentation.

## Intérieur (XII<sup>e</sup> siècle).

**Un festin d'apparat au XII<sup>e</sup> siècle.** — C'était la coutume au xii<sup>e</sup> siècle d'apporter pendant le repas d'énormes pâtés où l'on enfermait de petits oiseaux vivants; ceux-ci s'envolaient dans la salle lorsque la croûte du pâté était brisée; aussitôt, les serviteurs lâchaient des émerillons qui leur donnaient la chasse. On voit ici représenté ce moment du repas. (Restitution.)

**L'habitation.** — Les habitations au moyen âge ne présentaient qu'un petit nombre de pièces, mais elles étaient de dimensions beaucoup plus vastes que celles où nous vivons. « Une grande salle où l'on mange, où l'on chante, où l'on joue; une ou deux chambres à coucher par étage; quelques petites chambres secondaires, l'une où l'on conserve les armes du seigneur et de ses hommes, l'autre où travaillent tailleurs et ouvrières et où l'on garde le linge et les habits de la maison avec les épices et les parfums dont on est si friand : c'est tout. » (Léon Gautier.)

**La salle.** — La vie de la famille se concentrait donc à peu près dans une seule pièce. Cette vaste salle était voûtée, ou bien elle avait un plafond fait de solives de bois apppparentes. Au xiii<sup>e</sup> siècle, où dans les châteaux le donjon n'est plus l'unique demeure du seigneur, la salle, située dans les bâtiments d'habitation, est en général de forme rectangulaire. Elle a des fenêtres profondes largement percées dans l'épaisseur des murs, et, des deux côtés de la fenêtre, on a disposé des bancs de pierre; la fenêtre avec ses bancs forme comme une sorte de réduit. Elle est fermée par des vitraux. Le sol de la salle est orné d'un carrelage. Souvent des peintures décorent les murs et les solives du plafond; aux parois on accroche des armes, des trophées de chasse, des écussons. Aux jours de fête, on tend la salle de tapisseries; on couvre le sol de riches tapis, on le jonche de feuillages et de fleurs.

**L'ameublement.** — L'ameublement de ces vastes salles était relativement peu considérable. Le mobilier au moyen âge ne se compose chez les nobles comme chez les bourgeois que d'un petit nombre de pièces; les principales sont la table, le lit, l'armoire et le bahut. Le lit, entouré de courtines sus-

## Voyages et transports.

Charrette; XII<sup>e</sup> et XIII<sup>e</sup> siècles (Louandre).

Harnais civil de cheval, XIII<sup>e</sup> siècle, d'après un manuscrit de la Bibliothèque nationale (Viollet-Le-Duc).

Harnais civil de cheval, XIII<sup>e</sup> siècle, d'après un manuscrit de la Bibliothèque nationale (Viollet-Le-Duc).

Chariot, XIII<sup>e</sup> siècle; restitué par Viollet-Le-Duc d'après un manuscrit de la Bibliothèque nationale.

Costume de voyage, XII<sup>e</sup> siècle, d'après un vitrail de la cathédrale de Chartres (Louandre).

Transport de bagages, d'après le manuscrit de Herrade de Landsberg (XII<sup>e</sup> siècle).

Costume de cheval, XIII<sup>e</sup> siècle restitué par Viollet-Le-Duc d'après un manuscrit de la Bibliothèque nationale.

pendues à des traverses, « forme une petite chambre au milieu de la grande »; un matelas est placé sur une planche entourée d'un cadre de bois et posé sur des pieds; ceux-ci, comme le châlit, étaient, chez les riches, sculptés et ornés de métaux précieux; sur le lit on entassait oreillers et couvertures; ce n'était pas de trop pour protéger des gens qui avaient la coutume de coucher nus. Les vêtements étaient suspendus à des perches placées auprès du lit. — Le long des murs, on range de grandes armoires et des bahuts. On renfermait dans ces coffres les habits, le linge, l'argent, les objets précieux. Le bahut, extrêmement répandu, servait à de nombreux usages; il pouvait devenir « coffre, huche, banc, lit même parfois, armoire, trésor ». Les sièges sont peu nombreux; au mur est adossée une sorte de chaire réservée au maître de la demeure. Les autres sièges sont des bancs, des chaises de formes et de décorations très variées, des pliants, des tabourets ou même des coussins, car l'on s'asseyait fréquemment par terre. Enfin l'on peut ajouter à l'ameublement les *clotets*, cloisons mobiles, à l'aide desquelles on pouvait subdiviser en petites pièces ces vastes salles. « C'était au moyen de ces clotets que l'on pouvait donner à coucher à beaucoup de monde dans des châteaux pourvus d'un très petit nombre d'appartements. La grande salle était alors un véritable dortoir divisé en cellules par des cloisons d'étoffe » (Viollet-le-Duc).

**L'éclairage, le chauffage.** — On éclairait ces grandes salles à l'aide de bougies de cire « posées sur des bras de fer scellés aux côtés de la cheminée, dans des flambeaux placés sur la table, ou sur des lustres façonnés au moyen

## Jeux et divertissements.

Pièce d'un jeu d'échec du XIe siècle (Cabinet des médailles).

Pièce d'un jeu d'échec, donné, suivant la tradition, à Charlemagne par le calife Haroun-Al-Raschid (Cabinet des médailles).

Le jeu d'échec ; plaque d'ivoire du XIVe siècle (Musée du Louvre).

Pièce d'un jeu d'échec du XIe siècle (Cabinet des médailles).

Pièce d'un jeu d'échec du XIe siècle (Cabinet des médailles).

Pièce d'un jeu d'échec du XIe siècle (Cabinet des médailles).

Le cerf volant (Strutt).

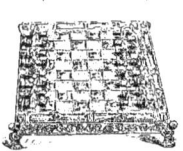

Jeu d'échecs ayant, suivant la tradition, appartenu à saint Louis (Musée de Cluny), mais n'étant probablement pas antérieur au XVIe siècle.

La cerise pendue (Strutt).

Pièce d'un jeu d'échec du XIe siècle (Cabinet des médailles).

Le volant (Strutt).

L'escrime (Strutt).

Le jeu de balle (Strutt).

Joute sur l'eau (Strutt).

La balançoire (Strutt).

Le jeu de boule (Strutt).

La lutte à dos d'homme (Strutt).

Les marionnettes, d'après le manuscrit de Herrade de Landsberg.

La lutte à dos d'homme (Strutt).

## Acrobates et bateleurs.

Le cheval savant (Strutt).     Le cheval savant (Strutt).

Le cheval savant (Strutt).    Les échasses, d'après un manuscrit du XIII<sup>e</sup> siècle (Viollet-Le-Duc).    Le cheval savant (Strutt).

La fausse chèvre (Strutt).    Danseuse (Strutt).    Singe savant (Strutt).

de deux barres de fer ou de bois en croix, suspendues au plafond. Le feu de la cheminée ajoutait son éclat à cet éclairage » (Viollet-Le-Duc). Les cheminées étaient fort grandes : elles étaient formées au XII<sup>e</sup> siècle d'une hotte demi-circulaire, au XIII<sup>e</sup> siècle d'un manteau oblique supporté par des colonnettes ; elles étaient si vastes « qu'un homme y pouvait rentrer debout sans se baisser et que dix ou douze personnes se plaçaient facilement autour de l'âtre ». Aussi pouvait-on y brûler des arbres tout entiers.

Le repas. — Le principal repas se faisait à midi. Dans les châteaux, un coup de cor appelait les convives. Ceux-ci en entrant dans la salle se lavaient d'abord les mains. Au XII<sup>e</sup> siècle, il y avait auprès de la porte de petites fontaines destinées à cet usage ; plus tard, on prit l'habitude de faire apporter par les écuyers devant chaque convive, après qu'il s'était installé à table, un bassin de métal, *le plat à laver*, où il trempait les mains.

Dans les festins d'apparat, il y avait, dressées dans la même salle, plusieurs tables, en général rectangulaires, faites de grands panneaux recouverts de nappes, qu'on posait sur des tréteaux. L'une de ces tables, réservée au seigneur et aux personnes de marque, était placée sur une sorte d'estrade ; c'était la « *maître table* ». Les convives y prenaient place en général d'un seul côté, assis sur un banc à dossier plus ou moins élevé ; le siège était appelé le « *maître-dois* ». Auprès des autres tables, il n'y avait que des bancs garnis de coussins. Devant chaque convive on posait un couteau et une cuiller d'or, un hanap, puis un gâteau de fine farine. L'usage des fourchettes et des serviettes demeura ignoré jusqu'à la fin du XIII<sup>e</sup> siècle. On garnissait

## Danseurs et équilibristes.

Mascarade au xıv° siècle, d'après un manuscrit de la Bibliothèque nationale (Lacroix).

Danseuse, xı° siècle, restituée par Viollet-Le-Duc d'après un manuscrit de la Bibliothèque nationale.

Le saut du cerceau (Strutt).

Danseuse, xıı° siècle, restituée par Viollet-Le-Duc d'après un chapiteau du Musée de Toulouse.

Équilibristes (Strutt).

Jongleurs (Strutt).

Acrobates (Strutt).

Ces jongleries ont été reproduites par l'archéologue anglais Strutt, d'après divers manuscrits du xıv° siècle, conservés en Angleterre.

la table d'aiguières, de nefs pleines de vin, de coupes, de salières et de saucières.

Dans la disposition des convives autour de la table, on suivait rigoureusement l'ordre hiérarchique. La première place était réservée au plus haut seigneur ecclésiastique et la seconde au plus haut seigneur laïque; dans les repas ordinaires, le seigneur prenait naturellement la première place à la maître table et plaçait sa femme à sa droite. Il était d'usage de placer une dame ou une jeune fille entre deux barons et de grouper deux personnes auprès de la même nef et de la même écuelle.

**L'alimentation.** — Les menus étaient copieux et les repas fort longs; « on commence d'emblée par la viande et en particulier par la venaison. » Quartiers de sanglier, d'ours, paons et cygnes rôtis servis tout embrochés et non encore parés, poulets frits au lard, lièvres, lapins, grues, hérons, pluviers, d'énormes pâtés de gibier, des poissons en grand nombre, alose, bar, brème, mulet, saumon, truite, pâté d'anguilles, tout cela figurait parfois dans un même repas. Le dessert était composé de gâteaux de toutes sortes, particulièrement de tartes, de gaufres, d'oublies, d'épices. Celles-ci, en outre, étaient employées dans la plupart des sauces, à la différence du beurre dont on faisait fort peu d'usage. La boisson préférée était le vin, qu'on buvait relevé d'épices, de miel, d'aromates. Dans les festins, le service était fait, outre les serviteurs, par de jeunes nobles, sous la direction du sénéchal.

**Les divertissements, la chasse.** — Le repas terminé, on chantait, on faisait venir des jongleurs, des trouvères; les jeunes gens formaient des danses; les rondes chantées étaient fort en honneur chez les grands comme chez les bourgeois; les gens graves jouaient de préférence aux échecs, aux tables ou aux dés. C'étaient là quelques-uns des divertis-

## La Chasse.

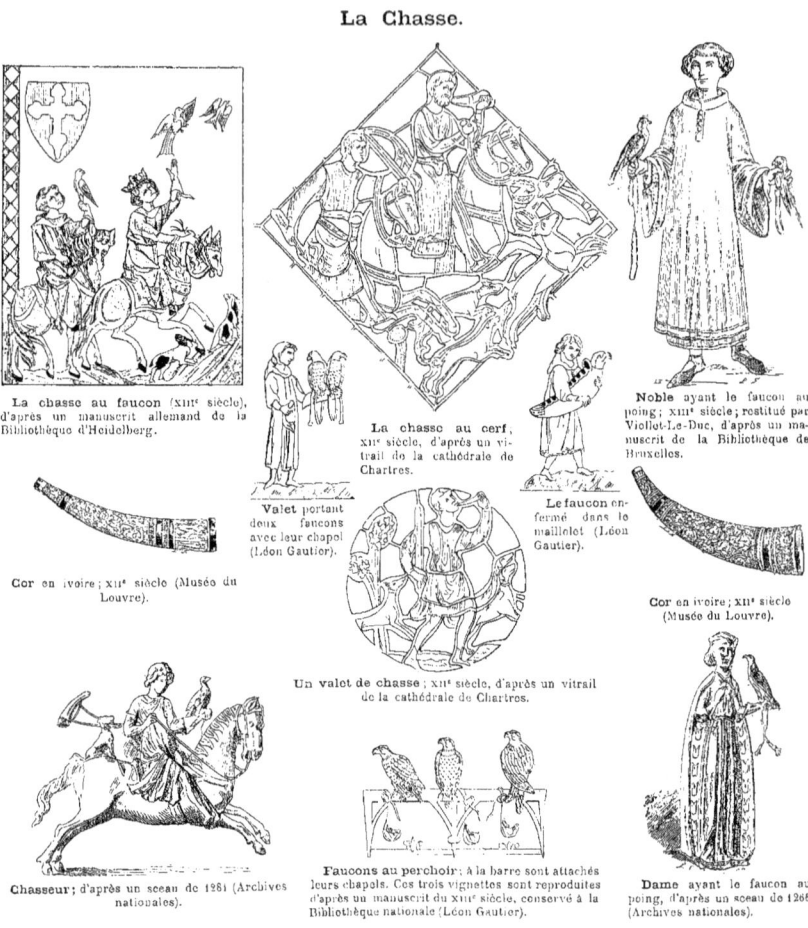

sements favoris de la société au moyen âge ; il faut y ajouter les combats d'animaux sauvages, les promenades, la chasse ou la pêche. On se déplaçait volontiers alors ; hommes et femmes montaient à cheval, en charrettes ou dans de légères litières portées par des chevaux, pour se rendre à quelque château voisin ou prendre part à quelque pèlerinage. Mais de tous ces divertissements, le plus recherché était encore avec les tournois, le plaisir de la chasse. Les nobles chassaient en tout temps, soit à courre, soit au vol. On appelait de ce nom la chasse au faucon. Le dressage des faucons était un art long et difficile. L'opération principale était la *cilure*, qui consistait à coudre les paupières de l'oiseau ; on lui rendait l'usage de la lumière quand il était habitué à obéir à la voix du fauconnier ; pour se rendre maître du faucon déjà pris grand, on l'enfermait dans le *maillolet*, petit sac de lin qui ne laissait libre que la tête et l'extrémité de la queue. On exerçait

## Naissance. — Mariage. — Funérailles.

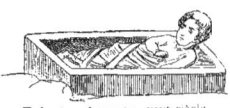

Enfant au berceau, XIIIᵉ siècle (Louandre).

Un mariage royal au XIIIᵉ siècle; d'après un manuscrit conservé au British Museum (Green).

Enfant au maillot, XIIIᵉ siècle; d'après un vitrail de la cathédrale de Chartres.

Scène d'ensevelissement, XIIIᵉ siècle; d'après un manuscrit anglais (Schultz).

Mort dans son linceul, XIIIᵉ siècle; d'après un vitrail de la cathédrale de Bourges.

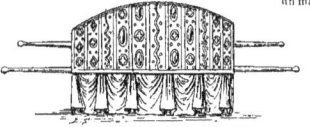

Berceau, XIIIᵉ siècle; d'après un manuscrit de la Bibliothèque de Cambridge (Green).

Cercueil couvert d'un drap mortuaire, XIIIᵉ siècle; d'après un manuscrit de la Bibliothèque nationale (Viollet-Le-Duc).

Un mariage au XIIIᵉ siècle; d'après un manuscrit de la Bibliothèque nationale (Bordier et Charton).

l'oiseau à l'aide du *leurre*, « simulacre d'oiseau en drap rouge, muni d'ailes de perdreau ou de peau de lièvre ». Le leurre était attaché à une laisse et le fauconnier le faisait rapidement tourner autour de lui.

**L'enfance; le baptême.** — Les usages relatifs aux différentes époques et aux principales cérémonies de la vie de famille étaient à quelques égards différents des nôtres. L'enfant nouveau-né était baigné devant une belle flambée, puis emmailloté corps et bras dans des langes qui le ligottaient tout entier. Pour le baptême, on le conduisait en cortège à l'église, enveloppé dans des draps d'or et de soie sarrasinois, porté dans les bras d'une matrone ou d'une jeune fille. Le baptême se faisait en général en plongeant l'enfant dans la cuve baptismale. Les garçons restaient jusqu'à 7 ans confiés aux femmes, jouant aux jeux qui de tout temps et en tout pays ont occupé les enfants. On les mettait ensuite aux mains des écuyers; ceux-ci leur apprenaient à monter à cheval, à manier les armes et les préparaient ainsi à devenir de vaillants chevaliers. Quant à leur initiation à la vie religieuse, la première communion, elle ne semble pas avoir été jamais une fête de famille.

**Le mariage.** — Au contraire le mariage fut toujours entouré de solennité; cependant l'usage d'une toilette spéciale pour la mariée n'existait pas encore. Les fiancés se rendent à l'église à cheval en cortège, précédés d'un groupe de jongleurs; les parents et les amis les suivent également à cheval ou montés sur des mules, ou bien encore dans des voitures richement ornées. Tout le cortège se groupait sous le porche de l'église; c'était là que le père et la mère de la mariée la remettaient au marié. Puis le prêtre bénissait les anneaux; l'époux le mettait successivement à trois doigts de la main droite de sa femme en répétant chaque fois cette parole « Au nom du Père, du Fils et du Saint-Esprit » et enfin à l'un des doigts de la main gauche où il devait rester jusqu'à la mort. Il prononçait alors cette formule « De cet anneau je vous épouse; de mon corps je vous honore; de mon bien je vous doue. » On les encensait tous deux et les portes de l'église s'ouvraient devant eux. Pendant la messe, après le *Sanctus*, ils rece-

## Funérailles. — Tombeaux.

Scène de funérailles, XIe siècle; d'après la tapisserie de Bayeux. — On voit à gauche l'église; le corps du roi Édouard y est amené pour la veillée funéraire par ses serviteurs; deux d'entre eux agitent des clochettes.

Tombeau de Louis, fils aîné de saint Louis, autrefois à l'abbaye de Royaumont, aujourd'hui à Saint-Denis.

Tombeau dit de saint Étienne, XIIIe siècle; à l'église d'Aubazine (Corrèze), d'après une photographie.

Dalle funéraire de Bouchard de Montmorency, mort en 1298, aujourd'hui à l'église de Magny-les-Hameaux (Seine-et-Oise) (Guilhermy).

vaient la bénédiction du prêtre, placés sous un drap de couleur pourpre tendu au-dessus de leur tête par les barons. La messe terminée, le retour se faisait triomphalement jusqu'au château.

**La mort; les funérailles.** — Les soins qu'on prenait des défunts étaient assez minutieux. Le corps était lavé dans l'eau, puis dans des vins épicés et étendu sur un lit de repos, les mains croisées sur la poitrine; il était ensuite enfermé dans deux linceuls, l'un de satin, l'autre en peau de cerf. Autour de la bière, couverte de drap de soie, on allumait de nombreux cierges; elle était ensuite conduite à l'église où avait lieu une veillée funéraire. Le lendemain, on célébrait une messe solennelle. Le corps était enfin porté au cimetière. Chaque tombe était en pierre; il y en avait de deux sortes; les unes s'élevaient au-dessus du sol et, dès le XIIe siècle, elles portèrent la statue couchée du défunt ; les autres étaient des dalles plates présentant, depuis le milieu du XIIe siècle, au lieu d'une croix la figure du gisant gravée en creux. Quelques-unes de ces tombes sont de remarquables œuvres d'art.

# CHAPITRE XVII

## La Vie militaire du XIᵉ au XIIIᵉ siècle.

1. **Épée** du XIIᵉ siècle. — 2. **Épée** du XIIᵉ siècle. — 3. **Épée** du XIIᵉ siècle. — 4. **Fauchard** du XIIIᵉ siècle, d'après un manuscrit de la Bibliothèque nationale (Viollet-Le-Duc). — 5. **Épée** du XIIIᵉ siècle. — 6. **Épée pour combattre à pied**, de la fin du XIIIᵉ siècle. — 7. **Épée** du XIᵉ siècle. — 8. **Bannière des comtes de Provence**, restituée d'après un sceau conservé aux Archives nationales. — 9. **Bannière d'Amaury de Montfort** (restitution). — 10. **Épée du XIIᵉ siècle**. — 11. **Épée d'estoc** de la fin du XIIIᵉ siècle. — 12. **Épée du XIIᵉ siècle**. — 13. **Fer de lance** trouvé sur le champ de bataille de Taillebourg. — 14. **Arc et flèches** du XIIIᵉ siècle, d'après un manuscrit de la Bibliothèque nationale (Viollet-Le-Duc). — 15. **Épée d'estoc** de la fin du XIIIᵉ siècle. — 16. **Épée** du XIIIᵉ siècle. — 17. **Épée de taille** au XIIIᵉ siècle. — 18. **Ceinture** du XIIIᵉ siècle, en fil d'argent tressé. — 19. **Dague** du XIIIᵉ siècle. — 20. **Couteau** du XIIIᵉ siècle.

La plupart de ces armes et la bannière restituée d'Amaury de Montfort sont conservées au Musée d'artillerie, à Paris.

## Le costume militaire.

**Fantassin** du xi° siècle, restitué par Viollet-Le-Duc, d'après une sculpture de l'église abbatiale de Vézelay.

**Chevalier** de la fin du xiii° siècle, restitué par Viollet-Le-Duc d'après un manuscrit de la Bibliothèque nationale, il porte sur les épaules de petites plaques métalliques, appelées *ailettes*.

**Chevalier** au début du xii° siècle, restitué par Viollet-Le-Duc, d'après un manuscrit du British Museum.

**Chevalier** du xiii° siècle, d'après un bas-relief de la cathédrale de Reims.

**Chevaliers** du xii° siècle, restitués par Viollet-Le-Duc, d'après différents monuments.

**Chevalier** du xiii° siècle, d'après un bas-relief de l'église Saint-Nazaire à Carcassonne (Viollet-Le-Duc).

**Chevalier** du xiii° siècle, d'après une sculpture de la cathédrale de Reims.

**Chevalier** du xiii° siècle, d'après un bas-relief de la cathédrale de Reims (Viollet-Le-Duc).

**Les armées.** — Les armées du moyen âge se composaient d'abord des chevaliers qui formaient une grosse cavalerie ; puis des gens de pied comprenant les bourgeois et les vilains, souvent aussi d'étrangers ; les uns et les autres servaient en général comme archers ou comme arbalétriers. L'armée s'avançait au son des olifants et des tambours, enseignes déployées, précédée de fourriers et de coureurs qui reconnaissaient le pays. Les chevaliers formaient le gros de l'armée ; puis venaient les gens de pied, suivis d'une foule de valets conduisant des mulets, chargés des bagages et des tentes ; chaque baron emportait avec lui des coffres qui renfermaient des armes de rechange, des vêtements et souvent son trésor.

**Le costume militaire.** — Le costume militaire du chevalier se compose d'une tunique courte, à manches courtes, munie d'une coiffe ou d'un capuchon étroit, qu'on passe par-dessus les autres vêtements. Sur cette tunique, on a cousu soit de petites plaques métalliques, carrées, triangulaires ou rondes superposées les unes aux autres en façon d'écailles, soit des

## Armes et équipement.

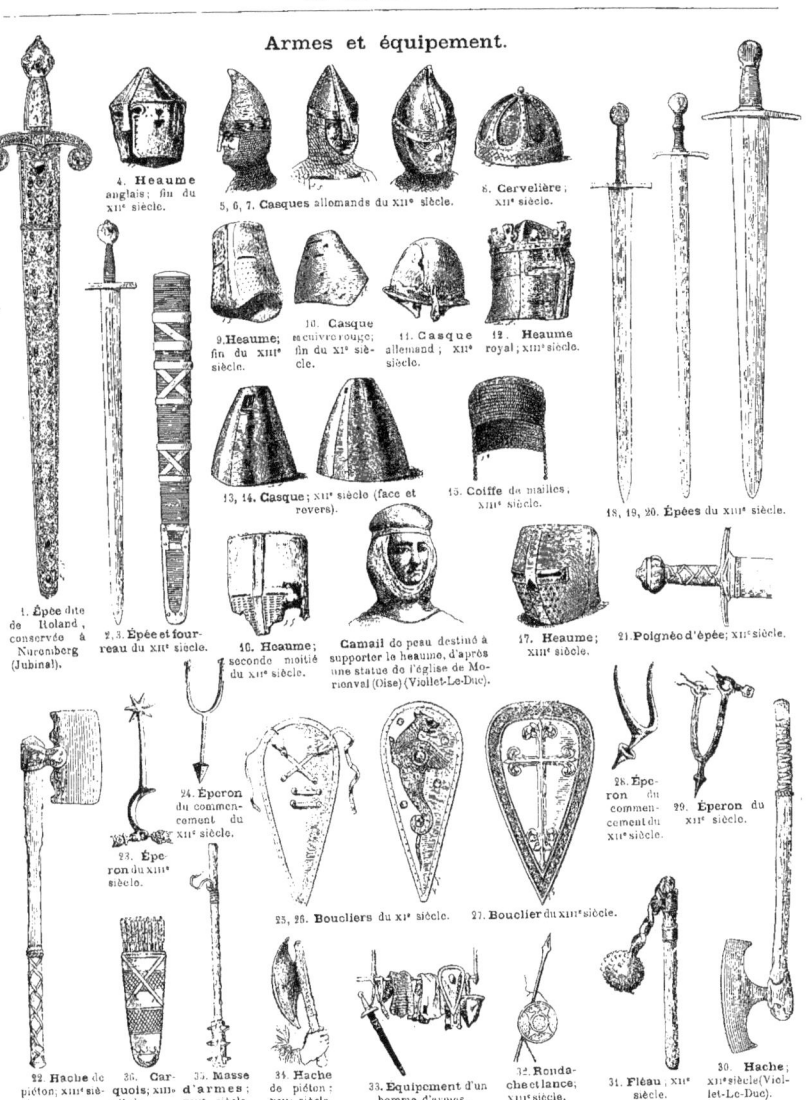

Les n°° 2, 3, 4, 8, 9, 10, 11, 13, 14, 15, 16, 17, 18, 24, 28, sont reproduits d'après des originaux conservés au Musée d'artillerie de Paris, les n°° 5, 6, 7, ont été restitués par Viollet-Le-Duc d'après le manuscrit d'Herrade de Landsberg, les n°° 12, 22, 32, 33, 34, 35 d'après des miniatures de manuscrits conservés à la Bibliothèque nationale, le n° 21 d'après une statue de la cathédrale de Chartres, les n°° 25 et 26 d'après les tapisseries de Bayeux, le n° 27 d'après un tombeau de la cathédrale de Lisieux, le n° 31 d'après une statue de la cathédrale de Vérone, les n°° 19, 20, 30, proviennent de collections particulières et les n°° 23 et 29 de fouilles faites par Viollet-Le-Duc.

## L'équipement.

Tentes du xiiᵉ siècle; de ces quatre tentes, les trois premières ont été restituées par Viollet-Le-Duc d'après le manuscrit d'Herrade de Landsperg, la quatrième d'après un manuscrit de la Bibliothèque nationale.

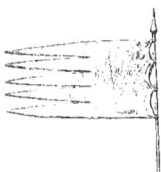    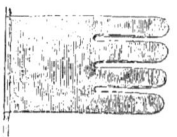

Bannière du xiiiᵉ siècle, d'après un manuscrit de la Bibliothèque nationale (Viollet-Le-Duc).

Écus ornés d'armoiries de la fin du xiiiᵉ siècle (Viollet-Le-Duc).

Bannière du xiiiᵉ siècle, d'après un manuscrit de la Bibliothèque nationale (Viollet-Le-Duc).

mailles métalliques engagées les unes dans les autres. Dans le premier cas, cette tunique est appelée *broigne*, dans le second, elle est dite *haubert*.

La tête est protégée par un casque, *helme* ou *heaulme*. Jusqu'au xiiᵉ siècle, le casque est ovoïde ou conique, sans couvre-nuque, muni d'un *nasal*, plaque métallique destinée à protéger le nez. Au xiiiᵉ siècle, c'est un large cylindre, couvrant entièrement la tête, percé seulement de quelques trous pour permettre au chevalier de respirer, de voir et d'entendre. Les jambes furent d'abord garnies de bandelettes; puis, à partir du milieu du xiiᵉ siècle, on les couvrit de chausses analogues au haubert et le cavalier se trouva ainsi couvert de la tête aux pieds d'un tissu métallique. Comme armes défensives, le chevalier portait encore le bouclier oblong et comme armes offensives, il avait l'épée et la lance garnie d'une bannière. Les chevaux étaient protégés par des chanfreins d'acier, des bandes de cuir, des housses de feutre, des croupières et des poitrails (poitriaus) en tissu de mailles. Les fantassins portent un pourpoint de cuir, ou bien le *haubergeon*, cotte de mailles plus courte et plus légère que le haubert, et sur la tête ils ont,

soit une sorte de béret de feutre, soit une calotte de fer. Ils sont armés d'un bouclier rond ou ovale, de piques, de la guisarme, sorte de hallebarde, du fauchard, grand coutelas emmanché au bout d'une hampe, de la masse, de la fronde, de l'arc et de l'arbalète.

**La bataille.** — Les opérations militaires étaient très simples. « Deux armées arrivent en présence l'une de l'autre; les plus forts et les mieux armés sortent des rangs et en viennent aux mains avec un petit nombre d'adversaires également bardés de fer. Puis, des troupes de valets, écuyers et fantassins surviennent pour les débarrasser et saisir les guerriers désarçonnés. En conséquence des bons ou des mauvais succès de ces engagements particuliers, les masses avancent ou reculent jusqu'au moment où l'une cède absolument le champ de bataille. Le lendemain, on enterrait les morts; on échangeait ou on rachetait les prisonniers et tout recommençait de plus belle. » (P. Paris.)

**La défense des places fortes.** — Le siège des places fortes était une opération que l'importance des fortifications rendait plus longue et plus difficile. Pour s'emparer d'une place forte, il fallait triompher souvent de trois

# La défense 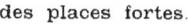 des places fortes.

Construction des hourds au donjon de Coucy (d'après Viollet-Le-Duc).

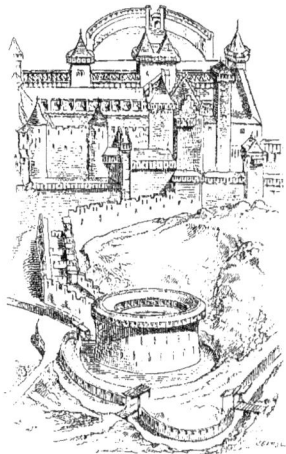

Le château de la cité de Carcassonne, vu de l'extérieur de la ville (restitution). Les défenses comprennent des palissades ou lices, puis une grosse tour masquant l'entrée d'un long escalier, défendu par des parapets crénelés, qui donne accès dans le château, après avoir longé la muraille (Viollet-Le-Duc).

La Porte Narbonnaise à Carcassonne, fin du XIIIᵉ siècle (d'après une photographie); état actuel.

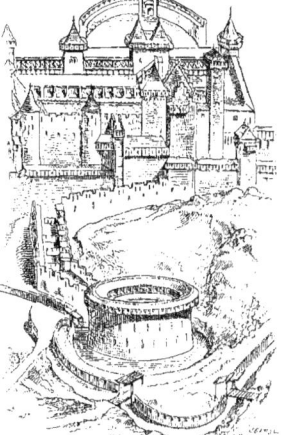

Charpentier lançant les poutres sur lesquelles sera jeté le plancher des hourds (Viollet-Le-Duc).

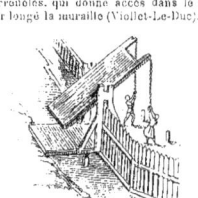

Pont à bascule au XIIIᵉ siècle, reconstitué par Viollet-Le-Duc.

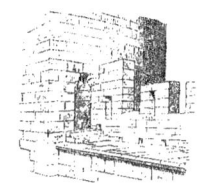

Chemin de ronde ou courtine avec ses créneaux à Carcassonne (Viollet-Le-Duc).

enceintes; la première protégeait la ville; la seconde enfermait la *baille*, vaste cour où se trouvaient les dépendances du château; la troisième enfin enveloppait le château proprement dit où le dernier terme de la défense était l'énorme tour du donjon, souvent séparée du reste de l'édifice par un fossé particulier. Les murailles étaient épaisses, précédées d'un large fossé, portant à leur extrémité un chemin de ronde protégé par un parapet percé à intervalles réguliers d'ouvertures rectangulaires appelées *créneaux*. Vers la fin du XIᵉ siècle, on imagina d'établir sur des poutres engagées dans la muraille, de petites constructions en bois surplombant le fossé; on leur donna le nom de *hourds*. Ces hourds formaient une galerie supplémentaire qui facilitait la défense. De distance en distance, on élevait des tours faisant saillie sur la muraille; des salles qu'elles renfermaient, on pouvait, par des meurtrières, lancer des flèches sur les assaillants. La porte d'entrée du château était établie entre deux grosses tours; c'était un étroit « corridor fortifié ». Un pont à bascule le faisait communiquer avec l'autre bord du fossé; un ouvrage fortifié, la *barbacane*, en défendait l'accès. Le corridor pouvait être fermé par une forte grille, la *herse*, qu'on faisait glisser le long de rainures pratiquées dans la maçonnerie à l'aide de machines situées dans une salle placée au-dessus du passage.

## L'attaque des places fortes.

Mantelet en bois.

Tête de bélier.

Mantelet en bois.

Attaque d'une place forte au XIIIᵉ siècle (figure théorique où Viollet-Le-Duc a réuni les principaux engins d'attaque, le bélier dissimulé sous une cahute, le trébuchet et le beffroi).

L'assaut à l'aide du beffroi (d'après Viollet-Le-Duc); le fossé ayant été comblé, le beffroi recouvert de peaux pour le mettre à l'abri de l'incendie par les assiégeants est roulé jusqu'à la muraille.

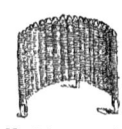

Mantelet en osier.

Échelle dressée pour l'assaut.

Mantelet en osier.

Arbalète à ressort à l'aide de laquelle « on lançait des dards d'une grande longueur, des barres de fer rougies au feu, des traits garnis d'étoupe et de feu grégeois en forme de fusée ».

Attaque d'un mur à l'aide de la sape; au sommet de la muraille ont été figurés les hourds (figure théorique d'après Viollet-Le-Duc).

Baliste, machine destinée à lancer de lourdes pierres.

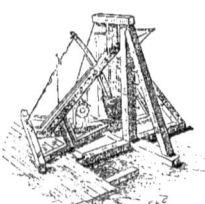

Arbalète, rappelant la catapulte romaine.

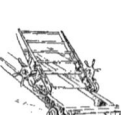

Échelle pour l'assaut; à l'aide de treuils, on la redressait contre la muraille.

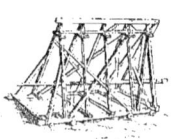

Bélier, la poutre centrale suspendue à des cordages était balancée de manière à frapper plus fortement la muraille.

Trébuchet à contrepoids, sorte de fronde qu'on bandait à l'aide d'un treuil et qui lançait de lourds projectiles.

Ces engins ont été reconstitués par Viollet-Le-Duc, d'après les données générales que fournissent les vignettes des manuscrits et les sculptures des monuments et les descriptions des auteurs.

**Les sièges.** — Ce n'était qu'au prix de longs efforts que les assaillants parvenaient à s'emparer de ces puissantes places de guerre. « Jusqu'au XIIIᵉ siècle, la fortification est protégée par sa force même, par la masse et la situation de ses constructions. Il suffisait de

## Les Tournois.

Un tournoi au XII<sup>e</sup> siècle; au fond, on voit les tribunes où se plaçaient les dames; puis, auprès de l'entrée des barrières ou lices, des cavaliers attendant leur tour de prendre part à la lutte; au centre, des serviteurs et d'autres tournoyeurs ramènent l'un des jouteurs précipité par son adversaire à bas de son cheval. (Restitution.)

renfermer une faible garnison dans des tours et derrière des murailles hautes et épaisses, pour défier les efforts d'assaillants, qui ne possédaient que des moyens d'attaque très faibles ». (Viollet-Le-Duc). Lorsque ceux-ci n'avaient pu s'emparer de la place par surprise, ou qu'ils ne voulaient pas recourir au blocus qui pouvait durer fort longtemps, ils essayaient de tuer le plus grand nombre possible d'assiégés, de briser les murailles à l'aide de machines, d'incendier la ville avec des projectiles enflammés. Pendant qu'ils travaillaient à combler le fossé, des machines de jet envoyaient des projectiles sur les chemins de ronde et dans l'intérieur de la place. Le fossé comblé, on battait la muraille avec le *bélier*; on appliquait les échelles pour tenter l'escalade; on faisait avancer une tour roulante en bois, le *beffroi*; de la terrasse du beffroi un pont mobile s'abattait sur le chemin de ronde et une troupe de combattants s'efforçait ainsi de s'emparer des remparts. Sur d'autres points, des mineurs sapaient la muraille de façon à en amener la chute. Ils creusaient de longues galeries sous les murailles; ils étançonnaient la partie supérieure à l'aide de boisages; puis ils mettaient le feu à ces bois et se retiraient. Le feu consumait les poutres, et le plafond de la galerie n'étant plus soutenu entraînait dans sa chute tout un pan de la muraille. Les assiégés se défendaient en lançant des pierres, des pieux aiguisés, des grosses flèches, du plomb fondu, de la poix, de l'huile bouillante. Ils tentaient des sorties pour aller incendier le camp ennemi. Ils essayaient en creusant des galeries de contre-mines de déjouer les projets de l'adversaire.

**Les tournois.** — En temps de paix, l'ardeur belliqueuse des barons trouvait encore à se satisfaire aux tournois. Le tournoi primitif était une véritable bataille précédée d'un défi, et qui devait être livrée en une heure et un jour exactement déterminés par les deux partis. Il y avait souvent des chevaliers tués à ces jeux; dans

## Scènes de la vie militaire.

Cheval harnaché (XIIIe siècle) restitué
par Viollet-Le-Duc, d'après un manuscrit de
la Bibliothèque nationale.

La fabrication des armes, d'après un manuscrit de la Bibliothèque de Berlin (Schultz).

Manœuvre de la lance au XIIIe siècle ;
restitution par Viollet-Le-Duc, d'après un
manuscrit de la Bibliothèque nationale.

Une mêlée au XIIe siècle, d'après le
manuscrit de Herrade de Landsperg (Schultz).

La fabrication des armes,
d'après un manuscrit de la Bibliothèque de Berlin (Schultz).

Cavalier renversant des fantassins d'après un
manuscrit d'Heidelberg (Schultz).

Formation en coin, d'après une peinture
murale à Braunweiler, Prusse rhénane
(Schultz).

Fantassin armant l'arbalète au XIIIe siècle, restitué
par Viollet-Le-Duc, d'après
un manuscrit de la Bibliothèque nationale.

Transport d'un prisonnier d'après un manuscrit
de Hanovre (Schultz).

Combat à pied d'après un manuscrit d'Heidelberg (Schultz).

Étendard sur une
voiture (Schultz).

Carroccio d'après un dessin
du XVIIe siècle (Schultz).

Gens de pied au XIIIe siècle,
d'après l'album de Villard de
Honnecourt.

un tournoi de 1240, on releva plus de 60 morts. Néanmoins les dames assistaient à ces spectacles meurtriers et leurs cris d'enthousiasme ou d'indignation excitaient les combattants. C'est ainsi que les barons se donnaient, même en temps de paix, l'illusion de leur passion favorite. « Guerre, chasse et tournoi, c'est en trois mots toute la vie d'un baron » (L. Gautier).

# CHAPITRE XVIII

La Vie intellectuelle du XIe siècle au XIIIe siècle.

Miniature de l'**Hortus Deliciarum**, manuscrit de Herrade de Landsberg, représentant la philosophie et les arts libéraux. Ce célèbre manuscrit a été écrit au XIIe siècle dans le couvent de Hohenbourg (en Alsace), dont Herrade de Landsberg était alors abbesse ; longtemps conservé à la bibliothèque de Strasbourg, il a été détruit lors de l'incendie de cette collection, en 1870, pendant le bombardement de cette ville par l'armée allemande. Il ne reste aujourd'hui que des calques et des reproductions des intéressantes miniatures qu'il contenait.
Au centre de la composition est assise la Philosophie, ayant sur la tête une couronne d'où sortent trois figures humaines, l'éthique ou morale, la physique et la logique. Derrière elle, sont représentées les sources du savoir ; à ses pieds, Socrate et Platon écrivant, désignés par leurs noms, placés à côté de leur tête. Dans un second cercle entourant le premier, on voit debout, sous des arcades, chacun des arts libéraux ; la Grammaire, tenant une férule et un livre ; la Rhétorique, avec des tablettes sur lesquelles on écrivait les discours ; la Dialectique, ayant à la main une tête de chien, allusion probable à la violence des discussions auxquelles elle préside ; la Musique, avec une harpe et des instruments de musique ; l'Arithmétique, tenant une sorte de machine à compter ; la Géométrie, avec un compas et une règle, l'Astronomie, contemplant les astres, un boisseau à la main. En dessous de la circonférence, sont assis les poètes antiques, inspirés chacun par un oiseau qui représente l'esprit du mal. De curieuses légendes latines célébrant la philosophie ou commentant les représentations des arts libéraux, accompagnent le dessin.

## Les manuscrits et l'écriture.

Tablettes de cire portant les comptes de l'hôtel de saint Louis; aujourd'hui aux Archives nationales.

Lutrin de bibliothèque du XII<sup>e</sup> siècle, restitué par Viollet-Le-Duc d'après un manuscrit de la Bibliothèque nationale.

Scriptionale, « pupitre que l'on plaçait sur les genoux pour écrire », restitué par Viollet-Le-Duc d'après une sculpture de l'église de Vézelay (XI<sup>e</sup> siècle).

Sceau de Maître Robert de Deuil, XII<sup>e</sup> siècle (Archives nationales).

Sceau de Gilles Lopez de Triverri, docteur ou décrets (1276), conservé aux Archives nationales.

Plaque de reliure en or du XIII<sup>e</sup> siècle, recouvrant un recueil d'évangiles pour les messes de l'année, à l'usage de la Sainte-Chapelle (Bibliothèque nationale).

Une page d'un manuscrit du XIII<sup>e</sup> siècle (réduction); la miniature représente le trouvère Adenez récitant devant la reine de France, Blanche de Castille, et la comtesse d'Artois, Mathilde de Brabant, le roman de Cléomadès; au-dessous de la miniature sont écrits les premiers vers du poème, d'après le manuscrit conservé à la bibliothèque de l'Arsenal, à Paris (Lacroix).

Plaque de reliure en ivoire de travail byzantin (XI<sup>e</sup> siècle), ornée de pierreries et d'émaux, d'un recueil d'évangiles pour les messes de l'année (Bibliothèque nationale).

**L'étude au moyen âge.** — L'étude était difficile au moyen âge; les livres étaient peu nombreux; la matière même qui recevait l'écriture, le parchemin, coûtait cher; il fallait faire de longs voyages pour aller recueillir l'enseignement des maîtres célèbres. Néanmoins, l'amour de la science a triomphé de l'insuffisance des moyens de s'instruire que la société fournissait aux savants de ce temps, et il y a peu d'époques où le goût du savoir ait été aussi répandu qu'au moyen âge.

**Les instruments de travail.** — Du VII<sup>e</sup> au XI<sup>e</sup> siècle on employa de préférence pour recevoir l'écriture des peaux d'agneaux ou de jeunes veaux, soigneusement tannées, raclées et polies à la pierre ponce; c'est le *parchemin* qu'on utilisait surtout pour les actes et les livres. Pour les lettres et les comptes, on se servait encore, comme chez les anciens, de tablettes de bois ou d'ivoire enduites d'une mince couche de cire noire. On y traçait des caractères à l'aide de stylets, petites pointes d'os ou d'ivoire, aiguisées à un bout, aplaties à l'autre, de manière à pouvoir effacer ce qui venait d'être écrit. Sur le parchemin, on écrivait à l'aide de plumes d'oie; l'encre dont on se servait était un mélange de noix de galle et de sulfate de fer. Le papier de fil a été éga-

## Les manuscrits et l'écriture.

Meuble servant de siège et de pupitre, restitué par Viollet-Le-Duc d'après un manuscrit du XIIIe siècle; à gauche de la tablette à écrire, est placé un écritoire; à droite du siège, est un lutrin circulaire muni d'un chandelier et pouvant tourner au gré du lecteur.

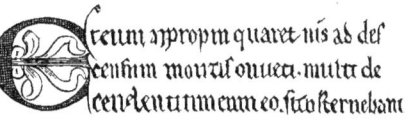

Minuscule du XIe siècle, d'après un manuscrit de la Bibliothèque nationale (Prou).

Minuscule du XIIe siècle, d'après un manuscrit de la Bibliothèque nationale (Prou).

Plaque de reliure du XIIIe siècle, portant sculptés le Christ en croix, la Vierge et saint Jean, recouvrant un recueil d'évangiles pour les principales fêtes de l'année, à l'usage de la Sainte-Chapelle (Bibliothèque nationale).

Écriture du XIe siècle d'après un diplôme du roi Robert II daté de 1030 (Prou).

Écriture du XIIe siècle; d'un diplôme de Louis VI daté de 1124 (Prou).

Écriture gothique; d'une charte de 1276 (Prou).

Ces spécimens d'écriture du XIe au XIIIe siècles sont considérablement réduits.

lement connu au moyen âge, mais il ne fut guère employé que pour les lettres. Les miniatures nous représentent les copistes ou les écrivains assis devant des pupitres inclinés; d'une main ils tiennent la plume qu'ils trempent dans un encrier de corne fiché dans le pupitre; dans l'autre main, ils ont le grattoir qui leur permettait de corriger aussitôt leurs erreurs.

**L'écriture.** — L'écriture en usage fut d'abord la *minuscule caroline* inventée par Alcuin; cette écriture, aussi lisible que nos caractères d'imprimerie, qui en sont d'ailleurs dérivés, ne commença à se déformer qu'au début du XIIIe siècle; les caractères en devinrent alors plus pointus et commencèrent à se charger de fioritures; ce fut la *gothique*. La minuscule carolingienne, puis la gothique se répandirent dans toute l'Europe et s'y substituèrent aux autres écritures, dites *écritures nationales*,

## Maîtres et Étudiants.

Une école normande au XIe siècle, d'après un manuscrit conservé au Trinity Collège, à Cambridge (Wright).

Un docteur au XIIIe siècle, restitué par Viollet-Le-Duc, d'après un manuscrit de la Bibliothèque nationale.

Un docteur au XIIIe siècle, d'après un bas-relief de la cathédrale de Paris (Viollet-Le-Duc).

Sceau du docteur Simon de Kanine (XIIIe siècle).

Sceau de Guillaume de Bardenay (1214).

Sceau du docteur Jean de Blanosco (1272).

Sceau de l'Université de Paris (fin du XIIIe siècle).

Sceau d'Arnaud d'Escalquens, jurisconsulte (1251).

Revers du sceau de l'Université de Paris.

Les sceaux représentés sur cette page et sur la suivante sont conservés aux Archives nationales.

Maître tenant à la main une férule, restitué par Viollet-Le-Duc d'après un manuscrit du XIIIe siècle de la Bibliothèque nationale.

Sceau de Gui de Regio, docteur en lois (1251).

Le sceau de Guillaume de Bardenay est accompagné de cette légende « Ex impossibili quod libet », de l'impossible il faut faire ce qu'on peut.

telles que l'écriture wisigothique, lombarde ou anglo-saxonne.

**Les manuscrits.** — Les livres étaient écrits à la main, d'où leur nom de *manuscrits*. Ils sont formés de cahiers de parchemin cousus les uns aux autres et protégés par une couverture; on ne trouve plus qu'un petit nombre de manuscrits faits de bandes de parchemin cousues les unes au bout des autres et disposées en rouleaux, comme étaient faits les manuscrits antiques. Du Xe au XIVe siècle, les manuscrits sont en général de forme rectangulaire; leur format le plus considérable n'est encore que celui de nos in-4°; mais il y en eut beaucoup de plus petits. Les plus grands et les plus soignés d'exécution ou d'ornementation sont d'ordinaire des bibles ou des recueils d'évangiles pour les différents offices de l'année; les plus petits et les moins parés sont des livres d'enseignement, des recueils de chansons de geste ou de poésies à l'usage des trouvères. Beaucoup ne sont recouverts que d'une feuille de cuir; mais il y en a d'autres dont les reliures sont faites de légères planchettes de bois qui portent des plaques d'ivoire ou de métal sculpté,

## Maîtres et étudiants.

Maîtres et étudiants de l'Université au XIIIe siècle, d'après une suite de médaillons de la cathédrale de Paris.

Sceau de Giraud d'Andrian, docteur en décrets (1251). — Sceau d'un maître des écoles d'Orléans (XIIIe s.). — Sceau d'Anselme Silvaticus, de Crémone, professeur de droit civil (1272). — Sceau de l'Université d'Oxford au XIIIe s. (Green). — Sceau de Gilles Aycelin, chanoine de Clermont, professeur en lois (1276).

des émaux, des pierres précieuses, etc. Les pages des manuscrits de luxe ne sont pas moins décorées que leurs couvertures. Une écriture élégante et régulière, des titres de chapitre écrits en caractères spéciaux, onciale ou capitale, tracés avec une encre de couleur; des initiales au début des chapitres ou même des alinéas, dessinées ou peintes au XIe et au XIIe siècle avec un richesse d'ornements et une extraordinaire fantaisie, avec un goût plus pur au XIIIe, souvent rehaussées d'or, de petites aquarelles ou miniatures servant à illustrer le texte, donnent aux pages d'un manuscrit un aspect séduisant.

**Les copistes.** — Jusqu'au début du XIIIe siècle, la rédaction des manuscrits n'eut guère lieu que dans les monastères, et fut une des principales occupations des moines et des religieuses. Il y avait dans les abbayes une salle spéciale où, sous la direction de l'un d'entre eux chargé spécialement de ce service, les moines passaient leurs journées tout entières à copier des manuscrits; c'étaient eux aussi qui faisaient toutes les opérations accessoires, préparation et réglage des feuillets, couverture des volumes, etc. Au XIIIe siècle, après la fondation de grandes universités, les moines ne suffirent plus à ce travail; des corporations laïques de parcheminiers, de copistes, d'enlumineurs et de relieurs leur succédèrent. A Paris, ils étaient placés sous le contrôle du recteur de l'Université. Les volumes publiés à Paris acquirent vite une réputation européenne.

**Les bibliothèques.** — Les manuscrits coûtaient fort cher; pendant longtemps il n'y eut que les abbayes qui eurent des bibliothèques. Les plus considérables au XIIe siècle ne possédaient guère plus de quelques centaines de livres. Ils étaient disposés à plat dans des armoires, et les plus précieux d'entre eux étaient retenus par des chaînes, pour qu'on ne pût les dérober. Il y avait entre les abbayes des services réguliers de prêt et d'échange. A partir du XIIIe siècle, les manuscrits deviennent plus nombreux, moins coûteux et les particuliers commencèrent à se former eux-mêmes de petites bibliothèques.

**Les écoles monastiques.** — C'est aussi auprès des églises et des abbayes qu'on trou-

## Iconographie religieuse.

Un ange, XIIIe siècle; cathédrale de Reims.

Le Baptême de Jésus-Christ, d'après un vitrail de la cathédrale de Chartres (XIIe siècle).

La Cène, d'après un vitrail de la cathédrale de Chartres (XIIe siècle).

Le Christ bénissant, cathédrale d'Amiens (XIIIe siècle).

La Lâcheté. (Cathédrale de Chartres).

L'Orgueil. (Cathédrale de Chartres).

Le démon; figure formant un T majuscule, d'après un recueil de prières, rédigé à l'occasion de la mort de saint Vital, abbé de Savigny, conservé aux Archives nationales (Silvestre).

Le Courage. (Cathédrale de Chartres).

La Prudence. (Cathédrale de Chartres).

Le Jugement dernier, d'après un bas-relief du XIIIe siècle, à la cathédrale de Bourges (d'après une photographie).

L'âme échappée de la bouche du mort est ravie au démon par un ange, d'après un vitrail de la cathédrale de Bourges (XIIIe siècle).

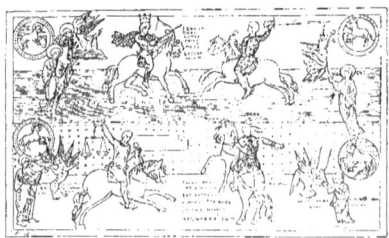
Les cavaliers de l'Apocalypse, d'après un manuscrit du XIe siècle à la Bibliothèque nationale.

Démons dans l'enfer torturant des damnés; d'après un vitrail de la cathédrale de Bourges (XIIIe siècle).

## Sciences, légendes et superstitions.

La géométrie.
(Cathédrale de Laon.)

L'arithmétique.

Médecin, restitué par Viollet-Le-Duc, d'après un manuscrit de la fin du XIIIᵉ siècle, à la Bibliothèque nationale.

La médecine.
(Cathédrale de Laon.)

L'astronomie.

Moines s'occupant d'agriculture, lettre ornée d'un manuscrit du XIVᵉ siècle (Lacroix).

Une leçon d'astronomie au XIIIᵉ siècle, d'après le bréviaire de saint Louis à la Bibliothèque de l'Arsenal à Paris (Lacroix).

Un astronome; lettre ornée d'un manuscrit du XIVᵉ siècle (Lacroix).

Le crocodile traversé par l'hydre qu'il a voulu dévorer (Cahier et Martin).

L'univers, tel qu'il était figuré au XIIIᵉ siècle, d'après un manuscrit de la Bibliothèque nationale (Léon Gautier).

La France, d'après une mappemonde ornant une Apocalypse écrite au XIᵉ siècle dans l'abbaye de Saint-Sever en Gascogne, aujourd'hui à la Bibliothèque nationale (L. Gautier).

Le monde terrestre, d'après une mappemonde de la bibliothèque de Turin, datant du XIIIᵉ siècle (L. Gautier).

vait groupées les écoles; celles-ci étaient surtout destinées au recrutement et à l'instruction des clercs. Les enfants pris très jeunes étaient réunis dans une salle commune sous la surveillance d'un clerc âgé. En général, ils étaient assis à terre ou sur des bottes de paille et prenaient des notes sur des tablettes en écoutant la lecture qui leur était faite par un maître. Ils avaient en outre des salles d'étude où ils mettaient leurs notes au net sur des cahiers de parchemin. La discipline était sévère. Les enfants ne pouvaient causer entre eux qu'après avoir reçu l'autorisation du maître. Les punitions corporelles étaient en

## Lettres ornées.

usage; le coupable dépouillé de ses vêtements était battu de verges, mais il était défendu de frapper au visage. Le milieu de la journée était consacré au repos; il était sévèrement interdit « d'en détourner un instant pour lire ou écrire dans son lit ».

**Les universités.** — Jusqu'au début du XIIIe siècle, les écoles monastiques et épiscopales furent les principaux centres de la culture intellectuelle. Dans les monastères de second ordre, on n'enseignait guère que les rudiments; dans les grandes écoles, comme celles de Chartres, de Reims, de Paris, on parcourait le cycle complet des études. L'on y étudiait la théologie, puis le *trivium* (grammaire, rhétorique, dialectique), et le *quadrivium* (arithmétique, géométrie, astronomie, musique). Mais à partir du commencement du XIIIe siècle, il se forma des associations nouvelles uniquement destinées à l'enseignement; ce furent les Universités; et l'on vit naître de nouvelles mœurs scolaires. Autour des maîtres qui n'appartenaient plus en général aux ordres monastiques, se réunirent un grand nombre de

## Légendes et superstitions.

Combat d'Alexandre et d'hommes à têtes de sangliers.

Combat d'Alexandre et d'un dragon.

Combat d'Alexandre avec des sangliers à longues défenses et des hommes et des femmes à six mains.

La caladre sur la croix de Jésus-Christ. Cet oiseau est représenté à côté du Christ parce que de même que le Christ a enlevé les péchés des hommes, de même la caladre débarrasse le malade du germe de la maladie qu'elle va perdre dans les feux du soleil.

Le monde marin, tel qu'on se le figurait au XIIIe siècle; le personnage qui s'est fait descendre dans le tonneau de verre, sur le sol sous-marin, est Alexandre.

Combat d'Alexandre et de lions gigantesques.

Cette suite de miniatures provient d'un manuscrit du XIIIe siècle conservé à la Bibliothèque de Bruxelles (Lacroix).

Combat d'Alexandre contre des serpents fantastiques appelés cancres.

Combat d'Alexandre contre des chimères et des chiens.

Combat d'Alexandre contre des dragons cornus.

La caladre au lit d'un mourant. Suivant une légende, l'attitude de cet oiseau au lit d'un malade faisait connaître le sort réservé à celui-ci; d'après un bestiaire du XIIIe siècle (Cahier et Martin).

jeunes gens. L'Université de Paris compta plusieurs milliers d'étudiants venus de toutes les parties de l'Europe. Maîtres et étudiants se groupaient par pays ou par province, étudiants et maîtres d'un même groupe, d'une même nation, logeaient le plus souvent dans le même hôtel; fréquemment, ils mangeaient à la même table; quelquefois les étudiants servaient les maîtres pendant le repas comme des écuyers. Beaucoup d'étudiants étaient pauvres et réduits à mendier pour continuer leurs études; aussi de bonne heure, de riches personnes charitables fondèrent-elles des collèges où le vivre et le couvert furent donnés à quelques jeunes gens; c'est grâce aux libéralités du chapelain de saint Louis, Robert Sorbon, que la Sorbonne, l'un des plus célèbres de ces établissements, fut fondée. A Paris, l'Université n'avait pas de bâtiments spéciaux; les maîtres, groupés sur la montagne Sainte-Geneviève, sur la rive gauche de la Seine, donnaient leur enseignement chacun dans sa demeure. Un statut de 1215 leur imposa comme costume la chape ronde et noire, tombant jusqu'aux talons. Quant aux étudiants ils n'avaient point de costume spécial. Ils formaient une jeunesse avide de savoir, mais aussi de plaisirs, turbulente, continuellement en rixe avec la bourgeoisie et avec le guet.

**L'instruction des laïques.** — Ceux qui suivaient les cours de ces grands établissements aspiraient à devenir des savants de profession; ils allaient y chercher des grades de licenciés ou de docteurs auprès des facultés de théologie, de droit, de médecine et des arts, c'est-à-dire des belles-lettres, qui se partageaient l'enseignement. Parmi les laïques

## Légendes et superstitions; sciences et arts.

La dialectique.    La grammaire.    La rhétorique.    La peinture.    La musique.

Ces statuettes, ainsi que celles des pages 209 et 210, sont reproduites par Viollet-Le-Duc, d'après une suite de sculptures du XIII<sup>e</sup> siècle, de la cathédrale de Laon, représentant les arts libéraux.

L'homme et les éléments.    Les sirènes déchirant une de leurs victimes.    Le Sagittaire combattant un être au front orné d'une corne.

Argus.    La salamandre.    Le phénix.    Panthères.

Ces miniatures reproduisant des animaux fantastiques, proviennent de différents bestiaires (Cahier et Martin).

ceux qui avaient des visées moins hautes pour leurs enfants, les confiaient aux écoles tenues par les prêtres des paroisses ou bien à des maîtres libres, qui faisaient profession d'instruire la jeunesse. Les enfants nobles recevaient leur première instruction du chapelain du château ; c'était un assez médiocre bagage, si nous en jugeons par les renseignements que nous fournissent les chansons de geste. L'écriture et la lecture, puis le catéchisme, quelques connaissances d'astronomie confondue avec l'astrologie, quelques notions d'histoire sainte, et pour l'histoire profane « trois épisodes, trois noms résumant toute l'histoire de l'humanité avant le Christ, en dehors du peuple de Dieu, Troie, Alexandre, César » (Léon Gautier), la connaissance de quelques remèdes empiriques, tel est à peu près tout le savoir d'un baron instruit du douzième siècle. Il est vrai que, s'il faut en juger par les souvenirs que Guibert de Nogent, élevé par un précepteur, avait conservés de l'enseignement de son maître, les méthodes n'avaient rien de captivant ; il rapporte en effet que souvent il allait retrouver sa mère, les yeux pleins de larmes, les épaules toutes meurtries de coups. A partir du treizième siècle, le savoir des laïques devint plus étendu : de nouveaux moyens de s'instruire leur furent procurés, grâce à la multiplication des manuscrits. On traduisit en langue vulgaire ou bien l'on rédigea de vastes traités encyclopédiques, les « *images du monde* » si fréquentes, des chroniques universelles, de

## La musique; trouvères et jongleurs.

Audition d'un trouvère dans un château au XIII⁰ siècle. Lorsqu'un trouvère s'arrêtait dans un château, le seigneur, sa famille et ses gens s'assemblaient dans la plus grande salle; le trouvère récitait quelque long poème, s'accompagnant lui-même sur un instrument de musique, assisté de jongleurs qui divertissaient l'auditoire pendant que le poète prenait quelque repos. (Restitution).

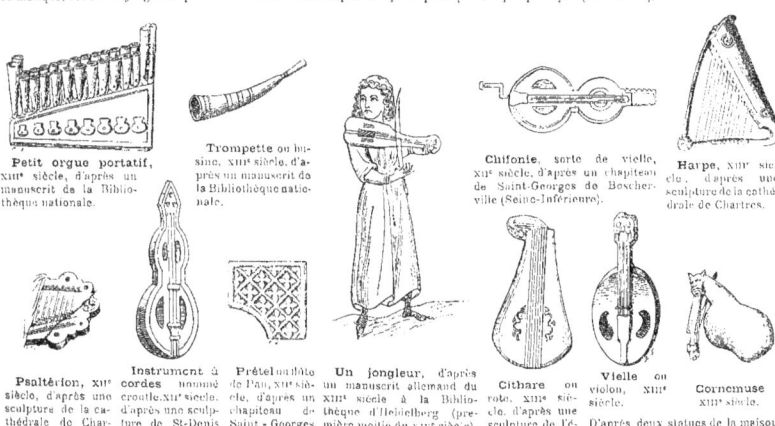

Petit orgue portatif, XIII⁰ siècle, d'après un manuscrit de la Bibliothèque nationale.

Trompette ou busine, XIII⁰ siècle, d'après un manuscrit de la Bibliothèque nationale.

Chifonie, sorte de vielle, XII⁰ siècle, d'après un chapiteau de Saint-Georges de Boscherville (Seine-Inférieure).

Harpe, XIII⁰ siècle, d'après une sculpture de la cathédrale de Chartres.

Psaltérion, XIII⁰ siècle, d'après une sculpture de la cathédrale de Chartres.

Instrument à cordes nommé croutle, XII⁰ siècle, d'après une sculpture de St-Denis (Viollet-Le-Duc).

Prêtel ou flûte de l'an, XII⁰ siècle, d'après un chapiteau de Saint-Georges de Boscherville.

Un jongleur, d'après un manuscrit allemand du XIII⁰ siècle à la Bibliothèque d'Heidelberg (première moitié du XIV⁰ siècle).

Cithare ou rote, XIII⁰ siècle, d'après une sculpture de l'église d'Eu.

Vielle ou violon, XIII⁰ siècle.

Cornemuse, XIII⁰ siècle. D'après deux statues de la maison des Musiciens, à Reims.

naïfs traités d'histoire naturelle, comme ces curieux *Bestiaires*, où l'imagination du moyen âge ajoute de nouvelles superstitions au fond déjà si riche de l'antiquité. Quant aux dogmes de la religion et aux faits de l'histoire sainte, ils s'imposaient aux yeux et à la mémoire des

## La Musique; trouvères et jongleurs.

Chapiteau de Saint-Georges de Boscherville (Seine-Inférieure) du XIIe siècle, sur lequel sont figurés des rois jouant de divers instruments de musique.

Joueur de vielle.
(Maison des Musiciens, à Reims, XIIIe siècle.)

Chapiteau de Saint-Georges de Boscherville (Seine-Inférieure), du XIIe siècle, sur lequel sont figurés des rois jouant de divers instruments de musique.

Groupe de musiciens, d'après un manuscrit du XIIIe siècle à la Bibliothèque nationale.

Le roi David jouant du psaltérion, d'après le manuscrit de Herrade de Landsperg (XIIe siècle).

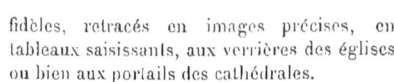

Joueur de sistre. Harpiste.
(Maison des Musiciens, à Reims; XIIIe siècle.)

Tambour. Timbres ou cymbales. Ces deux instruments ont été restitués par Viollet-Le-Duc.

Joueur de flûte. Joueur de cornemuse.
(Maison des Musiciens, à Reims; XIIIe siècle.)

fidèles, retracés en images précises, en tableaux saisissants, aux verrières des églises ou bien aux portails des cathédrales.

**La musique.** — La musique fut très goûtée au XIIe et au XIIIe siècle. « Partout se glisse la musique : à l'église, où nous voyons que les plus beaux chants de la liturgie sont de cette époque, où les représentations des mystères nous offrent le spectacle de véritables opéras ; dans les châteaux, où l'on n'entend pas seulement quelques chanteurs isolés, mais des concerts nombreux et bien organisés ; sur les places publiques, où retentissent, outre les chants des mystères, les fanfares des pompes princières. » (H. Lavoix.)

La musique fit alors de remarquables progrès : ce sont les musiciens du moyen âge qui ont créé le système de notation moderne et établi les principes du groupement des sons qui, développés, ont constitué l'harmonie moderne ; enfin ils ont imaginé de nouveaux instruments ; celui qui devait avoir la plus brillante fortune est la vielle ou viole, devenue le violon actuel.

Sculpture romane : Tympan de la porte de l'église de la Madeleine à Vézelay (Yonne); XIIe siècle. Sur le pied droit central est représenté saint Jean Baptiste tenant un nimbe. Au centre du tympan le Christ, dans sa gloire, étend les mains, desquelles s'échappent des rayons qui vont aboutir à la tête des apôtres placés à droite et à gauche [1].

Chapiteau de la cathédrale de Laon (XIIIe siècle).

Chapiteau de la cathédrale de Laon (XIIIe siècle).

# CHAPITRE XIX

## L'art roman. — L'art gothique.

**Origines de l'architecture au moyen âge.** — La place occupée par le moyen âge dans l'histoire des idées est médiocre ; celle qu'il tient dans l'histoire des arts est considérable. L'art qui domine tous les autres au moyen âge est l'architecture ; et les constructions où les architectes ont le plus pleinement donné la mesure de leur génie sont les églises. Le point de départ fut la *basilique chrétienne*, appropriation de la basilique païenne aux besoins du culte chrétien ; le point d'arrivée fut l'*église romane*, puis l'*église gothique*.

Le plan se modifia d'abord ; il prit la forme d'une croix latine par suite de l'interposition entre l'abside agrandie qui devint le *chœur* d'une sorte de nef transversale qui prit le nom

## Architecture et sculpture romanes; édifices religieux.

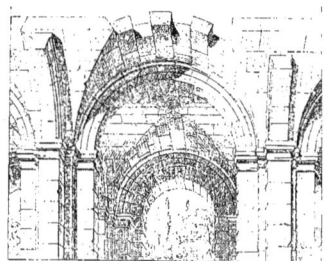

Voûte d'arête romane (figure théorique).

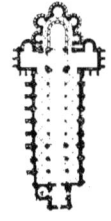

Plan de l'église Saint-Savin (Vienne); construite de 1030 à 1050.

Voûte gothique à arête sur croisée d'ogives (figure théorique).

Église couverte avec un plafond de bois. Intérieur de l'église de **Vignory** (Haute-Marne), construite au milieu du XIe siècle.

Plan d'une basilique (figure théorique).

Roi en conférence avec un architecte; miniature attribuée à Mathieu Paris, d'après un manuscrit du British Museum (Green).

Église voûtée en berceau. Intérieur de l'église **Saint-Nectaire** (Puy-de-Dôme); XIIe siècle.

Sculpture romane: chapiteau à figures fantastiques de l'église rurale de Déols, près de Châteauroux (Indre).

Plan de l'église de Notre-Dame du Port, à Clermont-Ferrand; XIIe siècle.

Cloître de Saint-Trophime, à Arles, XIIe siècle.

Sculpture romane; chapiteau de l'église de Saint-Laumer, à Blois; XIIe siècle.

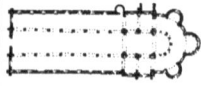

Plan de l'église de Vignory (milieu du XIe siècle).

## Architecture et sculpture romanes; édifices religieux.

Façade de l'église d'Angoulême (XIIe siècle); la partie inférieure, est seule ancienne; le pignon et les clochers ont été restaurés de nos jours.

Église romane voûtée en coupoles. Intérieur de l'église d'Angoulême; XIIe siècle. Le chœur est couvert d'une voûte en cul-de-four.

Chapiteau de l'église de Saint-Sernin, à Toulouse; XIIe siècle.

Frise du chœur de la cathédrale de Langres; XIIe siècle.

Chapiteau du cloître de Moissac (Tarn-et-Garonne); XIIe siècle.

Plan de la cathédrale d'Angoulême; XIIe siècle.

Chapiteau de l'église de Saint-Guilhem-du-Désert (Hérault); XIIe siècle.

Chapiteau de l'église de Saint-Nectaire (Puy-de-Dôme), XIIe siècle.

de *transept*. A l'extérieur, on adjoignit des tours qui, pour la plupart, abritèrent des cloches. Jusqu'au Xe siècle, le mode de couverture resta le même; l'édifice continua d'être couvert par un plafond de bois. Mais, pendant les invasions des Normands, un grand nombre d'édifices religieux furent incendiés; lorsqu'aux environs de l'an mille un redoublement de ferveur religieuse détermina les chrétiens d'Occident à reconstruire leurs églises, les architectes remplacèrent les plafonds ou les charpentes apparentes de bois par des

## Architecture et sculpture gothiques; édifices religieux.

Intérieur de la cathédrale de Laon. Vue de la galerie des tribunes (xii⁰ siècle); la construction de cette église devait être terminée vers 1178; le chœur fut remanié au début du xiii⁰ siècle.

Façade de la cathédrale de Paris; xiii⁰ siècle; cette partie de la cathédrale fut probablement construite de 1218 à 1235, postérieurement au chœur et à la nef, suivant un usage constant au moyen âge.

Crochets d'ornement à la cathédrale de Paris (xiii⁰ siècle).

Chapiteau du prieuré de Saint-Martin des Champs, à Paris (xiii⁰ siècle).

Chapiteau de la nef de la cathédrale de Reims (xiii⁰ siècle).

*voûtes* en pierre ; cette modification de la couverture des édifices acheva de transformer l'ancienne basilique mérovingienne. Dès lors, ce fut un édifice nouveau, l'*église romane*, c'est-à-dire dérivée des monuments romains. L'architecture nouvelle fut adoptée en France et dans toute l'Europe chrétienne jusqu'au milieu du xii⁰ siècle.

**La voûte.** — Les architectes romans employèrent trois sortes de voûtes : la *voûte en berceau*, la *voûte d'arête* et la *coupole*.

La première est un demi-cylindre reposant sur les murs latéraux ; la seconde est formée par la rencontre de deux berceaux, et est ainsi appelée parce que les surfaces intérieures se coupent suivant des lignes courbes qu'on appelle arêtes ; la coupole a la forme d'un demi-œuf ou d'une demi-sphère. L'emploi de la voûte qui, pesant d'un poids très lourd sur les murs latéraux, tendait à les renverser, contraignit les architectes à épaissir les murs, à augmenter la solidité des piliers à l'intérieur de l'église, à restreindre le nombre et les dimensions des ouvertures, principalement des fenêtres, à diminuer soit la largeur, soit la hauteur de l'édifice.

## Architecture et sculpture gothiques; édifices religieux.

Église gothique voûtée sur croisée d'ogives; cathédrale de Reims (XIIIᵉ siècle); vue prise du chœur. On aperçoit au fond la porte le mur de clôture couvert de sculptures, les deux roses et la galerie du triforium. Cette partie fut construite de 1212 à la fin du XIIIᵉ siècle.

Une cathédrale gothique munie de ses flèches; figure théorique représentant la cathédrale de Reims entièrement achevée (Viollet-Le-Duc). Aucune de nos cathédrales n'a conservé tous ses clochers.

Un apôtre; cathédrale de Reims; XIIIᵉ siècle.

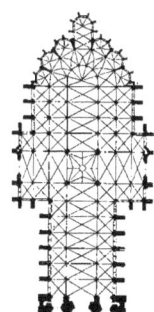

Plan d'une cathédrale gothique au XIIIᵉ siècle; Amiens.

La Vierge Marie; cathédrale de Reims; XIIIᵉ siècle.

**L'église romane.** — L'église romane a la forme de la croix latine ; la nef, souvent fort longue, est séparée du chœur par le transept ; le chœur est entouré d'une galerie qui prolonge autour de lui la nef ; trois ou cinq petites absides, formant autant de chapelles, s'ouvrent sur cette galerie ; à l'extrémité des bras du transept s'ouvrent également d'autres absides dans le sens de la nef. Celle-ci comprend une nef centrale et deux bas côtés ;

## Architecture romane et gothique; édifices civils.

Architecture civile romane; maisons romanes restaurées de Cluny (Saône-et-Loire).

Sculpture romane; statues de la cathédrale de Chartres; XIIᵉ siècle. (Ces figures ont été allongées par l'artiste du moyen âge pour être en harmonie avec l'ensemble du portail dont elles font partie.)

Architecture civile gothique; maisons du XIIIᵉ siècle, restaurées d'après des types de Provins et de Châteaudun.

Intérieur restauré de l'hôpital de Tonnerre (Yonne); XIIIᵉ siècle.

Ferronnerie du XIIIᵉ siècle; penture d'une des portes de la façade de la cathédrale de Paris.

Hôtel de ville de Saint-Antonin (Tarn-et-Garonne); XIIᵉ siècle.

le mur qui sépare la nef du bas côté est percé de larges ouvertures en forme de cintres reposant sur de solides piliers ou sur des colonnes munies de chapiteaux sculptés : les bas côtés sont, dans certaines régions, surmontés de tribunes qui ont jour sur la nef par d'autres arcades cintrées plus petites. Ces tribunes peuvent être réduites à une simple galerie de circulation, nommée le *triforium*. Le chœur est séparé du transept par une haute arcade, l'*arc triomphal*. La voûte y est le plus souvent formée d'une demi-coupole, dite *voûte en cul-de-four*. L'édifice n'a de jour que par les étroites fenêtres cintrées percées dans les murs des bas côtés. A l'extérieur, la façade ne présente encore qu'un petit nombre d'ouvertures, portes ou fenêtres ; les parties pleines sont occupées par une décoration architectu-

## La sculpture française au XIIe et au XIIIe siècles.

La Vierge Marie; sculpture du grand portail de la cathédrale de Reims; XIIIe siècle.

Fenêtre de l'église d'Aulnay (Charente-Inférieure); XIIe siècle.

Sainte Anne; sculpture de la cathédrale de Reims; XIIIe siècle.

Les fiancés; médaillon d'une des portes de la cathédrale d'Amiens; XIIIe siècle.

Un crabe; médaillon d'une des portes de la cathédrale d'Amiens; XIIIe siècle.

Saint Jacques; sculpture de la cathédrale de Reims; XIIIe siècle.

Groupe de statues du portail de la cathédrale de Reims; XIIIe siècle.

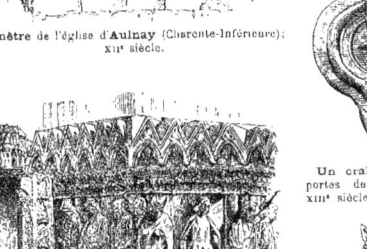

Saint Louis; sculpture de la cathédrale de Reims; XIIIe siècle.

rale ou par une profusion de sculptures ; sur les murs latéraux, on voit, à intervalles réguliers, des *contreforts* d'abord ronds, puis rectangulaires, destinés à assurer la solidité des voûtes ; un petit nombre de clochers établis soit sur la façade, soit à la rencontre du transept et de la nef, complètent l'édifice. L'ancien atrium de la basilique a été reporté sur un des côtés de l'église ; il forme le *cloître*.

L'édifice est souvent sombre ; sous ces voûtes peu élevées, l'impression est grave et profondément religieuse.

**Les écoles romanes.** — Un des caractères de l'architecture romane est sa variété. De grandes écoles se formèrent ; les archéologues les distinguent par la forme que les architectes ont donnée aux voûtes, la variété des dispositions du plan qui cependant, dans les

## La Peinture française du XIe au XIIIe siècle.

Plaque de cuivre émaillée, exécutée à Limoges au XIIe siècle et provenant de l'abbaye de Grandmont. Elle représente les rois mages (musée de Cluny).

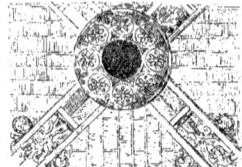

Clef de voûte décorée de peintures de la cathédrale de Reims; XIIIe siècle (Gélis Didot et Laffillée).

Peinture murale au château de Cindré (Allier); XIIIe siècle (Gélis Didot et Laffillée).

La Vierge et l'Enfant Jésus miniature signée du chroniqueur anglais Mathieu Paris, tirée d'un manuscrit du British Museum (Green).

Chapiteau décoré de peintures à l'église Saint-Georges de Boscherville (Gélis Didot et Laffillée).

Le Christ bénissant l'agneau pascal; peinture de l'église de Saint-Savin (Vienne); fin du XIe siècle (Mérimée).

Croix de consécration peinte sur les murs de l'église de Pritz, près de Laval (Mayenne); XIIIe siècle (Gélis Didot et Laffillée).

grands traits, conserve toujours la forme de la croix latine et le caractère de la décoration sculpturale. Les principales de ces écoles sont : l'école *provençale* et l'école *bourguignonne*, où l'influence antique s'est fait le plus fortement sentir; l'école du *Poitou* et du *Limousin*, où l'ornementation sculpturale prend une richesse inouïe; l'école *auvergnate*, dont les monuments, avec leurs chapelles ornées extérieurement de jeux de briques, ont un aspect particulièrement original; l'école d'*Aquitaine*, où beaucoup de constructions ont été édifiées en briques. Dans ces écoles, la voûte employée de préférence est la voûte en berceau ; dans l'Angoumois et le Périgord, les architectes, s'inspirant des exemples byzantins, couvrirent leurs édifices à l'aide de coupoles. D'autres écoles employèrent la voûte d'arêtes; ce sont l'école *normande* aux églises hautes et vastes, sobrement décorées ; l'école des bords du *Rhin*, celle qui modifia peut-être le plus le plan basilical par la multiplication des absides et des transepts, enfin l'école de l'*Ile de France*, la dernière formée et la plus savante.

**Création de l'architecture gothique.** — Le poids des lourdes voûtes dont les monuments romans étaient couverts causa l'écroulement de beaucoup d'entre eux. Les architectes remédièrent à cette insuffisance de leurs constructions en créant un type nouveau de voûte, la *voûte d'arête sur croisée d'ogives*. Ils imaginèrent de placer à l'intersection des quatre parties de la voûte d'arête une ossature formée de quatre arcs saillants solidement construits, venant prendre naissance aux quatre points

## La peinture française du XIe au XIIIe siècle.

Le prophète Jonas. Le prophète Ezéchiel.
Ces deux peintures font partie de la décoration de la coupole de la cathédrale de Cahors (d'après les relevés de M. Gaida).

Une sauterelle; d'après l'album de Villard de Honnecourt.

F et I majuscule, provenant d'un manuscrit du XIIe siècle, à la Bibliothèque nationale.

Tête d'homme, d'après l'album de Villard de Honnecourt.

Décoration de la chapelle de Saint-Chef (Isère). La partie supérieure a été relevée de manière à ce que les figures puissent être distinguées (Gélis Didot et Lafillée). On y voit représentée la Vierge entourée d'anges, et tout au sommet, dans un des caissons de la voûte, le Christ assis, dont on ne peut voir que la moitié du corps.

Les rois mages, miniature du XIe siècle, d'après un manuscrit de la Bibliothèque nationale.

Peinture murale de la cathédrale de Reims; XIIIe siècle. — Peinture murale à l'église de Saint-Quiriace, à Provins; Seine-et-Marne. (Gélis Didot et Lafillée).

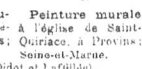

Un ours, d'après l'album de Villard de Honnecourt.

L'Enfer; miniature du psautier de saint Louis (XIIIe siècle), à la Bibliothèque de l'Arsenal, à Paris (Lacroix).

Tête de femme; d'après l'album de Villard de Honnecourt.

d'appui de la voûte d'arête. On appela ces arcs *arcs ogifs*. D'autres arcs dits *doubleaux*, furent jetés perpendiculairement à l'axe de la voûte; et enfin dans les parties de l'édifice où la voûte rencontrait les murs latéraux elle s'y appuya sur d'autres arcs qui complétaient le carré ou rectangle dont les angles ogifs constituaient les diagonales. Ce sont les *formerets*. Enfin, l'arête d'une voûte de ce nom est une ellipse dont les extrémités s'appuient sur les points diagonalement opposés du carré couvert par la voûte. Les architectes donnèrent à la partie

## L'orfèvrerie et l'émaillerie au XIIe et au XIIIe siècle

Émail de la châsse de Notre-Dame à Aix-la-Chapelle ; XIIe siècle. (Cahier et Martin.)

Châsse de Notre-Dame, conservée à la cathédrale d'Aix-la-Chapelle ; travail allemand du XIIe siècle. (Cahier et Martin.)

Émail de la châsse de Notre-Dame à Aix-la-Chapelle ; XIIe siècle. (Cahier et Martin.)

Crosse épiscopale ; XIIIe siècle (Musée d'Angers).

Médaillon émaillé de la châsse de saint Héribert à Deutz (Prusse rhénane) ; XIIe siècle (Molinier).

Crosse épiscopale ; XIIe siècle (Musée du Louvre).

Plaque émaillée représentant Geoffroi Plantagenet, comte du Mans, conservée au Musée d'Angers (XIIe siècle).

Ivoire du XIIIe siècle représentant le couronnement de la Vierge (Musée du Louvre).

Plaque émaillée portant l'effigie en bronze de Jean, fils de saint Louis, conservée à l'abbaye de Saint-Denis.

saillante de l'arc, ou nervure, la forme d'un demi-cercle de même diamètre que l'ellipse, et relevèrent par suite le sommet de la voûte. Au lieu du cintre on eut un *arc brisé*. Tout l'édifice se couvrit alors de ces voûtes que quelques piliers légers largement espacés suffisent à supporter. Afin d'ouvrir dans la nef centrale de grandes fenêtres au-dessus des voûtes des bas côtés, l'architecte éleva très haut la voûte de la nef centrale ; mais comme celle-ci aurait pu, par son poids, renverser les murailles sur lesquelles elle était supportée, il la soutint par des étais en pierre ; ces étais, ce furent des arcs en quart

## L'orfèvrerie et l'émaillerie du IXe au XIIIe siècle.

Grande croix de Lorraine, en cuivre doré, formant reliquaire; ouvrage de Limoges du XIIe siècle (Musée de Cluny).

Sceau de l'abbaye de Vézelay, XIIe siècle (Archives nationales).

Pièce d'orfèvrerie en forme d'A, en partie de travail carolingien et passant pour avoir été donnée à l'église de Conques par Charlemagne.

Sceau de Jean sans Terre tenant à la main le modèle d'un édifice religieux, XIIIe siècle (Archives nationales).

Vase en cristal, avec monture de métal ciselé, donné par Suger à l'abbaye de Saint-Denis (Musée du Louvre).

Châsse de saint Taurin, à Évreux; datant de la première moitié du XIIIe siècle.

Statuette de sainte Foy du trésor de Conques; Xe siècle.

de cercle s'appuyant à leur extrémité inférieure sur de grosses piles qui s'opposèrent ainsi à l'écartement des voûtes supérieures. On les appelle *arcs-boutants*, et les piles qui les soutiennent, *contreforts*. Tels sont les éléments principaux de la nouvelle architecture, à laquelle on a improprement donné les noms de *gothique* ou d'*ogivale*. La première appellation est fausse, car les Goths n'ont rien à revendiquer dans cet art. La seconde est doublement erronée; le mot ogive appliqué à tort à l'arc aigu, désignant au moyen âge les nervures des deux arcs diagonaux se croisant sous la voûte d'arête. En outre, ni l'arc aigu ni même la croisée d'ogives ne caractérisent absolument cette architecture; l'un et l'autre avaient été déjà employés par les architectes romans. Ce qui est bien plutôt le propre de la nouvelle architecture, c'est la combinaison de la croisée d'ogives et de l'arc-boutant.

**Origine et développement de l'architecture gothique.** — L'art nouveau prit naissance dans les régions de l'Île de France traversées par l'Oise et l'Aisne, il est définitivement formé à partir de 1140 et règne sans conteste en France jusqu'au milieu du XVIe siècle. Il traversa différentes périodes : après l'époque des *origines* vient le *gothique primitif* qui occupe la fin du XIIe siècle ; les cathédrales de Noyon, de Soissons, de Senlis, de Laon, de Paris, l'abbatiale de Saint-Denis se rattachent à cette période. Pendant la seconde période, qui s'étend jus-

## Les arts mineurs au XIIᵉ et au XIIIᵉ siècles.

Chandelier du XIIᵉ siècle (Musée de Munich).

Bahut en bois du XIIIᵉ siècle, avec peintures de fer, conservé au Musée Carnavalet.

Chandelier du XIIᵉ siècle (Musée de Munich).

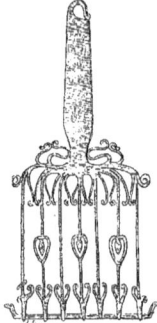
Gril en fer forgé; XIVᵉ siècle.

Armoire en bois, ornée de peintures, de la fin du XIIIᵉ siècle, conservée à la cathédrale de Noyon. (Gailhabaud.)

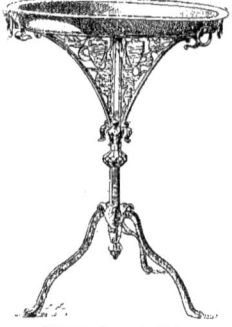
Brasero du XIIIᵉ siècle, de travail espagnol.

qu'à la mort de saint Louis, l'architecture gothique, se répand dans toute la France. Alors sont élevées les cathédrales de Chartres, de Reims, d'Amiens, de Beauvais, du Mans, de Bourges, etc., la plus grande partie des bâtiments de l'abbaye du mont Saint-Michel, la Sainte-Chapelle, etc. Le XIIᵉ et le XIIIᵉ siècles voient ainsi l'épanouissement de l'art gothique; les siècles suivants connaîtront sa décadence encore glorieuse.

**L'église gothique.** — L'église gothique conserve les principales dispositions de l'église romane. Mais autour du chœur s'ouvrent de grandes chapelles; au-dessus des tribunes, on établit une galerie de circulation, le *triforium*. Les tribunes ont disparu au début du XIIIᵉ siècle; le triforium les remplace. De hauts piliers ornés de colonnettes portent les voûtes à de grandes hauteurs. D'immenses fenêtres fermées par d'éclatantes verrières s'ouvrent sous les voûtes. Les murs de clôture à la façade et aux transepts sont percés de *roses*, sortes de grandes fenêtres circulaires. Le sol de l'église est orné de carrelages. A l'extérieur, les façades accusent nettement les dispositions intérieures; des portes formées d'arcs en retrait les uns sur les autres donnent entrée dans l'église; la façade est coupée de lignes de statues représentant des rois et des prophètes; de grandes tours terminées par des flèches élancées flanquent la façade, et ces tours se répètent aux transepts. Les murs latéraux et l'abside s'appuient sur une suite d'arcs-boutants et de contreforts qui, d'abord lourds et maladroits, deviennent ensuite un prétexte à une adroite décoration. De la vue de ces monuments si logiquement conçus, si habilement exécutés, se dégage une impression d'harmonie entre toutes les parties de l'édifice, d'élégance et de légèreté.

**La sculpture.** — La sculpture fut d'abord de préférence ornementale; les sculpteurs

## La peinture sur verre et le dessin au XIIe et au XIIIe siècles.

Vitrail du XIIIe siècle de la cathédrale de Chartres, représentant l'histoire de l'Enfant prodigue.

Fragment de vitrail du XIIe siècle représentant Suger à Saint-Denis.

Pierre tombale du XIIIe siècle représentant maître Hugues de Libergier, constructeur de l'église Saint-Nicaise, mort en 1263, conservée dans la cathédrale de Reims.

Fragment de carrelage du XIIIe siècle, dans l'église de Saint-Pierre-sur-Dives (Calvados). (Viollet-Le-Duc.)

Vitrail du XIIIe siècle de la cathédrale de Chartres, représentant le prophète Ézéchiel portant l'évangéliste saint Jean.

## L'art français à l'étranger (XIIIᵉ siècle).

cherchèrent au xıᵉ et au xııᵉ siècles leurs motifs dans la décoration géométrique et dans l'imitation des modèles byzantins et latins ; ils s'essayèrent à reproduire sur les chapiteaux des scènes des livres saints. Mais dès le milieu du xııᵉ siècle, ils s'affranchissent de l'imitation des modèles anciens; ils étudient davantage la nature ; pour décorer les édifices, ils ne se servent plus que de la reproduction fidèle des plantes de nos régions. Ils sculptent alors ces belles statues, Christ bénissant, vierges, apôtres, anges aux ailes déployées, statues funéraires, que la science des proportions, le large arrangement des draperies, l'intensité de l'expression gravent si profondément dans la mémoire.

**La peinture.** — La peinture est par-dessus tout décorative. Au xııᵉ siècle, elle couvrit dans les églises de grandes surfaces. On y voyait représentées d'une façon toute conventionnelle les scènes de l'Ancien et du Nouveau Testament ; le dessin est maladroit ; la

Intérieur de la cathédrale de Tolède, élevée à partir de 1227 par des architectes d'origine française, probablement venus de Normandie.

Façade de la cathédrale de Sienne, reconstruite à la fin du xıvᵉ siècle dans le style gothique.

composition est rudimentaire ; la perspective est fausse ; les altitudes sont gauches ; les physionomies ont peu d'expression; mais l'ensemble de la coloration est, autant qu'on en peut juger par les trop rares débris qui subsistent de cet art, remarquablement harmonieux. Au xıııᵉ siècle, l'architecture gothique laissa peu de place aux peintres ; ils durent se contenter d'accuser par d'habiles rehauts de couleur les principales lignes de l'édifice. Il ne leur resta plus pour exercer leur talent que les verrières et les peintures des manuscrits ; les vitraux et les miniatures du xıııᵉ siècle présentent un notable progrès. L'effet décoratif est toujours le plus recherché ; il est obtenu par d'adroites simplifications du modelé ; mais le dessin est plus correct et la composition plus savante.

**L'architecture civile et militaire.** — L'église est le triomphe des architectes du moyen âge ; mais leurs autres œuvres civiles ou militaires méritent également d'attirer

## L'art français à l'étranger (XIIIᵉ siècle).

Intérieur de la cathédrale de Cologne; xiiiᵉ siècle; la partie la plus ancienne, le chœur, fut construite de 1249 à 1322.

Abside de la cathédrale de Lincoln (Angleterre), élevée en majeure partie de 1200 à 1250 par un architecte français venu de Blois. (Corroyer.)

l'attention. Ici encore les principes sont les mêmes: appropriation intelligente des formes de l'édifice aux besoins auxquels il doit répondre; emploi des voûtes, des moulures, des arcs, de la décoration en usage dans les monuments religieux. La maison romane est en pierre, à un ou deux étages, éclairée sur la rue par de larges fenêtres que de nombreuses colonnettes divisent en compartiments. Au xiiiᵉ siècle, si dans un grand nombre de maisons il n'y a pas d'autre modification que le remplacement des baies cintrées par des fenêtres à arc brisé, dans beaucoup d'autres un type nouveau est adopté. La façade est en général en pierre au rez-de-chaussée; au-dessus elle est construite en bois et terminée par un pignon. Les édifices plus considérables, palais des princes, hôtels des seigneurs laïques ou ecclésiastiques, hôtels de ville surmontés de leurs beffrois, hôpitaux, etc., reproduisent dans de plus grandes dimensions et avec les modifications que comportent leur destination et le luxe de leurs fondateurs les caractères des habitations ordinaires. L'architecte se fait encore habile ingénieur pour élever les puissantes forteresses de l'aristocratie féodale, sachant choisir et utiliser les emplacements favorables, assurer la solidité des murailles, et multiplier les obstacles.

**Les arts mineurs.** — Enfin, il n'est point au moyen âge d'objet, d'ustensile, qui ne reçoive de l'artisan qui le fabrique un cachet artistique : jamais, sauf en Grèce, les arts mineurs n'ont été aussi florissants. Menuisiers et huchiers fabriquent des meubles solides et élégants auxquels ils appliquent les formes de l'architecture; les forgerons excellent dans l'art de courber le métal en souples rinceaux dont ils ornent les meubles ou les portes des édifices; les orfèvres, qui furent d'abord des moines, puis des laïques organisés en corporations, fabriquent des châsses qui sont de véritables monuments, d'admirables ciboires, de curieux reliquaires. Les émailleurs dont les plus remarquables furent ceux de Limoges et de la vallée du Rhin, garnissent les objets d'orfèvrerie de plaques ou de médaillons; ils y peignent de petits

## La sculpture romane et gothique dans les monuments étrangers.

Sculpture gothique italienne; bas-relief en bronze de l'autel de la cathédrale d'Arezzo représentant la Vierge et l'Enfant Jésus, par Jean de Pise.

Sculpture romane en Espagne; chapiteaux et colonnes du cloître de la Escuela de la Vega à Salamanque (XIIe siècle).

Sculpture gothique italienne; bas-relief en bronze de l'autel de la cathédrale d'Arezzo, représentant le pape saint Grégoire, par Jean de Pise.

Sculpture romane allemande; chapiteaux de la cathédrale de Limbourg (Allemagne).

Sculpture gothique espagnole : tombeau du XIIIe siècle dans la vieille cathédrale de Salamanque.

Sculpture gothique anglaise; chapiteaux provenant de l'église Saint-Sauveur à Londres; fin XIIIe siècle. (Pugin.)

tableaux remarquables par l'agencement des scènes ou l'habile juxtaposition des teintes. Enfin il ne faut pas oublier les sculpteurs sur ivoire, dont les œuvres furent nombreuses, l'ivoire étant très recherché du public au XIIe et au XIIIe siècles. D'autres industries d'art, telles que la fabrication des tapisseries de haute lice, celle des beaux tissus de soie et de laine furent également très florissantes.

**Les artistes au moyen âge.** — On aimerait à connaître les noms des auteurs de tant d'œuvres si remarquables, édifices ou objets d'art, et dans quelles conditions ils furent produits. L'on n'a guère encore que de maigres renseignements sur ces questions. Jusqu'au XIIIe siècle la plupart des artistes furent des moines; l'abbaye de Cluny, celle de Cîteaux furent des pépinières d'architectes. Au XIIIe siècle, l'art devint laïque, et l'on possède quelques noms, mais sans avoir aucun renseignement sur la vie de ceux qui les portèrent.

**Expansion de l'art gothique.** — A partir du XVIe siècle, l'art gothique fut décrié; il paya désormais l'éclatante faveur dont il avait joui en Europe pendant les siècles précédents. Au XIIIe siècle, l'Allemagne, l'Angleterre, l'Italie, l'Espagne élevèrent des monuments de style gothique dont la construction fut le plus souvent confiée à des artistes venus de France.

Aussi les écrivains étrangers du XIIe et du XIIIe siècles donnèrent-ils à l'art gothique le seul nom qui lui convienne, celui d'*art français*.

**Explicit**; abréviation de l'expression *explicitus est hic liber*, ce livre est terminé; formule qui se trouve à la fin d'un grand nombre de manuscrits; celle-ci termine un manuscrit du XIIe siècle de la Bibliothèque nationale (L. Delisle).

# INDEX DES NOMS DE LIEUX

**Aix-la-Chapelle** (Allemagne). — Dôme de la cathédrale, 94; — trône en marbre de Charlemagne, 88.

**Alnwick** (Angleterre). — Château: vue de la cour intérieure [XII° s.], 177.

**Amiens** (Somme). — Cathédrale [XIII° s.] : plan, 219; — statue représentant le Christ bénissant [XIII° s.], 208; — Médaillons symbolisant les mois [XIII° s.], 148, 221.

**Angers** (Maine-et-Loire). — Hôtel Dieu : vue intérieure de la grande salle [XII° s.], 152.

**Angoulême** (Charente). — Cathédrale [XII° s.]: plan, 217; — façade, 217; — intérieur, 217.

**Arezzo** (Italie). — Cathédrale : bas-relief en bronze représentant le pape saint Grégoire, par Jean de Pise [XIII° s.], 230; — bas-relief en bronze représentant la Vierge et l'Enfant Jésus, par Jean de Pise [XIII° s.], 230.

**Arles** (Bouches-du-Rhône). — Cloître de Saint-Trophime [XII° s.], 216. — Sarcophage orné de bas-reliefs [IV° s.], 28; — sarcophage a strigiles [IV° s.], 28.

**Arques** (Seine-Inférieure). — Château [XI° s.] : état actuel, 100; — restauration, 100.

**Arras** (Pas-de-Calais). — Autel de la cathédrale [XIII° s.], 116.

**Aulnay** (Charente-Inférieure). — Église [XII° s.], 221.

**Auriol** (Ardèche). — (Autel du V° s. découvert à), 28.

**Autun** (Saône-et-Loire). — Porte gallo-romaine, état actuel, 11; — porte gallo-romaine, restauration, 14.

**Bagneux** (près Saumur). — Allée couverte, 9.

**Bamberg** (Allemagne). — Cathédrale : abside, 158.

**Barletta** (Italie). — Église du Saint-Sépulcre : fresques [XIII° s.], 173.

**Bayas** (Gironde). — Moulin à eau [XIV° s.], 158.

**Bayeux** (Calvados). — Tapisserie [XI° s.], 171, 172, 173.

**Blois** (Loir-et-Cher). — Église de Saint-Laumer : chapiteaux [XII° s.], 216.

**Bourges** (Cher). — Cathédrale : bas-relief représentant le Jugement dernier [XIII° s.], 208; — fragments de vitraux [XIII° s.], 208; — fragments de vitraux représentant différents métiers [XIII° et XIII° s.], 154, 156.

**Bourgogne**. — Maison [XIII° s.], 149.

**Braisne** (Aisne). — Châsse de saint Yved [XIII° s.], 121.

**Byzance**. — V. Constantinople.

**Cahors** (Lot). — Cathédrale : peintures de la coupole [XIII° s.], 223. — Pont de Valentré [XIII° s.], 151.

**Caire** (Égypte). — Mosquée d'Ahmed-ibn-Touloun [XI° s.] : vue intérieure, 62; — d'El-Azhar [X° s.], 61; — d'Hassan [XIV° s.] : vue extérieure, 66. — Porte de la citadelle Bah-el-Azab [XI° s.], 63. — Rue ancienne, 60. — Salon de réception dans un palais, 64.

**Canterbury** (Angleterre). — Cathédrale : intérieur [XII° s.], 179.

**Carcassonne** (Aude). — Vue générale, 149. — Château de la cité, vu de l'extérieur de la ville [XIII° s.], restitution, 199. — Enceinte : tour wisigothique, restauration, 47; — porte Narbonnaise [fin XIII° s.], état actuel, 199; — chemin de ronde et courtine avec ses créneaux [XIII° s.], 199.

**Carnac** (Morbihan). — Alignements, 9.

**Caussade** (Tarn-et-Garonne). — Maison [XIII° s.], 149.

**Chartres** (Eure-et-Loir). — Cathédrale : vitrail [XIII° s.] représentant l'histoire de l'Enfant prodigue, 227; — vitrail [XIII° s.] représentant saint Christophe portant le Christ, 227; — vitrail (fragment) représentant le baptême du Christ [XII° s.], 208; — vitrail (fragment) représentant la Cène [XII° s.], 208; — vitraux (fragments) représentant différents métiers [XII° et XIII° s.], 154, 156; — vitraux (fragments) représentant des scènes de chasse [XIII° s.], 192; — statues [XII° s.], 230; — du pape saint Grégoire-le-Grand [XIII° s.], 129; — statuettes représentant des vices et des vertus [XIII° s.], 208.

**Château-Gaillard** (Eure). — Donjon restauré [XII° s.], 102.

**Chelles** (Seine-et-Oise). — Calice du VII° s. (autrefois conservé à), 79.

**Cindré** (Allier). — Château : peinture murale [XIII° s.], 222.

**Ciron** (Indre). — Lanterne des morts [XII° s.], 152.

**Citeaux** (Côte-d'Or). — Abbaye : vue générale [XII° s.], 114.

**Civezzano** (Tyrol). — Objets lombards (trouvés à), 70-71.

**Cividale** (Frioul). — Baptistère [VIII° s.] ; — chapelle [VIII° s.], 71 ; — statues de saintes [VIII° s.], 71.

**Classis** (Italie). — (Port de), d'après la mosaïque de Saint-Vital-de-Ravenne, 72.

**Clermont-Ferrand** (Puy-de-Dôme). — Église Notre-Dame-du-Port [XI° s.], plan, 216.

**Cluny** (Saône-et-Loire). — Fonts baptismaux de l'église [XII° s.], 113. — Maison romane [XII° s.], restauration, 220.

**Cologne** (Allemagne). — Cathédrale : intérieur [XIII° s.], 179. — Maisons [XII° et XIII° s.], 128.

**Cologne** (Gers). — Boîte en bronze et croix en argent doré [XI° s.], 118.

**Conisborough** (Angleterre). — Donjon du château [XII° s.], restauration, 102.

**Conques** (Aveyron). — A de pièce d'orfèvrerie [X°, XIII° s.], 225 ; — statuette de sainte Foy [X° s.], 225.

**Constantinople**. — Boukoléon [X° s.], restitution, 138. — Église de la Mère de Dieu (Théotocos) : façade [X° s.], 138. — Église Sainte-Sophie : vue extérieure [VI° s.], 42 ; — vue intérieure [VI° s.], 43 ; — mosaïque dans le narthex [VI° s.], 44.

**Cordoue** (Espagne). — Mosquée [VIII° s.], 50.

**Coucy** (Aisne). — Château [XIII° s.] : vue extérieure, état actuel, 104 ; — vue extérieure, restauration, 104 ; — vue intérieure, restauration, 104 ; — donjon restauré, coupe, 105 ; — grande salle du troisième étage, restauration, 105.

**Damas** (Syrie). — Harem, intérieur, 64.

**Dana** (Syrie). — Fortifications byzantines, 41. — Linteau de porte, 41.

**Déols** (Indre). — Chapiteau [XII° s.], 216.

**Durham** (Angleterre). — Cathédrale : façade [XI° et XII° s.], 174.

**Falaise** (Calvados). — Château [XI° et XV° s.], 101.

**Étampes** (Seine-et-Oise). — Donjon [XII° s.] du château, état actuel, 102 ; — restauration, 102.

**Évreux** (Eure). — Châsse de saint Taurin [XIII° s.], 223.

**Ferté-sous-Jouarre** (Seine-et-Marne). — Crypte Saint-Paul [VI° s.], vue intérieure, 37 ; — fragment d'un mur mérovingien, 38.

**Fontevrault** (Maine-et-Loire). — Statues funéraires [XIII° s.] de Richard Cœur de lion, 176 ; — Henri II, 176 ; — Éléonore de Guyenne, 176.

**Gard**. — (Pont du), 13.

**Gelnhausen** (Hesse-Nassau). — Château [XIII° s.] : vue intérieure des ruines, 127 ; — galerie, restauration, 127.

**Gergovie**. — Oppidum, 8.

**Germigny-les-Prés** (Loiret). — Église [IX° s.] : intérieur, 94.

**Goslar** (Allemagne). — Palais impérial [XI° s.], 127.

**Gourdon** (Saône-et-Loire). — Plat et vase [VI° s.], 38.

**Grange Meslay** (Indre-et-Loire). — Ferme [XIII° s.], 153.

**Grenade** (Espagne). — Palais de l'Alhambra [XIII° s.] : cour des lions, 57 ; — peintures représentant des hauts dignitaires de la cour des rois Maures [XIV° s.], 51.

**Ispagnac** (Lozère). — Autel funéraire romain, 70.

**Kairouan** (Tunisie). — Minaret de la mosquée de Sidi-Okba [VIII° s.], 60.

**Kaiserswerth** (Allemagne). — Château [XII° s.], restitution, 127.

**Jérusalem**. — Tour de David, 144. — Mosquée d'Omar [VII° s.] : vue extérieure, 65. — Église du Saint-Sépulcre [XII° s.] portail sud, état actuel, 143. — Abbaye de Sainte-Marie-la-Grande [XII° s.], entrée, 144.

**Langres** (Haute-Marne). — Cathédrale : frise du chœur [XII° s.], 217.

**Languedoc**. — (Maison en), 150.

**Laon** (Aisne). — Cathédrale : intérieur [XII° s.], 218 ; — chapiteau [XII° s.], 215 ; — statuettes représentant les arts libéraux [XIII° s.], 209, 210, 211.

**La Roche** (Seine-et-Oise). — Stalles en bois [XIII° s.], 122.

**Limbourg** (Allemagne). — Chapiteaux de la cathédrale [XII° s.], 230.

**Limoges** (Haute-Vienne). — Émaux et travaux : boîte à hosties [XIII° s.], 112 ; — châsse [XIII° s.], 113 ; — châsse de sainte Fausta [XIII° s.], 120 ; — ciboire en bronze [XIII° s.], 120 ; — croix en cuivre gravée et repoussée [XII° s.], 122 ; — crosse des abbés de Clairvaux [XIII° s.], 120 ; — crosse épiscopale [XIII° s.], 114 ; — navette à encens [XII° s.], 112 ; — plaque d'autel [XIII° s.], 115 ; — plaque de cuivre émaillée [XII° s.], 222.

**Lincoln** (Angleterre). — Cathédrale : abside [XIII° s.], 229.

**Loches** (Cher). — Château [XII° s.], 101.

**Lokmariaker** (Morbihan). — Dolmen, 9 ; — menhir, 9.

**Londres**. — Tour de Londres [XI° s.] : vue intérieure de la chapelle, 177. — Église du Temple [XII° s.] : intérieur, 178 ; — partie circulaire, 178. — Abbaye de Westminster : Chapter-house ou chambre du chapitre [XIII° s.], 177 ; — Chœur [XIII° s.], 178 ; — statue funéraire de Henri III [XIII° s.], 176. — Église Saint-Sauveur : chapiteaux [fin XIII° s.], 230.

**Lorsch** (Allemagne). — Église : porche de l'atrium [IX° s.], 94.

**Lyon** sous la domination romaine, 12.

**Magny-les-Hameaux** (Seine-et-Oise). — Église (de) : dalle funéraire de Bouchard de Montmorency [XIII° s.], 194.

**Mans (le)** (Sarthe). — Fragment de vitrail de la cathédrale [XII° s.], représentant des monnayeurs, 156.

**Markab** (Syrie). — Château des Hospitaliers [XIII° s.] : ruines, 145.

**Mecque (la)** (Arabie). — Vue générale, 50 ; — grande mosquée, 50. — Caaba (la), 50.

# INDEX DES NOMS DE LIEUX

**Médine** (Arabie). — Maison moderne, 50.

**Mézy** (Marne). — Croix de cimetière [XIII[e] s.], 153.

**Milan.** — Église Saint-Ambroise : façade [IX[e] s.], 132 ; — autel d'or de Volvinius [IX[e] s.], 79.

**Moissac** (Tarn-et-Garonne). — Cloitre : chapiteau [XII[e] s.], 217.

**Montpazier** (Dordogne). — Place [XIII[e] s.], 153.

**Montdidier** (Somme). — Église Saint-Pierre : fonts baptismaux [XII[e] s.].

**Montfaucon.** — Gibet, 152.

**Mont-Saint-Michel** (Manche). — Abbaye : galeries du cloître [XIII[e] s.], 115 ; — réfectoire [XIII[e] s.], 115 ; — salle du chapitre des chevaliers [XIII[e] s.], 115.

**Monza** (Lombardie). — Cathédrale : bas-relief [VII[e] s.], 69. — Trésor : couverture d'évangéliaire, 70 ; — croix portative, 70 ; — fiole pour conserver les huiles saintes [VI[e] s.], 89 ; — peigne de Théodelinde [VII[e] s.], 69 ; — poules et poussins, 69 ; — reliquaire d'or, 70.

**Morvan.** — (Maison en), 158.

**Moudjeleïa** (Syrie). — Maison byzantine, restauration, 43.

**Murcoints** (Lot). — Fragment de l'oppidum, restitution, 6.

**Nimes** (Gard). — Arènes : vue extérieure, 12 ; — vue intérieure, 12. — Maison carrée, 12.

**Narbonne** (Aude). — Cathédrale et palais épiscopal : XIVe s.], 113.

**Normandie.** — (Maison en), 158.

**Noyon** (Oise). — Armoire en bois [du XIIIe s.], 226.

**Obazine** (Corrèze). — (Église d'). Armoire [XII[e] s.], 122 ; — tombeau [XIII[e]], dit de Saint-Étienne, 194.

**Orange** (Vaucluse). — Arc de triomphe gallo-romain : état actuel, 14 ; — restauré, 14 ; — tel qu'il était au moyen âge, 14. — Théâtre, vue intérieure, état actuel, 13 ; — vue intérieure, restauration, 13.

**Oxford** (Angleterre). — Sceau de l'Université [XIII[e] s.], 207.

**Palerme** (Sicile). — Cathédrale : abside [fin du XIIe s.], 134. — Chapelle palatine, intérieur [XII[e] s.], 134. — Château de la Ziza, façade principale [X[e] s.], 58. — Église Sainte-Marie-de-l'Amiral : mosaïques [XII[e] s.], 134.

**Paris.** — Thermes de Julien [IV[e] s.], état actuel, 23. — Notre-Dame et l'Évêché [XIII[e] s.], restitution, 166. — Enclos du Temple [XIII[e] s.], restitution, 166. — Palais des rois de France, dans la Cité [début du XIVe s.], restitution, 165. — Saint-Germain-des-Prés : colonne mérovingienne des tribunes du chœur, 37. — Cathédrale : façade [XIII[e] s.], — chœur [XIV[e] s.], restitution, 142 ; — sculpture [XIII[e] s.], d'une des portes de la façade représentant la Vierge avec l'Enfant Jésus sur ses genoux, 109 ; — sculpture du tympan de la Porte rouge, représentant saint Louis [XIII[e] s.], 164 ; — sculpture [XIII[e] s.], médaillons représentant les maitres et étudiants de l'Université de Paris, 207 ; — crochet d'ornement [XIII[e] s.], 218 ; — pentures [XIII[e] s.] d'une des portes de la façade, 220. — Abbaye de Saint-Martin-des-Champs : chaire à prêcher [XIII[e] s.] du réfectoire, 121 ; — chapiteau du prieuré [XIII[e] s.], 218. — Enceinte de Philippe-Auguste, fragment [XIII[e] s.], 161. — Parloir aux bourgeois, V fragment de l'enceinte de Paris, 164. — Louvre de Philippe-Auguste, restitution, 164 ; — ruines de la chapelle, état actuel, 164. — Tour de Nesle [XIII[e] s.], 164. — Armoiries municipales, 166 ; — Sceau municipal, 166 ; — sceau de l'Université [XIII[e] s.], 205.

**Pavie** (Italie). — Église Saint-Michel : façade [X[e] s.], 132.

**Pernes** (Vaucluse). — Fresque [XIII[e] s.], de la tour, 129.

**Pétrossa** (Roumanie). — (Trésor de) : ornement en forme d'aigle, 31 ; — vase, 31.

**Pise** (Italie). — Baptistère [XIII[e] s.] vue extérieure, 132. — Campanile ou tour penchée [XIII[e] s.], 132. — Cathédrale : façade [XI[e] s.], 132.

**Poitiers** (Vienne). — Temple de Saint-Jean [VI[e] s.], vue extérieure, état actuel, 36 ; — vue intérieure, état actuel, 36.

**Pritz** (Mayenne). — Croix de consécration [XIII[e] s.], peinte sur les murs de l'église, 222.

**Provins** (Seine-et-Marne). — Maison [XIII[e] s.], 119. — Grange-aux-Dîmes [XIII[e] s.], 153. — Fontaine de place [XIII[e] s.], 152. — Église Saint-Quiriace : peinture murale [XIII[e] s.], 223.

**Ratisbonne** (Allemagne). — Reliquaire [VIII[e] s.], 89.

**Ravenne** (Italie). — Mausolée de Galla Placidia [V[e] s.] : vue extérieure, état actuel, 72 ; — vue intérieure, état actuel, 72 ; — mosaïque représentant le Bon Pasteur au milieu de ses brebis, 17. — Baptistère des orthodoxes [V[e] s.], état actuel, 74. — Église Saint-Vital [VI[e] s.], intérieur, 75 ; — mosaïque représentant l'empereur Justinien [VI[e] s.], 39 ; — mosaïque représentant l'impératrice Théodora [VI[e] s.], 39 ; — mosaïque représentant le palais de Théodoric [VI[e] s.], 72 ; — mosaïque représentant le port de Classis [VI[e] s.], 72 ; — mosaïque représentant une procession de saintes, 75 ; — médaillons représentant les saints [VI[e] s.], 75. — Basilique Saint-Apollinaire-in-Classe [VI[e] s.], vue extérieure, état actuel, 74 ; — vue intérieure, état actuel, 73. — Basilique Saint-Apollinaire-in-Nuovo [VI[e] s.] : intérieur, état actuel, 74 ; — mosaïques représentant le saint et une sainte [VI[e] s.], 74. — Tombeau de Théodoric [VI[e] s.], état actuel, 65. — Palais de Théodoric [VI[e] s.], ruines, 68. — Sarcophage, 73 ; — sarcophage de l'archevêque Théodore, 73.

**Reichenhall** (Bavière). — Bas-relief au monastère de Saint-Zénon, représentant Frédéric Barberousse [XIII[e] s.], 125.

**Reims** (Marne). — Vue extérieure avec flèches (figure théorique) représentant la cathédrale entièrement achevée, 219 ; — vue intérieure, prise du chœur, 219 ; — statues [XIII[e] s.], groupe du portail, 221. — Fragments de statues : tête d'apôtre [XIII[e] s.], 219 ; — tête de sainte Anne [XIII[e] s.], 221 ; — tête de saint Jacques [XIII[e] s.], 221 ; — tête de saint Louis [XIII[e] s.], 221 ; — tête de la vierge Marie [XIII[e] s.], 219, 221. — Statues représentant : l'Église chrétienne [XIII[e] s.], 109 ; — l'Église juive [XIII[e] s.], 109 ; — un ange [XIII[e] s.], 208. — Bas-relief [XIII[e] s.], 221 ; — pierre tombale d'Hugues de Libergier [XIII[e] s.], 227. — Maison des Musiciens [XIII[e] s.] : statues, 214.

**Rome.** — Basilique de Saint-Paul-hors-les-murs [IV[e] s.] : vue extérieure, restauration, 24 ; — vue intérieure, restauration, 25 ; mosaïque [XIII[e] s.], 27. — Basilique de Saint-Pierre-de-Rome : vue extérieure, façade, 83. — Basilique Sainte-Agnès-hors-les-murs [IX[e] s.] : vue intérieure, état actuel, 84. — Basilique de Saint-Clément : vue intérieur du chœur [IX[e] s.], 26. — Palais pontifical du Latran [XIV[e] s.] restitution, 130 ; — baptistère [IX[e] s.] : vue intérieure, restauration, 82 ; — triclinium [IX[e] s.], restitution, 82 ; — mosaïque du triclinium [IX[e] s.], 86. — San-Calisto (miniature extraite de la bible de l'église de), 22.

**Rougemont** (Yonne). — Maison [XIII[e] s.], 158.

**Saint-Antonin** (Tarn-et-Garonne). — Hôtel de ville [XIII[e] s.], 220. — Maison [XIII[e] s.], restauration, 149.

**Saint-Chef** (Isère). — Chapelle [XII[e] s.], décoration, 223.

**Saint-Denis** (Seine). — Abbaye : statues funéraires, Charles d'Anjou, 161 ; — de Louis, fils ainé de saint Louis, 196 ; — de Pierre d'Alençon, 161 ; — de Robert, comte de Clermont, 161 ; — vitrail [XII[e] s.], fragments représentant les combats entre Croisés et Sarrasins, 142 ; — fragment représentant l'abbé Suger, 227.

**Sainte-Eulalie-d'Ambarès** (Gironde). — La Tusque [IX[e] ou Xe s.], 100.

**Saint-Georges-de-Boscherville** (Seine-Inférieure). — Église : chapiteau porté [XII[e] s.], 222 ; — sculpté [XII[e] s.], 214.

**Saint-Germer** (Oise). — Sainte-Chapelle : retable [XIII[e] s.], 110.

**Saint-Guilhem-du-désert** (Hérault). — Église : chapiteau [XII[e] s.], 217.

**Saint-Médard-en-Jalle** (Gironde). — Maison [XIII[e] s.], 138.

**Saint-Nectaire** (Puy-de-Dôme). — Église : intérieur [XII[e] s.], 216 ; — chapiteau [XII[e] s.], 217.

**Saint-Pierre-sur-Dives** (Calvados). — Église : carrelage [XIII[e] s.], fragment, 227.

**Saint-Remy** (Bouches-du-Rhône). — Arc de triomphe gallo-romain, 12. — Tombeau des Jules, gallo-romain, 12.

**Salamanque** (Espagne). — Cloître de la Escuela-de-la-Vega : chapiteaux et colonnes [XIII[e] s.], 230. — Vieille cathédrale : tombeau [XIII[e] s.], 230.

**Salisbury** (Angleterre). — Cathédrale : transept et clocher [XIII[e] s.], 174.

**San-Gimignano** (Italie). — Vue générale, 131. — Maison du podestat [XIII[e] s.], 131.

**Sens** (Yonne). — Coffret [X[e] s.], 139 ; — ciboire [XIII[e] s.], 112.

**Séville** (Espagne). — Palais de l'Alcazar : salle des rois Maures, 58.

**Sienne** (Italie). — Cathédrale : façade [XIV[e] s.], 229.

**Spire** (Allemagne). — Cathédrale : intérieur [XI[e] s.], 128.

**Steinsberg-Palatinat** (Allemagne). — Château [XIII[e] s.], 102.

**Tarascon** (Bouches-du-Rhône). — Autel monolithe [VII[e] s.], 79.

**Thouveil** (Maine-et-Loire). — Fonts baptismaux [XIII[e] s.], 110.

**Tolède** (Espagne). — Cathédrale : intérieur [XIII[e] s.], 228.

**Tonnerre** (Yonne). — Hôpital : intérieur, restauration [XIII[e] s.], 220.

**Toulouse** (Haute-Garonne). — Église Saint-Sernin : chapiteau [XII[e] s.], 217.

**Trèves** (Allemagne). — Porte Noire, 14 ; — encensoir en bronze [XII[e] s.], 112 ; — encensoir en bronze [XIII[e] s.], 112.

**Tripoli** (Syrie). — Constructions franques [XIII[e] s.], 108.

**Venise.** — Église Saint-Marc [XI[e] s.] : façade, 133 ; — intérieur, 133 ; — cheval [IV[e] s. av. J.-C.], 48.

**Vézelay** (Yonne). — Église de la Madeleine : tympan de la porte principale [XII[e] s.], 215.

**Vignory** (Haute-Marne). — Église [XI[e] s.] : plan, 216 ; — intérieur, 216.

**Wartburg** (Allemagne). — Palais [XI[e] et XIIe s.] : vue extérieure, 128 ; — salle du Landgrave [XIII[e] s.], 126.

**Windsor** (Angleterre). — Château : tour [XIII[e] s.], état actuel, 173.

**Worcester** (Angleterre). — Cathédrale : statue funéraire de Jean sans Terre [XIII[e] s.], 176.

**Ypres** (Belgique). — Hôtel de ville et beffroi [XIII[e] s.], 151.

# INDEX DES NOMS PROPRES

**Aaron.** — V. châsse de Saint-Yved [xiie s.], 121.
**Adoration des mages.** — Représentation byzantine [vie s.]: V. couverture de manuscrit, 46.
**Aelia Flavilla.** — Femme de Théodose : V. impératrice, 18.
**Agilulf** (Couronne d'); [viie s.], 69.
**Agneau pascal** (Représentation au xiie s. de l') : V. crosse des abbés de Clairvaux, 190.
**Agneau pascal béni par le Christ.** — Peinture de l'église Saint-Savin [xie s.], 222.
**Ahmed ibn Touloun** (Mosquée de), au Caire [xie s.], 62.
**Alexandre** combattant contre des êtres fantastiques; miniatures [xiiie s.], 211.
**Alfred** (Bijou du roi); [ixe s.], 169.
**Alhambra.** — Cour des lions [xiiie s.], 57. — (Peinture de l'), [xive s.], 31 ; — (Vase de l'), 65.
**Almohades** (Enseigne des), 52.
**Alpais** (Ciboire d') ; [xiie s.], 112.
**Amaury de Montfort.** — Bannière restituée [xiiie s.], 123.
**Âme** (l') échappée de la bouche du mort ravie au démon par un ange [xiie s.], 208.
**Ammendola.** — Bas-relief du sarcophage de la vigne, 4.
**Anastase** (L'empereur). — En costume consulaire [ive s.] : V. tablettes d'ivoire, 16.
**Ange** (un). — Statue de la cathédrale de Reims [xiiie s.], 219.
**Anges.** — Représentation byzantine. V. patène, 80. — Représentation carolingienne : V. miniature du livre de la Bible de Charles le Chauve, 95. — Représentation carolingienne : V. plaque de Tutilo, 96. — Représentation au xiiie s. : V. Vierge avec l'Enfant Jésus sur ses genoux, 100. — Représentation au xiie s. : V. plaque d'autel, 115.
**Ange Gabriel.** — Représentation arabe [xive s.] : V. miniature d'une histoire universelle, 52.
**Annonciation.** — Représentation byzantine au vie s. : V. couverture de manuscrit, 46.
**Apocalypse** (Cavaliers de l'), miniature [xie s.], 208.
**Apollon.** — Représentation gallo-romaine : V. bas-relief du musée de Reims, 16.
**Apôtre** (un). — Statue de la cathédrale de Reims [xiiie s.], 219.
**Apôtres.** — Représentation au ive s. : V. sarcophage urne et bas-reliefs, 28. — Représentation au xiie s. : V. grande châsse de Sainte-Fausta, 120.
**Argus.** — D'après un bestiaire du xiie s., 212.
**Bab-El-Azab** (Porte de la citadelle de), au Caire [xixe s.], 83.
**Basile** (L'empereur). — En costume d'apparat [xe s.] : V. bas-relief de la cathédrale de Monza, 69. — Représentation au xiie s., d'après un vitrail de la cathédrale de Chartres, 208.
**Bon Pasteur** (le). — Représentation au ive s. : V. sarcophage à strigiles d'Arles, 28. — Représentation byzantine au vie s. : V. mosaïque du tombeau de Galla Placida, 17.
**Bouchard de Montmorency** (Dalle funéraire de) [xiiie s.], 194.
**Boukoléon.** — Palais des empereurs à Constantinople (restitution), 138.
**Caaba** (Vue de la), à la Mecque, 50.
**Ceno.** — Représentation au xiie s., d'après un vitrail de la cathédrale de Chartres, 208.
**Cernunnos.** — Dieu gaulois : V. bas-relief du musée de Reims, 16 ; — V. divinité à trois têtes, 16.

**Charles d'Anjou.** — Statue funéraire [xiiie s.], 161 ; — portrait [xiiie s.] : V. le pape Clément IV, etc., 129.
**Charlemagne** (Représentation de) : V. mosaïque du triclinium de Saint-Jean-de-Latran, 86.
**Charlemagne** (Couronne dite de) ; [ixe-xiie s.], 124 ; — (pièce d'un jeu d'échecs dit de) ; [ixe s.], 190 ; — (fragment d'un diplôme de) ; [viiie s.], 95 ; — (signature de) : V. fragment d'un diplôme de Charlemagne, 95 ; — (trône de) ; [ixe s.], 88.
**Charles le Chauve.** — Portrait d'après une miniature [ixe s.], 87 ; — portrait d'après une miniature [ixe s.], 95.
**Charles le Chauve** (Couverture du livre d'heures de) ; [ixe s.], 96.
**Childéric** (Bijoux de) ; [ve s.], 33 ; — (épée de), 34.
**Christ.** — Représentation byzantine : V. sarcophage à Ravenne, 73 ; — représentation byzantine au vie s. : V. mosaïque du narthex de Sainte-Sophie, 44 ; — (buste sur), [ive s.] : V. sarcophage à strigiles d'Arles, 28 ; — représentation au ve s. : V. mosaïque de Saint-Paul-hors-les-murs, 27 ; — représentation au xiie s., 117 ; — (baptême du); [xiie s.], V. bas-relief de la cathédrale de Monza, 69 — (baptême du); [xiie s.], d'après un vitrail de la cathédrale de Chartres, 208 ; — (crucifiement du); [viie s.], en croix [xiie s.] ; V. plaque d'autel, 115; — en croix [xiiie s.] : V. plaque de reliure, 205; — dans sa gloire [xiie s.] : V. plaque de Tutilo (revers), 96 ; — dans sa gloire [xiie s.] : V. plaque de Tutilo, 96 ; — V. sculpture romane, tympan de l'église de la Madeleine de Vézelay, 213 ; — (glorification du); [xie s.] : V. dalmatique, 124; — (monogramme d'Ispahan), 79 ; — (monogramme du) : V. autel de l'archevêque Théodore, 73 ; — (poisson, symbole du) : V. lampe chrétienne, 26.
**Christ bénissant.** — Représentation byzantine au xiie s. : V. mosaïque de Sainte-Marie-de-l'Amiral, 131 ; — représentation byzantine au xiie s. : V. fresque dans l'église du Saint-Sépulcre à Barletta, 134; — représentation au xiiie s., statue de la cathédrale d'Amiens, 208 ; — représentation au xiie s. Christ bénissant l'Agneau pascal, peinture de l'église Saint-Savin [xie s.], 222.
**Cité** (la) à Paris. — Vue générale [xive s.] ; restitution, 165.
**Clément IV.** — Portrait d'après une fresque de Pernes [xiiie s.], 129.
**Comtes de Provence** (Bannière des); [xiiie s.], 123.
**Conrad III** (Statue de) ; à Bamberg [xiie s.], 125.
**Constantin Monomaque** (Couronne de); [xie s.], 136.
**Constance** (L'empereur). En costume consulaire [ive s.], 18.
**Courage** (le). — Statuette de la cathédrale de Chartres [xiie s.], 208.
**Couronnement de la Vierge.** Ivoire [xive s.], 224.
**Crucifiement du Christ** [viie s.] : V. instrument de paix, 84.
**Dagobert** (Siège dit de), [viie s.].
**David** (Tour de); à Jérusalem, 144.
**David** gardant son troupeau et jouant de la harpe ; miniature byzantine [ixe ou xe s.], 140; — jouant du psaltérion, d'après le manuscrit de Herrade de Landsperg [xiie s.], 215 ; — représentation [xiiie s.] : V. châsse de Saint-Yved, 121.

**Dieu le Père.** — Représentation au xiie s. : V. châsse de Notre-Dame, 225 ; — représentation au xiie s. : V. Jugement dernier, 208.
**Démon dans l'enfer.** [xiiie s.] : V. Jugement dernier, 208.
**Démons dans l'enfer** torturant des damnés, d'après un vitrail de la cathédrale de Bourges [xiiie s.], 208.
**Drogon** (Couverture en ivoire du sacramentaire de); [ixe s.], 78.
**Edith.** — Femme d'Othon le Grand, statuette [xe s.], 78.
**Enfant prodigue** (l'). - Vitrail de la cathédrale de Chartres [xiiie s.], 227.
**Enfer** (l'). — Miniature du psautier de saint Louis [xiiie s.], 227; — représentation au xiiie s. : V. Jugement dernier, V. 208.
**Église.** — Représentation symbolique au xiie s. / V. miniature d'un recueil d'Évangiles, 97.
**Église chrétienne** (l'). — Statue de la cathédrale de Reims [xiiie s.], 219.
**Église juive** (l'). — Statue de la cathédrale de Reims [xiiie s.], 219.
**El-Azhar** (Mosquée d'). — Au Caire [xe s.], 61.
**Éléonore de Guyenne.** — Statue funéraire [xiie s.], 176.
**Élus.** — Représentation au xiiie s. : V. Jugement dernier, 208.
**Enfant Jésus.** — Représentation byzantine au xie s. : V. ivoire, 139. — Représentation au xiie s. : V. Vierge avec l'Enfant Jésus sur ses genoux, sculpture de la cathédrale de Paris, 100. — Représentation au xiiie s. : V. sculpture gothique italienne, 230. — Représentation au xiie s. : V. la Vierge et l'Enfant Jésus, 222.
**Escuela de la Vega.** — Cloître à Salamanque ; chapiteaux et colonnes [xiie s.], 230.
**Esus.** — Représentation gallo-romaine : V. autel découvert à Paris, en 1710, 16.
**Eudoxie.** — Femme de l'empereur Romain IV [xie s.] : V. fragment de diptyque, 139.
**Ézéchiel**, prophète. — Peinture de la cathédrale de Cahors [xiiie s.], 223.
**Frédéric Barberousse.** — Portrait [xiie s.] : V. buste [xiie s.] ; — en costume de croisé, d'après un manuscrit [xiie s.], 142 ; — (châsses de) à Kaiserswerth [xiie s.], 127.
**Galla Placida** (Mausolée de); [ve s.] ; vue extérieure : état actuel, 72 ; — vue intérieure : état actuel, 17 ; V. mosaïque, 17, 230.
**Geoffroy Plantagenet.** [xiie s.] : V. plaque émaillée, 224.
**Glorification du Christ** [xiie s.] : V. dalmatique, 124.
**Hassan.** — (Mosquée d') au Caire [xive s.], 66.
**Henri II** (Autel d'or de) ; [xie s.], 117.
**Henri II**, empereur d'Allemagne. Portrait : V. fragment d'une miniature, 125.
**Henri II**, roi d'Angleterre. — Statue funéraire [xiie s.], 176.
**Henri III**, roi d'Angleterre. — Statue funéraire [xiiie s.], 176.
**Henri IV**, empereur d'Allemagne. — Portrait : V. miniature [xie s.], 125.
**Honorius** (Empereur) ; [ive s.], 18.
**Hugues Capet** (Couronne de), 162 ; — (monogramme de) : V. fragment d'un acte, 192.
**Hugues de Libergier** (Pierre tombale de); [xiiie s.], 227.
**Hunald** (Couronne de); [xiie s.], 84.

**Innocents** (Représentation byzantine au vie s. du massacre des) : V. couverture de manuscrit, 46.
**Isaïe** (Représentation au xiie s. d'). V. châsse de Saint-Yved, 121.
**Jacob** (Représentation au xiie s. de) V. châsse de Saint-Yved, 121.
**Janus.** — À table. V. Janvier, médaillon de la cathédrale d'Amiens [xiiie s.], 149.
**Jean de Pise** (Bas-reliefs en bronze de), à la cathédrale d'Arezzo, 230.
**Jean**, Fils de saint Louis. — Effigie en bronze [xiie s.] : V. plaque émaillée, 224.
**Jean sans Terre**, roi d'Angleterre. — Statue funéraire [xiie s.], 176.
**Jonas** (le prophète). — Peinture de la cathédrale de Cahors [xiiie s.], 223.
**Jugement dernier** (le). — Bas-relief de la cathédrale de Bourges [xiiie s.], 208.
**Jules** (Tombeau des), à Saint-Remy (Bouches-du-Rhône), 12.
**Juliana Anicia.** — Portrait d'après un manuscrit [vie s.], 46.
**Julien** (Statue de l'empereur) [ive s.], 18 ; — (thermes de), à Paris [ive s.] ; état actuel, 22 ; restauration, 23.
**Jupiter.** — (Représentation gallo-romaine de) : V. autel découvert à Paris, en 1710, 16.
**Justinien** (L'empereur); [vie s.] : V. mosaïque de l'église Saint-Vital, 39 ; — agenouillé : V. mosaïque du porche de Sainte-Sophie, 44.
**Lachèse** (la). — Statuette de la cathédrale de Chartres [xiie s.], 208.
**Latran** (Baptistère du) à Rome, 82 ; — (triclinium du), [ixe s.], 82 ; — (palais du), [ixe s.] ; restitution, 130 ; — mosaïque du triclinium [ixe s.], 86.
**Louis le Débonnaire.** — Miniature [ixe s.], 88.
**Louis**, Fils de saint Louis. — (Tombeau de) [xiiie s.], 194.
**Louvre.** — Sous Philippe-Auguste [xiie s.] ; restitution, 164 ; — ruines de la chapelle [xiie s.] ; état actuel, 164.
**Madeleine** (Église de la), à Vézelay (Yonne) : V. sculpture romane, tympan de la porte, 213.
**Mages** (Représentation byzantine au vie s. de l'adoration des) : V. couverture de manuscrit, 46 ; — (représentation au xiie s. des) : V. châsse de Saint Yved, 121 ; — représentation au xie s. des) : V. plaque de cuivre émaillée, 222.
**Mahomet** (Représentation arabe au xive s. de) : V. miniature d'une histoire universelle, 52.
**Massacre des Innocents** (Représentation byzantine au vie s. du) : V. couverture de manuscrit, 46.
**Marguerite de Provence**, Femme de saint Louis, d'après un ancien dessin [xiiie s.], 161.
**Mathieu Paris** (Miniature de) : V. la Vierge et l'Enfant Jésus, 222.
**Mathilde** (Représentation de la comtesse) : V. miniature du xiie s., 125.
**Maximien** (Évêque byzantin) ; [vie s.] : V. mosaïque de l'église Saint-Vital, à Ravenne, 39.
**Maximien** (Chaire de) ; [vie s.], 47.
**Mercure.** — Représentation gallo-romaine : V. bas-relief du musée de Reims, 16.
**Mère-de-Dieu** (Église de la) à Constantinople [xie s.], façade, 138.
**Messe.** — Au Latran [xiie s.], 81 ; — (célébration de la) [xiie s.] : V. couverture du sacramentaire de Drogon, 78.

# INDEX DES NOMS PROPRES.

Moïse. — Représentation au XII° s. : V. châsse de Saint-Yved, 121.
Nesle (Tour de), à Paris [XIII° s.], 164.
Nicolas Ier (le pape). — D'après une fresque de l'église Clément [XI° s.], 129.
Noël (L'office de). 119.
Notre-Dame et l'évêché à Paris. — Restitution [XIII° s.], 166.
Notre-Dame de Paris. — Façade, [XIII° s.], 218 ; — vue du chœur [XIV° s.], restauration, 132 ; — sculpture d'une des portes de la façade représentant la Vierge avec l'Enfant Jésus sur ses genoux [XIII° s.], 109 ; — sculpture représentant saint Louis : V. saint Louis, etc., 161 ; — médaillons représentant les maîtres et étudiants de l'Université de Paris, 20°; — crochets d'ornement [XIII° s.], 218 ; — peinture d'une des portes [XIII° s.], 220.
Notre-Dame (Châsse de); à Cologne (Allemagne) ; [XII° s.], 221.
Notre-Dame du Port, à Clermont Ferrand. — Plan [XII° s.], 216.
Omar (Mosquée d'), à Jérusalem [VIII° s.], 66.
Orgueil (l'). — Statuette de la cathédrale de Chartres [XIII° s.], 208.
Othon le Grand, empereur d'Allemagne. — V. statuettes, etc., 125.
Othon III, empereur d'Allemagne. — D'après le frontispice d'un évangéliaire [XI° s.], 152.
Patriarches. — Représentation au [XII° s.] ; V. châsse de Saint-Yved, 121.
Pierre d'Alençon, fils de saint Louis. — Statue funéraire [XIII° s.], 161.
Pierre Mauclerc (Aumônière donnée à l'abbaye de Saint-Yved de Braisne par) ; [XIII° s.], 182.
Prophètes. — Représentation au XII° s. : V. châsse de Saint-Yved, 121.
Prophète Ezéchiel, peinture de la cathédrale de Cahors [XIII° s.], 223.
Prophète Jonas. — Peinture de la cathédrale de Cahors [XIII° s.], 221.
Prudence (la). — Statuette de la cathédrale de Chartres [XIII° s.], 221.
Receswinthe (Couronne de) ; [VII° s.], 39.
Robert de Clermont, fils de saint Louis. — Statue funéraire [XIV° s.], 161.
Roger II, roi de Sicile (Représentation). V. mosaïque de Sainte-Marie-de-l'Amiral de Palerme, 134.
Rois mages (Adoration des). — Représentation byzantine ; V. couverture du manuscrit, 46.
Rois mages. — Représentation au XI° s., miniature, 223. — Représentation au XII° s. : V. châsse de Saint-Yved, 121. — Représentation au XV° s. : plaque de cuivre émaillée, 222.
Roland (Épée dite de), [XII° s.], 197.
Romain IV, empereur byzantin. — V. fragm. d'un dyptique [XI° s.], 42.
Richard Cœur de Lion, roi d'Angleterre. — Statue funéraire [XIII° s.], 176.
Saint. (Représentation byzantine d'un); [VI° s.] ; mosaïque de Saint-Apollinaire-in-Nuovo, 75.
Saint-Apollinaire-in-Classe de Ravenne. — Vue extérieure [VI° s.], état actuel, 72 ; — vue intérieure, état actuel, 73.
Saint-Apollinaire-in-Nuovo, à Ravenne. — Vue intérieure, état actuel [VI° s.], 74 ; — mosaïques, représentant un saint et une sainte [VI° s.], 74.
Saint Ambroise. — D'après une mosaïque du V° s. : V. évêque, 27.
Saint-Ambroise à Milan (Basilique de); [IX° s.], façade, 132 ; — autel d'or [IX° s.], 79.

Saint André. — Représentation byzantine [VI° s.] : médaillon en mosaïque de Saint-Vital de Ravenne, 75.
Saint Benoît. — Représentation au XI° s. : V. autel d'or de Henri II, 117.
Saint Christophe portant le Christ : V. vitrail [XIII° s.], à la cathédrale de Chartres, 227.
Saint-Clément, Basilique de Rome [IX° s.], vue intérieure du chœur, 26.
Saint Etienne (Couronne dite de); [XI° s.], 136 ; — (tombeau dit de) [XI° s.], à Obazine (Corrèze), 194.
Saint Gabriel. — Représentation au XI° s. : V. autel d'or de Henri II, 117.
Saint Gall. — En costume de bénédictin luttant contre des ours : V. plaque du Tutilo [IX° s.], 96.
Saint Georges tuant le dragon : V. mosaïque byzantine, 159.
Saint-Germain des-Prés (Église de), à Paris : colonne mérovingienne des tribunes du chœur, 37.
Saint Grégoire le Grand (le pape). — D'après une statue de la cathédrale de Chartres, [XIII° s.], 125 ; — d'après un bas-relief en bronze de la cathédrale d'Arezzo, par Jean de Pise [XIII° s.], 230 ; — chasse en ivoire du [IX° s.], 80.
Saint Héribert (Médaillon émaillé [XII° s.] de la châsse de), à Deutz (Allemagne), 225.
Saint Jacob. — Représentation byzantine, médaillon en mosaïque [VI° s.], de Saint-Vital de Ravenne, 75.
Saint Jacques. — Sculpture de la cathédrale de Reims [XIII° s.], 221.
Saint Jean. — Représentation au XI° s. : V. évangile, 115.
Saint Jean, à Poitiers (Temple de); [VI° s.], état actuel, état extér., 36. — Vue intér. état actuel, 36.
Saint-Jean-de-Latran (Baptistère de) ; à Rome [XI° s.], 82. — Mosaïque du Triclinium [IX° s.], 86.
Saint Joseph. — Représentation au XII° s. : V. châsse de St-Yved, 121.
Saint Louis. — Buste reliquaire [XIII° s.], 161; — statuette [XIII° s.], 161 ; — d'après une miniature [XIII° s.], 161 ; — d'après une sculpture de Notre-Dame de Paris [XIII° s.], 161 ; — d'après une sculpture de la cathédrale de Reims [XIII° s.], 221.
Saint Louis (Agrafe dite de); [XIII° s.], 132 ; — (coffret dit de), [XIII° s.], 185. — (jeu d'échecs dit du), 189.
Saint-Marc (Église de); [XI° s.], à Venise. — Façade, 133; — intérieur, 133; — cheval du portail [IV° s. avant J.-C.], 48.
Saint-Martin-des-Champs (Abbaye de), à Paris. — Chaire à prêcher [XIII° s.], 121 ; — chapiteau du prieuré [XIII° s.], 218.
Saint Maurice (Glaive dit de); [XIII°], 197.
Saint-Médard (Evangéliaire de l'abbaye de) ; V. miniature d'un recueil d'Evangiles [IX° s.], 97.
Saint Michel. — Représentation byzantine : V. mosaïque dans le narthex de Sainte-Sophie, 44. — Rep. ésentation au XI° s., V. autel d'or de Henri II [XI° s.], 117. — Représentation au XII° s. : V. crosse épiscopale [XII° s.], 114.
Saint-Michel de Pavie (Église de); [XI° s.], façade, 142.
Saint-Paul (Crypte de), à la Ferté-sous-Jouarre [VII° s.] ; 37 ; — mur de la crypte, 39.
Saint-Paul-hors-les-murs (Basilique de); [V° s.], à Rome, vue extérieure, 21 ; — vue intérieure, 23 ; — mosaïque (V° s.), 27.

Saint Philippe. — Représentation byzantine [VI° s.], médaillon en mosaïque de Saint-Vital de Ravenne, 75.
Saint Pierre. — Représentation byzantine [VI° s.], médaillon en mosaïque de St-Vital de Ravenne, 75.
Saint-Pierre (Chaire dite de), 82.
Saint-Pierre, à Montdidier. — Fonts baptismaux de l'église [XII° s.], 114.
Saint-Pierre de Rome. — Vue extérieure de la basilique ; 83.
Saint Quiriace (Église de) à Provins : peinture murale [XIII° s.], 223.
Saint Raphaël. — Représentation au XI° s. : V. autel d'or de Henri II, 117.
Saint Remy (Calice dit de); [XII° s.], 120.
Saint Sauveur (Église du); à Londres [XIII° s.], chapiteau, 230.
Saint-Savin (Église de); [XI° s.], plan, 216. — peinture [XI° s.], représentant le Christ bénissant l'Agneau pascal, 222.
Saint Sepulcro à Barletta (Église de). — Fresques [XII° s.], 131.
Saint-Sépulcre de Jérusalem (Église du); [XII° s.], vue extérieure, 143.
Saint-Sernin (Église de); [XI° s.], à Toulouse. — Chapiteaux, 217.
Saint Taurin (Châsse de), à Évreux.
Saint Trophime (Cloître de); [XII° s.] à Arles, 216.
Saint Vital de Ravenne (Église de) ; [VI° s.]. — Vue intérieure, 75 ; — mosaïques représentant Justinien et Théodora [VI° s.], 39 ; — mosaïque représentant le palais de Théodoric, 72 ; — mosaïque représentant le port de Classis [VI° s.], 72 ; — mosaïque représentant une procession de Saintes [VI° s.], 75. — Médaillons en mosaïque représentant des saints [VI° s.], 75.
Saint-Yved (Châsse de); [XII° s.], à Braisne, 121.
Sainte. (Représentation byzantine d'une); [VI° s.] : V. mosaïque de Saint-Apollinaire-in-Nuovo, 74.
Saintes (Représentation byzantine de); [VI° s.] ; V. mosaïque de Saint-Vital de Ravenne, 75.
Sainte - Agnès - hors - les - murs (Église de) ; à Rome [X° s.]. — Vue intérieure, état actuel, 84.
Sainte Anne. — Représentation au XIII° s., sculpture de la cathédrale de Reims, 221.
Sainte Fausta (Grande châsse de); [XII° s.], 120.
Saintes Femmes (les). — Représentation byzantine au VI° s. : V. miniature, 46.
Sainte Foy. — Statuette [X° s.], 225.
Sainte-Marie-de-l'Amiral (Église de) ; à Palerme. — Mosaïques [XII° s.], 134.
Sainte-Marie-la-Grande (Abbaye de); [XII° s.], à Jérusalem. — Entrée, 144.
Sainte-Sophie (Église de) : à Constantinople [VI° s.], vue extérieure, 42 ; — vue intérieure, 41 ; — mosaïque du porche [VI° s.], 44.
Saint-Zénon (Cloître du monastère de). — Bas-relief représentant Frédéric Barberousse, 125.
Salomon. — Représentation au XII° s. : V. châsse de St-Yved, 121.
Salutation angélique. — Représentation au XIII° s., V. crosse épiscopale, 224 ; — V. plaque d'autel [XIII° s.], 115.
San Calisto (Miniature de la Bible de); [IX° s.], 95.
San Miniato près de Florence (Église de); [XI° s.], intérieur, 131.
Sidi-Okba (Mosquée de); [VIII° s.], à Kaırouaq, 65.
Stilicon (Portrait supposé de) ; V. général, 20.

Suger. — Portrait : fragment de vitrail à Saint-Denis [XII° s.], 227.
Tassillon (Calice de); [IX° s.], 79.
Taurus Tricaranus. — Divinité gauloise : V. autel découvert en 1710, à Paris, 16.
Temple (Enclos du) ; [XII° s.], à Paris [XII° s.], 165.
Temple (Église du) ; [XII° s.], à Londres, — vue intérieure, 178 ; — partie circulaire, 178.
Théodelinde (Couronne de) ; [VI° s.], 69; — (peigne dit de); [VI° s.], 69.
Théodora. Femme de Justinien : V. mosaïque de l'église Saint-Vital de Ravenne [VI° s.], 39.
Théodore. — Sarcophage de l'archevêque [VI° s.], à Ravenne, 73.
Théodoric (Palais de); [VI° s.], à Ravenne, ruines, 68 ; — représentation du palais de); V. mosaïque de St-Vital de Ravenne, 72 : — (tombeau de); [VI° s. ou X° s.], 100.
Thibaut IV, comte de Champagne (Aumônière de); [XIII° s.], 182.
Thomas Becket (Mitre de St-); [XII° s.], 118.
Théotocos (Église de la) ; à Constantinople [X° s.], façade, 138.
Tusque (la). — A Sainte-Eulalie d'Ambares [IX° s. ou X° s.], 100.
Tutilo (Plaque d'ivoire sculptée par ; [IX° s.], 96.
Valentré, à Cahors (Pont de) [XIV° s.], 151.
Vertus (Représentation carolingienne des) : V. miniature de la bible de Charles le Chauve, 95.
Vertus et vices (Représentation des); [XIII° s.], statuettes de la cathédrale de Chartres, représentant l'Orgueil, la Prudence, le Courage, la lâcheté [XIII° s.], 208.
Villard de Honnecourt (Album de); [XIII° s.], feuille de pin, 223 ; — ours, 223 ; — sauterelle, 223 ; — tête de femme, 223 ; — tête d'homme, 223.
Vierge. — Représentation byzantine [VI° s.] : V. mosaïque dans le narthex de Sainte-Sophie, 44 ; — représentation byzantine [VI° s.] : V. miniature, 48 ; — représentation byzantine [VII° s.] : V. fiole destinée à conserver les huiles, 82 ; — dans le costume d'une reine du XII° s. (vitrail de la cathédrale de Chartres), 160 ; — sculpture du grand portail de la cathédrale de Reims [XIII° s.], 221 ; — statue de la cathédrale de Reims [XIII° s.], 219 ; — (représentation au XIII° s.) : V. châsse de Saint-Yved, 121 ; — représentation au XIII° s.] : V. plaque d'autel, 115. — représentation italo-byzantine [XIII° s.] : V. mosaïque de Sainte-Marie-de-l'Amiral, à Palerme, 134 ; — (couronnement de la) [XIII° s.] : V. ivoire, 224, — ou statuette d'ivoire [XIII° s.], 118. — (triomphe de la) ; [IX° s.] : V. plaque d'ivoire de Tutilo, 96.
Vierge assise sur un trône, tenant l'Enfant Jésus : ivoire byzantin [XI° s.], 139 ; — l'Enfant Jésus sur ses genoux, sculpture de la cathédrale de Paris [XIII° s.], 109 ; — et l'Enfant Jésus, miniature [XIII° s.], 224, et Enfant Jésus, bas-relief de la cathédrale d'Arezzo, par Jean de Pise [XIII° s.], 230.
Volvinius (Autel d'or, à Saint-Ambroise de Milan, par);[IX° s.], 79.
Vulcain. — (Représentation gallo-romaine de) : V. autel découvert à Paris, en 1710, 16.
Westminster (Abbaye de); [XII° s.], à Londres : vue du chœur, 178 ; — chapiteaux ou chapelle du chapitre, 177 ; — statue funéraire de Henri III [XIII° s.], 176.
Ziza (Château de); [XII° s.], près de Palerme, façade, 58.

# TABLE MÉTHODIQUE

Nota. — Cette table a été rédigée de manière à permettre au lecteur de prendre rapidement connaissance des gravures que renferme cet ouvrage sur tel des sujets généraux d'études qu'il comporte. On trouvera aux index le folio des pages de chacun des articles mentionnés à la table méthodique.

## I. Ages et époques de la vie.

Berceau, enfant au berceau, enfant au maillot.
Fiancés, mariage.
Cercueil, dalle funéraire, drap mortuaire, ensevelissement, funérailles, linceuil, mort dans son linceuil, pierre tombale, sarcophage, statue funéraire, tombeau.

## II. L'alimentation.

*Repas.* — Repas (représentations de) à différentes époques.
*Personnel.* — Cuisiniers. Jeunes filles nobles faisant le service de la table. Serviteurs apportant des plats à table.
*Service de table.* — Aiguière, bassin, burette, coupe, couteau, cuiller, fontaine au vin, huche au pain, plat à laver, pot à eau, salière, table, vase à boire, verre.
Ouil.

## III. Le vêtement.

*Matière.* — Étoffe, tissu.
*Costume.* — Costumes civils.
*Détails du costume.* — Aumônière, hardocuculle, bliaud, bonnet, braies, chaînse, chapeau, chausses, chaussette, chaussure, chlamyde, coiffe, coiffure, cotte, cotte à capuchon, diadème, écharpe, gant, gibecière, hoqueton, jube, maillot, manteau, manteau à franges, pallium, peliçon, sale, soulier, scarot, tablion, trabéa, tressoir, tunique, voile.
*Parure.* — Agrafe, applique, bague, bijou, boucle, boucle d'oreille, bracelet, broche, brassard, collier, couronne, crochet de ceinturon, disque de parure, épingle, fermoir, fibula, galon, joyau, orfroi, perle, pendeloque, pendant d'oreille, plaque d'ornement, toque, tressoir.
*Objets de toilette.* — Barillet à parfums, boîte à miroir, cure-oreille, épingle, miroir, peigne, rasoir.

## IV. L'habitation.

*Généralités.* — Alcazar, château, habitation, maison, manoir, thermes, villa, appartement.
*Détails.* — Cour, donjon, frigidorium, galerie, harem, piscine, salon de réception, triclinium.
*Décoration.* — Carrelage, mosaïque, peinture.
*Village, villes.* — Arc, arène, beffroi, fontaine, gibet, hôpital, Hôtel-Dieu, lanterne des morts, place, pont, porte, rue, théâtre.

## V. L'ameublement.

*Meubles en général.* — Armoire, bahut, coffre, coffret, huche, panier, seau, guéridon, table.
*Meubles de repos.* — Banc, berceau, chaire, chaise, coussin, forme, lit, siège, siège d'honneur, tabouret, trône.
*Chauffage.* — Brasero, chenets, landier, réchaud, soufflet.
*Éclairage.* — Candélabre, chandelier, couronne de lumière, flambeau, lampadaire, lampe.
*Divers.* — Clef.
Clotet.

## VI. L'agriculture.

*Professions.* — Berger, bûcheron, faneur, moissonneur, paysan, vigneron.
*Constructions rurales.* — Ferme, habitation, grange, maison, moulin, village.
*Travaux des champs.* — Battage des grains, bêchage, ensemencement, fenaison, hersage, labourage, moisson, semailles, vannage des grains.
Coupe des bois, récolte des fruits, taille des arbres.

Foulage des raisins.
Abatage, élevage, salaison.
*Instruments agricoles.* — Baratte, bêche, charrue, ciseaux, doloire, faucille, faux, fléau, fourche, houlette, pioche, pressoir, tonneau.

## VII. L'Industrie.

*Professions.* — Acrobate, armurier, boucher, boulanger, charcutier, charpentier, charron, cordier, cuisinier, entrepreneur de transports, forgeron, foulon, fourreur, imagier, maçon, maréchal ferrant, monnayeur, pelletier, sabotier, sculpteur, taillandier, tailleur de pierre, tondeur de drap, tonnelier, tourneur, vannier.
*Outils.* — Compas, ciseaux pour tondre le drap, équerre de maçon, métier à tisser, tour.

## VIII. Le commerce.

*Professions.* — Changeur, marchand-drapier, fourreur, pelletier, marchand de pommes.
*Constructions.* — Boutique, halle aux draps.
*Opérations.* — Foire, vente.

## IX. Voyages.

*Costume.* — Costume de voyage, besace.
*Moyens de transport.* — Char, chariot, charrette, fouet, harnais de cheval, transport de bagages, navire, vaisseau.

## X. Jeux et divertissements.

*Professions.* — Acrobate, bateleur, danseur, danseuse, équilibriste, jongleur, balançoire, boule, cerceau, cerf-volant, cerise pendue, chevaux savants.
*Jeux.* — Fausse chèvre, cirque, dé, échasse, échec, escrime, joute sur l'eau, lutte à dos d'homme, marionnette, mascarade, singes savants, volant.
*Chasse.* — Chasseur, valet de chasse.
   Cor, corne, gant, olifant.
   Chasse au cerf, au sanglier.
   Chasse au faucon, faucon au poing, faucon enfermé dans le maillolet, faucon au perchoir, chapel, maillolet.
*Tournoi.* — Tournoi.

## XI. Sciences. Enseignement.

*Personnel.* — Docteur, écolier, étudiant, maître.
*École.* — École, férule.
*Mobilier.* — Encrier, lutrin, papyrus, scriptionale, tablette de cire.
*Écriture.* — Assemblage de lettres, écriture, explicit, lettre majuscule, manuscrit, miniature, minuscule, monogramme, onciale, plaque de reliure.
*Connaissances.* — Animaux fantastiques, arithmétique, arts libéraux, astronome, astronomie, bestiaires, cartes, combats d'Alexandre, croyances populaires (argus, caladre, capricorne, crocodile, homme et éléments, hydre, phœnix, panthère, sagittaire, salamandre, sirène), dialectique, géométrie, grammaire, instrument de mathématiques, leçon d'astronomie, de mathématiques, médecine, monde marin, monde terrestre, philosophie, univers.

## XII. Beaux-arts.

*Professions.* — Architecte, imagier, maçon, sculpteur, tailleur de pierre. Compas, équerre.
1º *Architecture religieuse.* — Abbaye, baptistère, basilique, cathédrale, chapelle, dôme, église, mausolée, mosquée, temple, tombeau.
   Abside, atrium, campanile, chœur, clocher, cloître, crypte, façade, intérieur, jubé, minaret, minbar, narthex, nef, plan, porche, portail, rose, tour, tribune, triforium, tympan.
   Appareil, charpente, coupole, doubleau, formeret, plafond, voûte.

*Architecture civile.* — Alcazar, arc, arène, beffroi, château, ferme, fontaine, gibet, grange, habitation, hôpital, hôtel-Dieu, hôtel de ville, lanterne des morts, maison, manoir, moulin à eau, oudoum, palais, pont, porte, puits, théâtre, thermes.
Cour, galerie, salle, salon, triclinium.

*Architecture militaire.* — Château, donjon, fortification, krak, motte, oppidum.
Baille, créneaux, courtine, enceinte, hourd, plessis, tour, tour à éperon.

2° *Sculpture.* — Autel, bas-relief, chaire, chapiteau, châsse, cercueil, coffret, couverture de manuscrit, crochet, crosse, dais, diptyque, fonts baptismaux, frise, ivoire, linteau, médaillon, monnaie, plaque, reliquaire, retable, sarcophage, sceau, stalle, statue, statuette, tablette, tombeau, tympan.

3° *Peinture.* — Peinture (représentations de la), peinture murale, décoration, fresque.
Peinture sur verre, vitrail.
Miniature, encadrement, lettre ornée, assemblage de lettres.

4° *Mosaïque.* — Mosaïque.

5° *Dessin.* — Album de Villard de Honnecourt (figures extraites de l'). dalle funéraire, pierre tombale.

6° *Arts industriels.* — *Orfèvrerie religieuse :* A. de Conques, anneau, autel, boîte à hosties, calice, chandelier, châsse, ciboire, couronne de lumière, couverture de manuscrit, croix, crosse, encensoir, lampadaire, navette à encens, patène, plaque, reliquaire, statuette.

*Orfèvrerie civile.* — Agrafe, aigle, aiguière, amulette appliquée, bague, bijou, boucle, boucle d'oreille, bracelet, broche, casque, collier, coupe, couronne, cuiller, cure-oreille, épingle, fermoir, fibule, filigrane, globe, joyau, miroir, ornement, pendant d'oreille, pendeloque, plat, poignée d'épée, poule et poussins, salière, siège, vase.

*Glyptique.* — Bijou, camée.

*Émaillerie.* — Boîte à hosties, châsse, couronne, croix, crosse, navette, plaque, plat.

*Ferronnerie.* — Brasero, chaise, chandelier, chenet, gril, landier, lutrin, peinture, réchaud.

*Serrurerie.* — Clef reliquaire.

*Damasquinerie.* — Armes arabes, coffret, flambeau, guéridon.

*Tissus.* — Broderie, dalmatique, étoffe, galon, manteau, orfroi, tapisserie.

*Céramique.* — Aiguière, bordure de faïence, carrelage, frise en faïence, faïence, poterie, vase.

7° *Musique* (représentations de la).
*Personnel.* — Joueur de cornemuse, joueur de flûte, harpiste, joueur de sistre, joueur de vielle, groupe de musiciens.
*Instruments.* — Busine, carnyx, chifonie, cithare, cor, cornemuse, crouth, cymbale, harpe, lyre, olifant, orgue, prétel, psaltérion, rote, trompette, tambour, timbre, vielle.

### XIII. L'église.

*Costumes ecclésiastiques.* — Chanoine, diacre, exorciste, évêque, pape, pèlerin, prêtre, abbé, carme, dominicain, moine, moine mendiant, templier, religieux.

*Détails des costumes.* — amict, aube, aumusse, cagoule, chape, chasuble, cuculle, dalmatique, étole, froc, gant, manipule, manteau, mitre, mule, pallium, toque, sandale, scapulaire, surplis, tiare, tunique, voile.

*Insignes.* — Anneau, bâton pastoral, chaire, crosse, croix, gant, mitre, monnaie, pallium, sceau, tiare, trône.

*Bâtiments ecclésiastiques.* — Abbaye, baptistère, basilique, cathédrale, chapelle, cloître, dôme, église, palais épiscopal.

*Mobilier ecclésiastique.* — Armoire, chaire à prêcher, chandelier, couronne de lumière, éventail, flabellum, lutrin, siège, stalle, trône.

*Objets du culte.* — Autel, boîte à hostie, bénitier, couronne votive, calice, châsse, ciboire, ciborium, clef reliquaire, colombe eucharistique, croix, croix de cimetière, croix pectorale, croix portative, croix reliquaire, cuiller, encensoir, fiole, fonts baptismaux, goupillon, iconostase, instrument de paix, lampadaire, lampe, lanterne des morts, navette à encens, patène, plaque, reliquaire, retable, vase.

*Cérémonies ecclésiastiques.* — Funérailles, investiture ecclésiastique, investiture pontificale, mariage, célébration de la messe, office de Noël, sacre, transfert de reliques.

### XIV. Iconographie religieuse.

Dieu le Père.
Christ, Christ bénissant, Enfant Jésus, baptême du Christ, cène, crucifiement du Christ, glorification du Christ, Agneau pascal, Bon Pasteur.
Vierge, salutation angélique, couronnement de la Vierge, triomphe de la Vierge.
Ange, démons, enfer.
Apôtre.
Saint, saintes, saintes Femmes, saint André, saint Benoît, saint Christophe, saint Gabriel, saint Gall, saint Georges, saint Jacques, saint Jean, saint Joseph, saint Michel, saint Philippe, saint Pierre, saint Raphaël, sainte Anne, sainte Foy.
Aaron, David, Ézéchiel, Isaïe, Jacob, Jonas, Moïse, Patriarches, Prophètes, Salomon.
Apocalypse, élus, Jugement dernier.
Adoration des mages, massacre des Innocents.
Église, Église chrétienne, Église juive.
Vertus et vices : courage, lâcheté, orgueil, prudence.
Apollon, Janus, Jupiter, Mercure, Vulcain.
Cernunnos, Esus, Taurus.

### XV. Institutions politiques.

*Costumes.* — Empereur, impératrice, prince, reine, roi.
*Insignes.* — Bannière, couronne, dais, diadème, épée, gant, globe, labarum, main de justice, manteau, oriflamme, paludamentum, sceptre, trône.
*Actes*, charte, diplôme, monnaie, sceau.
*Résidences.* — Château, palais.
*Cérémonies.* — Adoubement, hommage, investiture, prestation de serment, sacre.
*Communes.* — Beffroi, charte, hôtel de ville, monnaie, sceau.

### XVI. Iconographie civile.

Aelia Flavilla, Anastase, Basile, Bouchard de Montmorency, Charles d'Anjou, Charlemagne, Charles le Chauve, Clément IV, Conrad III, Constance, Édith, femme d'Othon le Grand, Éléonore de Guyenne, Eudoxie, Frédéric Barberousse, Geoffroy Plantagenêt, Henri II, empereur d'Allemagne, Henri II, roi d'Angleterre, Henri III, Henri IV, Honorius, Hugues de Libergier, Jean, fils de saint Louis, Jean sans Terre, Juliana Anicia, Julien, Justinien, Louis le Débonnaire, Louis, fils de saint Louis, Mahomet, Marguerite de Provence, Mathieu Paris, la comtesse Mathilde, Othon le Grand, Othon III, Pierre d'Alençon, Robert de Clermont, Roger II, Romain IV, Richard Cœur de Lion, saint Ambroise, saint Louis, Stilicon, Suger, Théodora.

### XVII. La guerre.

*Costumes.* — Cavalier, chevalier, général, guerrier, soldats.
*Armes offensives.* — Angon, arc, couteau, dague, épée de taille, d'estoc, pour combattre à pied, fauchard, fer de lance, fléau, flèches, framées, hache, javelot, lance, masse d'armes, pioche, pique, poignard, poignée d'épée, sabre.
*Armes défensives.* — Ailette, bouclier, broigne, camail de peau, casque, cervelière, coiffe de mailles, cotte de mailles, cuirasse, écu, haubert, heaume, nasal, rondache, umbo.
*Équipement.* — Baudrier, carquois, ceinture, ceinturon, chausse, cotte d'armes, éperon, étrier, fourreau d'épée, gaine, harnais de cheval, housse, tente, tunique.
Bannière, carroccio, étendard, labarum.
*Engins.* — Arbalète à ressort, baliste, beffroi, bélier, tête de bélier, échelle d'assaut, mantelet, trébuchet.
*Constructions militaires.* — Château, donjon, enceinte, forteresse, fortifications, krak, baille, oppidum, chemin de ronde, courtines, créneaux, hourd, pont fortifié, pont à bascule, porte fortifiée, tour, tour à éperon.
*Vie militaire.* — Fabrication des armes, assaut à l'aide du beffroi, attaque d'un mur, à l'aide de la sape, attaque d'une place forte, bataille, cavalier renversant des fantassins, combat à pied, escrime, fantassin armant l'arbalète, formations en coin, manœuvre de la lance, mêlée, pillage, tournoi, transport des armes, transport des prisonniers.
Navires, vaisseaux.

# INDEX ALPHABÉTIQUE

## A

**A de Conques.** — pièce d'orfèvrerie [Xᵉ s.], 225.

**Abaque,** — [XIIᵉ s.] : V. miniature de l'Hortus Deliciarum (l'arithmétique), 203.

**Abatage d'un bœuf,** — [XIIᵉ s.] : V. bouchers, 156.

**Abbaye de Citeaux,** — [XIIIᵉ s.], vue générale, [XIIIᵉ s.], 114.

**Abbaye du Mont Saint-Michel,** — galeries du cloître [XIIIᵉ s.], 114 ; — réfectoire [XIIIᵉ s.], 119 ; — salle du Chapitre des chevaliers [XIIIᵉ s.], 113.

**Abbaye de Westminster.** — vue du chœur [XIIIᵉ s.], 178 ; — Chapter House ou Chambre du Chapitre [XIIIᵉ s.], 177.

**Abbaye de Sainte-Marie-la-Grande,** — à Jérusalem [XIIᵉ s.], entrée, 144.

**Abbé bénédictin,** avec le cuculle, 77.

**Abbé,** — (costume d'), [XIIᵉ s.] : V. Suger, 127.

**Abside.** — [IVᵉ s.] : V. basilique de Saint-Paul-hors-les-murs, à Rome (vue intérieure), 25 ; — [XIIᵉ s.] : V. vue intérieure du chœur de la basilique de Saint-Clément, à Rome, 26 ; — [XIᵉ s.] : V. cathédrale de Bamberg, 123.

**Abside,** de la cathédrale de Palerme [fin du XIIᵉ s.], 134 ; — [XIIIᵉ s.], de la cathédrale de Lincoln (Angleterre), 229.

**Acrobates,** — [XIVᵉ s.], 190, 191.

**Acte de Hugues Capet,** — [Xᵉ s.], 162.

**Adoubement,** — [XIIᵉ s.], 167.

**Agrafes,** — gauloises (bronze), 3 ; — romaines, 31 ; — mérovingiennes (bronze), 38 ; — lombarde, 71 ; — [XIᵉ s.], 179 ; — [IXᵉ s.], allemande, 182 ; — [XIIIᵉ s.], 182 ; — dite de Saint Louis [XIIIᵉ s.], 182.

**Aigle** du trésor de l'étrosa, 31.

**Aiguière,** — carolingienne, 93 ; scandinave en terre non vernissée, 168 ; — [XIIᵉ s.], 185 ; — [XIIᵉ s.], 185 ; — de cuivre fondu [XIIIᵉ s.], 181 ; — allemande en cuivre fondu [XIIIᵉ ou XIVᵉ s.], 186.

**Aiguillettes,** — pièce d'armement : V. chevalier de la fin du XIIᵉ s., 196.

**Alcazar de Séville,** — salle des rois maures, 58.

**Alignements de Carnac,** — (Morbihan), 3.

**Allée couverte de Bagneux,** — (Maine-et-Loire), 3.

**Allemands,** — (chevaliers du [XIᵉ s.], 99 ; — dignitaires [XIᵉ s.] : V. fragment d'une miniature d'un évangéliaire, 178 ; — empereurs : Othon le Grand, Othon III, Henri II, Henri IV, Conrad III, Frédéric Barberousse [Xᵉ, XIᵉ et XIIᵉ s.], 125.

**Allemande,** — impératrice [Xᵉ s.] : Édith, femme d'Othon le Grand, 125.

**Ambon,** — sorte de chaire à prêcher [XIᵉ s.] : V. vue intérieure du chœur de la basilique de Saint-Clément, à Rome, 26.

**Amict,** — pièce du costume ecclésiastique [XIᵉ s.] : V. diacre, 110 ; — [XIIIᵉ s.] : V. Saint Grégoire le Grand dans le costume d'un pape du XIIIᵉ s., 129.

**Amulette,** — (bronze), 18.

**Anglais,** — chevalier [XIIIᵉ s.], 99 ; — rois (Henri II, Édouard de Guyenne, Richard Cœur de Lion, Jean sans Terre, Henri III), 176.

**Anglo-saxon,** — cavalier [XIᵉ s.] ; — roi [Xᵉ s.] : V. costume royal [Xᵉ s.], 169 ; — roi [XIᵉ s.], 169 ; — costume royal [Xᵉ s.], 169 ; — guerrier [XIᵉ s.], 169 ; — serviteur [XIᵉ s.] : V. costume de serviteur, 169.

**Anglo-saxonne,** — femme [Xᵉ s.] : V. costume de femme [Xᵉ s.], 169 ; — femme [XIᵉ s.] : V. costume de femme, 169 ; — femme dévidant et tissant la laine [XIᵉ s.], 169.

**Angons,** — 32.

**Animaux** — fantastiques : V. caladro, 211 ; — V. cancre, 211 ; — V. chimères, 211 ; — V. dragon cornu, 211 ; — V. panthère, 212 ; — V. phénix, 212 ; — V. sagittaire, 212 ; — V. salamandre, 212 ; — V. serpent, 211.

**Anneau,** — épiscopal [VIIᵉ s.], 77 ; — [Xᵉ s.], 110 ; — d'un évêque allemand [XIᵉ s.], 110.

**Appareil mérovingien,** — [Vᵉ s.] : V. fragment d'un mur mérovingien, 33.

**Appartement,** — (intérieur d'un) [XIIIᵉ s.], 183.

**Applique** carolingienne, 90.

**Aqueduc.** — gallo-romain : V. pont du Gard, 13.

**Arabes,** — chargeant un chameau, miniature arabe [XIIIᵉ s.], 51 ; — dignitaires de la cour des rois maures [XIVᵉ s.] : V. personnages empruntés à une peinture de l'Alhambra, 51 ; — femme conduisant des chameaux, miniature [XIIIᵉ s.], 51.

**Arbalète,** — à ressort, 200 ; — rappelant la catapulte romaine, 200 ; — [XIIIᵉ s.], 193.

**Arc d'Orange,** — état actuel, 11 ; — restauré, 11 ; — au moyen âge, 11.

**Arc de triomphe,** — gallo-romain à Saint-Remy (Bouches-du-Rhône), 12.

**Architecte,** — [XIIIᵉ s.] : V. pierre tombale d'Hugues de Libergier, 227 ; — en conférence avec un roi, miniature [XIIIᵉ s.], 112.

**Arènes de Nîmes,** — extérieur, 12 ; — intérieur, 12.

**Arête,** — (voûte romane), figure théorique, 216 ; (voûte gothique) sur croisée d'ogives, figure théorique, 216.

**Arithmétique,** — représentation au XIIᵉ s. : V. miniature de l'Hortus Deliciarum, 203 ; — représentation au XIIᵉ s., statuette de la cathédrale de Laon, 209.

**Armée,** — sarrasine, en marche, miniature arabe [XIIIᵉ s.], 146.

**Armoire,** — de l'église d'Obazine [XIIᵉ s.], 132, — en bois, ornée de peintures [XIIᵉ s.], conservée à la cathédrale de Noyon, 226.

**Armurier,** — [XIIᵉ s.] : V. fabrication des armes, 202.

**Armoiries,** — d'un prince arabe en Espagne [XIIIᵉ s.], 36 ; — féodales [XIIᵉ s.], 132, — en bois, 156.

**Artisans,** — gallo-romains (entrepreneur de transports sur le Rhin, forgeron, foulon, marchand de pommes, sabotier, tondeur de drap), 19.

**Artisans,** — [XIIᵉ et XIIIᵉ s.] : V. bouchers, charpentiers, marchands-drapiers, marchands de fourrures, pelletiers, tourneurs, 154 ; — bouchers, boulangers, charcutiers, charpentiers, cordiers, cuisiniers, drapiers, imagiers, maçons, maréchal-ferrant, monnayeurs, taillandiers, tonneliers, vanniers, vignerons, 156.

## Arts libéraux

**Arts libéraux,** — représentation au XIIᵉ s. : V. miniature de l'Hortus Deliciarum, 203 ; — statuette [XIIIᵉ s.], de la cathédrale de Laon : V. géométrie, arithmétique, médecine, astronomie, 209 ; philosophie, 210 ; dialectique, grammaire, rhétorique, peinture, musique, 212.

**Assaut** à l'aide du beffroi, 200.

**Assemblage de lettres,** — figurant le mot Jeremias [XIᵉ s.], 210.

**Astronome** (un), — miniature [XIIIᵉ s.], 209.

**Astronomie,** — représentation : V. miniature de l'Hortus Deliciarum, 203 ; — représentation au XIIIᵉ siècle, statuette de la cathédrale de Laon [XIIIᵉ s.], 209 ; — (une leçon d') au XIVᵉ siècle, miniature, 209.

**Atrium,** — cour intérieure d'une basilique [IVᵉ s.] ; V. vue extérieure de la basilique de Saint-Paul-hors-les-murs, à Rome, 24 ; — [IVᵉ s.] : V. vue extérieure de l'ancienne basilique de Saint-Pierre de Rome, 83 ; — [IXᵉ s.] : V. porche de la tribune de l'église de Loreto (Allemagne), 91 ; — [IXᵉ s.] : V. façade de l'église Saint-Ambroise, à Milan, 132.

**Attaque,** — d'un mur à l'aide de la sape, 200 ; — d'une place forte [XIIIᵉ s.], 200.

**Aube** de soie [XIIᵉ s.], ornée de perles et de broderies avec inscriptions latines et arabes, 124.

**Aubo,** — byzantine [VIᵉ s.] : V. évêque Maximien, 41 ; — byzantine [VIᵉ s.] : V. évêque byzantin, 41 ; — V. prêtre, 78 ; — [IXᵉ s.] : V. prêtre, 78 ; — [IXᵉ s.] : V. diacre, 78 ; — [IXᵉ s.] : V. chanoine, 78 ; — [IXᵉ s.] : V. pape Nicolas Iᵉʳ, 129 ; — [XIᵉ s.] : V. prêtre, 110 ; — [XIᵉ s.] : V. évêque, 110 ; — [XIIᵉ s.] : V. Saint Grégoire le Grand, 129.

**Audition** d'un trouvère dans un château [XIIᵉ s.], 213.

**Aumônières,** — [XIIIᵉ s.], 182.

**Aumusse.** — V. chanoine, 110.

**Autel,** — gallo-romain découvert à Paris en 1710, 16 ; — funéraire romain (d'Espagne), 79 ; — chrétien [Vᵉ s.], découvert à Aurièl (Ardèche), 28 ; — byzantin [VIᵉ s.], V. vue intérieure de l'église Sainte-Sophie, 43 ; — monolithe de Tarascon [VIIᵉ s.], 79 ; — de Saint Ambroise de Milan [IXᵉ s.], 79 ; — d'Henri II, empereur d'Allemagne [XIᵉ s.], 117 ; — de la cathédrale d'Arras [XIIIᵉ s.], (restitution), 119 ; — portatif [XIIᵉ s.], 112 ; — [XIIᵉ s.], V. reliquaire en forme d'église [XIIᵉ s.], 115 ; — (plaque d'), [XIIᵉ s.], en émail de Limoges, 115.

## B

**B majuscule,** — [XIIᵉ s.], 210.

**Bagages** (transport des), [IVᵉ siècle], d'après l'arc de Constantin, 20.

**Bague.** — byzantine, en or, 46 ; — à chaton orné de saints, 140 ; — [XIᵉ s.] en or, 110 ; — en émeraude, en or, 31 ; — à chaton en bronze doré, 34 ; — franque en or, 31 ; — de fiançailles franque en or, 33.

**Bahut,** — (fin du XIIᵉ s.), 185 ; — en bois [XIIᵉ s.], avec peintures de fer, 226.

**Baille,** — [IXᵉ s.] : V. château d'Arques (restauration), 100.

**Balançoire,** — (jeu de la) [XIVᵉ s.], 189.

**Baliste,** — 200.

**Balle,** — (jeu de la) [XIVᵉ s.], 189.

**Banc,** — de bois [XIIᵉ s.], restitution, 185 ; — avec appui [XIIᵉ s.], 184.

**Bandeau,** — d'or byzantin (fragment), Ravenne, 70.

**Bannière,** — impériale carolingienne : V. mosaïque du triclinium de Saint-Jean-de-Latran, 86 ; — des comtes de Provence, restitution, 195 ; — d'Amaury de Montfort [XIIᵉ s.], restitution, 195 ; — [XIIᵉ s.], d'après un manuscrit, 195 ; — royale [XIIᵉ s.], d'après un vitrail de la cathédrale de Chartres, 162 ; — royale [XIIIᵉ s.], d'après un vitrail de la cathédrale de Chartres, 162 ; — allemande de Menza [XIᵉ s.] : V. chevalier allemand, 99 ; — de croisé [XIIᵉ s.] : V. croisé, 144 ; — des villes italiennes : V. carroccio, 202.

**Baptistère,** — des orthodoxes [Vᵉ s.], à Ravenne ; vue intérieure, état actuel, 74 ; — de Saint-Jean à Poitiers [VIIᵉ s.], état actuel, vue extérieure, 36 ; vue intérieure, 38 ; — à Civitale en Frioul [VIIIᵉ s.], 80 ; — de Saint-Jean-de-Latran [IXᵉ s.], restauration, 82 ; — de Pise [XIᵉ s.], 132.

**Baratte,** — [XIIᵉ ou XIIIᵉ s.], 185.

**Bardocuculle,** — V. paysan gaulois, 2.

**Barillet à parfums** [XIIᵉ s.], 186.

**Bas côté,** — [XIIIᵉ s.] : V. cathédrale de Tolède, 228.

**Basilique,** — plan, figure théorique, 216 ; — [Vᵉ s.] V. édifices romains [IVᵉ s.], représentant peut-être des basiliques, 27 ; — de Saint-Paul-hors-les-murs [Vᵉ s.] : vue extérieure, 24 ; vue intérieure, état actuel, 25 ; — de Saint-Pierre de Rome : vue extérieure, façade, 83 ; — de Saint-Apollinaire-in-Classe, à Ravenne [VIᵉ s.] : vue extérieure, état actuel, 73 ; — de Saint-Apollinaire-in-Nuovo, à Ravenne [VIᵉ s.], intérieur, 74 ; — de Saint-Clément à Rome [IXᵉ s.], vue intérieure du chœur, 26 ; — de Saint-Jean-de-Latran (vue d'ensemble au XIIᵉ s.) : V. palais pontifical de Latran, 130 ; — de Sainte-Agnès-hors-les-murs [IXᵉ s.], état actuel, 84.

**Bas-relief,** — romain en pierre du sarcophage de la vigne Ammendola, 1 ; — gallo-romain de l'autel découvert à Paris en 1710, 16 ; — gallo-romain représentant une divinité tricéphale, 7 ; — gallo-romain du musée de Reims, représentant le dieu gaulois Cernunnos, Mercure et Apollon, 6 ; — d'un sarcophage conservé à Arles [IVᵉ s.], 28 ; — de la cathédrale de Menza [XIᵉ s.], 69 ; — du monastère de Saint-Zénon à Reichenhall, représentant Frédéric Barberousse [XIIᵉ s.], 125 ; — de la cathédrale de Bourges représentant le Jugement dernier [XIIIᵉ s.], 208 ; — de la cathédrale de Reims représentant des marchands-drapiers [XIIIᵉ s.], 154 ; — en bronze de la cathédrale d'Arezzo [XIIIᵉ s.], par Jean de Pise, 230.

**Bassin,** — [XIIᵉ s.], 185.

**Bataille d'Hastings** (représentation d'après la tapisserie de Bayeux du la) ; [XIᵉ s.], 173.

**Bateleurs,** — [XIVᵉ s.], 190.

**Bâton pastoral,** — [XIIIᵉ s.] en bois et ivoire, 116.

**Battage,** — et vannage des grains [XIᵉ s.], V. décembre dans le calendrier anglo-saxon, 170 ; — des grains [XIIIᵉ s.] : V. août dans les médaillons de la cathédrale d'Amiens, 157.

**Baudrier,** — romain [XIe s.]: V. empereur Honorius, 18; — franc. V. guerrier franc, 32; — [XIIIe s.]; V. Robert de Clermont, 161.

**Bêchage,** — [XIe s.]: V. mars dans le calendrier anglo-saxon, 170.

**Bêche,** — [XIIIe s.], 157.

**Beffroi,** — de l'hôtel de ville de Saint-Antonin [XIIe s.], 220; — de l'hôtel de ville d'Ypres [XIIIe s.], 181.

**Beffroi,** — militaire : V. assaut à l'aide du, 200.

**Bélier,** — engin de guerre, 200; — (tête de), 200.

**Bénédictin,** — [IVe au Xe s.], 77; — (abbé) avec le cuculle, 77; — [XIe s.], 111; — [XIIIe s.], 111.

**Bénitier,** — [XIIIe s.], 117; — [XIIIe s.] avec son goupillon, 117.

**Berceaux.** — [XIIIe s.], 192.

**Bergers,** — [XIIe s.], d'après un vitrail de la cathédrale de Chartres, 157.

**Besace,** — [XIIe s.]; V. costume de voyage, 188.

**Bestiaires,** (animaux fantastiques, extraits des); [XIIe s.], 209, 212.

**Bible,** — de Charles le Chauve [IXe s.]; V. miniature représentant les chanoines du monastère de Saint-Martin-de-Tours, 97 ; — de San Calisto, à Rome [IXe s.]; V. miniature représentant Charles le Chauve, 95.

**Bijou,** — Germain, 31 ; — de Childéric, 33. — francs, [XIIe s.]; — agate arabe, 53 ; — arabe, on argent, 53 ; — byzantin [VIe s.], 46, 70; — carolingien, 90 ; — du roi Alfred [IXe s.], 169; [XIIe s.], ornés de filigranes perlés, 182.

**Bliaud,** — [XIe s.], 180; — [XIe s.]; V. costume riche [fin du XIe s.], 181; — [XIe s.]; V. costume de dame noble, [XIIe s.]; [XIIe s.]; V. vêtement impérial, 124; — [XIIe s.]; V. roi au XIIe s., 160.

**Boîte,** — renfermant la croix de Cologne (Gers); [XIIIe s.], 118; -- à hosties, en forme de sarcophage, 80; — [XIIIe s.], décorées d'émaux de Limoges, 112; — à miroir [XIIIe s.] en ivoire et représentant Blanche de Castille et saint Louis, 161.

**Bonnet,** — [XIe s.]; V. costume riche, 181; — [XIIe s.]; V. costume d'apparat, 181; — [XIIe s.]; V. plaque émaillée représentant Geoffroi Plantagenet. 224; — [XIIe s.]; V. costume de voyage, 188; — [XIIe s.]; V. costume noble, 181.

**Bordure,** — de faïence murale arabe au Caire, 35.

**Bouchers,** — [XIIe s.], d'après un vitrail de la cathédrale de Chartres, 156.

**Boucles,** — gauloises, 31 ; — franque, on bronze, 33 ; — lombardes, 74; — carolingienne, 90.

**Boucle d'oreille,** — mérovingienne, 38 ; — byzantines, 46 ; — carolingienne, 90.

**Boucliers,** — gaulois, 5 ; — gaulois; V. trophées d'armes et captifs gaulois, [Ive s.], — ; [Ive s.]; V. général, 23 ; — romains ; V. insignes du maître des offices, 19 ; — germains ; V. trophées d'armes germaines, 30 ; — francs : V. chef et guerriers francs, 32 ; — carolingiens, 91; — byzantins [VIe s.]; V. garde impériale, 40; byzantins [IXe s.]; V. guerriers byzantins, 137 ; — byzantins [Xe s.], 137; — anglo-saxons [XIe s.]; V. costume de guerrier, 169; — [XIIe s.] face et revers, 137; — [XIIe s.]; V. chevaliers allemands, 99; — [XIIe s.]; V. chevaliers du XIIe siècle, 196; — [XIIe s.]; V. plaque émaillée représentant Geoffroi Plantagenet, 224; — [XIIIe s.], 197.

**Boulangers,** — [XIIe s.], d'après un vitrail de la cathédrale de Bourges, 156.

**Boule** (jeu de la), [XIVe s.], 189.

**Bourgeois,** — [XIIe s.], 118; — [fin du XIIIe s.], 184.

**Boutique.** — A Paris [XIIIe s.], restitution, 154.

**Bracelet.** — gaulois, 3 ; — germain, 31 ; — byzantin, 47; — arabe [XIVe s.], 53; — arabe servant d'anneau, 54; — arabe, 53; — normand, 98.

**Braies,** — gauloises : V. chef, guerrier et paysan gaulois, 2; — germaines : V. germains, 30; — romains [IVe s.] : V. empereur en costume militaire, 18; — porte-enseigne, 20; trompette, 20; noble romain, 21. — Carolingiennes : V. seigneur [IXe s.], 90 ; — [IXe s.] ; V. moissonneur, 157.

**Brasero.** — [XIIIe s.], 226.

**Brassard,** — gaulois, 3.

**Broche,** — [XIIIe s.], 182.

**Broderies,** — [XIIe s.], 180, 181, 182 ; — [XIIIe s.], 184.

**Broigne,** — pièce d'armement carolingienne; V. guerrier, 91; — [XIe s.] : V. chevalier français, 99 ; — [XIIe s.] : V. chevalier du début du XIIe siècle, 198.

**Bûcherons,** — [XIe s.]: V. mars dans le calendrier anglo-saxon, 170.

**Bulles,** — pontificales, 78, 126.

**Burette,** — carolingienne, 93.

**Busine,** — instrument de musique XIIIe s., 213.

**Buste,** — de Saint Louis [XIIIe s.], reliquaire, 161.

**Byzantin.** — empereur [VIe s.] : V. empereur Justinien, 40; — empereur : V. mosaïque de Saint-Vital de Ravenne, 39; — empereur à cheval [Xe s.], 136 ; — empereur [Xe s.] : V. Basile, 137 ; — empereur [XIe s.] : V. fragment d'un diptyque, [XIe s.] — personnages de la cour [VIe s.], 40; — dignitaire [XIe s.], 76; dignitaire [XIe s.]; V. officier à cheval, 137; — carolingiens, 91 ; — carolingiens : V. guerriers, 91; — du XIe s.; en cuivre rouge, 197 ; — [XIe s.] allemand, 197 ; — [XIIe s.] allemands, 197 ; — [XIIe s.] allemands ; — [XIIIe s.] polonais : V. chevalier polonais, 199.

**Byzantine,** — impératrice [VIe s.] : mosaïque de Saint-Vital de Ravenne, 39 ; — [VIe s.] : V. Théodora, 40 ; — [VIe s.], dames nobles, 40 ; — [VIIIe s.], 76; — [IXe s.], 75.

## C

**Cagoule,** — [XIIe s.] : V. bénédictin [XIe s.], 111.

**Caladre,** — au lit d'un mourant [XIIIe s.], miniature, 211 ; — sur la croix de Jésus-Christ [XIIIe s.], miniature, 211.

**Calendrier,** — anglo-saxon, représentant des scènes de la vie des champs, accompagné des différents mois de l'année [XIe s.], 170.

**Calice** [VIe s.], d'après un bas-relief de l'église de Monza, 80; — [VIe s.], autrefois conservé à Chelles, 79 ; — [VIIIe s.], de Tassilon, 78; — [Xe s.], de sardoine, travail byzantin, 139 ; — [XIe s.], dit de Saint-Rémy, 120.

**Calotte.** — byzantine [XIe s.] : V. grand dignitaire, 136.

**Camail,** — de peau destiné à supporter le heaume, XIIe s., 197.

**Camées,** — byzantins [Xe s.], 110; — en jaspe sanguin, 74; — de sardonix, 74.

**Campanile ou tour penchée** de Pise [XIIe s.], 132.

**Cancres.** — V. combat d'Alexandre contre des serpents fantastiques appelés cancres [XIIIe s.], miniature, 211.

**Candélabre** carolingien, 93.

**Capricorne,** — V. signe du Zodiaque [XIIIe s.], 147.

**Carme** portant la chape, 111.

**Carnyx,** — gaulois, 5 : V. trophée d'armes et captif gaulois, 4.

**Carolingien,** — empereur : V. statuette de bronze représentant un empereur, 85 ; — roi ; V. portrait de Charles le Chauve, 87 ; — roi : V. Louis le Débonnaire, 88 ; — roi : V. miniature représentant Charles le Chauve, 95; — seigneur, 90 ; — guerriers, 91.

**Carolingien** portant une lampe : V. homme portant une lampe, 93.

**Carolingiennes,** — (dames), 90.

**Carroccio,** — 202.

**Carquois,** — [XIIIe s.], 197.

**Carreaux,** — pièces d'ameublement [XIIe s.], 184.

**Carrelage,** — fragment [XIIIe s.], 227.

**Carte,** — de la France [XIe s.], miniature, 209; — du monde terrestre [XIIIe s.], miniature, 209: — carte de l'univers, tel qu'il était figuré au XIIIe s., miniature, 209.

**Casques,** — gaulois, 4, 5; — A ailes : V. chef gaulois, 2; — romains [IVe s.]; V. cavalier, légionnaire, porte-enseigne, trompette, etc., 20; — germain, 31; — franc casque, restitution : V. chef franc, 32; — arabe [XIVe s.], 52; — byzantin [IXe s.] : V. guerrier, 137; — byzantin à panache [IXe s.], 137; — officier à cheval, 137; — carolingiens, 91; — carolingiens : V. guerriers, 91; — du XIe s., en cuivre rouge, 197 ; — [XIe s.] allemand, 197 ; — [XIIe s.] allemands, 197 ; — [XIIIe s.] face et revers, 197; — [XIIIe s.] polonais : V. chevalier polonais, 199.

**Cathédrale** d'Amiens [XIIIe s.], plan, 219 ; — d'Angoulême [XIIe s.], plan, 217; — façade, 217; — intérieur, 217; — de Bamberg [XIIe s.], abside, 198; — de Canterbury [XIIe s.], vue intérieur du chœur, 175; — de Cologne (Allemagne) [XIIIe s.], vue intérieur du chœur, 228; — de Durham [XIIe–XIIIe s.], façade, 174; — de Laon [XIIe s.], vue intérieur, 218; — de Lincoln [XIIIe s.], abside, vue extérieure, 229; — de Narbonne au XIVe s. (vue de la, et des bâtiments annexes restaurés), 113; — de Palerme [XIIe s.], abside, 218; — chœur, ou XIVe s., restitution, 112; — de Paris, vue extérieure au début du XIIIe s., 183; — de Reims [XIIIe s.], munie de ses flèches, vue extérieure, 132; — de Reims [XIIIe s.], vue intérieure, 219; — de Reims [XIIIe s.], figure théorique, 219; — de Reims [XIIIe s.], vue intérieure, 219; — de Saint-Marc à Venise [XIe s.], façade, 133; — de Salisbury [XIIIe s.], transept et clocher, 175; — de Sienne [XIVe s.], V. intérieur, 178; — de Tolède [XIIIe s.], façade, 229; — de Tolède [XIIIe s.], vue intérieure, 228.

**Cathédrale gothique** voûtée sur croisée d'ogives, vue prise du chœur (Reims), 219.

**Cathédrale gothique,** munie de ses flèches, figure théorique représentant la cathédrale de Reims [XIIIe s.], 219.

**Cavalier,** — gaulois, (restitution), 2 ; — romain [IVe s.], 20 ; — anglo-saxon [XIe s.], 169 ; — [XIe s.]: V. pièce d'un jeu d'échec, 189; — [XIIe s.], français suivi de son écuyer, 99 ; — [XIIIe s.], renversant des fantassins, miniature, 202.

**Cavaliers de l'Apocalypse** [XIe s.], miniature, 208.

**Ceinture,** — gauloise, bronze, 3; — plaque de, 3; — militaire [XIIe s.], 193.

**Ceinturon,** — [XIIIe s.]; V. chevalier anglais XIIIe s., 195.

**Cercueils,** — en pierre mérovingiens, 38; — lombard, 70; — couvert d'un drap mortuaire. [XIIe s.], 193.

**Cérémonial byzantin** [VIe s.] : V. mosaïque dans le narthex de Sainte-Sophie, 44; — [XIIe s.], dignitaires et dames à genoux ; V. Basile, 137.

**Cerf** (chasse au); [XIIe s.], d'après un vitrail de la cathédrale de Chartres, 192.

**Cerf-volant** (jeu de); [XIVe s.], miniature, 189.

**Cervelière,** — [XIIIe s.], 197.

**Cerise** pendue (la), — [XIVe s.], miniature, 189.

**Chasnse,** — [XIe s.], vêtement de dessus : V. costume riche, 181.

**Chaire,** — dite de Saint-Pierre, 82; — byzantine de Maximien [VIe s.], 47; — à prêcher arabe [XIe s.]; V. mosquée d'Ahmed-ibn-Touloun, 62 ; — du réfectoire de l'abbaye de Saint-Martin-des-Champs à Paris, [XIIe s.] — ; seigneuriale [XIIe s.]; V. appartement au XIIe s., 184.

**Chaise,** — [XIIe s.], restitutions, 184; — [XIIIe s.] restitution, 185; — [XIIIe s.], de métal restitution, 185.

**Chandeliers,** — (fin du XIIe s.), 184; — [XIIe s.], 220; — [XIIe s.] en bronze doré de la cathédrale du Mans, 121.

**Changeurs** d'après un vitrail de la cathédrale de Chartres [XIIIe s.], 134.

**Chanoine.** — [IXe s.], 78; — [XIIIe s.], 110.

**Chape,** — V. carme, 111.

**Chapeau.** — [XIIe s.], 179 ; — en tricot [XIIe s.], 179; — de feutre [XIIe s.], 179; — de paille [XIIe s.], 179; — de fleurs [XIIIe s.], 179.

**Chapel,** — V. faucons au perchoir, 192.

**Chapelle,** — À Cividale [XIe s.], vue intérieure, 70; — statues de saintes [VIIIe s.], 70; — dans la tour de Londres, vue intérieure ; [XIe s.], 177; — palatine à Palerme [XIIe s.], 134 ; — du cloître de Moissac [XIIIe s.], vue intérieure (Puy-de-Dôme), 217; — [XIe s.], du cloître de Moissac (Tarn-et-Garonne), 217; — [XIe s.] de l'église Saint-Sernin, à Toulouse, 217; — et colonnes, [XIIe s.], — palatine à Palerme [XIIe s.], 177; — palatine à Palerme [XIIe s.], — de Saint-Chef (Isère), décoration [XIIIe s.], 243.

**Chapiteaux,** — anglo-normands [XIe s.]; V. chapiteaux de la chapelle dans la tour de Londres, 177; — de Saint-Georges-de-Boscherville (Seine-Inférieure), peint, 224; sculpté, 214; — à figures fantastiques : V. sculpture romane, etc., 216; — [XIIe s.], de l'église Saint-Laumer à Blois, 216; — [XIIe s.], de l'église Saint-Nectaire (Puy-de-Dôme), 217; — [XIIe s.], de l'église Saint-Guilhem-du-Désert (Hérault), 217; — [XIe s.], du cloître de Moissac (Tarn-et-Garonne), 217 ; — [XIIIe s.] de l'église Saint-Sernin, à Toulouse, 217 ; — et colonnes, [XIIIe s.], du cloître de la Escuela de la Vega, à Salamanque, 230 ; —

INDEX ALPHABÉTIQUE 239

[XIIe s.], de Limbourg (Allemagne), 230 ; — [XIIIe s.], de la cathédrale de Laon, 215 ; — [XIIIe s.], de la nef de la cathédrale de Reims, 218 ; — [XIIIe s.], du prieuré de Saint-Martin-des-Champs, à Paris, 218 ; — [XIIIe s.], de l'église Saint-Sauveur, à Londres, 230.

**Char**, — impérial romain : V. empereur en costume triomphal, 18 ; — romains : V. insignes du préfet de la ville et insignes du préfet du prétoire, 19.

**Charcutiers**, — d'après un vitrail de la cathédrale de Bourges [XIIIe s.], 156.

**Chariot**, — normand pour transporter les armes [XIe s.] : V. tapisserie de Bayeux, embarquement des armes et des provisions, 172 ; — anglo-saxons [XIe s.] : V. juin, août, dans le calendrier anglo-saxon, 170 ; — [XIIIe s.], restitution, 188.

**Charpente**, — [IXe s.] : V. vue intérieure de Sainte-Agnès-hors-les-murs, 84 ; — [XIe s.] : V. intérieur de l'église de San Miniato, près de Florence, 131 ; — [XIIIe s.] : V. intérieur restauré de l'hôpital de Tonnerre, 220.

**Charpentier**, — [XIIIe s.], restitution, 154 ; — [XIIIe s.], vitrail de la cathédrale de Chartres, 156 ; — lançant les poutres sur lesquelles sera jeté le plancher des hourds, 199.

**Charrette**, — [XIIe et XIIIe s.], 188.

**Charrons**, — [XIIe s.], d'après un vitrail de la cathédrale de Chartres, 156.

**Charrue**, — anglo-saxonne [XIe s.] : V. janvier dans le calendrier anglo-saxon, 170 ; — [XIIIe s.], restitution, 157.

**Charte**, — de Louis VI [XIIe s.], 162 ; — de saint Louis [XIIIe s.], 162.

**Chasse**, — au cerf [XIIe s.], d'après un vitrail de la cathédrale de Chartres, 192 ; — au faucon [XIe s.] : V. octobre dans le calendrier anglo-saxon, 170 ; — [XIIIe s.] : V. avril, médaillon de la cathédrale d'Amiens, 147 ; — [XIIIe s.], miniature, 192 ; — au sanglier [XIe s.] : V. septembre dans le calendrier anglo-saxon, 170.

**Châsse**, — byzantine du Ve ou du VIe s., en ivoire, 47 ; — [XIIe s.], de Sainte-Fausta, 120 ; — [XIIe s.], de Saint-Yved, à Braisne, 121 ; — [XIIe s.], de Notre-Dame (Aix-la-Chapelle), 221 ; — [XIIIe s.], 113 ; — [XIIIe s.], de Saint-Taurin, à Évreux, 225.

**Chasseurs**, — [XIIe s.] : V. chasse au cerf, 192 ; — [XIIIe s.] : V. chasse au faucon, 192 ; — [XIIIe s.], d'après un sceau, 192.

**Chasuble**, — byzantine [VIe s.] : V. évêque Maximien, 41 ; — byzantine [VIe s.] : V. évêque, 41. — [VIIe s.] : V. évêque, prêtre, 77 ; — [IXe s.] : V. chanoines, 78 ; — [XIe s.] : V. prêtre, 110 ; pape Nicolas Ier, 129 ; — [XIIe s.] : V. évêque, 110 ; — [XIIIe s.] : V. évêque, 110 ; — [XIIIe s.] : V. groupe de prêtres, 110 ; — [XIIIe s.] : V. le pape Saint Grégoire le Grand, 129.

**Château**, — [Xe s.], de la Ziza (façade), 58 ; — féodal du IXe ou du Xe s. : V. la Tusque, 100 ; — [XIe s.], d'Arques, état actuel, 100 ; restauré, 100 ; — [XIe s.], de Falaise, 101 ; — [XIIe s.], de Loches, 101 ; — [XIIe s.], de Steinberg, Palatinat (Allemagne), 102 ; — [XIIe s.], de Gelnhausen (Allemagne), vue intérieure des ruines ; état actuel, 127 ; — [XIIe s.], de Frédéric Barberousse à Kaiserswerth (Allemagne), 127 ; — [XIe et XIIe s.], de la Wartburg, vue extérieure, 128 ; vue intérieure, salle dite du Landgrave, 128 ; — [XIIe s.], normand d'Alnwick (Angleterre), cour intérieure, 177 ; — [XIIIe s.], de Coucy état actuel, 104 ; extérieur restauré, 104 ; intérieur restauré, 104 ; grande salle restaurée du troisième étage, 105 ; — [XIIIe s.], de la cité de Carcassonne restitution, 199 ; — [XIIIe s.], de Cindré (Allier), peinture murale, 222 ; — [XIIIe s.], royal français : V. Louvre, 164 ; — [XIIIe s.], de Windsor : tour d'Henri III, état actuel, 178 ; — [XIIIe s.], des Hospitaliers, à Markab (ruines), 145 ; — [XIIIe s.], appelé Krak des Chevaliers (Syrie), état actuel, 145 ; restauration, 145.

**Chausses**, — carolingiennes militaires : V. guerrier, 91 ; — en lanières : V. guerrier, 91 ; — byzantines lacées à la mode barbare [IXe s.] : V. officier à cheval, 137 ; — [Xe, XIe s.], anglo-saxonnes : V. costume de guerrier, 169 ; — [XIIe s.] : V. homme du peuple au travail, 148 ; — [XIIe s.] : V. mendiant, 152 ; — [XIe s.] : V. costumes de nobles, 182 ; — [XIIe s.] : V. bourgeois, 148.

**Chaussettes**, — de drap épais [XIIIe s.], 179.

**Chaussures**, — [IVe s.], romaines : V. empereur Constance, 18 ; — V. empereur Honorius, 18 ; V. noble romain, 21 ; — général, 20 ; — franques à lanières : V. guerrier franc, 32 ; — [VIe s.], byzantines : V. personnage de la cour, 40 ; — carolingienne restitution, 90 ; V. seigneur carolingien, 90 ; — [IXe s.], de noble, 179 ; — [XIIe s.], vénitiennes : V. noble vénitien, 133 ; — [XIIe s.], de paysans, 179 ; — [XIIIe s.], impériales, 124 ; [XIIIe s.], d'étoffe fourrée, 179 ; — [XIIIe s.], vénitiennes : V. doge de Venise, 133.

**Chef**, — gaulois, restitution, 2 ; — franc, restitution, 32 ; — d'un couvent grec [Xe s.], 137.

**Chemin de ronde**, — ou courtine, à Carcassonne [XIIIe s.], 199.

**Chenet**, — [XIIIe s.], 186.

**Cheval**, — harnais de, [IVe s.] : V. empereur romain en costume triomphal, 18 ; — byzantins [IXe s.] : V. officier à cheval, 137 ; — byzantins [Xe s.] : V. empereur à cheval, 136 ; [XIIe s.] : V. chevalier français suivi de son écuyer, 99 ; — harnais civils [XIIIe s.], 188 ; — [fin XIIIe s.] : V. chevalier de la fin du XIIIe s., 196 ; — [XIIIe s.] harnaché restitution, 202.

**Chevaux savants**, — [XIVe s.], miniature, 190.

**Chevalier**, — [fin XIe s.], français ; restitution, 99 ; — [XIIe s.], français ; restitution, 99 ; — [fin XIIe s.], français, suivi de son écuyer portant ses armes, 99 ; — [début du XIIe s.], restitution, 196 ; — [XIIe s.], 196 ; — [XIIe s.], allemands, miniature, 99 ; — [XIIIe s.], anglais, d'après un tombeau dans l'église de Salisbury, 99 ; — [XIIIe s.], sculpture de la cathédrale de Reims, 196 ; — [XIIIe s.], 196 ; — [XIIIe s.] : V. Robert de Clermont, Charles d'Anjou, Pierre d'Alençon, 161 ; — [fin du XIIIe s.] : V. dalle funéraire de Bouchard de Montmorency, 194 ; — [XIIIe s.], polonais, d'après un sceau polonais, 99 ; — [XIIIe s.], en costume de croisé, miniature, d'après un manuscrit conservé à Londres au British Museum, 141.

**Chèvre** (la fausse), [XIVe s.], miniature, 190.

**Chimères**, — [XIIIe s.] : V. Combat d'Alexandre contre des chimères, miniature, 211.

**Chlamyde**, — [IVe s.], romaine : V. empereur en costume militaire, 18 ; — V. général, 20 ; — V. enfant noble 21 ; — V. noble romain, 21.

**Chœur**, — [IVe s.], de la basilique de Saint-Paul-hors-les-murs à Rome, restauration, 25 ; — [VIe s.], de Saint-Germain-des-Prés, à Paris (colonne des tribunes du), 37 ; — [VIe s.], de l'église Sainte-Sophie, vue intérieure, 43 ; — [VIe s.], de Saint-Apollinaire-in-Classe ; V. vue intérieure, 73 ; — [VIe s.] : V. Saint-Vital, à Ravenne ; V. vue intérieure, 75 ; — [IXe s.], de la basilique de Saint-Clément, à Rome, 26 ; — [IXe s.], de Sainte-Agnès-hors-les-murs : V. vue intérieure, 84 ; — [XIe s.], de l'église de Vignory (Haute-Marne) : V. église couverte, etc., 216 ; [XIe s.], de l'église de San Miniato, près Florence, 131 ; — [XIIe s.], de l'église, Saint-Nectaire : V. église voûtée, 216 ; — [XIIe s.], de l'église d'Angoulême : V. église romane, 217 ; [XIIe s.], de la cathédrale de Langres ; frise, 217 ; — [XIIe s.], de la chapelle Palatine à Palerme : V. intérieur de la chapelle Palatine, 154 ; — [XIIe s.], de la cathédrale de Canterbury : V. intérieure de la cathédrale, 175 ; — [XIIIe s.], de la cathédrale de Cologne : V. vue intérieure de la cathédrale 228 ; — [XIIIe s.], de l'abbaye de Westminster, 178 ; — [XIVe s.], de Notre-Dame de Paris, restitution, 112.

**Chœur** (fermeture de) ; [IXe s.] : V. vue intérieure de la basilique de Saint-Clement de Rome, 26.

**Chien**, — symbole funéraire : V. plaque émaillée de Jean, fils de saint Louis, 224 ; — V. dalle funéraire de Bouchard de Montmorency, 194 ; — V. tombeau de Louis, fils aîné de saint Louis, 174 ; — V. Pierre, comte d'Alençon, 161.

**Chifonie**, — [XIIe s.], instrument de musique, 213.

**Chrétienne** d'après une peinture des catacombes, 27.

**Ciboire**, — [XIIe s.], cathédrale de Sens, 112 ; — [XIIIe s.], signé d'Alpais, 112.

**Ciborium** de l'église San-Prospero, à Pérouse [IXe s.], 79.

**Cimetière**. Croix de [XIIIe s.], à Mézy (Marne), 152.

**Cisailles**, lombardes, 71.

**Ciseaux**, — gaulois, 7 ; — germains, 31 ; — lombards, 71 ; — [Xe s.], restitution, 154 ; — [XIIIe s.], pour tondre le drap, restitution, 154 ; — [XIIIe s.], 154.

**Citadelle** *de* **Bab el-Azab**, au Caire (porte de la) [XIe s.], 63.

**Cité** (la), à Paris [au début du XIVe siècle], restitution, 165.

**Cité** de Carcassonne (vue générale de la), 149.

**Cithare**, — [XIIIe s.], 213.

**Clef**, — d'après un vitrail, 184 ; — reliquaire [VIIIe s.], 77 ; — de voûte peinte de la cathédrale de Reims [XIIIe s.], 222.

**Cliquette** de lépreux : V. lépreux, [XIIIe s.], 152.

**Clocher**, — [XIe s.] : V. cathédrale de Bamberg, 128 ; — [XIIe s.] : V. façade de l'église d'Angoulême, 217 ; — [XIIe s.] : V. abside de la cathédrale de Palerme, 134 ; — [XIIIe s.], de la cathédrale de Salisbury, 174 ; — [XIIIe s.] : V. façade de la cathédrale de Paris, 218 ; — [XIIIe s.] : V. cathédrale gothique, 219.

**Cloître**, — [XIIe s.], de Saint-Trophime à Arles, 216 ; — [XIIIe s.], de l'abbaye du Mont Saint-Michel (galeries), 115 ; — de Moissac (Tarn-et-Garonne) : chapiteau [XIIe s.], 217 ; — du monastère de Saint-Zénon ; à Reichenhall (Bavière), bas-relief représentant Frédéric Barberousse, 125 ; — de la Escuela de la Vega, à Salamanque : chapiteaux et colonnes [XIIe s.] : V. sculpture romane en Espagne, 230.

**Clotet**, — V. appartement [XIIIe s.], 183.

**Coffre** à vêtement [XIIIe s.] : V. marchands de fourrures (Chartres), 154.

**Coffret**, — arabe, en ivoire [XIIe s.], 54 ; — damasquiné arabe [XIVe s.], 54 ; — byzantin en ivoire de la cathédrale de Sens, 139 ; — [fin XIIIe s.], 185 ; — [XIIIe s.], dit de Saint-Louis, 185 ; — [XIIIe s.], en ivoire, 185.

**Coiffe**, — de soldats romains [IVe s.] : V. transport de bagages, 20 ; — [XIIIe s.] : V. homme du peuple, milieu du XIIIe siècle : V. bourgeois fin XIIIe siècle, 148 ; — de mailles [XIIIe s.], 197.

**Coiffures**, — gallo-romaine, hommes : V. Gallo-Romain en costume de voyage ; — V. Gallo-Romain portant l'épée, 10 ; — de femmes ; V. femmes en costume de ville ; — romaine [IVe s.], d'hommes : V. empereurs en costume consulaire, militaire, triomphal ; empereurs Constance, Honorius, Julien, 18 ; — femme : V. impératrice, 18 ; — franque, homme : V. chef franc, 32 : V. guerrier franc, 32 ; — byzantine impériale d'homme [VIe s.] : V. Justinien, 40 ; — de femme [VIe s.] : V. Théodora, 40 ; — byzantine [VIe s.], d'homme : V. personnage de la Cour, 40 ; — V. soldats de la garde impériale, 40 ; — femmes : V. dames de la Cour, 40 ; — impériale byzantine [XIe s.], de femme : V. impératrice en costume d'apparat [XIe s.], 136 ; — byzantine [XIe s.], d'hommes : V. grand dignitaire, 136 ; — italo-byzantine d'hommes : V. grand dignitaire, homme du peuple, noble, 76 ; — femmes : V. dames nobles, 76 ; — femme du peuple, 76 ; — Arabes [XIIIe s.] : V. femme conduisant des chameaux, 51 ; — Arabe chargeant un chameau, 51 ; — [XIVe s.] : V. personnages de la cour des rois maures, 51 ; — carolingiennes d'homme, V. seigneur [IXe s.], 90 ; — femmes : V. dames, 90 ; — anglo-saxonne [Xe s.], de femme : V. costume de femme, 169 ; — [XIe s.], de femmes : V. costume de femme, 169 ; — françaises [XIe s.], de femmes : V. costumes de dames nobles, 180 ; — [XIIe s.], nobles, 179 ; — [XIIe s.], de vieillard, 179 ; — [XIIe s.], homme, 179 ; — [XIIe s.], homme : V. costume riche, 181 ; — [XIIe s.], de dame noble, 179 ; — [XIIe s.], de femmes : V. costumes de dames nobles, 180 ; — [XIIe s.], servante : V. costume de servante, 180 ; — [XIIIe s.], d'homme, 179 ; — [XIIIe s.], d'homme : V. les représentations de saint Louis dans la page, 161 ; — [XIIIe s.], de femme, 179 ; — [XIIIe s.], de reine : V. Marguerite de Provence, 161 ; — [XIIIe s.], de dame noble : V. costume de dame noble, 181 ; — [XIIIe s.], de bourgeoise : V. costume de bourgeoise, 181 ; — Vénitienne [XIIe s.], d'homme : V. noble Vénitien, 133 ; — [XIIIe s.] : V. doge de Venise, 133 ; — Vénitienne de femme [XIIe s.] : V. noble Vénitienne, 133 ; — [XIIIe s.], de femme : V. noble Vénitienne, 133.

**Collier**, — gaulois 3 ; — franc 33 ; — arabe, 53 ; — arabe, [XIVe s.], 54 ; — Scandinave 168.

**Colombe**, — eucharistique, 27 ; — ou boîte à hosties de la cathédrale d'Arras [XIIIe s.], 116.

**Colonne,** — des tribunes du chœur de Saint-Germain-des-Prés, à Paris, 37; — et chapiteaux du cloître de la Escuela de la Vega, à Salamanque [XIIᵉ s.], 230.

**Combat,** — naval entre Chrétiens et Sarrasins [XIIIᵉ s.], 141; — entre Croisés et Sarrasins (?), fragment d'un vitrail de l'abbaye de Saint-Denis, 142; — à pied, au [XIIᵉ s.], miniature, 202; — d'Alexandre et d'êtres fantastiques [XIIIᵉ s.], miniatures, 211.

**Compas,** — [XIᵉ s.] : V. géomètric dans la miniature de l'Hortus Deliciarum, 203; — [XIIᵉ s.] : V. géométric (statuette de la cathédrale de Laon, 209; — [XIIIᵉ s.] : V. architecte ou conférence avec un roi, 216; — [XIIIᵉ s.] : V. pierre tombale d'Hugues de Libergier, 227.

**Comte** (insignes du) des largesses sacrées, 19; — de la cavalerie du palais, 19; — de l'infanterie du palais, 19; — des frontières d'Égypte, 19; — de Strasbourg, 19.

**Conquête** normande, d'après la tapisserie de Bayeux [XIᵉ s.], 171, 172, 173.

**Constructions** franques à Tripoli, en Palestine [XIIᵉ s.], 144.

**Consulaire** de Campanio (insignes du), 19.

**Cors** en ivoire [XIIᵉ s.], 192.

**Cordiers,** — [XIIᵉ s.], d'après un vitrail de la cathédrale de Chartres, 156.

**Corne** de chasse germaine, 131.

**Cornemuse,** — [XIIIᵉ s.], 213; — (joueur de), [XIIᵉ s.], statue de la maison des musiciens, à Reims, 214.

**Costumes civils.** — *Gaulois,* paysan, 2; — femme, 2.
*Romains,* — [Iᵉʳ s.], empereur en costume consulaire, 18; — nobles, 21; — noble : V. plaideur, 19; — magistrat, 19; — philosophes, 18; — homme du peuple : V. serviteur, 21; — d'enfant noble, 21; — d'enfant du peuple, 21; — d'immatronée, 18; — dame noble, 21; — femme du peuple : V. femme romaine, 21.
*Germains,* — hommes, 30; — femme, 30; — enfant, 30.
*Byzantins,* — [Vᵉ s.], empereur en costume consulaire : V. tablettes d'ivoire, 46; — [VIᵉ s.], sculpture romane, statues de la cathédrale de Chartres, 220; — V. mosaïque de l'église Saint-Vital de Ravenne, 36; — [VIᵉ s.], empereur, 40; — [VIᵉ s.], empereur, 40 : V. mosaïque dans le narthex de Sainte-Sophie, 44; — [VIᵉ s.], dignitaires, 36; — [VIᵉ s.], homme du peuple, 75; — enfant, 40; — [VIᵉ s. et VIIᵉ s.], nobles, 46; — [XIᵉ s.], empereur à cheval, 136; — [XIᵉ s.], empereur : V. fragment d'un diptyque, 139; — [XIᵉ s.], dignitaires, 136; — [XIᵉ s.], vieillard, 137; — [XIᵉ s.], jeune homme, 137; — [XIᵉ s.], homme du peuple, 137; — [XIᵉ s.], homme du peuple, 137; — [VIᵉ s.], impératrice : V. mosaïque de Saint-Vital de Ravenne, 39; — [VIᵉ s.] : V. Théodora, 40; — [VIᵉ s.], dames de la cour : V. mosaïque de l'église Saint-Vital de Ravenne, 39; — [VIᵉ s.], dames de la cour, 40; — [VIᵉ s.], dames nobles : V. mosaïque de Saint-Vital représentant une procession de saintes, 75; — [VIᵉ s.], dame noble : V. sainte, mosaïque de l'intérieur de Saint-Apollinaire, 74; — [VIᵉ s.], femme du peuple, 75; — [VIᵉ s. et VIIᵉ s.], dames nobles, 76; — [XIᵉ s.], dames nobles : V. statues de saintes de la chapelle de Cividale, 76; — [XIᵉ s.], impératrice.

136; — [XIᵉ s.], impératrice : V. fragment d'un diptyque, 139.
*Italo-byzantins* — [XIIᵉ s.], roi : V. mosaïque de Sainte-Marie-de-l'Amiral, 134.
*Arabes* — [XIIᵉ s.], roi : V. Arabes chargeants un chameau, 51; — [XIIᵉ s.], sarrasin, 146; — [XIIIᵉ s.], femme : V. femme conduisant des chameaux, 51; — [XIIIᵉ s.], de sarrasine, 116; — [XIXᵉ s.], dignitaires de la cour des rois maures : V. personnages empruntés à une peinture de l'Alhambra, 51.
*Carolingiens,* — empereur : V. statuette de bronze représentant un empereur carolingien, 85; — roi : V. portrait de Charles le Chauve, miniature, 87; — roi : portrait de Charles le Chauve, miniature, 90; — roi : V. homme portant une lampe, 93; — dames, 90.
*Occidentaux du Xᵉ s.,* — roi anglo-saxon, 169; — femme, anglo-saxonne, 169.
*Occidentaux du XIᵉ s.,* — empereur : V. fragment d'un évangéliaire donné par Henri II à la cathédrale de Bamberg, 124; — roi en costume de cérémonie, 160; — roi anglo-saxon, 169; — dignitaires allemands : V. fragment de miniature, représentant Othon III, etc., 125; — noble : V. costume riche, 181; — vieillard noble, 160; — normands : V. tapisserie de Bayeux 171, 172, 173; — homme du peuple, 118; — anglo-saxon, serviteur, 169; — dames nobles, 180; — enfant du peuple, 169; — danseuse, 161.
*Occidentaux du XIIᵉ s.,* — roi de France, 160; — rois d'Angleterre : V. statues funéraires de Henri II, de Richard Cœur de Lion, 176; — prince : V. sculpture romane, statue de la cathédrale de Chartres, 220; — noble, 181; — noble en costume d'apparat, 181; — noble vénitien, 133; — noble : V. Frédéric Barberousse en costume de croisé, 142; — d'hiver, 181; — de voyage, 188; — enfants nobles, 148; — paysans : V. groupe de paysan et de bergers, 157; — mendiant, 182; — reine : V. sainte Vierge dans le costume d'une reine, 160; — princesse : V. sculpture romane, statues de la cathédrale de Chartres, 220; — dames nobles, 180; — noble vénitienne, 133; — servante, 180; — danseuse, 191.
*Occidentaux du XIIIᵉ s.,* — empereur : V. figure théorique, 124; — roi de France, 160; — roi de France : V. portraits de saint Louis, d'après une miniature, 161; — d'après une statuette, 161; — rois d'Angleterre : V. Henri III, Jean sans Terre, 176; — doge, 133; — nobles, 182; — noble ayant le faucon au poing, 192; — noble : V. tombeau de Louis, fils de saint Louis, 124; — bourgeois, 148; — docteurs, 208; — médecin, 209; — homme du peuple, 148; — charpentier, 157; — jongleur, 213; — paysans, 157; — peintres : V. médaillons de la cathédrale d'Amiens, 147; — vieillard : V. février dans les médaillons symbolisant les mois de la cathédrale d'Amiens, 147; — enfant, 224; — enfant vieillard, 160; — enfant du peuple, 181; — enfant du peuple, 181; — reine de France : V. Marguerite de Provence, femme de saint Louis, 161; — reine d'Angleterre : V. statue funéraire d'Éléonore de Guyenne, 176; — dame noble, 160; — dame noble, 181; — dame ayant le faucon au poing, 192; — noble vénitienne, 133; —

bourgeoise, 181; — de cheval, 188.
*Occidentaux du XIVᵉ s.,* — gens du peuple, danseurs, acrobates, bateleurs et jongleurs, 189, 190, 191.

**Costumes ecclésiastiques.** — *Byzantins,* — [VIᵉ s.], évêque, 41; — [VIᵉ s.], prêtre, 41; — [VIᵉ s.], prêtre : V. mosaïque de l'église Saint-Vital de Ravenne, 39; — [VIᵉ s.], prêtre : V. saint, mosaïque de Saint-Apollinaire, 74; — [Xᵉ s.], chef d'un couvent grec, 137; — [XIIᵉ s.], prêtre, 137.
*Latins antérieurs au VIIᵉ s.,* — chrétienne des premiers temps, 27; — [Vᵉ s.], évêque, 27.
*Latins (clergé séculier).* — [VIIᵉ s.] évêque, 77; — [VIᵉ s. au XIIIᵉ s.], — [VIᵉ s.], diacre, 77; — [IXᵉ s.], chanoines, 78; — [IXᵉ s.], prêtres, 78; — [IXᵉ s.], diacre, 77; — [IXᵉ s.], exorciste, 77; — [IXᵉ s.], pape : V. (Nicolas Iᵉʳ dans le costume d'un), 129; — [IXᵉ s.], prêtre, 110; — [IXᵉ s.], diacre, 110; — [VIᵉ s.], pape (saint Grégoire le Grand dans le costume d'un), 129; — [XIIIᵉ s.], évêque, 110; — [XIIᵉ s.], pape Clément IV donnant par une bulle, etc., 129; — [XIIIᵉ s.], chanoine, 110; — [XIIIᵉ s.], prêtres, 110; — [XIIIᵉ s.], diacre, 110; — [XIIIᵉ s.], pèlerin, 141.
*Latins (ordres monastiques)*. — bénédictins : — [XIIIᵉ s.], abbé [XIIᵉ s.] : V. fragment de vitrail représentant Suger, 227; — moine [VIᵉ s.], 77; — moines [XIᵉ s.], 111; — moine [XIIᵉ s.], 111; — templier (en costume d'intérieur) [XIIᵉ s.], 142; — dominicain [XIIᵉ s.], 111; — moine mendiant [XIIᵉ s.], 111; — carme [XIIIᵉ s.], 111; — religieuse [XIIᵉ s.], 111.

**Costumes militaires.** — *Gaulois,* chef, 2; — cavalier, 2; — guerriers, 2; — guerriers en armes, 3; — *Romains,* — [Iᵉʳ s.], empereur en costume triomphal, 18; — empereur en costume militaire, 18; — empereur en costume militaire, 18; — général, 20; — légionnaires, 20; — cavalier, 20; — trompette, 20; — porte-enseigne, 20. — *Byzantins,* — [VIᵉ s.], soldats de la garde impériale, 40; — [IXᵉ s.], officier à cheval, 137; — [Xᵉ s.], guerriers, 137; — [Xᵉ s.], empereur Basile en costume impérial d'apparat : V. Basile, 137. — *Arabes,* — [XIIᵉ s.], armée sarrasine en marche, 146; — [XIVᵉ s.], V. miniature représentant Mahomet, 51; — *Francs,* — chef, 32; — guerriers, 32; — *Carolingiens,* — guerriers, 86. — *Occidentaux du XIᵉ s.,* — chevalier français, 99; — chevalier anglo-saxon, 169; — guerrier anglo-saxon, 169; — normands : V. tapisserie de Bayeux, 171, 172, 173. — *Occidentaux du XIIᵉ s.,* — chevaliers allemands, 99; — chevaliers français, 99, 196; — chevaliers français suivi de son écuyer, 99. — *Occidentaux du XIIIᵉ s.,* — chevaliers français, 196; — chevalier (en costume de), 161; — Pierre, comte d'Alençon (en costume de), 161; — chevalier : V. dalle funéraire de Bouchard de Montmorency, 194; — chevalier polonais, 99; — chevalier en costume de croisé, 141; — templier (en costume de), 142; — chevalier (en costume de, l'arbalète, 202; — gens de pied, 202. — *Occidentaux du XIVᵉ s.,* — chevalier : V. Robert, comte de Clermont (en costume de), 161.

**Cotte,** vêtement de dessus. — [XIIIᵉ s.] : V. dame noble, 180; — [XIIIᵉ s.] : V. homme du peuple, 148; — à capuchon [XIIIᵉ s.] : V. bourgeois, 148.

**Cotte d'armes,** — [XIIIᵉ s.] : V. chevalier polonais, 99; — [XIIIᵉ s.] : V. Charles d'Anjou, 161; — [XIIIᵉ s.] : V. Pierre, comte d'Alençon, 161; — [XIIIᵉ s.] : V. dalle funéraire de Bouchard de Montmorency, 194; — [XIIIᵉ s.] : V. chevalier du XIIIᵉ s., 196.

**Cotte de mailles,** — byzantines [XIᵉ s.] : V. Basile, 137.

**Coupe,** — à boire normande, 98; — danoise, 168.

**Coupe des bois,** — [XIᵉ s.] : V. juin dans le calendrier anglo-saxon, 170.

**Coupole,** — byzantine, à Sainte-Sophie, 42, 43; — arabe : V. mosquée d'Omar à Jérusalem, 52; — romane [XIᵉ s.] : V. église romane voûtée en coupolas, 82.

**Cour,** — des lions : V. vue de l'Alhambra [XIIIᵉ s.], 57; — intérieur du château d'Alcwick [XIIᵉ s.], 177.

**Cour pontificale,** — [XIIIᵉ s.] : V. miniature anglaise, 209.

**Courage,** — (représentation au XIIᵉ s.) statuette de la cathédrale de Chartres, 208.

**Couronne,** — gauloise, 3; — votive, du roi wisigoth Recceswinthe [XIᵉ s.], 34; — d'un roi wisigoth, 31; — de fer des rois lombards, 69; — de la reine Théodelinde [VIᵉ s.], 68; — votivo d'Agilulf [VIᵉ s.], 69; — byzantine, dite de Constantin Monomaque (en restitution), 136; — byzantine, dite de Saint-Étienne [XIᵉ s.], 136; — de Hunald, roi d'Aquitaine [XIᵉ s.], 86; — carolingienne, 86; — dite de Charlemagne [IXᵉ-XIᵉ s.], 123; — impériale [XIIIᵉ s.], 123; — royales françaises [XIIᵉ s.], 162; — royale française [XIVᵉ s.], 162; — royales françaises [XIIIᵉ s.], 162; — royale française de saint Louis, 161.

**Couronne de lumière,** — [XIIᵉ s.], de la cathédrale d'Aix-la-Chapelle, 117.

**Courses byzantines** (représentations des) : V. tablettes d'ivoire, 46.

**Courtines** à Carcassonne [XIIIᵉ s.], 199.

**Coussin,** — [XIIᵉ s.] : V. chaise [XIᵉ s.], 184.

**Couteau,** — gaulois, 7; — gallo-romains, 11; — germain, 31; — normand, 98; — [XIIIᵉ s.], 186; — de guerre [XIIIᵉ s.], 195.

**Coutelas,** — arabe [XIVᵉ s.], 52.

**Couvercle** d'un petit reliquaire d'or byzantin [XIᵉ s.], 48.

**Couverture,** — d'un Coran [XVIᵉ s.], 50; — bouddin dans le trésor de Monza, 70; — en ivoire [XIᵉ s.], 46; — byzantine d'évangéliaires du trésor de Monza, 70; — en ivoire du livre sacramentaire de Drogon [IXᵉ s.], 78; — du livre d'heures de Charles le Chauve (plat inférieur), 87.

**Crabe** (un), médaillon de la cathédrale d'Amiens [XIIIᵉ s.], 221.

**Créneaux** — V. chemin de ronde crénelé, 199.

**Crochet** de ceinture gaulois, 3.

**Crochet d'ornement** à la cathédrale de Paris [XIIIᵉ s.], 218.

**Crocodile** traversé par l'hydre, miniature [XIIIᵉ s.], 205.

**Croisé,** — [XIIᵉ s.] : V. l'empereur Frédéric Barberousse (en costume de), 142; — [XIIIᵉ s.], chevalier (en costume de), 141; — [XIIIᵉ s.] (en aumônière de) [XIIIᵉ s.], 182.

**Croisée d'ogives.** — (voûte gothique à arête sur), 216.

# INDEX ALPHABÉTIQUE

**Croisés.** — (combat entre Sarrasins et); V. fragments d'un vitrail de Saint-Denis, 142.
**Croisés.** en marche (miniature de la fin du XIIIe s. représentant des), 141; — en mer (miniature fin du XIIIe s. représentant des), 141.
**Croix.** — reliquaire, mérovingienne [VII[e] s.], 79; — du Vatican [VII[e] s.], 48; — portative d'or du trésor de Monza, 70; — pectorale d'évêque byzantin, 77; — d'or trouvée dans le cimetière lombard de Civezzano, 70; — [XII[e] s.], travail de Limoges, 122; — [XIII[e] s.], de Cologne (Gers), 118; — [XII[e] s.]. de Lorraine, 223; — du cimetière à Mézy (Marne), restitution [XIII[e] s.], 182; — de consécration [XIII[e] s.], peinte sur les murs de l'église de Pritz, 222.
**Crosse.** — de saint Grégoire le Grand [VI[e] s.], 80; — épiscopale [XII[e] s.], 114, 224; — épiscopale [XII[e] s.]; V. évêque [XII[e] s.], 110; — épiscopale [XIII[e] s.], 114, 224; — abbatiale [VI[e] s.]: V. abbé bénédictin, 77; des abbés de Clairvaux, 120.
**Croutle.** — [XII[e] s.]: V. instrument à cordes, 213.
**Crypte.** — Saint-Paul, à la Ferté-sous-Jouarre [VII[e] s.]: vue intérieure, état actuel, 37; — (fragment d'un mur mérovingien à la), 38.
**Cuculle.** — V. abbé bénédictin, 77.
**Cuiller.** — gallo-romaine, 11; — normande, 98; — [XII[e] s.], 185; — [XII[e] s.], 185; — liturgique, 81.
**Cuirasse.** — gauloise: V. cavalier gaulois, 2; — de Niceux, 5; — romaine [IV[e] s.]: V. empereur en costume militaire, 18; — romaine: V. empereur Honorius, 18; — carolingienne: V. guerrier carolingien, 57; — carolingienne [IX[e] s.]: V. guerrier, [11]; — [IX[e] s.]: V. officier à cheval, 137.
**Cuisiniers,** — [XIII[e] s.], d'après un vitrail de la cathédrale de Chartres, 156; — [XIII[e] s.], d'après un vitrail de la cathédrale de Bourges [XIV[e] s.], miniature, 186.
**Cul de four.** — (voûte en); [XII[e] s.], V. église voûtée en coupoles, 217.
**Cure-oreille** byzantin [X[e] s.], 63.
**Cymbales.** — [XII[e] s.], 214.

## D

**D,** — majuscule mérovingienne: V. manuscrit de Grégoire de Tours, 38; — [VIII[e] s.], 68.
**Dague.** — [XIII[e] s.], 195.
**Dais.** — royal carolingien: V. miniature de la Bible de Charles le Chauve, 93; — de statue [XII[e] s.]: V. église chrétienne, 108; — [XIII[e] s.]: V. Vierge, 193.
**Dalle funéraire,** — de Bouchard de Montmorency, cathédrale de Saint-Denis, cathédrale Notre-Dame des Hameaux (Seine-et-Oise), 194; — de Hugues de Libergier [XIII[e] s.]: V. pierre tombale, 227.
**Dalmatique,** — impériale, en soie bleue [XII[e] s.], 124; — byzantine [VI[e] s.]; — [VII[e] s.]: V. prêtre byzantin [VI[e] s.], 41; — [VII[e] s.]: V. diacre, 77; — [IX[e] s.]: V. diacre, 78; — [XIII[e] s.]: V. diacre, 110; — [XIII[e] s.]: V. groupe de prêtres, 110.
**Dame noble.** — romaine [IV[e] s.], 21; — de la cour Byzance [IV[e] s.], 41; — de Saint-Vital de Ravenne [VI[e] s.], 39; — de la cour Byzance [V[e] s.], 40; — byzantines [VII[e] s.], 76; — [VII[e] s.], V. statues de saintes de la chapelle du Cividale, 76; — [VII[e] s.], 76; — carolingiennes, 90; — [XI[e] s.], 180; —

[XII[e] s.], 180; — vénitiennes [XII[e] s.]: V. noble vénitienne, 133; — [XII[e] s.], 181; — vénitienne [XIII[e] s.]; V. noble vénitienne, 133; — ayant le faucon au poing [XIII[e] s.], 192; — (coiffure de) [au XIIe s.], 170.
**Danseuse,** — [XI[e] s.], 191; — [XII[e] s.], 191; — [XII[e] s.], 190.
**Dé à jouer,** — germain, 31.
**Décoration.** — [XIII[e] s.], de la chapelle de Saint-Chef (Isère), 223.
**Démons.** — (représentation au XIIIe siècle de): V. Jugement dernier, 208; — torturant des damnés, d'après un vitrail de la cathédrale de Bourges [XIII[e] s.], 208.
**Dent** enchâssée, épingle mérovingienne, 38.
**Diacre,** — [VII[e] s.], 77; — [IX[e] s.], 78; — [XIII[e] s.], 110.
**Disdème,** — impérial romain [IV[e] s.]; V. empereur Honorius [IV[e] s.]; — d'empereur byzantin [VI[e] s.], V. empereur Justinien, 40; — d'impératrice byzantine [VI[e] s.]: V. Théodora, 40; — d'impératrice byzantine [IV[e] s.]: V. impératrice, 136.
**Dialectique,** — (représentations au XIIe siècle de): V. miniature de l'Hortus Deliciarum, 203; — (représentation au XIIIe siècle de la) statuette de la cathédrale de Laon, 212.
**Dignitaires.** — byzantin [VI[e] s.], 76; — [XII[e] s.], 136; — allemands [XI[e] s.]: V. fragment de miniature 125; V. Othon III, 125; — [XII[e] s.]: V. personnages du peinture de l'Alhambra, 51.
**Diplôme.** — de Clotaire II (fragment de), 34; — de Charlemagne (fragment d'un), 95.
**Diptyque,** — d'ivoire représentant l'empereur Anastase [V[e] s.], 46; — byzantin [XI[e] s.]; V. (fragment de) représentant l'empereur Romain IV et l'impératrice Eudoxie, sa femme, 139.
**Disque de parure** gauloise, 3.
**Divinité.** — gallo-romaine, à trois têtes, 16; — Cernunnos; V. bas relief du musée de Reims : V. divinité à trois têtes, 16; — Apollon: V. bas-relief du musée de Reims, 16; — V. Mercure: V. bas relief du musée de Reims, 16; — Taurus, Triceraphos, Vulcain, Jupiter, Esus: V. autel découvert à Paris, 1715, 16.
**Divertissements.** — 189, 190, 191.
**Docteurs.** — [XII[e] s.], 160.
**Doge.** — de Venise [XIII[e] s.], 133.
**Dolmen** de Locmariaker, 9.
**Doloire.** — [XV[e] s.], 157.
**Dôme.** — d'Aix-la-Chapelle, restauration, 94.
**Dominicain.** — [XIII[e] s.], 111.
**Donjon.** — de la Tusque [X[e] s.]: V. la Tusque, 100; — (représentations au XIIe s.) d'un donjon normand en bois: V. tapisserie de Bayeux, siège de la ville de Dol, 171; — du château d'Arques, 101; — du château de Falaise, 101; — du château de Loches, 101; — du château de Conisborough [XII[e] s.]: V. château de Loches, 101; — du château-Gaillard [XIII[e] s.], restauré, 102; — du château d'Étampes [fin XIIe s.], état actuel, 102; — restauration, 103; — du château de Steinsberg Palatinat (Allemagne), 102; — du château de Coucy [XIII[e] s.], restauration: V. château de Coucy, 101; — de Coucy [XIII[e] s.], coupe, restauration, 105.

**Doubleau,** — V. voûte gothique à arête sur croisée d'ogives, 216.
**Dragon.** — V. (combat d'Alexandre et d'un), miniature [XIII[e] s.], 211; — cornu: V. (combats d'Alexandre avec des), miniature [XIII[e] s.], 211.
**Drap mortuaire,** — [XIII[e] s.]: V. cercueil couvert d'un, 193.
**Drapiers.** — [XIII[e] s.], d'après un vitrail de la cathédrale de Chartres, 156; — marchands, d'après un vitrail de la cathédrale de Chartres [XII[e] s.], 154; — marchands d'après un bas relief de la cathédrale de Reims [XIII[e] s.], 154).

## E

**E.** — majuscule [VIII[e] s.], — [XI[e] s.], 110.
**Écharpe.** — Romaine [IV[e] s.]: V. magistrat, 19; — V. plaideur, 19; V. nobles romains, 21; — V. dame noble, 21.
**Échasses.** — [XIII[e] s.], 190.
**Échecs.** — (Pièce d'un jeu d'), dit de Charlemagne; — [XI[e] s.], 189; — (pièce d'un jeu d'); XIe s.], 189; — (jeu dit de Saint-Louis), 189; — (plaque d'ivoire [XIV[e] s.], représentant le jeu d'), 189.
**Échelle** dressée pour l'assaut, 200.
**École** normande [XI[e] s.], miniature, 206.
**Écolier.** — [XIII[e] s.], médaillons de la cathédrale de Paris, 207; — costume, 181.
**Écriture.** — mérovingienne: V. fragment d'un diplôme de Clotaire II, 34; — mérovingienne: V. fragment d'un manuscrit de Grégoire de Tours, 38; — arabe, dite coufique, 95; — carolingienne (spécimens d'), 95; — [XI[e] s.]: V. fragment d'un acte de Hugues Capet, 162; — [XI[e] s.], fragment du diplôme du roi Robert II, 205; — [XI[e] s.]: V. majuscule d'après un manuscrit, 205; — [XII[e] s.]: V. [XII[e] s.]: minuscule d'après un manuscrit, 205; — gothique [XIII[e] s.], d'une charte, 205; — [XIV[e] s.], page d'un manuscrit, 204.
**Écus.** — ornés d'armoiries [XIII[e] s.], 198; — avec ou sans: V. chevalier polonais, 97; — [XIII[e] s.]: V. Pierre d'Auxerre, 97; — [XIII[e] s.]: V. dalle funéraire de Bouchard de Montmorency, 194.
**Écuyer.** — [XII[e] s.]: V. chevalier français de la fin du XIIe s., suivi de son écuyer, 90.
**Édifices.** — romains au IVe s., représentant peut-être des basiliques, 27.
**Église.** — romane, — façade de l'église d'Angoulême [XII[e] s.], 217; — romane, voûtée en coupoles: V. intérieur de l'église d'Angoulême, 217.
**Église.** — gothique, — voûtée sur croisée d'ogives, cathédrale de Reims [XIII[e] s.], vue prise du chœur, 219.
**Église.** — cathédrale d'Angoulême [XII[e] s.]; plan; 217; — façade, 217; — intérieur, 217; — Germigny-les-Prés (Loiret), intérieur, 94; — de Loresh (Allemagne) [IX[e] s.], porche de l'atrium, 94. — la Mère-de-Dieu (Théotocos), à Constantinople [XII[e] s.], façade, 138; — Notre-Dame-du-Port à Clermont-Ferrand [XI[e] s.], plan, 216; — Saint-Ambroise de Milan [XI[e] s.], façade, 132; — de Saint-Marc de Venise [XI[e] s.], façade, 133; — intérieur, 137; — Saint-Michel de Pavie [XI[e] s.],

façade, 133; — Saint-Nectaire [XII[e] s.], vue intérieure, 216; — Saint-Savin (Vienne), plan [XI[e] s.], 216; — du Saint-Sépulcre, à Jérusalem [XI[e] s.], état actuel, portail sud, 143; — Sainte-Sophie [VI[e] s.] à Constantinople, extérieur, 42; — intérieur [VI[e] s.], 43; — Saint-Vital, à Ravenne [VI[e] s.], intérieur, 75; — de San Miniato [XI[e] s.], près de Florence, intérieur, 131; — du Temple, à Londres, intérieur [XII[e] s.], 178; — partie circulaire [XII[e] s.], 178; — de Théotocos (Mère-de-Dieu) à Constantinople [X[e] s.], 138; — de Vignory (Haute-Marne), [XI[e] s.], plan, 216; — intérieur, 216.

**Émaux.** — byzantins; couronne dite de l'empereur Constantin Monomaque [XI[e] s.], 136; — allemands : médaillons de la châsse de Notre-Dame, à Aix-la-Chapelle, [XII[e] s.], 234; — médaillon émaillé de la châsse de Saint-Héribert à Deutz; — français, plaque émaillée représentant Geoffroy Plantagenêt, comte du Mans, conservé au musée du Mans [XII[e] s.]; — plaque émaillée portant l'effigie en bronze de Jehan, fils de saint Louis, conservée à l'abbaye de Saint-Denis; — de Limoges (croix en cuivre gravée et repoussée [XI[e] s.], 122; — crosse des abbés de Clairvaux [XII[e] s.], 112; — navette à encens [XIII[e] s.], 112; — plaque de cuivre émaillée [XIII[e] s.], 222; — boîte à hosties [XIII[e] s.], 112; — châsse [XIII[e] s.], 113; — châsse de Sainte-Fauste [XIII[e] s.], 120; — ciboire en bronze [XIII[e] s.] signé d'Alpais, 112; — crosse épiscopale [XIII[e] s.], 114; — plaque d'autel [XII[e] s.], 115.

**Empereur.** — romain en costume triomphal [IV[e] s.], 18; — en costume militaire [IV[e] s.], 18; — Constance, en costume consulaire [IV[e] s.], 18; — Honorius [IV[e] s.], 18; — byzantin, Anastase [V[e] s.]: V. (tablettes d'ivoire représentant), 46; — Justinien [VI[e] s.]: V. mosaïque de l'église Saint-Vital de Ravenne, 39; — Justinien [VI[e] s.]: V. mosaïque dans le narthex de Sainte-Sophie, 44; — à cheval [X[e] s.], 136; — Basile [XI[e] s.], en costume impérial d'apparat, 137; — Romain IV [XI[e] s.], V. fragment d'un diptyque, 149; — carolingien (statuette de bronze représentant un), 85; — allemand [XI[e] s.], revêtu des ornements impériaux (figure théorique représentant un), 124; — Othon le Grand [X[e] s.]; V. statuette représentant Othon le Grand [X[e] s.], 125; — Othon II [X[e] s.], entouré des représentants des grands dignitaires impériaux, de la noblesse et du clergé, 125; — Henri II [XI[e] s.], V. fragment d'une miniature des évangéliaires, 125; — Henri IV [XI[e] s.], agenouillé devant la comtesse Mathilde à Canossa : V. (miniature [XII[e] s.], représentant l'), 125; — Conrad III [XII[e] s.]: V. statue de Conrad III [XII[e] s.], — Frédéric Barberousse [XII[e] s.]: V. (bas-relief représentant l'), etc., 125; — Frédéric Barberousse [XII[e] s.], en bronze du croisé, 125.

**Encadrement.** — d'un manuscrit arabe [XIII[e] s.], 49; — [XII[e] s.], 125; — tiré d'un manuscrit carolingien, 85; — d'un manuscrit irlandais du VIIe s., 167.

**Enceinte.** — de Paris, sous Philippe-Auguste, fragment [XIII[e] s.], 164; — de la cité de Carcassonne, 161; — V. vue générale de la cité de Carcassonne, 149.

**Encensoir.** — [XII[e] s.], 112; — [XIII[e] s.], 112.

**Enclos.** — du Temple, à Paris [XIII[e] s.], restitution, 160.

242                     ALBUM HISTORIQUE

**Encrier** carolingien, 92.
**Enfant**, — noble romain (IVᵉ s.), 21; — romain (IVᵉ s.), 21; — germain, 30; — byzantin (VIᵉ s.), 40; (XIIᵉ s.), 180; — (XIIIᵉ s.); V. marionnettes, 189; — royal (XIIᵉ s.); V. plaque émaillée, avec effigie de Jean, fils de saint Louis, 224; — du peuple (XIIIᵉ s.), 181; — vénition (XIIᵉ s.), 133; — au berceau (XIIIᵉ s.), 193; — au maillot (XIIIᵉ s.), 193.
**Enseigne**, — gauloise, 5; — gauloise : V. trophée d'armes et captifs gaulois, 1; — d'un marchand de pommes gallo-romain, 15; — romaine (IVᵉ s.); V. porte-enseigne, 20; — cavalier, 20; — romaine (IVᵉ s.); V. porte-enseigne, 20; — des Almohades, 52.
**Ensemencement**, — (XIᵉ s.); V. mars dans le calendrier anglo-saxon, 170.
**Ensevelissement**. — (scène d'); (XIIIᵉ s.), miniature, 193.
**Entrepreneur** de transports sur le Rhin (artisan gallo-romain), 15.
**Épée**, — gauloise, 3; — germaine, avec son fourreau, 31; — d'un chef franc, 31; — de Childéric, 34; — lombarde, 74; — byzantine (Vᵉ s.), 137; — arabe (IXᵉ s.), 53; — arabe (XIᵉ s.), 52, — carolingienne, 91; — carolingiennes : V. guerriers carolingiens, 91; — normande, 98; — normande et son fourreau, 98; — scandinave, 31; — (XIᵉ s.), 195; — (XIIᵉ s.), 195; — et fourreau (XIIᵉ s.), 197; — dite de Roland (XIIᵉ s.), 197; (poignée d'); (XIIᵉ s.), 197; — pour combattre à pied (XIIIᵉ s.), 195; — d'estoc (XIIIᵉ s.), 195; — de taille (XIIIᵉ s.), 195.
**Éperons**, — (XIIᵉ s.), 197; — (XIIIᵉ s.), 197.
**Épingle**, — gauloise, 3; — mérovingienne, 38; — mérovingienne : V. dent enchâssée, 38; — carolingienne, 90.
**Équerre**, — de maçon (XIIIᵉ s.); V. architecte et roi, 216.
**Équilibristes**, — (XIVᵉ s.), 191.
**Équipement**. — d'un homme d'armes (miniature), (XIIIᵉ s.), 197.
**Esclave**, — (Plaque d'identité d'un), 28.
**Escrime**, — (Jeu de l'); (XIVᵉ s.), 189.
**Étendard**, — sur une voiture, 202.
**Étoffe**, — byzantine, 47; — byzantine (VIᵉ s.), 110; — de tenture, 54.
**Étole**, — byzantine (VIᵉ s.); V. évêque Maximien, 41; — étoles (IXᵉ s.); V. prêtres, 78; — (IXᵉ s.); V. diacre, 78; — (XIIᵉ s.); V. chanoine, 78; — (XIIᵉ s.); V. prêtre, 110; — (fragment d'); (XIIIᵉ s.), 116.
**Étrier**, — arabe (XVᵉ s.), 123.
**Étudiants**, — et maîtres de l'Université de Paris (XIVᵉ s.), médaillons de la cathédrale de Paris, 207.
**Évangéliaire**, — de saint Médard : V. miniature (IXᵉ s.), 97.
**Évêché** — de Paris (XIIIᵉ s.), restitution, 166.
**Éventail** — religieux (IXᵉ s.); V. flabellum, 17; — (XIIIᵉ s.); V. groupe de prêtres, 110.
**Évêque**, — (Vᵉ s.), 27; — byzantin (VIᵉ s.), Maximien, 41; — byzantin (VIᵉ s.), 41; — (VIIᵉ s.), 77; — (XIIᵉ s.), 110; — (XIIIᵉ s.), 110.
**Exorciste**, — (IXᵉ s.), 77.
**Explicit**, — (XIIᵉ s.), d'après un manuscrit, 230.

**F**

**F**. — majuscule (VIIIᵉ s.), 95; — (XIIᵉ s.), 223.
**Fabrication des armes**, miniature, 202.
**Façade**, — de la basilique de Saint-Paul-hors-les-murs, à Rome (IVᵉ s.); V. vue extérieure de la basilique, 24; — de la basilique de Saint-Pierre de Rome : V. vue extérieure, 83; — de l'église de la Mère-de-Dieu (Théotocos), à Constantinople (Xᵉ s.), 138; — d'une maison byzantine, restauration, 45; — de la mosquée d'Omar, à Jérusalem (VIIᵉ s.), 63; — de la mosquée d'Hassan, au Caire (XIVᵉ s.), 65; — du château de la Ziza, près de Palerme (XIIᵉ s.), 58; — de l'église Saint-Ambroise, à Milan, 132; — de l'église Saint-Michel de Pavie, 132; — de la cathédrale de Pise (XIᵉ s.), 132; — de l'église de Saint-Marc, à Venise (XIᵉ s.), 133; — de la cathédrale de Durham (XIᵉ-XIIᵉ s.), 174; — de l'église d'Angoulême (XIIᵉ s.), 217; — de la cathédrale de Paris (XIIIᵉ s.), 218; — de la cathédrale de Sienne (XIVᵉ s.), 229.
**Faïences**. — hispano-moresques, 55.
**Faneur**, — (XIIIᵉ s.); V. fenaison, médaillon de la cathédrale d'Amiens, 147.
**Fantassin**, — (XIᵉ s.), 195; — armant l'arbalète (XIIIᵉ s.), 202.
**Fauchard**, — (XIIIᵉ s.), 195.
**Faucilles**, — (XIIIᵉ s.), 157.
**Faucon**, — (chasse au); (XIVᵉ s.); V. octobre, dans le calendrier anglo-saxon, 170; — (chasse au); (XIIIᵉ s.); V. avril, médaillon de la cathédrale d'Amiens (XIIIᵉ s.), 147; — (chasse au); (XIIIᵉ s.), 192; — au poing (XIIIᵉ s.); V. noble royal et faucon au poing, 192; — enfermé dans le maillolet (XIIIᵉ s.), 192; — au perchoir (XIIIᵉ s.), 192; — (chapels de); (XIIIᵉ s.); V. faucons au perchoir (XIIIᵉ s.), 192; — avec leur chapel (valet portant deux); (XIIIᵉ s.), 192.
**Faux**, — (XIIIᵉ s.), 157.
**Femme**, — gauloise, 2; — gallo-romaines en costume de ville, 10; — du peuple, romaine (IVᵉ s.), 21; — germaines, 30; — du peuple, byzantine (VIᵉ s.), 76; — arabe, conduisant des chameaux (XIIIᵉ s.), 51; — anglo-saxonne (Xᵉ s.), 169; — anglo-saxonnes (XIᵉ s.), 169; — anglo-saxonnes (XIᵉ s.), dévidant et tissant la laine, 169.
**Fenaison** (la), — (XIIIᵉ s.); V. juin, médaillon de la cathédrale d'Amiens, 147; — (XIᵉ s.); V. juillet, dans le calendrier anglo-saxon, 170.
**Fenêtre**, — de l'église d'Aulnay (XIIᵉ s.) (Charente-Inférieure), 221.
**Fer de lance**, — germaine, 31; — francs, 32; — lombards, 74; — (XIIᵉ s.), 195.
**Ferme**, — de la Grange-Meslay (près de Tours), (XIIIᵉ s.), 153.
**Fermeture**, — de chœur (IXᵉ s.), vue intérieure de la basilique de Saint-Clément de Rome, 26.
**Fermoir**, — mérovingien, 38.
**Férule**, — V. maître tenant à la main une férule, 164; — chevalier V. la Grammaire dans la miniature de l'Hortus Deliciarum, 203.
**Festin**, — anglo-saxon (XIᵉ s.); V. avril dans le calendrier anglo-saxon, 170; — d'apparat (XIIIᵉ s.), 187.
**Fiancés**, — (XIIIᵉ s.); médaillon de la cathédrale d'Amiens, 221.
**Fibule**, — gauloise, 3; — byzantine, 45; — normandes, 98; — anglo-saxonne, 168.

**Filigranes**, — arabes (XIVᵉ s.); V. collier en or (XIVᵉ s.), 53; — arabe : V. bijou en argent, 53; — (XIIᵉ s.); V. bijou orné de, 182.
**Filles**, — nobles, faisant le service de la table (XIIIᵉ s.), 186.
**Fiole**, — à eau bénite (mérovingienne), 38; — destinée à conserver les huiles saintes (VIIᵉ s.), 80.
**Flabellum**, — sorte d'éventail religieux (IXᵉ s.); V. (XIIᵉ s.); V. groupe de prêtres, 110.
**Flambeau**, — arabe (XIVᵉ s.), 51.
**Fléau**, — (XIᵉ s.); V. décembre dans le calendrier anglo-saxon, 170; — (XIIIᵉ s.), 157.
**Flèche de cathédrale**, — V. cathédrale de Bamberg, 128; V. cathédrale de Salisbury, 174; — de la cathédrale de Salisbury, 174; — (XIIIᵉ s.); V. flèche gothique munie de ses flèches, 219.
**Flèches**, — gauloises (pointes de) en os, 4; — en fer, 4; — germaines (pointes de), 31; — (XIIᵉ s.), 195.
**Flûte**, — (joueur de), statue de la maison des musiciens à Reims (XIIIᵉ s.), 214.
**Foire**, — en Champagne au XIIIᵉ s., 155.
**Fonctionnaire**, — romain (IVᵉ s.); V. magistrat, 19; — (insignes des), 19; — byzantins percevant l'impôt (XIIᵉ s.); V. paiement de l'impôt, 140.
**Fontaine**, — de place, à Provins (XIIIᵉ s.), 152; — de route (XIIᵉ s.), près de Poitiers, 152; — au vin (XIVᵉ s.), 186.
**Fonts baptismaux**, — (XIIᵉ s.), de l'église Saint-Pierre, à Montdidier, 113; — (XIIᵉ s.), de Thouvel, 120; — (XIIᵉ s.), de l'église de Cluny, 113.
**Forgeron**, — gallo-romain, 15.
**Formation en coin**, — d'après une peinture murale, 202.
**Forme**, — siège (XIIᵉ s.), restitution, 184.
**Formeret**, — voûte gothique à arêtes sur croisée d'ogives, 216.
**Fortifications**, — byzantines de la ville de Dana (Syrie), 44.
**Fouet**, — à trois queues (XIIᵉ s.); V. transport des bagages, 188.
**Foulage des raisins**, — (XIIIᵉ s.); V. octobre, médaillon de la cathédrale d'Amiens, 147.
**Foulon**, — gallo-romain au travail, 15.
**Fourche**, — (XIᵉ s.); V. août dans le calendrier anglo-saxon, 170.
**Fourreau**, — d'épée germain, 31; — normand, 98; — (XIᵉ s.), 195; — (XIIᵉ s.); V. épée solennelle, 123; — (XIIIᵉ s.); V. glaive dit de Saint-Maurice, 123.
**Fourrures**, — (marchands de); (XIIIᵉ s.); V. d'après un vitrail de la cathédrale de Chartres, 154.
**Framées**, — 32.
**Franc**, — chef, 32; — guerrier, 32.
**Français**, — chevaliers (fin XIᵉ s.), 99; — (fin XIIᵉ s.), 99; — chevalier suivi de son écuyer (fin XIIᵉ s.), 99.
**Fresques**, — de l'église du Saint-Sepulcro, à Barletta (XIIᵉ s.), 134; — de Pernes (XIIIᵉ s.); V. pape Clément IV, 129.
**Frigidarium**, — V. thermes de Julien, restauration, 24.
**Frise**, — du chœur de la cathédrale de Langres (XIIᵉ s.), 217; — arabe en faïence émaillée (XVIᵉ s.), 65.
**Froc**, — (XIIIᵉ s.); V. moine bénédictin (XIIIᵉ s.), 111.

**Funérailles**, — byzantines au XIIᵉ s., 140; — du roi Édouard (XIᵉ s.), d'après la tapisserie de Bayeux, 194; — (au XIIIᵉ s.), scène d'ensevelissement, miniature, 193.

**G**

**Gaine**, — de poignard gauloise, 4; — de couteau normand, 98.
**Galerie**, — restaurée du palais de Frédéric Barberousse, à Goslar (XIIᵉ s.), 127; — du cloître de l'abbaye du Mont Saint-Michel (XIIᵉ s.), 115.
**Gallo-romain**, — portant l'épée, 10; — en costume de voyage, 10; — (artisans) : entrepreneur de transport sur le Rhin, forgeron, foulon, marchand de pommes, sabotier, tondeur de drap, 15.
**Gallo-romaines**, — en costume de voyage, 10.
**Galon**, — orné de pierreries (XIIᵉ s.), 180.
**Gants**, — impériaux (XIIIᵉ s.), 123; — de chasse : V. chasseurs (XIIIᵉ s.), 192; — épiscopal (XIIIᵉ s.), 121; — abbatial en soie brodé à jour (IXᵉ s.), 121.
**Garde**, — impériale byzantine (soldats de la), 40.
**Gaulois**, — V. bas-relief du sarcophage de la vigne Ammendola, 1; — cavalier, 2; — guerriers, 2; — chef, 2; — guerriers en armes, 5; — paysan, 2.
**Gauloise**, — femme, 2.
**Général**, — romain (IVᵉ s.), 20.
**Gens de pied**, — (XIIIᵉ s.), 202.
**Germains**, — 30; — enfant, 30.
**Germaines**, — femmes, 30.
**Géométrie**, — (représentation au XIIᵉ s. de la); V. miniature de l'Hortus Deliciarum, 203; — (représentation au XIIIᵉ s. de la), statuette de la cathédrale de Laon, 209.
**Gibet**, — de Montfaucon, restitution, 152.
**Glaive**, — dit de Saint-Maurice (XIIIᵉ s.), 123.
**Globe**, — impérial (IVᵉ s.); V. empereur Honorius, 18; — (XIIᵉ s.), 123.
**Goupillon**, — (XIIIᵉ s.); V. bénitier, 117.
**Grammaire**, — (représentation au XIIᵉ s. de la); V. miniature de l'Hortus Deliciarum, 203; — (représentation au XIIIᵉ s. de la), statuette de la cathédrale de Laon, 212.
**Grange**, — aux dîmes à Provins (XIIIᵉ s.), restauration, 154.
**Gril**, — (XIVᵉ s.), 226.
**Guéridon**, — (XIIIᵉ s.), 185.
**Guerriers**, — gaulois, 2; — gaulois en armes, 5; — franc, 32; — byzantins (XIᵉ s.), 139; — carolingiens, 91; — scandinave : V. plaque représentant un guerrier, 168; — anglo-saxon (XIᵉ s.), 169; — (XIᵉ s.; vue de face d'un joueur d'échecs, (XIIᵉ s.); V. orgueil, sculpture de la cathédrale de Chartres, 208.

**H**

**Habitation**, — gauloise, 6; — mérovingienne, restitution, 35; — urbaine mérovingienne, restitution, 58; — anglo-saxonne, intérieur (XIᵉ s.), 169.
**Hache**, — germaine, 31; — franques, 32; — normandes (XIᵉ s.), 195; — normande, 98; — (XIIᵉ s.), 195; — de piéton (XIIIᵉ s.), 197.

# INDEX ALPHABÉTIQUE

**Halle**, — au drap de la ville d'Ypres [XIIIᵉ s.]: V. hôtel de ville de la ville d'Ypres, 151.
**Harem**, — à Damas (intérieur de), 62.
**Harnais**, — de cheval, romain [Iᵛᵉ s.]: V. empereur ou costume triomphal, 18; — byzantin [Vᵉ s.]: V. officier à cheval, 137; — hybyzantin [Xᵉ s.]: V. empereur à cheval, 138; — [XIIIᵉ s.], 186; — militaire (fin XIIᵉ s.), 99; — [XIIIᵉ s.], chevalier de la fin du XIIᵉ s., 196; — [XIIIᵉ s.], 202.
**Harpe**, — [XIIIᵉ s.], 213.
**Harpiste**, — [XIIIᵉ s.], 214.
**Haubergeon**, — pièce du costume militaire: V. fantassin [XIᵉ s.], 196.
**Haubert**, — [XIIᵉ s.], pièce du costume militaire: V. chevalier français, 99; — [XIIIᵉ s.]: V. chevaliers du XIᵉ s., 196; — [XIIIᵉ s.]: V. chevaliers anglais, 99; — [XIIIᵉ s.]: V. Pierre d'Alençon, 161; — [XIIIᵉ s.], dalle funéraire de Bouchard de Montmorency, 194; — [XIIIᵉ s.]: V. chevalier du XIIIᵉ s., 196.
**Heaume**, — [XIIᵉ s.], 197; — anglais (fin du XIIᵉ s.), 197; — [XIIIᵉ s.], 197; — royal [XIIIᵉ s.], 197; — [fin XIIIᵉ s.], 197.
**Hersage**, — [XIᵉ s.]: V. mars dans le calendrier anglo-saxon, 170.
**Hommage**, — au XIᵛᵉ s., 103.
**Homme (l')**, — et les éléments (miniature du XIIIᵉ s.), 212.
**Homme**, — du peuple, byzantin [Vᵉ s.], 76; — byzantin [XIIᵉ s.], V. lépreux, 137; — [fin XIᵉ s.], 148; — (début du XIIᵉ s.), 148; — [XIIIᵉ s.]: — [XIIIᵉ s.], 148.
**Hommes**, — à tête de sangliers: V. combat d'Alexandre et d'hommes à têtes de sangliers (miniature du XIIIᵉ s.), 214; — et femmes à six mains: V. combat d'Alexandre et des hommes et des femmes à six mains (miniature du XIIIᵉ s.), 211.
**Hôpital**, — d'Angers [XIIᵉ s.], salle de l'Hôtel-Dieu à Angers, 132; — de Tonnerre [XIIIᵉ s.], intérieur; restauration, 220.
**Hoqueton**. — sorte de pardessus: V. costumes de nobles [XIIIᵉ s.], 183.
**Hostie**, — [XIIIᵉ s.]: Voir groupe de prêtres du XIᵛᵉ s., 110.
**Hôtel-Dieu**, — à Angers; vue intérieure de la grande salle [XIIᵉ s.], 132.
**Hôtel de ville**, — de Saint-Antonin (Tarn-et-Garonne) [XIIIᵉ s.], 220; — d'Ypres [XIIIᵉ s.], 151.
**Houlette**, — [XIᵉ s.], groupe de paysans et de bergers, 157.
**Hourds**, — (construction des), au donjon de Coucy [XIIIᵉ s.], 199; — (charpentier lançant des poutres pour la construction des), 199; — : V. donjon de Coucy, 165; — V. attaque du mur à l'aide de la sape, 200.
**Housse**, — de cheval [XIIIᵉ s.]: V. templier en costume de chevalier, 142; — [XIIIᵉ s.]: V. chevalier de la fin du XIIIᵉ s., 196; — [XIIIᵉ s.]: harnais de cheval, 202.
**Huche**, — au pain [XIIᵉ s.], 186.

## I

**I**, — majuscule [XIIIᵉ s.], 94; — [XIᵉ s.], 210; — [XIIᵉ s.], 224.
**Iconostase**, — [Vᵉ s.]: V. vue intérieure de l'église de Sainte-Sophie, 43.
**Imagiers**, — [XIIIᵉ s.]: V. maçons d'après un vitrail de la cathédrale de Chartres, 156.

**Impératrice**. — romaine [Iᵛᵉ s.]: Ælia Flavilla, 18; — byzantine [Vᵉ s.]: Théodora: V. mosaïque de Saint-Vital de Ravenne, 39; — [Vᵉ s.]: V. Théodora, 40; — [Vᵉ s.], en costume d'apparat, 136; — [Xᵉ s.]: Eudoxie: V. fragment d'un diptyque du XIᵉ s., 139; — allemand [Xᵉ s.], Édith: V. statuettes représentant Othon le Grand et sa femme Édith, 125.
**Insignes**, — du préfet de la ville, 19; — du préfet du prétoire, 19; — du comte des largesses sacrées, 19; — du comte de la cavalerie du palais, 19; — du comte de l'infanterie du palais, 19; — du comte de Strasbourg, 19; — du comte des frontières d'Égypte, 19; — du consulaire de Campanie; — du maître des bureaux, 19; — du maître des offices, 19; — du vicaire de Bretagne, 19; — du vicaire d'Espagne, 19.
**Instrument à cordes**, — comme crouth [XIIIᵉ s.], 213.
**Instrument de paix**, — [VIIIᵉ s.], 84.
**Intérieur**, — gallo-romain, 11; — de baron à Damas, 62; — d'un palais au Caire, salle de réception, 61; — d'une habitation anglo-saxonne [XIᵉ s.], 169; — d'un appartement au XIIIᵉ s., 187.
**Ivoires**, — byzantins. — Chaire dite de Saint-Pierre, 83: — diptyque représentant l'empereur Anastase: V. tablettes d'ivoire, 46; — [Iᵛᵉ ou Vᵉ s.], devant d'une châsse représentant un transfert solennel de reliques, 47; — [Vᵉ s.], chaire dite de Maximien, 47; — [Vᵉ s.], crosse de saint Grégoire le Grand, 80; — [Vᵉ s.], couverture de manuscrit enveloppant un manuscrit du Vᵉ s., 46; — [Vᵉ s.], peigne de la reine Théodelinde, 99; — [VIIIᵉ s.], instrument de paix, 84; — [IXᵉ s.], couverture du livre d'heures de Charles le Chauve, 96; — [IXᵉ s.], coffret conservé au trésor de la cathédrale de Sens, 137; — [XIᵉ s.], fragments d'un diptyque représentant Romain IV et sa femme Eudoxie, 139; — [XIᵉ s.], représentant la Vierge assise sur un trône, tenant l'Enfant Jésus sur ses genoux, 118; — [XIᵉ s.], plaque de reliure, 204; — arabe — [IXᵉ s.], olifant, 52; — [IXᵉ s.], pièce du jeu d'échecs dit de Charlemagne, 189; — [XIIᵉ s.], coffret, 54; — carolingiens — reliquaire de Ratisbonne [VIIᵉ s.], 87; — couverture du sacramentaire de Drogon, 78; — plaque de Tutilo, face et revers, 96; — français — [XIIᵉ s.], pièces de jeu d'échecs, 189; — [XIᵉ s.], châsse de Saint-Yved, 121; — [XIIᵉ s.], cors, 192; — [XIIIᵉ s.], bâton pastoral, 161; — [XIIIᵉ s.], boîte à miroir, 161; — [XIIIᵉ s.], coffret conservé à l'église Saint-Trophime d'Arles, 23; — [XIIIᵉ s.], couronnement de la Vierge, 224; — [XIIIᵉ s.], Vierge ouvrante, statuette, 118; — [XIᵛᵉ s.], plaque représentant joueurs d'échecs, 189.

## J

**Jambières**, — gauloises en bronze, 2; —: V. chef gaulois, 4; —: V. guerriers en armes, 5.
**Javelots**, — gaulois (pointes de), 4.
**Jeu**, — de la balançoire au XIᵛᵉ s., miniature, 189; — de balle au XIᵛᵉ s., miniature, 189; — de la boule au XIᵛᵉ s., 189; — du cerf-volant au XIᵛᵉ s., miniature, 189; — de la corde pendue au XIᵛᵉ s., miniature, 189; — des échasses au XIIIᵉ s., 196; — d'échecs (représentation du), plaque d'ivoire, au XIᵛᵉ s., 189; — d'échecs dit de Saint-Louis, 189; — d'échecs de Charlemagne (pièce du XIᵉ s.), 189; — des marionnettes au XIᵛᵉ s., miniature, 189; — de volant, au XIᵛᵉ s., miniature, 189; — de la femme Édith, 125.
**Jeune homme**, — byzantin [XIIᵉ s.], 137.
**Jeunes filles**, — nobles faisant le service de la table [XIIIᵉ s.], miniature, 186.
**Jongleur**, — [XIIIᵉ s.], 213; — [XIᵛᵉ s.], 191.
**Joueur**, — de cornemuse [XIIIᵉ s.], statue de la maison des musiciens à Reims, 214; — de flûte [XIIIᵉ s.], statue de la maison des musiciens, à Reims, 214; — de harpe [XIIIᵉ s.], statue de la maison des musiciens, à Reims, 214; — de sistre [XIIIᵉ s.], statue de la maison des musiciens, à Reims, 214; — de viole [XIIIᵉ s.], statue de la maison des musiciens, à Reims, 214; — d'échecs, au XIᵛᵉ s., d'après une plaque d'ivoire, 189.
**Joûte**, — sur l'eau, au XIᵛᵉ s., miniature, 189.
**Joyau**, — arabe, 53.
**Jube**, — vêtement de dessous [XIIᵉ s.]: V. costume noble [XIIᵉ s.], 181.
**Jube**, — [XIᵛᵉ s.]: V. chœur Notre-Dame de Paris, 112.

## K

**Krak**, — des chevaliers [XIIIᵉ s.], état actuel, restauration, 145.

## L

**Labarum**, — V. empereur Honorius, 18.
**Lâcheté**, — (représentation au XIIIᵉ s.) à la cathédrale de Chartres, 208.
**Lampadaire**, — [Vᵉ s.], 84.
**Lampes**, — gallo-romaines, 11; — chrétiennes, 28; — arabe, en cuivre [XIIᵉ s.], 54; — arabe, en verre, 55; — carolingienne, 92; — carolingienne: V. homme portant une lampe, 93; — [XIIIᵉ s.], 187; — [XIIIᵉ s.], 180; — [XIᵛᵉ s.], 189.
**Lances**, — gauloises (pointes de), 4; — romaine [Iᵛᵉ s.]: V. général, 20; — germains (fer de), 31; — (fers de), francs, 32; — franque: V. guerrier franc, 32; — lombards (fers de), 71; — byzantines [Vᵉ s.]: V. soldats de la garde impériale, 40; — [XIIᵉ s.], 137; — arabe [Xᵉ s.], 52; — carolingiennes: V. guerriers carolingiens, 91; — normande, 98; — anglo-saxonne [XIᵉ s.], 169; — [XIᵉ s.]: V. costume de guerrier [XIᵉ s.], 169; — [XIIᵉ s.], 195; — [XIIIᵉ s.]: V. Pierre d'Alençon et lance, 161; — (manœuvre de la) [XIIIᵉ s.], 202.
**Landier**, — de cuisine [XIIIᵉ s.], 186.
**Lanières**, — franques enveloppant les jambes: V. guerrier franc, 32; — carolingiennes: V. guerrier franc, 91.
**Lanterne des morts**, — à Ciron [XIIᵉ s.], 152.
**Leçon (une)**, — d'astronomie ou miniature, 209; — de mathématiques, [XIIIᵉ s.], miniature, 210.
**Légionnaire**, — romain [Iᵛᵉ s.], 20.
**Lépreux**, — byzantin [XIIᵉ s.], 137; — [XIIIᵉ s.], 152.
**Lettres**, — (assemblage de), [XIᵉ s.], 210.
**Lice**, —: V. château de la cité de Carcassonne, 199.

**Linceul**, — (mort dans son), d'après un vitrail de la cathédrale de Bourges [XIIIᵉ s.], 193.
**Linteau**, — de porte, à Dana, Syrie, 41.
**Lit**, — byzantin (bois de); [Vᵉ s.]: V. homme du peuple, 76; — carolingien, 92; — [XIIᵉ s.], restitution, 184. — [XIIIᵉ s.], restitution, 185.
**Lutrin**, — de bibliothèque [XIᵛᵉ s.], restitution, 204; — mobile [XIIIᵉ s.], 122.
**Lutte (la)**, — à dos d'homme [XIᵛᵉ s.], 189.
**Lyre**, — carolingienne, 93.

## M

**M**, — majuscule [VIIIᵉ s.], 95.
**Maçon**, — [XIIᵉ s.], d'après un vitrail de la cathédrale de Chartres, 156; — [XIIIᵉ s.], d'après un vitrail de la cathédrale de Chartres, 156.
**Magistrat**, — romain, siégeant au tribunal [Iᵛᵉ s.], 19.
**Maillolet** —: V. faucon enfermé dans le maillolet, 192.
**Maillot**, — enfant de [XIIIᵉ s.], d'après un vitrail de la cathédrale de Chartres, 153.
**Main de justice**, — [XIIIᵉ s.]: V. Saint Louis, d'après une miniature, 191.
**Maison**, — carrée à Nîmes, 12; — byzantine, à Maadjeleia, Syrie, restauration, 45; — [Vᵉ s.], restauration, 45; — [Xᵉ s.], miniature, 138; — [XIIᵉ s.], miniature, 138; — arabe moderne à Médine, 50; — arabe, 60: V. rue du Caire; — carolingiennes, du IXᵉ au XIᵉ s., miniature, 92; — romane de Cluny (Saône-et-Loire) [XIIᵉ s.], restauration, 220; — [XIIIᵉ s.], 153; — à Cologne (Allemagne) [XIIIᵉ s.], 128; — gothique [XIIIᵉ s.], restauration, 220; — bourguignonne [XIIIᵉ s.], restitution, 149; — du XIIIᵉ s. à Caussade (Tarn-et-Garonne), 149; — [XIIIᵉ s.], à Cologne (Allemagne), 128; — La Provins (Seine-et-Marne), 149; — [XIIIᵉ s.], à Saint-Antonin (Tarn-et-Garonne), 149; — du XIIIᵉ s., dite du pédestal à San-Gimignano (Italie), 131; — normande, 158; — du Morvan, 158; — languedocienne, 158.
**Maison des musiciens**, — à Reims, [XIIIᵉ s.], statues de la, 214.
**Maître**, — des bureaux (insignes du), 19; — des fantassins (insignes du), 19; — des offices (insignes du), 19.
**Maître**, — tenant à la main une férule [XIIIᵉ s.], 210.
**Maîtres**, — et étudiants de l'Université de Paris [au XIIIᵉ s.], médaillon de la cathédrale, 207.
**Majuscule**, — mérovingienne D; — byzantine, N, 140; — carolingiennes, D, 95; — E. 94; — F, 95; — I, 94; — M, 95; — O, 94; — P, 95; — E, 210; — [XIᵉ s.], I, 210; — [XIIᵉ s.], B, 210; — F, 223; — [XIIIᵉ s.], P, 210; — S, 210; — [XIIᵉ s.], N, 210; — [Vᵉ s.], moines s'occupant d'agriculture, 209; — Q: V. astronomie, 209; — I, 210.
**Manipule**, — [IXᵉ s.]: V. diacre [IXᵉ s.], 78; — [XIIᵉ s.]: V. chanoine, 78; — [XIIᵉ s.]: V. prêtre [XIIᵉ s.], 78; — [XIIᵉ s.]: V. pape saint Grégoire le Grand, 120.
**Manoir**, — à Saint-Médard en Jalle (Gironde), [XIIIᵉ s.], 158.

**Manteaux**, — germains : V. germain, 30 ; à franges ; V. germain, 30 ; — franc : V. chef franc, 32 ; — byzantin [VIe s.] : V. grand dignitaire, 76 ; — impérial [VIe s.] : V. empereur Justinien, 40 ; — impérial [VIe s.] : V. Théodora, 40 ; — impériaux : V. fragments d'un diptyque byzantin, 139 ; — carolingien : V. seigneur carolingien, 90 ; — militaires : V. guerriers carolingiens, 91 ; — de dames : V. dames carolingiennes, 90 ; — [Xe s.], royal anglo-saxon : V. costume royal, 169 ; — [XIe s.], royal : V. roi en costume de cérémonie [XIe s.], 160 ; — [XIe s.], anglo-saxon : V. costume de guerrier, 169 ; — [XIe s.], royal anglo-saxon : V. costume, 169 ; — [XIe s.], de dessus : V. costume de dame noble du XIe s., 180 ; — [XIe s.] : V. costume de dame noble, fin du XIe s., 180 ; — [XIIe s.], royal : V. roi au XIIe s., 160 ; — [XIIIe s.], royal, de couronnement, 123 ; — [XIIe s.], de reine : V. vierge en reine du XIIe s., 160 ; — [XIIe s.], vénitien : V. noble vénitien, 133 ; — [XIIIe s.], royal : V. roi [XIIIe s.], 160 ; — [XIIIe s.] : V. saint Louis d'après une statuette, 161 ; — [XIIIe s.], de reine : V. Marguerite de Provence, femme de saint Louis, 161 ; — [XIIIe s.], vénitien : V. doge de Venise, 133 ; — ecclésiastique [IXe s.] : V. exorciste [IXe s.], 77.

**Mantelet**, — en bois, 200 ; — en osier, 200.

**Manuscrit**, — de Grégoire de Tours (fragment de), 38 ; — [XIIIe s.], page d'un, 201.

**Manœuvre de la lance**, — (au XIIIe s.), restitution, 202.

**Marchand**, — de pommes gallo-romains : V. (enseigne d'un), 15 ; — drapiers [XIIe s.], d'après un fragment du vitrail de la cathédrale de Chartres, 151 ; — [XIIIe s.], 154 : — [XIIIe s.], d'après un bas-relief de la cathédrale de Reims, 154 ; — de fourrures, d'après un fragment du vitrail de la cathédrale de Chartres, 154.

**Maréchal ferrant**, — [XIIe s.], d'après un vitrail de la cathédrale de Chartres, 156.

**Mariage**, — (un) [au XIIIe s.], miniature, 193 ; — [royal au XIIIe s.], miniature, 193.

**Marionnettes**, — (le jeu des) ; [XIIe s.], miniature, 189.

**Mascarade**, — au XIVe s., miniature, 191.

**Masse d'armes**, — [XIIIe s.], 197 ; — arabe [XVe s.], 52.

**Mathématiques**, — (instruments de) : V. la leçon de mathématiques au XIIIe s., 210 ; — (la leçon de) au XIIIe s., miniature, 210.

**Mausolée**, — de Galla Placidia, à Ravenne [IVe s.], vue extérieure, état actuel, 72 ; — vue intérieure, état actuel, 72.

**Médailles**, — gauloises, 8.

**Médaillon**, — émaillé de la châsse de Saint-Héribert, à Deutz [XIIe s.], 224.

**Médaillons**, — symbolisant les mois, empruntés au soubassement de la cathédrale d'Amiens [XIIIe s.], 147, 221 ; — en mosaïque de l'église Saint-Vital de Ravenne, représentant saint Jacob, saint André, saint Pierre, saint Philippe, 75.

**Médecin**, — [XIIIe s.], 209.

**Médecine**, — (représentation au XIIIe s. de la) : statuette de la cathédrale de Laon, 209.

**Medresseh**, — V. mosquée d'El-Azhar, au Caire [Xe s.], 61.

**Mêlée**, — au XIIe s., miniature, 202.

**Mendiant**, — [fin du XIIe s.], 152.

**Menhir**, — de Lokmariaker (Morbihan), 9.

**Métier**, — à tisser, anglo-saxon [XIe s.] : V. femme dévidant et tissant la laine, 169.

**Meuble**, — à écrire, carolingien, 93 ; — servant de siège et de pupitre [XIIe s.], restitution, 205.

**Mimbar**, — chaire à prêcher arabe : V. mosquée d'Ahmed-ibn-Touloum, 62.

**Minaret**, — [VIIIe s.], de la mosquée de Sidi-Okba, à Kairouan, 60 ; — [Xe s.], de la mosquée d'El-Azhar, 61 ; — [XIVe s.] : V : mosquée d'Hassan, au Caire, 66.

**Miniatures**, — byzantines [VIe s.], représentant la princesse Juliana Anicia, 46 ; — [VIe s.], représentant le crucifiement du Sauveur, 48 ; — [IXe ou Xe s.], représentant David gardant son troupeau, 140 ; — [XIe s.], représentant Basile, en costume impérial d'apparat, 137 ; — [XIIe s.], ornement, 140 ; — [XIIe s.], le paiement de l'impôt, — 140 ; — [XIIe s.], scène de funérailles, 140 ; — arabes, tirées des séances d'Hariri [XIIIe s.], 51 ; — [XIIIe s.], armée sarrasine en marche, 116 ; — [XIVe s.], représentant Mahomet assiégeant une forteresse, 51 ; — carolingienne [IXe s.], recueil d'évangiles conservé à l'abbaye de Saint-Médard, 97 ; — [IXe s.], d'un livre d'heures représentant Charles le Chauve, 87 ; — [IXe s.], frontispice de la Bible de San Calisto, à Rome, représentant Charles le Chauve, 95 ; — de la Bible de Charles le Chauve, représentant des chanoines du monastère de Saint-Martin de Tours, 97 ; — [Xe s.], représentant Louis le Débonnaire, 88 ; — [Xe s.], représentant Othon III entouré des grands dignitaires impériaux, 125 ; — [XIe s.], fragment d'un évangéliaire donné par Henri II, à la cathédrale de Bamberg, 125 ; — [XIe s.], représentant l'intérieur d'une habitation anglo-saxonne, 169 ; — [XIe s.], calendrier anglo-saxon, 170 ; — [XIe s.], représentant une école normande, 206 ; — [XIe s.], représentant les Rois Mages, 223 ; — [XIe s.], représentant les cavaliers de l'Apocalypse, 208 ; — [XIIe s.], représentant Henri IV agenouillé devant la comtesse Mathilde, à Canossa, 125 ; — [XIIe s.], de l'Hortus Deliciarum, représentant la philosophie et les arts libéraux, 201 ; — anglaise, du XIIIe s., représentant la cour pontificale, 129 ; — [XIIIe ou XIVe s.], miniatures représentant différentes scènes des croisades, 141 ; — [XIIIe s.], paysans au travail, 157 ; — [XIIIe s.], représentant le sacre d'un roi, 160 ; — [XIIIe s.], allemande, représentant la chasse au faucon, 192 ; — [XIIIe s.], scène d'ensevelissement, 193 ; — [XIIIe s.], représentant un trouvère récitant devant la reine Blanche de Castille, 204 ; — [XIIIe s.], du bréviaire de saint Louis, représentant une leçon d'astronomie, 209 ; — [XIIIe s.], du psautier de saint Louis, représentant l'Enfer, 223 ; — [XIIIe s.], représentant une leçon de mathématiques, 210 ; — [XIIIe s.], représentant le monde marin, tel qu'on se le figurait au XIIIe s., 211 ; — [XIIIe s.], représentant les combats d'Alexandre, 211 ; — [XIIIe s.], anglaise, représentant la Vierge et l'Enfant Jésus, signée de Mathieu Pâris, 222 ; — [XIVe s.], miniature représentant une mascarade, 191.

**Minuscule**, — mérovingienne : V. fragment d'un manuscrit de Grégoire de Tours, 38 ; — [XIe s.], d'après un diplôme du roi Robert, 205 ; — [XIe s.], d'après un manuscrit, 205 ; — [XIIe s.], d'après un diplôme de Louis VI, 205 ; — gothique [XIIIe s.], d'après une charte, 205.

**Mirhab**, — V. mosquée d'Ahmed-ibn-Touloun, au Caire, 62.

**Miroir**, — gallo-romain (bronze), 11 ; — arabe, en métal (revers), 54 ; — (boîte à) au XIIIe s., en ivoire, représentant Blanche de Castille et saint Louis, 161.

**Mitre**, — [XIIe s.] : V. évêque, 110 ; — [XIIe s.], d'un archevêque allemand, 121 ; — [XIIe s.], de saint Thomas Becket, 121.

**Moines**, — bénédictins [VIe s.], 77 ; [XIe s.], 111 ; — [XIIIe s.], 111 ; — mendiant [XIIIe s.], 111.

**Moines**, — s'occupant d'agriculture [XIIIe s.], 209.

**Mois**, — (représentation anglo-saxonne au XIe s. des) : V. calendrier anglo-saxon, 170 ; — (représentation au XIIIe s. des), médaillons de la cathédrale d'Amiens, 147.

**Moisson**, — [XIe s.] : V. août dans le calendrier anglo-saxon, 170 ; — [XIIIe s.] : V. juillet, médaillon de la cathédrale d'Amiens, 147.

**Moissonneur**, — [XIIIe s.], 157.

**Monde**, — marin (représentation au XIIIe s. du), miniature, 211 ; — terrestre (représentation au XIIIe s. du) d'après une mappemonde, 209.

**Monnaies**, — gauloises, 8 ; — mérovingiennes, 33, 34 ; — lombardes, 74 ; — byzantines, 39, 44, 41, 48, 136 ; — des Goths, 68 ; — arabes, 51, 56 ; — carolingiennes, 86, 88 ; — pontificales, 82, 84 ; — épiscopales, 114, 116, 120, 121 ; — abbatiales, 114, 120 ; — impériales allemandes, 124, 126 ; — des rois de France, 108, 161, 162 ; — des rois d'Aragon, 134 ; — royales anglo-saxonnes, 169 ; — royales anglaises, 176 ; des rois de Jérusalem, 144 ; — des chrétiens en Palestine, 144 ; seigneuriales, 103, 106, 108, 141, 146 ; — communales, 153 ; vénitiennes, 132, 133.

**Monnayeurs**, — [XIIIe s.], d'après un fragment de vitrail de la cathédrale du Mans, 156.

**Monogramme**, — du Christ : V. autel funéraire d'Ispagnac, 79 ; — du Christ [VIe s.] : V. sarcophage de l'archevêque Théodore à Ravenne, 73 ; — de Clotaire II : V. fragment d'un diplôme de, 34 ; — de Hugues Capet [Xe s.] : V. fragment d'un acte de Hugues Capet, 162.

**Mort**, — dans son linceul [XIIIe s.], d'après un vitrail de la cathédrale de Bourges, 163.

**Mosaïque**, — [Ve s.], du tombeau de Galla Placidia, à Ravenne, représentant le Bon Pasteur, 17 ; — [Ve s.], à Saint-Paul-hors-les-murs, représentant le Christ et les vieillards de l'Apocalypse, 27 ; — [VIe s.], dans le narthex du porche de Sainte-Sophie, représentant le Christ, la Vierge, saint Michel, et l'empereur Justinien, 44 ; — [VIe s.], de l'église Saint-Vital à Ravenne, représentant l'empereur Justinien, quelques dignitaires de la cour, de sa garde, de l'évêque Maximien et de son clergé, 39 ; — [VIe s.], de l'église Saint-Vital de Ravenne, représentant l'impératrice Théodora et les dames de la cour, 39 ; — [VIe s.], de Saint-Vital de Ravenne, représentant le palais de Théodoric, 72 ; — [VIe s.], de Saint-Vital de Ravenne, représentant le port de Classis, 72 ; — [VIe s.], de Saint-Vital, représentant une procession de saintes, portant des présents au Christ, 75 ; — [VIe s.], représentant des saints, en médaillons, à Saint-Vital de Ravenne, 75 ; — [VIe s.], de Saint-Apollinaire-in-Nuovo, représentant un saint et une sainte, 74 ; — [IXe s.], du Triclinium du pape Léon III, à Saint-Jean-de-Latran, représentant le pape et l'empereur Charlemagne, 85 ; — [XIIe s.], de l'église Sainte-Marie-de l'Amiral, à Palerme, représentant le Christ bénissant le roi de Sicile, Roger II, 134 ; — [XIIe s.], de Sainte-Marie-de-l'Amiral à Palerme, représentant l'amiral Georges d'Antioche, prosterné aux pieds de la Vierge, 134 ; — byzantine, représentant saint Georges tuant le dragon, 139.

**Mosquée**, — à la Mecque (vue de la cour intérieure de la grande) : V. la Mecque, 50 ; — [VIIe s.], d'Omar à Jérusalem, 63 ; — [VIIIe s.], de Sidi-Okba (minaret de la), 60 ; — [VIIIe s.], de Cordoue, 59 ; — [Xe s.], d'El-Azhar, au Caire, 61 ; [XIe s.], d'Ahmed-ibn-Touloun, au Caire, 62 ; — [XIVe s.], d'Hassan, au Caire, 66.

**Motte féodale**, — [IXe ou Xe s.] : V. la Tusque, 100.

**Moucharabis**, — V. rue au Caire, 60.

**Moutons**, — au pâturage [XIe s.] : V. mai du calendrier anglo-saxon, 170.

**Moulin**, — à eau [XIVe s.], à Bazas, Gironde, 158.

**Mules**, — papales [XIIIe s.] : V. pape Clément IV, 129.

**Mur** — mérovingien (fragment d'un) à la crypte de la Ferté-sous-Jouarre, 38.

**Musiciens**, — (groupe de) ; [XIIIe s.], miniature, 214 ; — (maison des), à Reims [XIIIe s.], 224 ; — (représentation au XIIe s. de la) : V. miniature de l'Hortus Deliciarum, 203 ; — représentation au XIIIe s. de la musique, statuette de la cathédrale de Laon, 212.


## N


**N**, — majuscule, byzantine, 140 ; — [XIIIe s.], 210.

**Narthex**, — V. basilique de Saint-Pierre de Rome, 83.

**Nasal**, — V. casques allemands du XIIIe siècle, 197.

**Navette**, — à encens [XIIe s.], 112.

**Navires**, — byzantins : V. mosaïque de Saint-Vital de Ravenne représentant le port de Classis, 72 ; — normands [IXe s.], restitution, 98 ; — normands [XIe s.] : V. tapisserie de Bayeux : construction des navires ; V. débarquement des chevaux ; lancement des navires à la mer, 172 ; — marchand [XIIe s.], d'après une mosaïque de Saint-Marc de Venise, 156 ; — [XIIe s.], d'après le vitrail de la cathédrale de Chartres, 156 ; — [XIIIe s.] : V. croisés en mer, 141 ; — de guerre [XIIIe s.] : V. combat entre croisés et sarrasins, 141.

**Nef**, — [IVe s.] : V. vue intérieure de la basilique de Saint-Paul-hors-les-murs, 25 ; — [IXe s.] : V. vue intérieure de Sainte Agnès-hors-les-murs, 84 ; — [XIe s.] : V. intérieur de la cathédrale de Spire, 128 ; — [XIe s.] : V. intérieur de l'église San Miniato, près Florence, 131 ; — [XIe s.] : V. intérieur de la cathédrale de Saint-Marc, à Venise, 133 ; — [XIe s.] : V. intérieur de l'église de Vignory (Haute-Marne), 216 ; — [XIIe s.] : V. intérieur de la chapelle Palatine de Palerme, 134 ; — [XIIe] : V. intérieur de l'église Saint-Nectaire, 216 ; — [XIIe s.] : V. intérieur

# INDEX ALPHABÉTIQUE

de l'église d'Angoulême, 217; — [XIIIe s.], de la cathédrale de Laon, vue des tribunes, 218; — [XIIIe s.]; V. église gothique, voûtes sur croisée d'ogives (Reims), 213; — [XIIIe s.]: V. intérieur de la cathédrale de Cologne, 2,8.

**Nobles.** — romains [IVe s.], 21; — enfant[IVe s.], 21; — romaine[VIe s.], 21; — byzantin[VIIe s.], 76; — byzantin [VIIIe s.], 76; — fin du [XIe s.]: V. costume de vieillard, 180; début du [XIIe s.] : V. [costume de], 181 ; — [XIIe s.]: V. costume d'apparat, 181 ; — [XIIe s.]: V. (costume de), 181 ; — chausseure du [XIIe s.]; — vénitienne [XIIe s.], 133; — [XIIIe s.]: V. costumes de nobles, 182; — ayant le faucon au poing [XIIIe s.], 192; — vénitienne [XIIIe s.], 133; — (chaussure de); [IXe s.], 179; — (coiffure de); [XIIe s.], 179; — (soulier de); [XIIe s.], 179.

## O

**O,** — [VIIIe s.], 94; — [XIIIe s.] : V. moines s'occupant d'agriculture, 209.

**Office,** — de Noël, 119.

**Officier.** — byzantin à cheval [XIe s.], 137.

**Ogive.** — : V. (voûte gothique à arête sur croisée d'), figure théorique, 216.

**Olifant.** — arabe [IXe s.], 82 ; — [XIIe s.], 192.

**Onciale.** — : V. fragment d'un manuscrit de Grégoire de Tours, 38.

**Oppidum.** — de Murcoints (Lot) (fragment de) restitution, 6 ; — de Grégoire (vue du plateau où se trouvait l'), 6.

**Orfroi.** — [XIIe s.], 180 ; — [XIIIe s.], 181 ; — [XIIe s.], 182 ; — [XIIIe s.], 181.

**Orgue.** — portatif [XIIIe s.], d'après un manuscrit, 213.

**Orgueil.** — (représentation au XIIe s. de l') ; statuettes de la cathédrale de Chartres, 208.

**Oriflamme.** — [XIIe s.], 162.

**Ornement.** — germain en forme d'aigle, 31; fosse (plaque de), 33; — scandinave, en forme d'oiseau, 168; — byzantin, miniature [XIIe s.], 110; — de broderie ou orfroi [XIIe s.], 180, 181, 182; — [XIIe s.], (plaque d'), 179; [XIIe s.], 181.

**Ouloum.** — V. maison moderne, à Médine, 50.

**Ours.** — d'après l'album de Villard de Honnecourt [XIIIe s.], 223.

## P

**P.** - carolingien [VIIIe s.], 95 ; — [XIIe s.], 210.

**Palais.** — des thermes de Julien, à Paris [IVe s.], état actuel, 22 ; — restauration, 24 ; des empereurs de Constantinople ; le Boukoléon, [Ve s.], 138 ; — au Caire, Salon de réception, 61 ; — de Théodoric, à Ravenne, vue [VIe s.], 68; — de Théodoric (mosaïque de Saint-Vital, représentant le), 74 ; pontifical de Latran, à Rome [XIVe s.], 130 ; — épiscopal de Narbonne ; restauration, 143; — impérial de Goslar [XIe s.] en allemagne, 127; — impérial de Gelnhausen (Allemagne), 127 ; des rois de France, dans la Cité, à Paris [XIVe s.], 105 ; — de la Wartburg [XIe au XIIe s.], vue extérieure, restauration, 128 ; — vue intérieure : V. salle du landgrave 128.

**Pallium.** — romain [IVe s.] : V. Imperatrice, 18 ; — ecclésiastique [IXe s.], 27 ; — [VIIe s.] : V. évêque, 41 ; — [VIIe s.] : V. évêque VII, 77 ; — [IXe s.] : V. Nicolas Ier, dans le costume d'un pape du XIe s., 129 ; — [XIIe s.], prêtre, [XIIe s.], 137 ; — [XIIIe s.] : saint Grégoire le Grand dans le costume d'un pape du XIIe s., 129.

**Paludamentum.** — [IVe s.] : V. empereur en costume triomphal, 18.

**Panier.** — [XIIe s.], d'après un vitrail, 184.

**Panthères.** — [XIIIe s.], provenant de différents bestiaires, 212.

**Pape (le).** — [XIe s.] : V. le pape Nicolas Ier, d'après une fresque, etc., 129 ; — [XIIIe s.], le pape Clément IV, d'après une fresque, etc., 129 ; — [XIVe s.], le pape saint Grégoire le Grand, d'après une statue de la cathédrale de Chartres, 129 ; — [XIVe s.], le pape saint Grégoire, d'après un bas-relief en bronze de la cathédrale d'Arezzo, 230.

**Papyrus.** — (rouleaux de) : V. insignes du maître des bureaux, 19.

**Parure.** — gauloise (disque de), 3 ; — à pendeloques, 3 ; — patène [IXe s.], 80.

**Paysan.** — gaulois, 2 ; — [XIIe s.] : V. groupe de paysans et de bergers, 157 ; — [XIIIe s.] occupés aux travaux de l'agriculture : V. médaillons de la cathédrale d'Amiens, 137 ; — au travail [XIIIe s.], miniature, 157 ; — (chaussure de) [XIIIe s.], 179.

**Peigne.** — germain, 31 ; — dit de la reine Théodelinde, 69 ; — [XIIe s.], 182.

**Peinture (la).** — représentation au XIIIe s. de la cathédrale de Laon, 212.

**Peinture murale.** — arabe : à l'Alhambra [XIVe s.], 51 ; — fin XIe s.], de l'église de Saint-Savin (Vienne),222; — [XIIe s.], de l'église de Saint-Georges-de-Boscherville (chapiteau), 222 ; — [XIIIe s.], de l'église de Pritz, près de Laval (Mayenne), croix de consécration, 222 ; — [XIIIe s.], de la cathédrale de Reims (clef de voûte), 222 ; — [XIIIe s.], au château de Gindré (Allier), 222 ; — XIIIe s.], à la chapelle de Saint-Chef (Isère), 223 ; — [XIIIe s.], de l'église de Saint-Quiriace, à Provins, 223 ; — [XIIIe s.], de la cathédrale de Reims, 223 ; — [XIIIe s.], de la coupole de la cathédrale de Cahors, 223.

**Pèlerin.** — [fin du XIIe s.], 141.

**Pelliçon.** — [XIIe s.], sorte de pardessus : V. costume d'hiver, 181; — [XIIIe s.]: V. costume de cheval [XIVe s.], 188.

**Pelletiers.** — (vente de); [XIIIe s.], d'après des vitraux de la cathédrale de Bourges, 151.

**Pelletiers.** — [XIIIe s.], d'après des vitraux de la cathédrale de Bourges, 151.

**Pendant d'oreilles.** — arabe, 53.

**Pendeloque.** — normand, 98.

**Penture.** — [XIIe s.], d'une des portes de la façade de la cathédrale de Paris, 230 ; — [XIIe s.], V. bahut en bois, 226.

**Perles,** — normandes, 98.

**Personnages,** — écrivant [XIIe s.]: V. miniature de l'Hortus Deliciarum, 203.

**Phénix (le).** — miniature [XIIe s.], 212.

**Philosophes antiques.** — (costume des) : V. Julien, 18.

**Philosophie** — etarts libéraux (représentation au XIIIe s. de la) ; V. miniature de l'Hortus Deliciorum, 203 ; — (représentation au XIIIe s. de la), statuette de la cathédrale de Laon, 210.

**Pièce.** — du jeu d'échecs — dit de Charlemagne, 189 ; — [XIIe s.], 189.

**Pierre tombale.** — [XIIIe s.], de Bouchard de Montmorency, dans l'église de Magny-les-Hameaux, 174 ; — au XIIe s., représentant Hugues de Labergier, cathédrale de Reims, 227.

**Pillage,** — (scène de); [XIe s.] : V. tapisserie de Bayeux, 172.

**Pioche.** — arabe [XVe s.], 52 ; — lombard, 71.

**Pique.** — arabe [XVe s.], 52.

**Piscine.** — : V. thermes de Julien, 23 ; — baptismale [VIe s.] ; V. vue intérieure du Baptistère des orthodoxes, état actuel, 74 ; baptismale [VIe s.] : V. vue intérieure du temple de Saint-Jean, 36.

**Place.** — de Montpazier (Dordogne) ; [XIIIe s.], 153.

**Place forte.** — (attaque d'une), 200.

**Plafond.** — de la basilique [IVe s.] : Saint-Paul-hors-les-murs, vue intérieure, 25 ; — [XIe s.] : V. intérieur de l'église San Miniato, près Florence, 34 ; — [XIIIe s.], italo-arabe : V. chapelle palatine, à Palerme, 34.

**Plaideur,** — romain [IVe s.], 19.

**Plan,** — d'une basilique (figure théorique), 216 ; — [XIe s.], de l'église de Vignory (Haute-Marne), 216 ; — de l'église de Saint-Savin (Vienne), 216 ; — de la cathédrale d'Angoulême, 217 ; — [XIIIe s.], de l'église Notre-Dame-du-Port, à Clermont-Ferrand, 216 ; — [XIIIe s.], de la cathédrale gothique (Amiens), 219.

**Plaques.** — d'autel [XIIIe s.], en émail, 115 ; — de ceinture gauloise, 3 ; — de cuivre émaillée [XIIe s.], 222 ; — émaillée représentant Geoffroy Plantagenet [XIIe s.], 221 ; — émaillée portant l'effigie en bronze de Jean, fils de saint Louis [XIIIe s.], 224 ; — d'identité d'un esclave, 28 ; — d'ivoire sculpté [XIIe s.], d'ornement franquin, 33 ; — d'ornement scandinave, représentant des divinités du Nord, 168 ; — d'ornement scandinave, représentant un guerrier, 168 ; — d'ornement scandinave, 168 ; — d'ornement [XIIe s.], 175 ; — de reliure en ivoire byzantin [XIe s.], 204 ; — de reliure [XIIIe s.], 204 ; — de reliure [XIIIe s.], 205.

**Plat.** — mérovingien de Gourdon [VIe s.], 38; — arabe [XIVe s.], 51 ; — lombard, 71 ; — à laver émaillé [XIIIe s.], 207.

**Plessis,** — V. la Tusque, 100.

**Poignard.** — gaulois, restauration, 4 ; — lombard, 71.

**Poignée d'épée,** — [XIe s.], 197.

**Pointes.** — de flèches gauloises, 4 ; — de lances et de javelots gaulois, 4 ; — de flèches germaines, 31.

**Poisson,** — symbole du Christ ; V. lampe chrétienne, 28.

**Polonais,** — (chevalier); [XIIIe s.], 99.

**Pont à bascule,** — [XIVe s.], restitution, 199 ; — du Gard, 13 ; — de Valentré, à Cahors [XIVe s.], — de Vizille, 13.

**Porche.** — [IXe s.], de l'atrium de l'église de Lorsch (Allemagne), 94.

**Port.** — de Classis : V. mosaïque de Saint-Vital de Ravenne [VIe s.], 72.

**Porte-enseigne,** — romain [IVe s.], 20.

**Porte.** - d'Autun, état actuel, 14 ; — autre à Autun, restauration, 14 ; — gallo-romaine, de Trèves, dite Porte Noire, 14 ; — de la citadelle Bab-el-Azab, au Caire [XIe s.], 63 ; — Narbonnaise, à Carcassonne [XIIIe s.], 199.

**Pot à eau,** — en laiton [XIIIe s.], 187.

**Poteries,** — gauloises, 7 ; — gallo-romaines, 11 ; — germaines, 31.

**Poule et poussins,** — du trésor de Monza, 69.

**Préfet.** — du prétoire (insignes du), 19 ; — de la ville (insignes du), 19.

**Pressoir,** — [XIIIe s.], restitution, 157.

**Prestation de serment,** — de vassalité [au XIe s.] : V. Harold prête serment (tapisserie de Bayeux), 171.

**Prêtel,** — [XIIe s.], instrument de musique, 213.

**Prêtres.** — byzantins : V. mosaïque de Saint-Vital de Ravenne, 39 ; — byzantin [VIe s.], 41 ; — byzantin [XIIe s.], 137 ; — [XIIe s.], 77 ; — [IXe s.], 78 ; — [XIIe s.], 110 ; — [XIIe s.], groupe de, 110.

**Prudence.** — (représentation au XIIe s. de la) ; statuette de la cathédrale de Chartres, 208.

**Psaltérion.** — instrument de musique [XIIIe s.], 213 ; — (roi David jouant du), 214.

**Puits.** — byzantin [IVe s.] : V. femme du peuple, 76.

## Q

**Q,** — majuscule [XIIIe s.], 209.

## R

**Rasoir,** — gaulois, 7.

**Réchaud.** — d'appartement [XIIIe s.], 186.

**Récolte des fruits,** — [XIIIe s.] : V. septembre, médaillon de la cathédrale d'Amiens, 114.

**Réfectoire (le).** — à l'abbaye du Mont-Saint-Michel [XIIIe s.], 119.

**Reine.** — d'Angleterre [XIIe s.] ; Éléonore de Guyenne : V. statue funéraire de, 176.

**Reine.** — de France — [XIIIe s.] : Sainte Vierge dans le costume d'une, 160 ; — [XIIIe s.] : V. Marguerite de Provence, 161.

**Religieuse,** — [XIIe s.], 111.

**Reliquaire.** — byzantin, du trésor de Monza, 70 ; — couvercle de, 48 ; — [XIIe s.], en forme de croix, 77 ; — [XIIe s.], en forme de clef, 77 ; — [XIIIe s.] de Ratisbonne, 80 ; — [XIIIe s.], donné par Suger au trésor de l'abbaye de Saint-Denis, 140 ; — [XIIIe s.], portatif, 172 ; — [XIIIe s.], 137 ; — [XIIIe s.], 116 ; — [XIIIe s.], V. buste de saint Louis, 161 ; — [XIVe s.], 116 ; — [XIVe s.], reliquaire de cristal en forme de bras, 225.

**Reliques.** — (transfert de), à Byzance [IVe s.] : V. devant d'une châsse, 47.

**Repas.** — gaulois, 7 ; — A l'époque carolingienne, 96 ; — anglo-saxon [XIe s.], 98 ; — IXe avril dans le calendrier anglo-saxon, 170 ; — [XIe s.], V. tapisserie de Bayeux, le repas avant la bataille, 172 ; — V. festin d'apparat, 187.

**Retable.** — [XIIIe s.], de l'autel principal de la Sainte-Chapelle de Saint-Germer (Oise), 119.

**Rhétorique.** — (représentation au XIIe s. de la) ; V. miniature de l'Hortus Deliciorum, 203 ; — (représentation au XIIIe s. de la) ; V. statue de la cathédrale de Laon, 212.

**Rinceaux.** — romans [XII⁰ s.] : V. chapiteau de l'église Saint-Sernin, à Toulouse, 217.

**Roi.** — carolingien [IX⁰ s.], V. portraits de Charles le Chauve, 87, 93 ; — Louis le Débonnaire, miniature [X⁰ s.], 88 ; — anglo-saxon [X⁰ s.] ; V. costume royal [XI⁰ s.], 169 ; — anglo-saxon [XI⁰ s.] : V. costume royal [XI⁰ s.], 169 ; — anglais (statues funéraires des), Richard Cœur de Lion, Jean sans Terre, Henri II, Henri III, 176, — de France, en costume de cérémonie [début du XI⁰ s.], 160 ; — [XII⁰ s.], France, 160 ; — [XII⁰ s.], France, 160 ; — [XII⁰ s.] : V. roi David jouant du psaltérion, 214 ; — [XIII⁰ s.], 160 ; — [XIII⁰ s.] ; V. sacre d'un roi, miniature [XIII⁰ s.] ; [XIII⁰ s.], représentations diverses de saint Louis, 161 ; — et architecte [XIII⁰ s.], miniature, 216 ; — musiciens : V. chapiteau de Saint-Georges-de-Boscherville [XII⁰ s.], 215.

**Romains.** — empereur en costume triomphal [IV⁰ s.], 18 ; — empereur en costume militaire [IV⁰ s.], 18 ; — empereur Constance en costume consulaire [IV⁰ s.], 18 ; — empereur Honorius [V⁰ s.], 18 ; — magistrat [IV⁰ s.], 19 ; — plaideur [IV⁰ s.], 19 ; — général [IV⁰ s.], 20 ; — légionnaire [IV⁰ s.], 20 ; — cavalier [IV⁰ s.], 20 ; — porte-enseigne [IV⁰ s.], 20 ; — trompette [IV⁰ s.], 20 ; — doubles [IV⁰ s.], 21 ; — enfant noble [IV⁰ s.], 21 ; — enfant [IV⁰ s.], 21 ; — serviteur, 21.

**Romaine.** — impératrice [IV⁰ s.], 18 ; — dame noble [IV⁰ s.], 21 ; — femme du peuple [IV⁰ s.], 21.

**Rondache.** — [XIII⁰ s.], 197.

**Roque.** — V. bénédiction en roque [VI⁰ s.], 77.

**Rose.** — [XIII⁰ s.], V. façade de la cathédrale de Paris, 218 ; — [XIII⁰ s.], V. église gothique, 219.

**Rote.** — [XIII⁰ s.], instrument de musique, 213.

**Rouelle.** — gauloise : V. casque gaulois, 4.

**Rue.** — au Caire, 60.

## S

**S.** — majuscule [XII⁰ s.], 210 ; — [XIII⁰ s.], 210.

**Sabotier.** — gallo-romain, 15.

**Sabre.** — arabe [XIV⁰ s.], 52.

**Sacre.** — d'un prince carolingien, 89 ; — d'un roi au XIII⁰ s., miniature, 160 ; — [XIII⁰ s.], 163.

**Sagittaire** (le). — miniature [XIII⁰ s.], 212.

**Saie.** — gauloise : V. trophée d'armes et captifs gaulois, 1 ; — V. guerriers gaulois, 2 ; — V. chef gaulois, 2.

**Salaison des viandes.** — au XIII⁰ s. : V. décembre médaillon d'Amiens, 147.

**Salamandre** (la). — miniature [XII⁰ s.], 212.

**Salière.** — [XIII⁰ s.], 186 ; — en albâtre [XIII⁰ s.], 186 ; — en argent [fin du XIII⁰ s.], 186.

**Salle.** — des rois maures, à l'Alcazar de Séville, 58 ; — dite du Landgrave, au palais de la Wartbourg [XII⁰ s.], 188 ; — du château de Coucy [XIII⁰ s.], restauration, 104 ; — du chapitre des chevaliers à l'abbaye du Mont-Saint-Michel [XIII⁰ s.], 115 ; — de l'Hôtel-Dieu à Angers [XII⁰ s.] : V. vue intérieure de la grande salle, etc., 132 ; — [XIII⁰ s.] : V. hôpital de Tonnerre, 220.

**Salon.** — de réception arabe dans un palais au Caire, 64.

**Sandales.** — [VII⁰ s.] : V. prêtre, 77.

**Sanglier.** — chasse au [XI⁰ s.] : V. septembre dans le calendrier anglo-saxon, 170 ; — V. combat d'Alexandre avec des sangliers à longues défenses, miniature [XIII⁰ s.], 211 ; — (homme à tête de), miniature [XIII⁰ s.] ; V. combat d'Alexandre et d'hommes à têtes de sangliers, 211.

**Sape.** — (attaque d'un mur à l'aide de la), 200.

**Sarcophage.** — orné de bas-reliefs, à Arles [IV⁰ s.], 28 ; — à strigiles d'Arles [IV⁰ s.], 28 ; — byzantin, de l'archevêque Théodore, à Ravenne, 73 ; — byzantin, à Ravenne, 73 ; — impérial, en marbre, à Constantinople, 58.

**Sarrasin.** — [XIII⁰ s.], 116.

**Sarrasins.** — : V. combat naval entre Croisés et Sarrasins, miniature, 141 ; — : V. fragment d'un vitrail de Saint-Denis représentant des Croisés et des Sarrasins, 112.

**Sarrasine.** — (femme ; — [XII⁰ s.], 146 ; — (armée) en marche [XII⁰ s.], 141.

**Saut** (le). — du cerceau, miniature [XIV⁰ s.], 191.

**Sauterelle.** — d'après l'album de Villard de Honnecourt [XIII⁰ s.], 223.

**Scandinave.** — (divinité) : V. plaque en or représentant des divinités du nord, 108 ; — guerrier : V. plaque représentant un guerrier, 168.

**Scapulaire.** — vêtement monastique [XI⁰ s.] : V. moine bénédictin [XI⁰ s.], 111.

**Sceau.** — plaque [XII⁰ s.] : V. charte de Louis VI, 162 ; — appendu à une charte [XIII⁰ s.] : V. charte de saint Louis, 162 ; — plaque mérovingiens, 31 ; — de fonctionnaires byzantins, 17 ; — arabes, 53 ; — carolingiens, 86, 87, 88 ; — pontificaux, 120, — épiscopaux, 110, 111, 122 ; — monastiques, 117 ; — abbatiaux, 111, 117, 120, 122, 223 ; — des ordres militaires, 112 ; — hospitalier italien 122 ; — impériaux allemands, 126 ; royaux français, 162 ; — royal Angleterre, 176, 225 ; — royal italien, 132 ; — des rois de Jérusalem, 142 ; — seigneuriaux, 101, 105, 168 ; — communaux, 150, 156 ; — municipaux italiens, 132 ; — de la ville de Paris [XIII⁰ s.], 166 ; — de l'Université de Paris [XIII⁰ s.], 206 ; — de l'Université d'Oxford [XIII⁰ s.], 207 ; — de docteurs, 201, 205.

**Sceptre.** — impérial romain [IV⁰ s.] ; V. empereur Constance en costume consulaire, 18 ; — impérial [XIII⁰ s. et XIV⁰ s.], 123 ; — royal français [XII⁰ s.], 162 ; — royal français [XIV⁰ s.], 162.

**Scriptionale.** — [XI⁰ s.] restitution, 201.

**Sculpteurs.** — [XIII⁰ s.], d'après un vitrail de la cathédrale de Chartres, 136.

**Scus.** — germain, 31 ; — lombard, 31.

**Seigneur.** — carolingien, 96.

**Selles.** — [XIII⁰ s.] : V. harnais civils de cheval [XIII⁰ s.], 195 ; — chevalier de la fin du XIII⁰ s., 196.

**Semailles.** — [XIII⁰ s.] : V. novembre, médaillon de la cathédrale d'Amiens, 147.

**Sculpture.** — d'un chef gaulois, 9.

**Servante.** — [XII⁰ s.], 180.

**Serviteur.** — romain [IV⁰ s.] ; — anglo-saxon [XI⁰ s.] : V. (costume de), 169 ; — apportant des plats à table, miniature [XIII⁰ s.], 180.

**Siège.** — dit de Dagobert [VII⁰-XII⁰ s.], 34 ; — ecclésiastique mérovingien : V. abbé bénédictin, 77 ; — carolingiens, 92 ; — fixe, appelé forme [XII⁰ s.], 181 ; — d'hommes [XIII⁰ s.], 185.

**Signature.** — de Charlemagne : V. diplôme de Charlemagne, 95.

**Singe.** — savant, miniature [XIV⁰ s.], 30.

**Sirènes.** — déchirant une de leurs victimes, miniature [XIII⁰ s.], 212.

**Sistre.** — (joueur de) [au XIII⁰ s.], statue de la maison des musiciens à Reims, 214.

**Soldats.** — de la garde impériale de Byzance [VI⁰ s.], 40.

**Soufflet.** — [XIV⁰ s.], 185.

**Souliers.** — d'étoffes, byzantins [VI⁰ s.] ; V. enfant byzantin, 40 ; — (fin du XII⁰ s.), 181 ; — [XII⁰ s.], 179 ; de noble [XIII⁰ s.], 181.

**Stalles.** — en bois de La Roche (Seine-et-Oise) [XIII⁰ s.], 122.

**Statue.** — [IV⁰ s.], représentant l'empereur Julien dans le costume des philosophes antiques, 18 ; — [VIII⁰ s.], byzantines, sainte de la chapelle de Cividale en Frioul, 70 ; — [XII⁰ s.], à la cathédrale de Bamberg, Conrad III, 125 ; — [XII⁰ s.] : V. de la cathédrale de Chartres, 220 ; — [XII⁰ s.] de la cathédrale de Chartres : V. coiffures de dame noble, 179 ; — [XII⁰ s.] à l'abbaye de Fontevrault, Henri II, 176 ; Richard Cœur de Lion, 176 ; — [XIII⁰ s.] de la cathédrale d'Amiens ; Christ bénissant, 208 ; — [XIII⁰ s.] de la cathédrale de Chartres, représentant le pape saint Grégoire le Grand, 120 ; — de l'abbaye de Fontevrault, Éléonore de Guyenne, 176 ; Henri III, 176 ; Jean sans Terre, 176 ; — [XIII⁰ s.] de Notre-Dame de Paris, représentant saint Louis, 160 ; — [XIII⁰ s.], de l'église juive, 129 ; — de l'église chrétienne, 100 ; — groupe du portail, 221 ; — ange, 208 ; — d'apôtre (tête), 219 ; — de saint Jacques [XIII⁰ s.], 221 ; — de saint Louis (tête), 221 ; — de sainte Anne (tête), 221 ; — de la Vierge Marie (tête), 210, 221 ; — de la maison des musiciens de Reims [XIII⁰ s.] ; joueur de flûte, 214 ; — de cornemuse, 214 ; — de vielle, 214 ; — de luth, 214 ; — trompette [XIII⁰ s.], 214 ; — funéraires de l'abbaye de Saint-Denis, Robert, comte de Clermont, 161 ; — Pierre, comte d'Alençon, 161 ; — de Charles d'Anjou, 161.

**Statuette.** — [IV⁰ s.] représentant l'impératrice romaine Ælia Flavilla, 18 ; — de bronze représentant la sainte Foy, à Conques (Aveyron), 225 ; — [X⁰ s.], représentant Olbon le Grand et sa femme Edith, 125 ; — [XIII⁰ s.] de la cathédrale de Chartres, représentant des vices et des vertus ; orgueil, lâcheté, courage, prudence, 208 ; — [XIII⁰ s.], de la cathédrale de Laon, représentant les arts libéraux ; arithmétique, astronomie, 209 ; dialectique, 212 ; géométrie, 209 ; grammaire, 212 ; médecine, 209 ; musique, peinture, 212 ; philosophie, 210 ; théorique, 212 ; — [XIII⁰ s.], d'ivoire, vierge ouvrante, 118 ; — [XIII⁰ s.], en bois, représentant saint Louis, 161.

**Strigiles.** — V. sarcophage à strigiles d'Arles, 28.

**Surcot.** — vêtement de dessous [XIII⁰ s.] ; V. noble ayant le faucon au poing, 192.

**Surplis.** — : V. chanoine [XIII⁰ s.], 110.

**Symbole chrétien.** — 27.

## T

**T.** — majuscule, byzantin, 140.

**Table.** — arabe [XIV⁰ s.], 54 ; — [XII⁰ s.], 184.

**Tablettes.** — d'ivoire représentant Anastase [V⁰ s.], en costume consulaire, 46 ; — de cire [XIV⁰ s.], 201.

**Tablion.** — [VI⁰ s.] : V. empereur Justinien, 40 ; — personnage de la cour, 40.

**Tabourets.** — ou carreaux [XII⁰ s.], 184.

**Taillandiers.** — [XIII⁰ s.], d'après un vitrail de la cathédrale de Chartres, 136.

**Taille des arbres.** — [XI⁰ s.] : V. février, dans le calendrier anglo-saxon, 170.

**Tailleurs de pierre.** — [XIII⁰ s.], d'après un vitrail de la cathédrale de Chartres, 156.

**Tambour.** — [XIII⁰ s.], 214.

**Tapisserie de Bayeux.** — [XI⁰ s.], 171, 172, 173, 194.

**Temple gallo-romain.** — maison carrée à Nîmes, 12 ; — mérovingien de Saint-Jean, à Poitiers, vue intérieure, état actuel, 36 ; — de la Casba, à la Mecque, 50.

**Templier.** — en costume d'intérieur [XIII⁰ s.], 142 ; — en costume de chevalier [XIII⁰ s.], 142 ; — (groupe de), 141.

**Tentes.** — [XII⁰ s.], restitution, 198.

**Tessère.** — d'amitié, 27.

**Tête.** — d'homme (album de Villard de Honnecourt [XIII⁰ s.], 223 ; — femme (album de Villard de Honnecourt [XIII⁰ s.], 223.

**Théâtre.** — d'Orange ; vue intérieure, état actuel, 13 ; — vue intérieure, restauration, 13.

**Thermes.** — de Julien [IV⁰ s.], état actuel, 22 ; — restauration, 23.

**Tiare.** — [XI⁰ s.] : V. pape Nicolas I⁰⁰, 120 ; — [XII⁰ s.] : V. pape Clément IV, 120 ; — [XIII⁰ s.] : V. saint Grégoire le Grand, 120.

**Timbre.** — [XIII⁰ s.], 214.

**Toit.** — [XII⁰ s.] : V. maison du XII⁰ s., à Provins, 149.

**Toiture à dessins.** — [XIII⁰ s.] : V. maison bourguignonne, restitution, 149.

**Tombeau.** — gallo-romain des Jules à Saint-Rémy (Bouches-du-Rhône), 12 ; — chrétien ; V. sarcophage orné de bas-reliefs, d'Arles, 28 ; — V. sarcophage à strigiles d'Arles, 28 ; — [VII⁰ s.] de Théodoric, à Ravenne, état actuel, 57 ; [XIII⁰ s.], dit de Saint-Étienne, à l'église d'Obazine (Corrèze), 194 ; — [XIII⁰ s.] de Louis, fils aîné de saint Louis, 194 ; — [XIII⁰ s.], dans la vieille cathédrale de Salamanque : V. vieille cathédrale, 230.

**Tondeur de drap.** — gallo-romain, 15.

**Tonneau.** — [XIII⁰ s.] : V. groupe de musiciens, 214.

**Tonnelier.** — [XIII⁰ s.], d'après un vitrage de la cathédrale de Chartres, 156.

**Torques.** — gauloises, 5.

**Tour.** — instrument [XIII⁰ s.] : V. tourneur, 15.

**Tour.** — gallo-romaine : V. Porte Noire de Trèves, 11 ; — en bois mérovingienne : V. habitation mérovingienne, 35 ; — wisigo-

# INDEX ALPHABÉTIQUE

thique, restauration de l'enceinte de Carcassonne, 37; — byzantines : V. fortifications [XIᵉ s.], de la ville de Dana (Syrie), 44; — de David, à Jérusalem, 144; — [XIᵉ s.], de Loudres, vue intérieure de la chapelle, 177; — [XIIᵉ s.], penchée de Pise, 132; — [XIIᵉ s.], d'enceinte : V. vue générale de la cité de Carcassonne, 149; — [XIIIᵉ s.], de Nesles, à Paris, d'après un ancien dessin, 161; — [XIIᵉ s.], d'Henri III, au château de Windsor, état actuel, 178; — [XIIIᵉ s.], de la ville de San-Gimignano (Italie), 131; — [XIᵉ s.], à éperon ; V. Porte Narbonnaise, à Carcassonne, 199; — de pont [XIIIᵉ s.] : V. pont de Valentré, à Cahors, 131; — d'escalier [XIIIᵉ s.] : V. maison bourguignonne, 149; — [XIVᵉ s.], restaurée du palais épiscopal de Narbonne, 113; — d'église [XIIᵉ s.], de la cathédrale de Bamberg, 128; — [XIIᵉ s.], de l'abside de la cathédrale de Palerme, 134; — [XIIᵉ s.], de la façade de la cathédrale de Durham (Angleterre), 174; — [XIIᵉ s.], achevées de la cathédrale de Reims : V. une cathédrale gothique, 219; — [XIIIᵉ s.], de la façade de la cathédrale de Paris, 218; — [XIIIᵉ s.], de la cathédrale de Salisbury, 174.

**Tourneur**, — [XIIIᵉ s.], d'après un manuscrit, 154.

**Tournoi**, — [au XIIIᵉ s.], 201.

**Trabée**, — romaine [IVᵉ s.] : V. empereur Constance en costume consulaire, 18; — V. magistrat. 19 ; — V. plaideur, 19.

**Transept**, — intérieur : V. intérieur de la cathédrale de Tolède [XIIIᵉ s.], 128 ; — extérieur : V. transepts de la cathédrale de Salisbury [XIIIᵉ s.], 175.

**Transport** — des bagages [IVᵉ s.], bas-relief, 20 ; — [XIᵉ s.], miniature, 188 ; — d'un prisonnier au XIIᵉ s. (miniature), 202.

**Travaux des champs.** — d'après un calendrier anglo-saxon du XIIIᵉ s. des) : V. (représentations au XIIIᵉ s. des) : V. médaillons de la cathédrale d'Amiens, 117.

**Trébuchet**, — à contrepoids, engin de guerre, 200.

**Trossoir**, — ornement de tête en métal [XIᵉ s.] : V. costume de dame noble, [Iᵉ s.], 180 ; — [XIIᵉ s.] : V. coiffure de dame noble [XIIᵉ s.], 179 ; — [XIIIᵉ s.] : V. coiffure de vieillard [XIIIᵉ s.], 179.

**Tribune**, — [IXᵉ s.] : V. vue intérieure de la nef de Sainte-Agnès-hors-les-murs, à Rome, 81 ; — [XIᵉ s.] : V. vue intérieure de l'église de Vignory, 216 ; — [XIIIᵉ s.] : V. intérieur de la cathédrale de Laon, 218.

**Triclinium**, — du palais du Latran, à Rome [IXᵉ s.], restitution, 82.

**Triforium**, — galerie de circulation — [XIIᵉ s.] : V. intérieur de la cathédrale de Laon, 218 ; — [XIIIᵉ s.] : V. église gothique, 219.

**Trophée** — d'armes et captifs gaulois, d'après l'arc d'Orange, 1 ; — d'armes germaines, 30.

**Trompette**, — romain [IVᵉ s.], 20.

**Trompette**, — gauloise : V. trophée d'armes, etc., 1 ; — de guerre gauloise : V. carnyx, 5 ; — romaine [IVᵉ s.] : V. trompette romain, 20 ; — [XIIIᵉ s.], 213.

**Trône**, — royal mérovingien [VIᵉ s.] : V. siège de Dagobert, 34 ; — impérial byzantin [Vᵉ s.], V. mosaïque dans le narthex de Sainte-Sophie, 44 ; — impérial byzantin [XIᵉ s.] : V. ivoire, [XIᵉ s.], 139 ; — impérial en marbre de Charlemagne [IXᵉ s.], 88 ; — royal carolingien : V. portrait de Charles le Chauve [IXᵉ s.], 87 ; — royal [XIᵉ s.], restitution, 160 ; — royaux français [XIIᵉ s.] : V. sceaux des rois de France, 189 ; — impériaux allemands : V. sceaux allemands, 136 ; — épiscopal [XIIIᵉ s.], restitution, 116.

**Trouvère**, — (audition d'un) [XIIIᵉ s.], dans un château, 213.

**Tunique**, — chrétienne : V. chrétienne, 27 ; — gauloise : V. guerrier, 2 ; — V. paysan gaulois. 2 ; — romaine impériale [IVᵉ s.] : V. costume consulaire, 18 ; — : V. général, 29 ; — V. trompette, 20 ; — : V. nobles romains, 21 ; — : V. femme romaine, 21 ; — V. dame noble, 21 ; — romaine à manches courtes, 21 ; — germaines 21 ; — femmes germaines, 30 ; — byzantines [Vᵉ s.] : V. Théodora, 40 ; — V. personnage de la cour, 40 ; — carolingiennes dames ; carolingiennes, 90 ; — : V. seigneur carolingien, 90 ; — : V. guerriers carolingiens, 71 ; — anglo-saxonne [Xᵉ s.] : V. costume de paysan, XI, 160 ; — royale à fleurs de lis [XIIᵉ s.] : V. saint Louis d'après une miniature, 161 ; — ecclésiastique [IXᵉ s.] : V. exorciste [IXᵉ s.], 77 ; — [XIIᵉ s.] : V. chanoine [XIIᵉ s.], 110.

**Turban**, — [XIIIᵉ s.] : V. Arabes conduisant un chameau, 51 ; — : V. miniature d'une histoire universelle, 51 ; — V. sarrasin ; sarrasines, armée sarrasine en marche, 146 ; — [XIVᵉ s.] : V. personnages empruntés à une peinture de l'Alhambra, 51.

**Tympan**, — de la porte de l'église de la Madeleine [XIIᵉ s.], à Vézelay : V. sculpture romaine, 101.

## U

**Umbo.** — lombard, 71.

**Université.** — d'Oxford (sceau de l'), 207 ; — de Paris (maîtres et étudiants de l'), 207 ; — (sceau de); [fin du XIIIᵉ s.], 206.

**Univers,** — (représentation au XIIIᵉ s. de l'), 209.

## V

**V.** — majuscule [XIIIᵉ s.], 210.

**Valet.** — de chasse [XIIIᵉ s.], d'après un vitrail de la cathédrale de Chartres, 192.

**Vanniers.** — [XIIᵉ s.], d'après un vitrail de la cathédrale de Chartres, 156.

**Vases,** — gaulois, 7 ; — gallo-romains, en argile, 11 ; — chrétien, contenant le sang d'un martyr, 27 ; — à hosties, en forme de colombe, 27 ; — à eau bénite, 28 ; — germain du trésor de Pétrossa, 31 ; et plat mérovingien de Gourdon, 38 ; — arabe en métal [XIIIᵉ s.], 53 ; — de l'Alhambra, 53 ; — carolingien, 73 ; — en verre, anglo-saxons, 168 ; — de cristal [XIᵉ s.], 225 ; — à boire allemand, en verre [XIVᵉ s.], 186 ; — à boire allemand, en métal [XIIIᵉ s.], 186.

**Vénitien**, — doge [XIIIᵉ s.], 133 ; — noble [XIIᵉ s.], 133, — enfant [XIIIᵉ s.], 133.

**Vénitienne,** — noble [XIIᵉ s.], 133 ; — noble [XIIIᵉ s.], 133.

**Vente,** — de pelleteries [XIIIᵉ s.], d'après un vitrail de la cathédrale de Chartres, 154.

**Verre,** — arabe, gravé, 53.

**Vêtements,** — impériaux allemands [XIIᵉ s.], 124.

**Vicaire,** — d'Espagne (insignes du), 19 ; — de Bretagne (insignes du), 19.

**Vieillard,** — byzantin [XIIᵉ s.], 137 ; — [fin du XIᵉ s.], 180 ; — [XIIIᵉ s.] : V. février, médaillon de la cathédrale d'Amiens, 147. — coiffure de [XIIIᵉ s.], 179.

**Vielle,** — [XIIIᵉ s.], 213, — (joueur de) statue de la maison des musiciens, à Reims [XIIIᵉ s.], 214.

**Vierge,** — voués : V. chrétienne, 27.

**Vignerons,** — [XIIIᵉ s.], d'après un fragment du vitrail de la cathédrale de Chartres, 136.

**Villa,** — mérovingienne : V. habitation mérovingienne, 35.

**Village,** — germain, 29 ; — gallo-romain : V. Lyon sous la domination romaine, 12 ; — représentation au IVᵉ s. d'une villa romaine : V. insignes du comte de Strasbourg, 19.

**Ville,** — arabe : V. la Mecque (vue de la), 50 ; — une rue au Caire, 60 ; — italienne au XIIIᵉ s. : V. San Gimignano (vue générale de), 131 ; — française au XIIIᵉ s. : V. Carcassonne (vue générale de la cité de), 149.

**Vitraux,** — de la cathédrale de Bourges [XIIᵉ s.] ; — [XIIIᵉ s.], fragments représentant des pelletiers et la vente des pelleteries, 154 ; — (fragments de), représentant différents métiers : boulangers, charcutiers, cuisiniers, maçons, 155 ; — fragments représentant des démons dans l'enfer et l'âme s'échappant de la bouche du mort, 208 ; — de la cathédrale de Chartres [XIIᵉ et XIIIᵉ s.], (fragments de), représentant différents métiers : changeurs, marchands-drapiers, marchands de fourrures, 154 ; — bouchers, chevrons, charpentiers, cordiers, cuisiniers, drapiers, maréchal ferrant, tailleur de pierre, tonneliers, vanniers, vignerons. 156 ; — fragment représentant la chasse au cerf, 192 ; — fragment représentant le baptême du Christ, 208 ; — fragment représentant la Cène, 208 ; — verrière représentant l'histoire de l'Enfant prodigue, 227 ; — verrière représentant saint Christophe portant le Christ, 227 ; — de la cathédrale du Mans (fragment représentant des monnayeurs, 156 ; — de l'abbaye de Saint-Denis [XIIᵉ s.], fragment représentant un combat entre Croisés et Sarrasins, 142 ; — fragment représentant Suger, 217.

**Voile,** — de basilique : V. vue intérieure de la basilique de Saint-Paul-hors-les-murs, à Rome, 23 ; — de chrétienne : V. chrétienne, 27 ; — de femme germaine : V. femme germaine, 30 ; — de dame carolingienne : V. dame carolingienne 90 ; — [XIᵉ s.], V. costume de dame noble, 180 ; — [XIIᵉ s.] : V. costume de dame noble, 180 ; — de religieuse [XIIᵉ s.] : V. religieuse, xii, 111.

**Volant,** — (le jeu de), miniature du XIVᵉ s., 189.

**Voûte,** — d'arête romaine (figure théorique). 216 ; — gothique à arête surbaissée d'ogives, figure théorique, 212 ; — en berceau [XIIᵉ s.], V. intérieur de Saint-Nectaire, 216 ; — en coupoles : V. église romane, 217 ; — en cul-de-four [XIᵉ s.] : V. église romane, 217 ; — en berceau en bois [XIIIᵉ s.] : V. voûte de l'hôpital de Tonnerre, restauration, 229 ; — (clef de) peinte de la cathédrale de Reims [XIIIᵉ s.], 222.

IMPRIMERIE E. CAPIOMONT ET C<sup>ie</sup>

PARIS
57, RUE DE SEINE, 57

**LIBRAIRIE ARMAND COLIN, 5, rue de Mézières, PARIS.**

# Album Historique

PUBLIÉ

Sous la direction de M.
**ERNEST LAVISSE**
de l'Académie française.

Par M.
**A. PARMENTIER**
Agrégé d'histoire et de géographie.

## *Le Moyen âge
### du IV° à la fin du XIII° Siècle.

La Gaule et les Gaulois. — L'Empire romain et la société chrétienne. — Les Barbares; la société mérovingienne. — L'Empire byzantin. — Les Arabes. — L'Italie ostrogothique, lombarde et byzantine. — L'Empire franc; la société carolingienne. — La société féodale. — L'Allemagne et l'Italie. — Les Croisades. — Les villes et les campagnes. — La royauté française. — L'Angleterre; la civilisation anglo-saxonne. — L'Église, la vie privée, la vie militaire, la vie intellectuelle du quatrième au treizième siècle. — L'art roman; l'art gothique.

Un volume in-4°, **2000 gravures** d'après des documents originaux, broché, **15 fr.**; relié toile, tranches jaspées. . . . . . . . . . . . . **18 »**

## **La fin du Moyen âge
### (XIV° et XV° Siècles).

La France et l'Angleterre; les nobles, les villes et les campagnes. — Les armées pendant la guerre de Cent ans. — L'Allemagne. — L'Italie. — L'Espagne chrétienne. — La Bohême, la Hongrie, la Pologne et les Pays scandinaves. — Les Byzantins, les Russes et les Turcs. — L'Église, la vie privée, les écoles, les sciences et les lettres aux quatorzième et quinzième siècles. — L'art en France. — L'art en Flandre, en Allemagne, en Angleterre, en Espagne. — L'art en Italie : architecture, peinture, sculpture; les peintres du quinzième siècle.

Un volume in-4°, **2000 gravures** d'après des documents originaux, broché, **15 fr.**; relié toile, tranches jaspées. . . . . . . . . . . . . **18 »**

## ***Le XVI° et le XVII° Siècle

La France, de Charles VIII à Henri IV. — L'Allemagne, l'Espagne et les Pays-Bas, l'Angleterre, l'Italie au seizième siècle. — L'art en Italie; l'art en France, aux Pays-Bas, en Espagne et en Angleterre au seizième siècle. — La France sous Henri IV et Louis XIII. — Louis XIV: la cour; la noblesse; les bourgeois et les paysans. — L'Allemagne, les Pays-Bas espagnols, les Provinces-Unies, la Grande-Bretagne, l'Espagne et les États italiens au dix-septième siècle. — Danemark, Suède, Pologne, Hongrie, Russie, Turquie aux seizième et dix-septième siècles. — L'Église catholique et réformée. — Les écoles, sciences et lettres; la vie privée; les armées et les guerres aux seizième et dix-septième siècles. — Les beaux-arts en France et en Europe au dix-septième siècle.

Un volume in-4°, **1500 gravures** d'après des documents originaux, broché, **15 fr.**; relié toile, tranches jaspées. . . . . . . . . . . . . **18 »**

## ****Le XVIII° et le XIX° Siècle

Les nobles, les bourgeois et les paysans de France de 1715 à 1789. — L'Allemagne, la Grande-Bretagne, l'Espagne, l'Italie, les Pays scandinaves, la Pologne, la Russie et la Turquie au dix-huitième siècle. — Les colonies européennes aux dix-septième et dix-huitième siècles. — La vie privée, les armées et les guerres, l'église catholique et l'église réformée, les sciences, les lettres et les arts au dix-huitième siècle. — La vie publique et la vie privée en France pendant la Révolution et l'Empire. — Les armées et les guerres; les sciences, les lettres et les arts en France et en Europe pendant la Révolution et l'Empire. — La vie publique, la vie économique et privée, la vie militaire et la vie intellectuelle au dix-neuvième siècle.

Un volume in-4°, **1500 gravures** d'après des documents originaux, broché, **15 fr.**; relié toile, tranches jaspées. . . . . . . . . . . . . **18 »**

Chaque tome de l'ALBUM HISTORIQUE forme un tout indépendant et peut être vendu séparément.

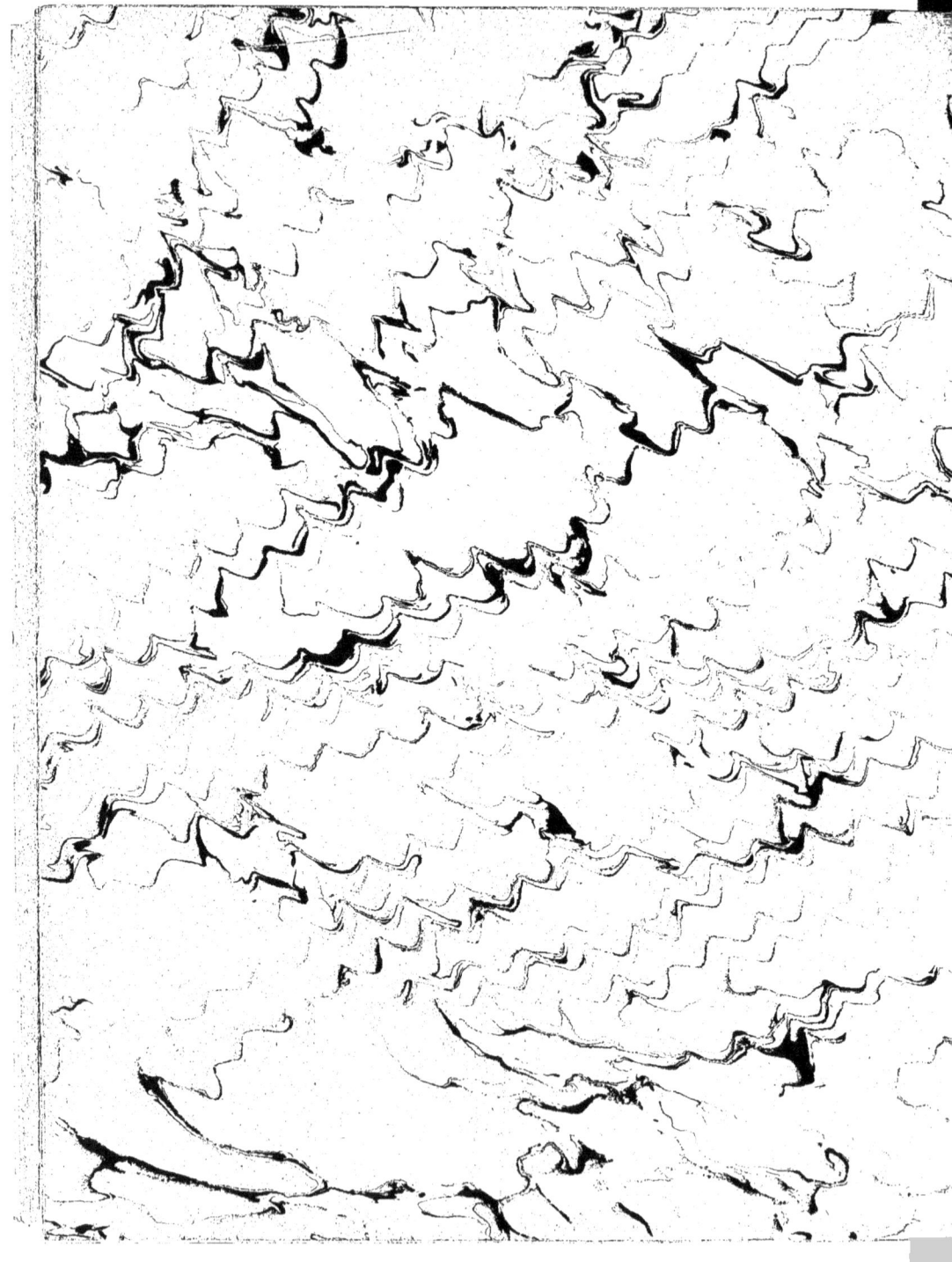

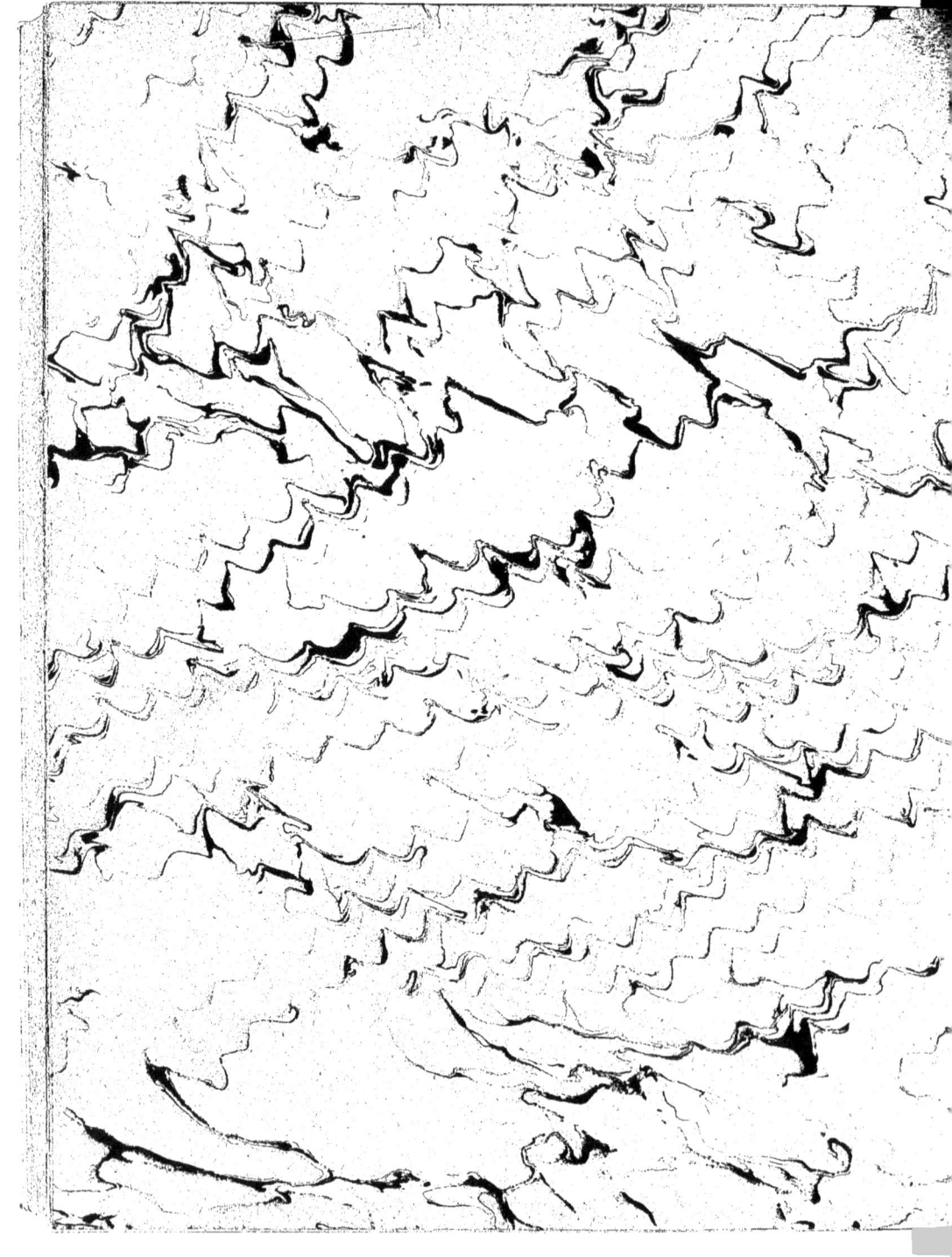

www.ingramcontent.com/pod-product-compliance
Lightning Source LLC
Chambersburg PA
CBHW050654170426
43200CB00008B/1290